ヨーロッパ中世の自由学芸と教育

ヨーロッパ中世の自由学芸と教育

岩村清太著

知泉書館

まえがき

まず、本書の標題『ヨーロッパ中世の自由学芸と教育』について、少々、説明を加えておきたい。ここで言う「ヨーロッパ中世」とは西欧中世のことで、それも古代末期（五世紀）の混乱から今日の西欧世界が一応、その地理的、政治的、社会的原型をもつに至ったと見なされる「カロリング期」（一〇世紀）までを取り扱う。

つぎに、本書の内容「自由学芸と教育」は二部に分かれ、第一部は「自由学芸の伝統と継承」について述べる。「自由学芸」（artes liberales）ということばは、それほど一般的ではないかもしれないが、それは、古代ギリシアのプラトン、アリストテレス時代にはすでに知識人に必須の基礎教養と目されていた諸学を指す。ギリシア人の教養観はローマ世界に導入され、古代から中世に継承されていくなかで、文法学（文学を含む）、修辞学（雄弁術）、弁証論（論理学）、算術、幾何学、音楽（韻律学）、天文学（占星術を含む）の七学科に限定され、今日の高等教育における「一般教養」（liberal arts）の源泉となったものである。

まず第一章では、中世の入り口に立つさいごのローマ人カッシオドルスの自由学芸論を取り上げる。かれは、主著『聖・俗学教範』において古代末期のアウグスティヌスの自由学芸観を継承し、自由学芸を聖書注解の基礎教養として秩序づける一方、自由学芸の体系的学習を修道生活に取り入れ、カロリング期はもちろん中世全体における自由学芸観を準備した。

第二章では、イシドルスの自由学芸論を取り扱う。ローマ人に代って新たな政治、社会の担い手となったゴート族のうち、東ゴートのもとで活躍したのがカッシオドルスであったとすれば、次世代の西ゴートのもとで古代ギリシア・ローマ教養の柱石となったのがスペインのイシドルスである。かれは、主著『語源誌』を自由学芸の説明からはじめることによってこれを百科全書的教養の基底におき、同時に教父たちに倣い、聖書注解および教会における諸学の基礎知識として位置づけている。他方かれの自由学芸論は、それを含む『語源誌』全体の百科全書的様式に従って書かれたため、簡便ではあるが、「物知り的知識」のレベルに引き込まれ、そうした知的態度と水準を後代に伝達し、これに甘んずる学風を残したともいえる。

第三章では、カール大帝の文教大臣ともいうべきアルクインの自由学芸論を取り上げる。ビザンツ帝国に対峙しうるだけの文教国家をめざすカールは、西欧各地の知識人を招聘し、なかでも碩学の誉れ高かったヨークのアルクインを文教政策の中心に据えた。アルクインは、独自の発展を遂げたイギリスの島々の教養を持ち込み、西方文化に活力を注入すると同時に、新生カロリング帝国の需要に応えて新たな方向づけを与えた。かれは、七自由学芸全体にわたる体系的な著作は書かなかったが、カール大帝と宮廷人に教えた諸学科のうち文系中心の三学科に関する書を残している。聖書注解と典礼および知的活動全般に向けられた初歩的な文法学と、為政者カールの必要に応えて政治的機能の復活を意図した修辞学、弁証論がそれである。

第四章では、アルクインの高弟であったラバヌスの自由学芸論を取り扱う。ラバヌスは主著『聖職者の教育』をもって、カッシオドルスが意図した修道生活とギリシア・ローマ教養との結合を実現し、自由学芸を聖職者、修道者の独占的教養として定着させた。実際、ラバヌスが自由学芸論においてもっとも多用しているのは、カッシオドルスの『聖・俗学教範』である。ラバヌスの自由学芸論は、古代、中世の著作家の抜書きにすぎないとして評判が悪いが、しかしわれわれは、ラバヌスによる先賢の書の引用、集約だけに注目するのではなく、膨大な引用を結合し総括する、かれ自身の説明に注目すべきである。そこでかれは、師アルクインによる自由学芸の実用的側面を継承し、当時の人々の知的水準、知的需要への適応をはかることによって一一、一二世紀の書簡術、文書作成術など、自由学芸の新たな発展を準備している。

以上、第一部で検討した自由学芸の再興と学習は、俗人に対する宗教教育を主要目的のひとつとしていたが、その宗教教育がどのように計画され実践されたのかを見るのが、第二部である。まず第一章では、カール大帝後の「カロリング・ルネサンス」の立役者のひとりオルレアンの司教ヨナスの『信徒の教育』を取り上げる。この著作は一般に、中世の風俗を示す史料として利用されているが、しかし著者の本来の意図は、キリスト者としての理念の提示にある。ヨナスによると、キリスト者の一生は、秘跡をとおしてキリストの救いを各人のなかに再現しようとする神の働きを受け入れ、実生活をもってこれに応えることにある。この神の働きかけを受容するのが徳であり、その拒絶が風俗に反映される悪習である。

ヨナスの『信徒の教育』のような聖職者による『鑑』は枚挙にいとまがないが、第二章では、ほとんど無名に近い一女性ドゥオダによる『鑑』を取り上げたい。その教育の基本は聖職者によるキリスト教的教えであるが、かの女はそれをカロリング宮廷に仕える長子の境遇に適応させ、提示する。そこには、貴族階層の一員としてまた家臣としての理想が、当時の政治、社会制度に即して、母親の細やかな愛情と教養とをもって教示されている。したがってこの『鑑』は、当時の俗人貴族の生活理念を具体化する提要としてだけでなく、中世における女性の教養を示す史料としても検討に値する。

さいごに、第三章では一般大衆の宗教教育を取り上げる。一般に、中世の宗教教育は非人間的な徳目主義であったと一括されがちであるが、しかしその教育方法、教育内容を見るとき、そこには教理的要素が多分に含まれている。文字、書籍に無縁な民衆の教育方法としては、かれらの視聴覚に訴える教会の建物と、それを飾る聖画像、とくにそれらを背景に執り行われる典礼があった。聖画像では、徳目よりも新・旧約聖書による救いの物語（聖書物語）を描いたものがほとんどである。また典礼では、カロリング期の洗礼は幼児洗礼が中心であるが、そこで幼児に代わって信仰宣言を行い、子どもの宗教教育にたずさわる代父母に求められていたのは、キリスト者が日常、希求すべき信仰生活を表明する「主の祈り」と、キリスト教教理を要約した「信経」の知識であった。また信徒にとって重要な典礼は、かれらが祝日、日曜日ごとに参列するミサであるが、そこで直接的教育機能をもつのは説教であった。人々は説教において、「善に励み、悪を避ける」ことを教わるだけでなく、「信経」の各条項にもとづく教理の説明も耳にした。なお説教では、単純、無教養な信徒の理解を得るため、かれらが常用するロマンス語の使用が奨励されたことは注目に値する。

以上、本書の内容が、いささかなりとも今後の西欧中世教育史、文化史研究の一助ともなれば幸いである。

目次

第二部　キリスト教教育の展開

ヨーロッパ中世の自由学芸と教育

第一部　自由学芸の伝統と継承

第一章　カッシオドルスによる自由学芸

——『聖・俗学教範』を中心に——

はじめに

古代の教養が、どのような経緯を経て西欧キリスト教中世さらに今日の西欧文化に導入されたのか、その過程の一端を、以下の四章をもって検討したい。古代の教養がすでに教父たちによってキリスト教化され、その立役者がアウグスティヌス（A. Augustinus 三五三―四三〇）であったことに異論はないであろう。いまさらかれの業績を取り上げるまでもない。かれは、古代人のひとりあるいは古代から中世への架橋者である。では、アウグスティヌスの偉業を中世に移植したのはだれか。時代、地理、とくに思想的に見て、かれにもっとも近い中世の人物をあげるとすれば、ボエティウス（A. M. T. S. Boethius 四八〇―五二四）とカッシオドルス（Flavius Magnus Cassiodorus Senator 四七七／四九〇頃―五七〇／五八三頃）がいる。アウグスティヌスが、ヴァンダル族の包囲するヒッポで生涯を閉じたあと、ボエティウスは、古代ローマからゲルマン世界への移行を画した東ゴートに仕えるなかで、多くの著述と翻訳をもってギリシア、ラテンの文芸復興をめざしたが、志半ばにして刑死した。これに対してカッシオドルスは、生涯の前半においてはボエティウスの跡を受けて東ゴートに仕え、ボエティウス以上の政治的手腕を発揮して要職を歴任し、とくに東ゴートの文教政策に深く関与した。生涯の後半においては、イタリア南端の領地に自ら創設したヴィヴァリウム修道院においてキリスト教的知的活動に身を捧げた。つまりかれは、古代から中世への政治的、社会的、文化的転換を身をもって生きた人物である。しかもかれは、われわれがここで問題にする古代の教養つまり自由学芸を体系的に取り扱う『聖・俗学教範』(Institutiones divinarum et saecularium (humanarum) litterarum 以下、『教範』と略記。括弧内の、書名抜きの横書き算用数字は、本書の巻、章、節、を示す)を残してくれた。われわれは本章の基本資料としてこの『教範』を取り上げるのであるが、それは、本書がアウグスティヌスの『キリスト教の教え』(De doctrina christiana)をおもな資料として著わされたものであり、アウグスティヌスが理論づけた自由学芸のキリスト教化を、「さいごのローマ人」のひとりカッシオドルスがいかように受けとめたかを如実に教示し、もって古代自由学芸の中世への移行という問題に答えてくれるからである。[1]

I　東ゴートの文教政策と政治家カッシオドルス

(1)　東ゴートの文教政策とカッシオドルス

カッシオドルスが生きた時代は、ローマ帝国と新参のゲルマン民族とがイタリアの覇権をめぐって相争い、ついにゲルマン民族が西欧の覇者として地歩を固めていく中世初期の段階である。こうした転換期に生まれたかれは、古来ギリシア文化の影響の深かったイタリア南部のスキュラキウム(Scyllacium)に領地をもつ、元老院階級の名門の出で、生粋のローマ人である。その生い立ちについては委細不明であるが、かれが歴史に登場するのは東ゴートの政界に入ってからである。よく言われるように、東ゴートの諸王は王国と都市の防衛には東ゴート族を当て、政治・文化の諸制度はローマのそれを温存しローマ人をその運営に当たらせたが、こうしたローマ人のひとりがカッシオドルスであった。

カッシオドルスはまず、父の秘書（consiliarius）として東ゴートの政界に入り、かれのつよい推薦のもとに、またテオドリック大王（Theodoric 在位四七四—五二六）御前での演示弁論でその文才を認められて財務官（quaestor 五〇七年初めから五一二年初め）になり、法学、修辞学の教養を駆使して、王命を伝える種々の公文書の作成にあたっている。(2)

このように、かれは着任当初から東ゴートの文教政策に深く関わっていく。五〇七年ごろ、かれはテオドリック大王の指示のもとに、(3)ギリシア・ローマ文化・教養の再興に熱心であったボエティウスにつぎのように書き送っている。「あなたの翻訳のおかげで、音楽者ピュタゴラス、天文学者プトレマイオスがイタリアで読まれ、数学者ニコマコス、幾何学者エウクレイデスがイタリア人に伝えられ、神学者プラトン、論理学者アリストテレスがローマ人のことばで論争している」(4)。実際ボエティウスは、政治家である以上に学者であり、ギリシアの技芸を導入してローマ人の生活の向上をめざすとともに、ギリシア・ラテン教養の凋落につれ、もはやラテン語しか解さなくなった西ローマ人や新参の東ゴート族のためにギリシア語文献を翻訳し注解書を著して、かれらの啓発を図ったのであった。後年カッシオドルスは、『教範』を著すにあたってボエティウスの訳書、注解書を多数、利用することになる。

カッシオドルスは財務官を辞して二年後に執政官（consul）に任ぜられ（五一四年）、また祖父、父の後を継いでルカニアとブルティウムの知事（corrector Lucaniae et Bruttiorum）を務めている。その後約一〇年間、かれは東ゴートの宮廷を離れたが、東ゴートと東ローマとの関係が緊張しはじめたテオドリック大王の晩年、反東ゴートの陰謀に加担したとして処刑されたボエティウスの後を継ぎ、宰相（magister officiorum 五二三年から五二七年）の要職に就いた（また五二四年以降は財務官をも兼務）。かれは文化活動では先任者に及ばなかったが、政治的手腕においてははるかに有能で、かれの『書簡集』（Variae）が示すように、古代ローマの文化、学校制度の維持を図る東ゴートの文教政策にあずかって力があった。

かれは、テオドリック大王の没後も、五三三年から五三七年まで近衛隊長（praefectus praetorii）としてアマラスエンタ（Amalasuentha）に仕えた。かの女はテオドリック大王の長女で、父王の要望どおり古代ローマの教養はもちろんギリシアの文芸にも通じていたと言われる。かの女は、まだ幼い長子アタラリック（Athalaricus 在位五二六―五三四）の摂政として東ゴートを治め、ローマ化政策を進めたが、その性急な行動は、かの女の暗殺の一因となったと考えられている。その間カッシオドルスは、幼王アタラリックの名において、法学にも通じていた詩人アラトル（Arator 五五〇頃没）に書簡を送り公職に就くことを求めたが、それはかれの詩才と修辞学的教養を高く買ったからであった[5]。またカッシオドルスは五三三年ごろ、同じアタラリックの命によりローマの元老院に書簡を送り、文法学教師や弁論教師、法学教師たちの俸給を削減することなく規定どおりに支払うように求め、改めて文法学校の有用性をたたえ、文法学教師や弁論教師がいかに良俗の維持と能吏の育成に貢献しているかに注目させている[6]。

東ゴートの文教政策に対するカッシオドルスの態度は、その著作にもうかがわれる。かれは、テオドリック大王の要請のもとに『ゴート史』（De origine actibusque Getorum sive Gothorum. 完成したのは五二七年から五三三年の間、アタラリックの治下においてである）を著した。その内容は、東ゴートの歴史家ヨルダネス（Jordanes 六世紀）

が残した要約をとおして断片的に知るしかないが、カッシオドルスは、当時の人々が Gothi と Getae を、また Gothi と Scythae とを同一視していることに目をつけ、ギリシアの歴史家と東ゴート人アブラヴィウス（Ablavius）の著作をもとに、意図的な想像を加えてゴート族の歴史をギリシア、ローマの歴史のなかに位置づけ、東ゴートによるイタリア支配を正当化しようとしている。さらにかれは、テオドリック大王の属するアマル家を称賛し、また、衰亡しつつあるラテン人と活力に溢れるその救い手ゴート族とを対比し、かつ混和させようとしている。(7)

またカッシオドルスは、テオドリックの婿で、その後継者とも見なされていたエウタリック（Eutharic テオドリックの娘アマラスエンタの夫で、五一九年の執政官）の意を受けて、『年代記』（Chronicon ab Adamo usque ad annum 519）を著している。これは、ノアの洪水からテオドリック時代、正確には五一九年までの歴史の要約である。内容の大部分は、エウセビウス（Eusebius 二六〇頃―三三九頃）とプロスペル（Prosper Tiro 三九〇頃―四五五頃）の著作を歪曲しつつ借用したもので、カッシオドルス自身に帰せられるべきものはほとんどなく、かれ自身、自分の著作目録には加えていない。しかも、二とおりの年代算定法つまり執政官暦と皇帝暦を混用している。かような無理な操作をもってカッシオドルスが意図したのは、ゴート族の美徳の称賛とその過誤の軽減である。たとえば、ポレンティアの戦い（四〇二年）はゴート族による勝利とされ、ローマ占拠時（四一〇年）のテオドリックの寛大な態度が称賛されている。またシャロンでのアッティラの敗北（四五一年）はゴート族の勇猛さによるものとされ、さらに、執政官名簿ではエウタリックの名は、ビザンツのユスティヌス帝（Justinus 在位五一八―五二七）の前におかれているほどである。(8)

一方カッシオドルスは、公務さいごの動揺のなかで、キケロその他のローマの教養人がしたように、自分の業績をまとめ、『書簡集』（Variae）を刊行している（五三七年末）。『書簡集』と訳したが、個人的書簡はわずかで、大部分は歴代の東ゴート為政者の意を受けて作成した公文書であり、したがってその刊行は、かれが三〇余年間、身を挺した文教政策の是認を意味していた[9]。

『書簡集』の刊行はまた、東ゴートとの訣別を意味していたとも言える。かれは以後、その活動を政治的、世俗的領域から宗教的、精神的領域へと転換していく。その証拠に、『書簡集』の刊行後まもなく、たぶん同じ五三七年に『霊魂論』（De anima）を著している。この書は、魂の問題を取り扱うアウグスティヌスの種々の著作とクラウディアヌス・マメルトゥス（Claudianus Mamertus 四七三／四七四没）の『霊魂様態論』（De statu animae）をもとに、人間の魂の非物体性と死後の状態を取り扱うもので、そこには明らかに、魂の安らぎを求めるカッシオドルスの姿が映し出されている[10]。カッシオドルスの活動と思想の転換は、さらに『詩編注解』（Expositio in Psalmos）の著述によって示されている。本書についてかれは、アウグスティヌスの『詩編注解』（Enarrationes in Psalmos）を手本にしたと述べているが、その学問的水準は似て非なるもので、むしろ「詩編」に含まれる自由学芸の諸要素の指摘がとくに目につく[11]。

（2） キリスト教大学設置構想とヴィヴァリウム修道院の創設

カッシオドルスはその後、アマラスエンタを殺害して権力を奪いユスティニアヌス（Justinianus I 在位五二七―五六五）にイタリア攻略の口実を与えたテオダハド（Theodahad 在位五三四―五三六）、その後継者ヴィティゲス（Witiges 在位五三六―五三九）にも仕えた。しかしこのヴィティゲス王に対しては、その武勇をたたえることはあっても、テオドリックのような文芸の擁護者として見ることはない[12]。テオドリック大王は、ローマの政治・文化の維持者として元老院を高く評価し、かれらの政治的謀反を危惧しながらも温存したが、ヴィティゲスは、人質として連行された元老院議員たちを虐殺し、この点でもローマの制度、文化との絶縁を表明したのであった。[13]こうして東ゴートの政策転換に直面したカッシオドルスは、徐々に、文教活動の場を東ゴートからローマのキリスト教会に移していく。東ゴート宮廷の在所ラヴェンナとローマとは距離的にも近く、またキリスト教徒で貴族であったカッシオドルスは、以前からずっと貴族、教養人の集うローマの教会と交流をもち、関心をともにしていた。こうして生まれたのが、キリスト教大学（高等教育機関）の設置計画である。

この計画はカッシオドルスの政治活動の末期（五三六年か）に立案されたもので、かれは、『聖・俗学教範』の序文でつぎのように説明している。「俗学の学校が大いに繁盛しているのを見るにつけ……聖書を公に講ずる教師が欠如していることを悲しみ、……ローマの司教アガペトゥスと協力して寄付をつのり、かつてアレクサンドリアにあったと伝えられ、今日なおシリアの都市ニシビスでヘブライ人が開講していると言われているような、キリスト教学校を設置しようと決心した」[14]。この学校は、かれが例にあげているアレクサンドリア、ニシビスの学校の教授内容から見て、最高の宗教教育つまり聖書注解と神学、またその基礎教養を与える総合的な高等教育機関であり、キリスト教大学とも言えるものである。実際、パンテニオス（Panthenios 二〇〇年頃没）が最初の教師となり、のちオリゲネス（Origenes 一八五頃—二五三頃）が再編し教えたアレクサンドリアの学校には、受洗者用の初歩的要理を教える普通課程（四世紀まで存続）と、自由学芸とプラトンの哲学を教え、それを基礎教養として、神学とくに聖書注解を教授する上級課程（三九一年頃閉鎖）とがあった。一方ニシビスの学校は、助祭エフレム（Ephraem 三〇六頃—三七三頃）がエデッサに開設した講座に由来するもので、そこでは聖書注解と神学とが教授されていた。なおこの聖書注解は歴史的、文法学的解釈にもとづくもので、自由学芸の修得が前提とされていた。[15]

なお、この大学設置計画は、学校の設置および運営の費用を公の寄付に求めたこと、また計画の主導者のひとりあるいは協同者がキリスト教会の最高責任者アガペトゥス教皇（Agapetus 在位 五三五―五三六）であったこと、とくに当時カッシオドルス自身がまだ公務にあった点から見て、それは単なる個人的企画ではなく、明らかに政治家カッシオドルスの胸中にあったローマ文化・教養の再興とキリスト教徒の知的向上をめざす公的企画であったと見ることができる。ところでこの計画は、カッシオドルス自身の表現によると、「イタリア王国における激しい戦乱と戦闘によるひどい混乱」つまりゴート戦争（五三五―五五五年）のため実現されなかった（1, praef. 1）（それは、後述するように、ヴィヴァリウム修道院という形を取る）。その後カッシオドルスは、東ローマによるイタリアの新長官の任命もあって（五三七年 Fidelis なるものが任命された）、ラヴェンナの陥落以前に（『書簡集』のさいごの書簡から見て、五三七年末か五三八年）、政治的公務から身を引いたのであった。

しかし政界を去ったカッシオドルスは、教皇ヴィギリウス（Vigilius 在位五三七―五五五）とともにビザンツに姿を現す。イタリアの政情は、ヴィティゲスに対するベリサリウス（Belisarius 五〇五頃―五六五）の勝利後も不安定であった。簒奪者トティラ（Totila 在位五四一―五四二）は、東ローマの勢力を駆逐して、その支配力をカッシオドルスの所領ブルティウムやカラブリア（南イタリア）にまで広げ、さらにローマをふたたび占拠し（五四六年）、タレントゥムを抑え、シチリアにまで手を伸ばしたからである（五五〇年）。シチリアに避難していた亡命貴族たちはトティラの侵攻をまえに、大挙してコンスタンティノープルに逃れ、皇帝に対しイタリアの再征服を嘆願した。そのなかには、かれらの指導者であったリベリウス（Liberius）やケテグス（Cethegus）、さらにヴィギリウス教皇とカッシオドルスがいた。このカッシオドルスが単なる避難者でなかったことは、ヴィギリウス教皇の書簡のなかに列記されるカッシオドルスその他の著名人の肩書きから推測できる。そこでカッシオドルスは元老院議員（Senator. この称号は、引退後のカッシオドルス自身は用いないが）として紹介され、リベリウス（かれは、オドアケルとテオドリックのもとで近衛隊長の要職を勤め、ガリア、エジプトの州知事の職を経てのち、ユスティニアヌス帝によってイタリア征服の統帥に任命された人物である）、ケテグス（元元老院議長であった）と同列におかれている。つまりカッシオドルスは、これら有力者たちに伍して、東ローマ皇帝に対しイタリア再征服の決定的手段をとるよう働きかけている。

カッシオドルスはまた、コンスタンティノープル滞在を好機に、キリスト教大学設置計画において参考にしたと言うシリアのニシビスのユダヤ人の学校（聖学中心）について、より詳細な情報を収集したことは容易に想像される。かれはまたここで、財務官ユニリウス（Junilius）に会ったとも考えられる。ユニリウスは、ニシビスの学校で学んだ教えの内容を『聖書注解規範』（Instituta regularia divinae legis 五五〇年ないし五五一年）として著し、カッシオドルスは聖書注解の貴重な手引書のひとつとして本書をあげている（1, 10, 1）。また、『教範』において参考書としてあげる『黙示録注解』（In Apocalypsin commentarius）（五四三年以前）の著者、ハドルメントゥム（北アフリカ）の司教プリマシウス（Primasius）にも会ったようである（1, 9, 4）。

またかれは、宗教的分野においても公的に活動している。アガペトゥス教皇の後継者問題をめぐる東ゴートとユスティニアヌス帝との争いにおいて、またアガペトゥスの後継者ヴィギリウス教皇が宗教上の諸問題（とくにキリストの神性）について東ローマ皇帝の主張を入れ西方教会と対立するに至ったとき（「三章論争」）、カッシオドルスは他の司教たちとともに両者の和解に奔走しているからである。(16)

こうした経緯のあとカッシオドルスは、イタリア帰国後おそらく数年を経て、イタリア半島南端のカラブリアの都市スキュラキウム近郊の所領に隠退し、そこに、かつてアガペトゥス教皇と計画したキリスト教大学に代わるふたつの修道院を建設した。ひとつは観想に専念する隠修士のための修道院で、カステッルム山上に建てられ、もうひとつはより活動的な共住形態の修道院で、付設されていた養魚池（vivarium）に因んで、ヴィヴァリウム修道院と呼ばれた（1, 29, 1）。主として、キリスト教大学の役目を引き受けたのは後者の修道院であった。

このヴィヴァリウム修道院において、学習活動がいかに中心的位置を占め重視されていたかは、修道院施設によく示されている（1, 29, 1, 3）[17]。まず、学習活動に必須の施設として図書室があった。そこには、カッシオドルスが東ゴートの宮廷にいたころから集めた書籍のほか、アガペトゥス教皇から譲り受けたものもあったと思われる。しかし大部分は、修道院創設後、カッシオドルスが八方手を尽くして漸次買い増していったものであった（2, 3, 20）。しかもこの図書の収集は、三度にわたる『教範』の改訂からも推測されるように、既存の蔵書を補充する形で計画的に行われている。蔵書の内訳は、かれが『教範』において聖学、俗学の参考書としてあげる書籍を見れば、おおよその見当はつく[18]。

また蔵書に関係の深い写字室（scriptorium）とその活動について、かれは明記こそしないものの、当時の知的活動における写本の重要性から見て、また、ヴィヴァリウムには熟練した製本係（artifices in codicibus cooperiendis）が活躍していたこと（1, 30, 3）さらに、カッシオドルスが『正書法』（De orthographia）を著し、写字を最高の肉体労働（corporeus labor）として称賛していることから考えて、当然、写字室があったと結論できる（1, praef. 9）。

一方、カッシオドルスの修道院には、ベネディクト（Benedictus de Nursia 四八〇頃—五四三）の『会則』（Regula 五三〇—五六〇年）におけるような時間割はなく——「修道会則」としてカッシオドルスは、どちらかと言うと、観想的、禁欲的なカッシアヌス（J. Cassianus 三六〇頃—四三〇頃）の『対話』（Collationes）を勧めている（1, 29, 2-3）――したがって、学習時間の規定も不明であるが、修道院の備品のなかには、照明器具、昼間用の日時計、夜間用の水時計など、知的活動にも用いたと思われる用具があった（1, 30, 4-5）[19]。

さいごに、学習にもっとも必要な要素は教師であるが、これについてはほとんど不明である。ヴィヴァリウム修道院には、厳密な意味での教師はいなかったようである。修道院内の非識字者に読み書きを教える年長の修道者がいたほか、修道院をたまに訪問する学識者と思われる二、三の修道者の名前もわかっているが、やはり中心となる教師はカッシオドルスだけであったようである。こうした事情をふまえてかれは、「教師に代わる手引書として」、『聖・俗学教範』を著したのであった[20]。

『聖・俗学教範』は、修道院創設後、五五一年よりややあとに書かれたと思われるが[21]、カッシオドルスの著作のうち後代もっとも注目され、引用された書である。ただしこれは「修道会則」ではなく、いわば「学習指導要領」とも言うべきものである。この書は二巻に分かれ、第一巻（三三章）は聖学（divinae litterae）を、第二巻（七章）は俗学（saeculares（humanae）litterae）を取り扱い[22]、それぞれの説明にほぼ同数の紙数があてられている。第一巻を要約すると、カッシオドルスのいう聖学とは、キリスト教教理の理論的解明をめざす神学ではなく、聖書注解のことである。かれによると、聖書は救いに関する知識を与え、それを受け入れ実行する人々に永遠の生命をもたらす。ところで、聖書における神のことばは、それが向けられた人間の条件に合わせて語られている。つまり読者とは異なる時代、文化に属する預言者や使徒たちの言語、活動を媒体として伝えられている。そのため、聖書を理解するためには読者の知的努力が不可欠である。たしかに、カッシアヌスが主張した「観想」（contemplatio）による聖書の理解もありうるが、しかし一般には、アウグスティヌスその他の教父たちが重視した聖書の知的学習が必要であり、それには基礎教養として自由学芸の学習が必須となる。こうしてカッシオドルスは第二巻において、自由学芸による教養の修得を修道者たちに求めたのである。

Ⅱ　カッシオドルスによる自由学芸

一　七自由学芸

では、『聖・俗学教範』第二巻をもとに、カッシオドルスが提示する自由学芸を見ることにしよう。カッシオドルスは、自由学芸（**artes liberales.** カッシオドルスは、**liberales litterae** と呼ぶこともある）について、その語源の説明からはじめる。かれによると、**liberalis**（自由な）の語幹 **liber** は、書物（**liber**）に通ずる。そして書物は、パピルス紙が豊富になる以前の古代の人々が、「木から剥がしとった（自由にした）樹皮」（**arboris cortex demptus et liberatus**）に神託を書き写したことに起源を発する。樹皮は細い小枝を包んでいることもあり、太い幹を取り巻いていることもある。そのように、書物も内容の性質に応じてその様式を変えることができる（2, praef. 4）。自由学芸の語源の伝統的解釈では、**liberalis** は **liber**（自由な、自由人の）に由来すると理解し、**artes liberales** を「自由人にふさわしい学芸〔あるいは教養〕」ととるが、カッシオドルスは、伝統的な解釈には直接にはふれずむしろ教養の道具である書物との関係を重視している。かれは古来の意味は当然のことと考え、ただ知的教養の道具としての本、より具体的に言うならば、かれが執筆しつつある『聖・俗学教範』とそこに提示される参考書を強調したかったのであろう。こうしたカッシオドルスの語源的解釈は、後代のイシドルス（**Isidorus Hispalensis** 五六〇頃―六三六）、ラバヌス・マウルス（**Rabanus Maurus** 七八〇頃―八五六）に受け継がれていく。

一方カッシオドルスは artes について、まずラテン語の語源は、「それ（artes）が規則をもってわれわれを制約し拘束する（artet atque constringit）」〔形成する〕ところから来ていると言う。Artes はまた、「ある人々によれば」、ギリシア人が用いた apo tes aretes（カッシオドルスは ἀπὸ τῆς ἀρετῆς というギリシア語はあげず、むしろラテン語訳の a virtute をあげる）に由来するもので、雄弁な人々はそれを、あらゆる事柄の「知識」（scientia）と呼んでいると言う。こうしてカッシオドルスは、ラテン語の語源の説明をもって、ギリシア人が paideia（παιδεία）と呼び、キケロ（M. T. Cicero 前一〇六―四三）が humanitas（人間らしさ）という語をもって表現した、教養という概念を受け継ぐことになる（2, praef. 4）。

つぎにカッシオドルスは、自由学芸の数を七つに限定する（2, praef. 4）。かれは、「知恵の書」など聖書における用法をもとに七という数を数意学的に解釈し[23]、それは、自由学芸の統一性、完結性、永続性、つまり完全性を示すと言う（2, praef. 2）。七という数は、古今東西あらゆる分野でカッシオドルスがあげたような意味で用いられているが、これを自由学芸に適用したのはかれが最初ではなかろうか。たしかに、西方において自由学芸の数を七つに限定した最初の著作はマルティアヌス・カペラ（Martianus Capella 五世紀）（カッシオドルスは、かれを Felix Capella〔幸せなカペラ〕と呼んでいる）の『文献学とメルクリウスの結婚』（De nuptiis Philologiae et Mercurii）であるが、しかしカペラ自身は『七自由学芸』とは名づけていない。カペラの書を、De septem disciplinis（『七自由学芸』）という表題で呼んでいるのは、カッシオドルスである（2, 2, 17）。かれは、カペラの書から七という数を取り入れたというよりもむしろ自分自身の自由学芸の数に合わせて、カペラの書に『七自由学芸』という表題をつけたのであろう。クールセル（P. Courcelle）によると、カッシオドルスがカペラの書を実際に手にしたのは『教範』刊行後のことだからである[24]。むしろカッシオドルスは、自由学芸の数の確定にはギリシアのアンモニオス・サッカス（Ammonios Saccas 一七五頃—二四二頃）の書に依拠しているのではなかろうか。つまりカッシオドルスは、ギリシアのプラトン派の自由学芸体系を取り入れ、聖書による数意学的解釈を付加することによって自由学芸の七つという数の明示に一役買ったと言えよう。

つぎにカッシオドルスは、七自由学芸を文法学、修辞学、弁証論と、算術、音楽、幾何学、天文学とに二分して取り扱い、主として、前者には artes（学芸）、後者には disciplinae（学科）の語をあて、それぞれの特徴を指摘している。かれによると、プラトンとアリストテレスは学芸と学科との相違をつぎのように説明した。Artes は、「現在とは異なる仕方でありうる偶有的な事柄を取り扱う知的特性であり」、disciplinae は、「現在と異なる仕方ではありえない事柄を取り扱う知的特性である」[25]。こうした自由学芸の区分はすでにプラトン、アリストテレスにおいても見られるが、それは蓋然的あるいは内容における区分で、ars, disciplina という専門用語による区別が常用されるのは中世に入ってからであり、そこにはカッシオドルスの影響がある[26]。かれがこうした分類をどこから取り入れたのか明確ではないが、おそらくアレクサンドリアの異教徒の教師たちとくにアンモニウスから、七つという数とともに取り入れたのであろう。しかしカッシオドルスはこうした区分を断定したわけではなく、『教範』の改訂において、弁証論は、真の論証によってなにかを検証する場合は「学科」（disciplina）と呼び、蓋然的で類推的なことを論じる場合は「学芸」（ars）と呼ぶべきであると、柔軟に考えている。その理由として、アウグスティヌスは文法学と修辞学を「学科」（disciplina）と呼び、カペラも自由学芸全体を「諸学科」（disciplinae）と呼んで、その著作の表題としている、と断っている[27]。ちなみに、三学芸を trivium（原意は「三つの道」、「三学」と仮訳）と呼んだのは後代のアルクイン（Alcuin 七三五頃—八〇四）であると言われ、四学芸を quadrivium（原意は「四つの道」、「四科」と仮訳）と呼んだのはボエティウスであるとされている[28]。

二　三　学

（1）文　法　学

カッシオドルスは文法学（grammatica）について、その語源となる文字（littera ギリシア語では γράμμα である）が、かれはギリシア語による表記はあげない）の説明からはじめる。カッシオドルスによると、最初に一六の文字を発明したのはフェニキアのキュロス王カドムス（Cadmus）で、それを完成させたのは、ギリシアの学者たちである。そしてかれはすぐに、文法学の初歩となる文字の配置と価値について、ギリシア語ではヘレヌス（Helenus）[29]の著作（委細不詳）、ラテン語ではプリスキアヌス（Priscianus caesariensis 六世紀初頭に活躍）の『文法学教範』（Institutiones grammaticae）の参照を勧める（2, 1,）。

つぎにかれは、文法学の実質的な定義をあげる。それによると、「文法学は、有名な詩人や著作家たちから集められた、上手に話すための知識である」[30]。したがって文法学は、誤りのない散文と韻文を書く力を与え、洗練された演説、練熟した文書を作成する能力を与える。つまり文法学は修辞学、文書作成術の基礎である。カッシオドルスは、それ以上の説明の代わりに、パラエモン（R. Palaemon 一世紀）の『文法学』（Ars grammatica）、フォカス（Phocas 五世紀頃）、プロブス（M. V. Probus 一世紀後半）、ケンソリヌス（Censorinus 三世紀）の著作、とくに初心者には、ドナトゥス（A. Donatus 四世紀）『大文典』（Ars major）とアウグスティヌスの『文法学』（De grammatica）を勧める[31]（2, 1, 1）。

つぎにかれは、ドナトゥスの『大文典』をもとに文法学で取り扱う内容として、発声された音声（vox articulata）、文字（littera）、音節（syllaba）、脚韻（pes）、抑揚（accensus）、文の区切りあるいは話題の分割（positura sive distinctio）（抑揚と区切りのふたつはドナトゥス以外から取られている）を取り上げ、さらに、八つの品詞（partes orationis）と、文彩（schemata）、語源（etymologia）、正書法（orthographia）をあげ、順に、ドナトゥスによる定義をそのまま繰り返す。ここで品詞のうちとくに名詞については、普通名詞、固有名詞にそれぞれ一、二の例をあげているが、それは初心者のことを考えているからであろう[32]。また、文彩の定義のあと、サケルドス（M. P. Sacerdos 三世紀）によるその数的集成と、ドナトゥスによる批判をあげているのは、この文彩が、文法学だけでなく、これ以後、説明される修辞学において重要な役割をもつからである（2, 1, 2）。さらに、文法学のごく簡単な説明から見て、省略されて当然と思われる語源と正書法の説明がさいごに加えられているが、これは、カッシオドルスの文法学が写字生をも対象にしていることを示している。かれによると、写字は聖学、俗学とともにヴィヴァリウム修道院の知的活動の重要な三要素をなす[33]。

さいごにカッシオドルスは、文法学の説明不足を補うかのように、「文法学が取り扱う事柄の定義については、以上の簡単な定義で十分であろう。さらに広く多く知りたいものは、わたしが文法学について著した書物をその序文とともに読むがよい」と言う[34]。カッシオドルスが読書を勧め、実際に修道院の図書室にあったのはドナトゥス、フォカス、ケンソリヌス、アウグスティヌスの文法学書が中心で、かれが書いたと言う『文法学』は残存していない。

本来、文法学は、カッシオドルスが究極的にめざす聖書注解にとってもっとも重要な基礎的学問であり、自由学芸の諸学科のなかでもより詳しい説明があって当然であるが、そうした配慮はまったく見られず、かれの文法学の説明は、幾何学のそれと同じくもっとも短い。あるいは聖書注解に必要な文法学の知識は、すでにかれの

『詩編注解』（Expositio in Psalmos『教範』よりも一五ないし二〇年早く刊行された）において説明ずみであると考えているかもしれない。実際、かれの『詩編注解』は、聖書注解書であると同時に聖書注解への自由学芸の実践的応用の手引き書としても利用できる書で、そこには学習者が自由学芸の諸要素を容易に見出しうるよう欄外に記号が付されている(35)。

（2）修辞学

カッシオドルスは、修辞学（rhetorica）についても語源の説明からはじめる。修辞学は、ギリシア語の apo tou rhetoreuein（ギリシア語の表記は ἀπό τοῦ ῥητορεύειν であるが、かれはラテン文字で音訳するだけである）（みごとな話し方に熟達する）という表現から、その名称を取っている。なおここで言う「話し方」には、公に話すという意味も含まれている。そのためカッシオドルスは、「修辞学は市民生活に関わる諸問題について上手に話す知識である」と定義する(36)。したがって弁論家とは、伝統的定義に見られるように、単に「話し方に卓越した良い人」というのではなく、「市民生活に関わる諸問題について論じることにかけて熟練した人のことである(37)」。市民生活に関わる諸問題とは、フォルトゥナティアヌス（C. Fortunatianus 四世紀後半）の『修辞学』（Ars rhetorica）によると、「魂が魂である以上おしなべて考えうる、つまりあらゆる人が理解できる問題である。というのも、公正と善について吟味されるからである(38)」。

しかしカッシオドルスによる修辞学の説明は、修辞学の基本的事項の列挙と定義、それに関する若干の例示といった簡潔なものである。かれが頻用するキケロの著作も、キケロが修辞学を詳述する『雄弁家論』（De oratore）ではなく、かれの初期の著作で、まったく教科書的な『構想論』（De inventione）である。カッシオドルスはこの『構想論』をもとに、修辞学の内容としてまず修辞学の五つの部分、構想(inventio)、配列(dispositio)、表現(elocutio)、記憶(memoria)、所作(pronuntiatio)をあげ、それぞれ、ほぼ一行内外で定義したあと[39]、弁論の種類をあげる。そして主として、フォルトゥナティアヌスをもとに、演示弁論(demonstrativum)、議会弁論(deliberativum)、法廷弁論(judiciale)に分け、これもそれぞれ、数語で内容の要点をあげる[40]。

つぎにカッシオドルスは、法廷弁論の告発(intentio)、弁護(repulsio)において、取り扱われる主題の問題点となる「論点」(status)を取り上げ、それを合理的論点と法的論点に分ける。合理的論点はさらに、推測、定義、質、転移に分け(2, 2, 4-5)、また法的論点は、文書と意図、法の矛盾、曖昧さ、推理あるいは演繹的推論、法的定義の五つに分ける(2, 2, 6)。この論点の説明も、ほとんど定義にすぎないほどの簡単なものである。ただ、論点をめぐる討論の形式の説明では、きわめて具体的に、古代ローマの市民生活に関わる諸問題を文章化し例示している(2, 2, 7-8)。要するに、この論点の説明で目立つことは、それがキケロの『構想論』をもとに、その分類も説明も法、訴訟、裁判と関連づけられ、「市民的諸問題」を取り扱う修辞学本来の機能がつよく意識されていることである[41]。

つぎにカッシオドルスは、弁論の構成部分について述べる。かれは、序言(exordium)、陳述(narratio)、分析(partitio)、確証(confirmatio)、論駁(reprehensio)、結語(conclusio)の六つをあげ、簡潔にそれぞれを定義する。より詳しい学習に取り組むものには、かれ自身が利用したキケロの『構想論』、マリウス・ヴィクトリヌス(Marius Victorinus 二八一/二九一―三六五以降)による『キケロの修辞学注解』(Expositiones in Ciceronis rhetoricam)、クインティリアヌスの『弁論家の教育』(De institutione oratoria)、フォルトゥナティアヌスの『修辞学』を勧め、これらの書が修道院の図書室にあると指摘する(2, 2, 9-10)。

つぎにカッシオドルスは、修辞的論証（rhetorica argumentatio）をとくに取り上げ、それを帰納による論証（argumentatio per inductionem）と演繹による論証（argumentatio per ratiocinationem）に分け、さらに、それぞれを再分類し定義している（2, 2, 11）。後者では、とくに三段論法（syllogismus）について、キケロの種々の弁論から短文を引いて例にあげ[42]、また、ヴィクトリヌスの書からも例文を引用している（2, 2, 12-14）。そしてここでも、カッシオドルスが勧める学習書はキケロの『構想論』である（2, 2, 15）。

さいごにカッシオドルスは、フォルトゥナティアヌスの『修辞学』をもとに修辞学を構成する五つの要素のうちさいごのふたつ、記憶と所作の典礼への応用を勧めている。かれによると、修道者は聖なる書の読書において記憶を活用し、また神の法（修道会則など）を読み上げるにあたって所作を利用し、聖務の斉唱においても、記憶と声の使い方（所作）に注意することによりそれぞれ期待する効果を得るようになる。それ以外の要素は修道者には不要である[43]。

(3) 弁証論

カッシオドルスは、自由学芸の三番目に弁証論（dialectica）をあげる。先述したように、かれは弁証論を「学芸」（ars）とも「学科」（disciplina）とも呼び、その内容を幅広く取り上げ、その説明は七自由学芸のうちもっとも長い。かれはすでに、ars と disciplina の定義をあげて両者を区別したが（2, 3, 20）、ここではその区別を確認すると同時に、ヴァロとアウグスティヌスの権威をもとに、両名称の相互置換を正当化しようとしている（2, 2, 17）。

かれはまず、弁証論の語源の説明ではなく、学問としての弁証論の起源から説明をはじめる。それによると、弁証論を学問として体系化し、その規則を確立したのはアリストテレス（Aristoteles 前三八四―三二二）で、カッシオドルスの『書簡集』によると、ボエティウスはその著作をラテン語に翻訳し注釈した（2, 3, 1）。[44]

つぎにカッシオドルスは、ヴァロ（M. T. Varro 前一一六―二七）の『諸学科』（Disciplinae）をもとに、同じくことばの術である弁証論と修辞学との相違を、手の形を例につぎのように説明する。弁証論は握った拳であり、修辞学は開いた掌である。前者は凝縮した弁論をもって論じ、後者は弁論を拡大して弁ずる。つまり前者はことばを縮約し、後者は展開する。人は弁証論をもって厳密な検証をめざし、修辞学をもって説得に向けて雄弁に語る。前者はときとして学校で、ごく少数の学徒を相手にし、後者は広場で、大衆を相手にする（2, 3, 2）。[45]

カッシオドルスによると、「弁証論とは……精緻かつ簡潔な推論をもって真なるものを偽なるものから弁別する」学問である。[46] したがって弁証論の基本原理を知り、内容を正しく把握するためには、すべての知識を統合し秩序づける哲学全体のなかに位置づけて理解する必要がある。こうしてカッシオドルスは、哲学の定義と区分を説明し（2, 3, 3-7）、哲学全体について基礎知識を与えたあと、基本的な参考書の解説に移る。まずポルフィリウス（Porphyrius 二三二／二三三―三〇五頃）の『入門』（Isagoge）（ヴィクトリヌスの訳とボエティウスの訳と注釈がある）をもとに、類（genus）、種（species）、差異（differentia）、特性（proprium）、付帯性（accidens）の五つを説明する（2, 3, 8）。つぎに、アリストテレスの『範疇論』（Categoriae）における一〇の範疇を説明し、「人が述べることは何であれ、必ずこれら一〇の範疇のどれかにあてはまる」と述べて、『範疇論』の学習の必要性を強調する（2, 3, 9-10）。また、アリストテレスの『命題論』（Perihermenias）（実際は、ボエティウスによる訳書）をもって、名詞（nomen）、動詞（verbum）、文（oratio）、命題（enuntiatio）、肯定（affirmatio）、否定（negatio）、矛盾（contradictio）について、ソクラテスを主人公にした例を引きながら具体的かつ描写的に説明し、さいごにボエティウスによるラテン語訳の読書を勧める。[47]

基本的要素を説明したあと、かれは弁証論そのものの内容つまり三段論法の説明に移る。まず、定言的三段論法（syllogismus praedicativus）の三つの格（formula）と、それぞれの格のもつ式（modus）について、定義と例をあげ、さいごに、アプレイウス（Apuleius 一二五年頃生）の『命題論』（Perihermenias 今日では偽作とされている）の読書を勧める（2, 3, 12）。つぎに、仮言的三段論法（syllogismus hypotheticus）の七つの式について、ごく簡単に具体的な例文をもって示し、参考書としてマリウス・ヴィクトリヌスの『仮言的三段論法』（De syllogismis hypotheticis）の読書を勧める。またカッシオドルスは、定言的三段論法、仮言的三段論法双方について、トゥッルス・マルケッルス（Tullus Marcellus）の書の学習を勧め、各巻の内容を説明しているが、この書はカッシオドルスだけが言及するもので、現存しない（2, 3, 13）。

つぎにカッシオドルスは、ヴィクトリヌスの『定義論』（De definitionibus）をもとに、定義（definitio）を取り上げる。それによると、「定義は、個々の事物の本性に関する短い言明であり、事物の固有の意味を規定し、当の事物を、共通性をもつ他の事物から区別する」[48]。そして、定義を一五の種類に分け、それぞれ簡単に定義したあと例をあげて説明している。この定義の説明では、それぞれギリシア語とラテン語による名称を取り上げ、ギリシアとラテンの著作から例を引用し、他に比べて、詳しく説明していることが目立つ（2, 3, 14）。

そのあとかれは、「論証の基礎、意味の源泉、表現の起源である」トピカ（topica 論点視点）を説明する。[49] かれは、トピカの種類についてそれぞれの定義と例をあげて説明するが、ここでもギリシアとラテンの著作から例文を引いている。さいごにカッシオドルスは、この論点が弁論家、弁証論者、詩人、法学者すべてのものにとって学習すべき重要な要素であることを説明して、その学習をつよく勧める（2, 3, 15-17）。ここでかれはおそらく、ヴィクトリヌスによるキケロの『トピカ』（Topica）の注解書に依拠している。

さいごにカッシオドルスは、弁証論の学習において参照すべき書として、ヴィクトリヌスによるアリストテレスの『入門』、『範疇論』、『命題論』の翻訳、またかれによる『範疇論』の注解書のほか、ボエティウスによるアリストテレスの『入門』と『命題論』の注解、その他、アプレイウスによる定言的三段論法の説明、ヴィクトリヌスによる仮言的三段論法の説明と一五種類の定義に関する説明、さらにキケロによるアリストテレスの『トピカ』のラテン語訳とヴィクトリヌスによるその注解の学習を勧め、これらはすべて、修道院の図書室にあると指摘する（2, 3, 18）。

三　四　科

先述したように、カッシオドルスは artes と disciplinae の区別をつよく意識し、すでに二度、それについて説明したが、四科（quadrivium）の説明に入るまえに、もう一度（したがって計三回）、同じことばをもって両者の相違を指摘する（2, 3, 20）。かれはそこで、数学的諸学科（disciplinae mathematicae）に共通の定義として、「抽象的な……思考においてのみ取り扱われる……量について考察する学問である」[50]と説明し、算術、音楽、幾何学、天文学の四つに区分しそれぞれについて短い定義を示す。かれがボエティウスの『算術教程』（De institutione arithmetica）をもって説明するところによると、これらの諸学科は独自の規則をもってわれわれの知性を鍛錬し、われわれの欲望を身体的な事柄から引き離し、心でのみ把握しうる事柄へと向かわせる。[51]数学的諸学科がこうした知的、霊的有用性をもつわけは、ユダヤ人の歴史家ヨセフス（F. Josephus 三七—一〇〇頃）が『ユダヤ古代史』

（Antiquitates judaicae）において証言しているように、神的起源をもつからである。[52]

（1）算　術

カッシオドルスによると、算術は、「数を取り扱うところから、算術と言われる」[53]。実際、算術は「数えられる量を、それ自体において考察する学科」[54]で、他の諸学科の「源泉、母」（fons et mater）であり、諸学科の第一に位置づけられる（2, 4, 1）。他の諸学科つまり音楽、幾何学、天文学はそれぞれ独自の機能を果たすために算術を必要とし、算術が取り扱う数のあり方を問題にするからである。カッシオドルスは、算術の優位性をピュタゴラスの証言と聖書のことば（「知恵の書」一一、二〇参照）をもとに説明するが、この両者には、図らずも数意学的概念がある。[55]

つぎにカッシオドルスは、「算術の目的は、われわれに抽象的な数と、偶や奇などそれに付帯する事柄の本性を教えることである」[56]と規定し、算術の内容として四とおりの数の分類をとりあげ、それぞれ具体的な数字を例に引いて説明する。第一の区分はごく通常の（日常的な）分類で、それによって数は偶数（par）と奇数（impar）に分けられ、第二の区分では偶数は完全数（perfectus）、過少数（indigens）、過剰数（superfluus）に分けられる。ここでカッシオドルスはやはり具体的な数字を例にあげて説明するが、ここには数意学の色合いが濃い。第三の区分では、数は、三、四、五、六など他の数との関係なしにそれ自体で考えられる数（numerus secundum se）と、二に対する四、三に対する六などのように他の数との関係で考えられる数（numerus ad aliquid）とに分けられ、この区分の説明は他の区分の説明に比べて長くかつ詳しい。それは、音楽など他の諸学科の説明の基礎になるからであり、またカッシオドルスが数の説明において留意する数意学に関係するからである。第四の区分では、数は不連続数（numerus discretus）、連続数（numerus continuus）に分けられ、その説明には三角形、四角形、五角形、円といった形に合わせて文字を配置し、文字数をもとに一定の計算をする三角数、四角数、五角数、円形数、立体数、球体数が図示されている。ここには数の数意学的解釈が反映されている。（2, 4, 3-6）。

以上の数の説明でカッシオドルスが意図しているのは、他の数学的諸学科にその基礎概念を提供することのほかに（2, 4, 7）、われわれの日常生活と切り離せない、数の実際的、具体的知識を与えるためである。実際、われわれの日常生活を規定する暦のもとになる日、月、年は数によって記され、財産、富の計算も数を用いて行われる。またカッシオドルスによる算術の説明は、聖書に多用されている数意学の手ほどきをめざすもので、そのためかれは聖書から多くの数を取り出して、聖書注解、教会の教えの理解には数の知識が不可欠であると強調し、「創世記」、「申命記」、「列王記上」、「エゼキエル書」、「ヨハネの第一の手紙」、「コリントの信徒への手紙I」の引用をもって、聖書注解における数意学の有用性を例示する[57]（2, 4, 8）。

さいごにかれは、参考書として、アプレイウス、ボエティウスによるニコマコス（Nikomachos 二世紀）の『算術入門』（Arithmetica introductio）の翻訳をあげている（両訳書とも今は散逸）。

（2）音　楽

カッシオドルスは音楽（musica）について、その起源の説明からはじめる。ムティアヌス（Mutianus 委細不詳）がラテン語に訳したガウデンティウス（Gaudentius）の『和声学入門』（Introductio harmonica）によると、ピュタゴラスが小さな鎚の音を聞き、また張り詰めた弦を爪弾くことから音楽を発明したと言う。一方カッシオドルスは、アレクサンドリアの司祭クレメンス（Clemens Alexandrinus 一五〇頃―二一一／二一六）の『異教徒駁論』

（Contra Paganos＝『ギリシア人への勧告』（Protrepticus 31）から、語源的な説明を取り入れている。それによると、音楽はムーサ（Musae）たちによる apo tu maso「探求すること」から名づけられた（ギリシア語では ἀπό τοῦ μῶσθαι であろうが、カッシオドルスはギリシア文字は書かない）。つまり歌の力と声の調節（modulatio）を探求したムーサたちに音楽の語源があると言う（2, 5, 1）。

カッシオドルスは二とおりの音楽の定義をあげる。まず、「音楽は音のうちに見出される数と関係する数について論じる学科であり[58]」、また、「音楽は正しく調和することに関する知識である[59]」。それを綜合すると、音楽とは、音に見出される調和を数をもって解明し、また数をもって正しく調和させる学科である。したがって、知恵の神が秩序をもって創造した世界と被造物、さらに人間の健全な身体（たとえば血管内の規則正しい脈拍）、正しい生活様式（神の掟との調和）には、当然、音楽がある（2, 5, 2; 2, 5, 9）。音楽は宗教にも見出され、宗教行事に用いられる楽器、また「詩編」の斉唱にも、神による天体の甘美な調和が含まれている（2, 5, 3）。

つぎにカッシオドルスは、音楽が取り扱う音をもとに音楽を分類する。音楽には和声（**harmonica**）、律動（**rithmica**）、韻律（**metrica**）があり、かれは、音と音（それを表示する数と数）との関係のあり方をもとに、簡単にそれらを定義する（2, 5, 4-5）。

また音楽を表現する楽器（**instrumenta musica**）については、打楽器（**percussionalia**）、弦楽器（**tensionalia**）、管楽器（**inflatilia**）の三つをあげ、それぞれの素材と用法について簡単に説明する（2, 5, 6）。

つぎに、六種類の協和音（**symphonia**）をあげたあと（2, 5, 6）、音の高さ（**tonus**）の定義と一五種類について述べているが、この説明は、他の学科の初歩的な説明に比べて長く、詳しく立ち入っている（2, 5, 8）。

音楽の有用性について。音楽は、神が命じかつ制定されたことをもとに、日常生活におけるあらゆる行動を、われわれを取り巻く世界とわれわれ自身の内部において調節し、平衡を保たせ、調和された律動をもって完成へと導く（2, 5, 2）。

音楽のもつ心理的効果については、竪琴を発明ないし改良し、野獣や山川草木まで魅了したオルフェウス（Orpheus）や、歌声をもって人々をまどわせたセイレン（Seiren）の伝説もあるが、聖書によると、ダビデ（David 前一〇世紀）は「健全な音楽」（saluberrima modulatio）を用いてサウル王を悪霊から救い出し、気分を回復させた（「サムエル記上」一六・一四―二三参照）。また名医と言われたギリシア人アスクレピアデス（Asclepiades 前一世紀中頃）は、協和音をもってある狂人を健全な精神状態に戻した。こうした音楽による奇跡的治療は枚挙にいとまがない（2, 5, 9）。ヴァロによると、音楽のもつ旋律は興奮した心を静め、また、獣はもちろん蛇や鳥や海豚までも惹きつける[60]（2, 5, 8）。

さいごにカッシオドルスは、音楽に関する参考書として、ギリシア人では、アリピウス（Alypius 三ないし四世紀か）の『音楽入門』（Isagoge）、エウクレイデス（Eukleides 前三〇〇年頃）の『和声学入門』（Introductio harmonica）、プトレマイオス（Ptolemaios 二世紀）の『和声学』（Harmonica）などの参照を勧め、ラテン人では、アルビヌス（Albinus 四世紀か）の書はヴィヴァリウムにはないが、ガウデンティウスの書があると指摘し、その他アウグスティヌスの『音楽論』（De musica）、アプレイウスの書（カッシオドルスは所有しているというが、今日では散逸している）をあげ、とくにケンソリヌス（Censorinus）の『誕生日について』（De die natali）から音楽と数、他の数学的諸学科との関係、声の抑揚を学ぶように勧め、本書から音楽の部分を筆写して残していると言う（2, 5, 1, 10）。しかしヴィヴァリウムの図書室にあった音楽関係の書は少なく、カッシオドルスが実際に用いたのは、主としてギリシア語著述家たちによる音楽論のラテン語訳である（2, 5, 10）。

(3) 幾何学

カッシオドルスは、幾何学（geometria）についても名称と語源の説明からはじめる。幾何学は、ラテン語では「土地の測量」（terrae dimensio）と言われる。そして幾何学の起源については、まず、エジプト人が図形を用いて土地を分配したことに始まるという説がある。これに続けてかれは、ヴァロの説をあげる。それによると、土地の境界をめぐる争いに測量をもって土地の境界を明確にし平和をもたらしたこと、また人々が月、太陽の大きさ、地球からの、また相互間の距離を計測したこと（metiri）から幾何学という名称が由来したと言われる（2, 6, 1）（そのため、幾何学の教師たちは、かつては「測量師」（mensores）と呼ばれたという）。そして最終的には、ヴァロ説を取り入れている。さらにカッシオドルスは、幾何学の起源は、哲学者（あるいは学者）が砂上に描くものをユピテルが天において創り出したことにあるという神話的起源に代えて、むしろ、創造主である神がその被造物にさまざまな種や形体を付与するにあたって図形を用いたことにあるとして、幾何学のキリスト教的起源を主張している（2, 5, 11）。

幾何学の定義は四か所に出てくるが、そのうちの三つは、「（幾何学は）不動の大きさと図形を取り扱う学科である」というように、幾何学と数との関係を取り上げ、同時に、この関係のあり方をもとに他の学科との違いを指摘し、第四の定義では、「幾何学は、図形の理論的記述であり、哲学者たちが用いる可視的引証である」として[61]、幾何学をひとつの論理体系と見るエウクレイデスの影響のもとに、三学とくに弁証論との関係を暗示している。

かれは、幾何学が取り扱う「大きさ」（magnitudo）と「図形」（figura）をもとに、それを、平面（planum）に関するもの、計数可能な「大きさ」(numerabilis magnitudo)に関するもの、有理数(magnitudo rationalis)と無理数(magnitudo irrationalis)を尺度とする「大きさ」に関するもの、すでに算術論でふれた立体図形(figura solida)(2, 4, 6)に関するものに分け、ごく簡単に説明する(2, 6, 2)。もともと幾何学の説明は七自由学芸中もっとも短く、他の数学的諸学科の半分ないし三分の一にすぎない。

さいごに参考書として、ケンソリヌスの『誕生日について』を勧め(2, 6, 2)、さらに、ギリシア人ではエウクレイデスの『幾何学原論』(Elementa)、アポロニオス(Apollonios 前三世紀後半)の『円錐曲線論』(Cornica)、アルキメデス(Archimedes 前二八七頃—二一二)その他の著作を勧め、これに対しラテン人ではボエティウスによるエウクレイデスの訳書(散逸)をあげるだけである(2, 6, 3)。

(4) 天　文　学

カッシオドルスは天文学(astronomia)でも語源の説明からはじめる。それによると、天文学(astronomia)は天体の法則(astrorum lex)を取り扱うところから、その名称がある(2, 7, 1)。かれは、天文学を哲学全体のなかに位置づけ、哲学の観想的、理論的学問のひとつとして分類し、さらに天文学固有の対象を示しつつ、つぎのように詳しく定義する。「天文学は、天上の星の運行に関する学科であり、星のすべての形状を観察し、星自体における、また、地球の周囲におけるその慣性を、探求力のある理性によって考察する学科である」(2, 3, 21)。天文学を専門的に取り扱う章でも、ほぼ同じ定義を用いている。[62]

かれによると、天文学が取り扱う天体の法則は神の意志を表明している。したがって、聖書における天体の奇跡も単なる法則の例外ではない。そこに特別にはたらく神の意志を示している。たとえばヨシュアの願いにより太陽が運行を止めたこと（「ヨシュア記」一〇・一二―一三参照）、キリストの誕生時に東方に星が現れ、三人の博士にそれを知らせたこと（「マタイによる福音書」二・二参照）、キリストの受難のとき、正午から午後三時まで地上が暗闇に覆われたこと（「ルカによる福音書」二三・四四参照）が、そうである（2, 7, 1）。

つぎにカッシオドルスは、天文学の区分として、天体の位置（spherica positio）、天体の運動（sphericus motus）、東（orientalis locus）、西（occidentalis locus）、北（septentrionalis locus）、南（australis locus）、地球の上方の半球と、下方の半球、星の軌道の数、星の進行あるいは順行、星辰の離反あるいは逆行、星の静止状態、計算による付加、削除、太陽、月、地球の大きさ、さらに日蝕（eclipsis solis）のような天体に起こる現象をあげる。そしてたいていの場合、それぞれのギリシア語の名称を交えてあるいは語源を用いながら、ほとんど数語で説明している（2, 7, 2）。

天文学の参考書として、カッシオドルスはギリシア、ラテンで多くの著作があると指摘しながら、とくにギリシアのプトレマイオス（Ptolemaios Klaudios　二世紀）の『小天文学者』（Minor Astronomus）、『大天文学者』（Major Astronomus）と、かれが天体の移動の経路を示すために作成した「運行表」（cursus astrorum）を勧め、また教父バシリウス（Basilius　三三〇頃―三七九頃）の『ヘクサメロン』（Homiliae in Hexaemeron）をあげている。またラテン語では、セネカの『宇宙の形態について』（De forma mundi）（この書は、ヴィヴァリウムの図書室にあったと言われているが、現存しない）のほか（2, 6, 4）、ヴァロの『天文学』（De astronomia）と『幾何学』（De geometria）（両書とも散逸、あるいは『諸学科』のなかの「天文学」、「幾何学」を指すのか）における宇宙の形態に関する部分を勧め、アウグスティヌスの『キリスト教の教え』（De doctrina christiana）も参考書としてあげている（2, 7, 3-4）。

カッシオドルスはまた、天文学の有用性について述べる。われわれは天文学をもって、神が宇宙万物に付与した固有の力や法則を探求し把握することにより、航海に適した時期、夏の暑さ、秋の雨など、気象に関する知識を得る。神はそれぞれの被造物に固有の力、法則を与えたのであるから、それらをとおして未来を知りうるのは当然のことである。[63] しかしかれが天文学学習にとくに期待するのは、聖書注解のための基礎知識、教養である。かれによると、「節度ある精神をもって」(moderata mente) 天文学を学習するとき、感覚は明晰かつ明敏なものとなり、魂は天にまで上昇し、天上の覆われた神秘を探求しうるようになる。そのため、かれは天文学の逸脱(占星術)を戒め、天文学の知識は「聖書のなかで読み取れる範囲で十分である」と述べている。[64]

こうしてかれは、バシリウスやアウグスティヌスにならい、占星術をつよく非難する。星座に関する知識をもとに運命を予知(notitia fatorum)できるという主張は、キリスト教信仰に反するものである。[65] なおかれは、『教範』の「むすび」においても、占星術の非合理性を詳しく論じ、聖書の権威をもってこれを排斥している(2, concl. 2 ; 2, 7, 4)。こうして古来教父たちが用語の曖昧さから混同した天文学と占星術とは、カッシオドルスにおいていっそう明確に区別されている。かれが天文学の学習において、「節度ある精神をもって」学ぶと繰り返しているのも(2, 6, 4 : 1, 28, 3)、天文学と占星術の区別を意識していたからである。

Ⅲ　カッシオドルスの自由学芸

以上見てきたように、カッシオドルスは『教範』の第二巻全部を自由学芸の説明にあて、その学習を勧めている。修道者にとって聖学学習の必要性は自明のことであるが、なぜ俗学の学習までかれらに求めたのだろうか。それは、かれが自由学芸をどのように評価していたのか、その自由学芸観と深くかかわっている。

カッシオドルスの自由学芸観については、種々の解釈がなされてきた。もっとも一般的な考え方として、ロジェ（M. Roger）やオドンネル（J. J. 0' Donnell）など大方の学者の意見がある。それによると、カッシオドルスが主張する自由学芸は、それ自体が目的ではなく、聖学（聖書注解）のための基礎教養にすぎない。たとえかれの学習計画が俗学の復興に役立ったとしても、それは偶有的結果にすぎず、かれの功績と見なすことはできない。[66]しかしこうした評価は、カッシオドルスが聖学中心の自由学芸観を主張する先賢のことばや態度を引用したことに注目するあまり、かれが自由学芸学習における伝統的な様式、例文を用いていること、とくに自由学芸の学習範囲を制限することなく自由学芸体系全体の学習をめざさせ、異教徒の著作の参照を勧めていることに十分留意していないように思われる。

一方、かなり古い意見ではあるが、ベアー（R. Beer）は、『聖・俗学教範』の第二巻「俗学教範」が中世において自由学芸の提要として広く利用されたという事実、またカッシオドルスが蒐集した写本のなかに多くの異教的古典があったという誤解から、かれの自由学芸論は古典古代の学芸の復興をめざしたものであったと主張した。たしかにカッシオドルスは、説明の例文として古典からいくつかの短文をとりあげることもあるが、それはごく部分的なものにすぎず、また、ヴィヴァリウム修道院の蔵書のなかには古典の写本はまったく出て来ない。したがってベアーの説は、いわゆる「テオドリック・ルネサンス」を拡大するような魅惑的なものではあるが、そのまま認めるわけにはいかない。[67]

このように、カッシオドルスの自由学芸観については大まかに言ってふたつの意見があるが、われわれとしては、かれはふたつの自由学芸観をともに追求していたと考えたい。ひとつは、教父たちの教えを継承した、聖書注解の基礎教養としての自由学芸観であり（ロジェ、オドンネルの意見）、もうひとつは、教父たちの教えを超えて、独立した学問体系としての同一性をもつ自由学芸観である（ロジェ、オドンネルに反して、ベアーの意見に近い）。カッシオドルスは、このふたつの自由学芸観を対立的に見るのではなく神の英知の秩序のなかに位置づけ、調和的に見ているのである。

（1） 聖学（聖書注解）の基礎教養としての自由学芸

カッシオドルスが最大の師と仰ぐアウグスティヌスによると、神は救いのわざ（知恵 Sapientia）を啓示するにあたって、その道具として人間の知的遺産、教養を用いた。こうして書かれたのが聖書である。したがって聖書の理解には、その予備知識、基礎教養として自由学芸が必要かつ不可欠である。かつて自由学芸は、異教徒によって古典の煩瑣な詮索に利用されたが、いまキリスト教徒は神の知恵を認識するための手段として用いるべきであるというのが、アウグスティヌスの主張であった。

たしかに、カッシオドルスはこのアウグスティヌスの教えを継承している。かれは『教範』の序において、具体的につぎのように表現している。「聖書および聖書注解者たちの書を理解するうえで、文彩、定義、文法（以上、文法学を示す）、修辞学、弁証論、算術、音楽、幾何学、天文学によって多くのことを理解できるので、俗学の教師たちが述べること、つまり学芸（artes）と学科（disciplinae）とその分類について……第二巻において、少々、説明することは無益なことではない。……実際これらの事柄の知識は、教父たちも考えていたように、たしかに有益であり、したがって忌避すべきではない[68]」。このことばは、カッシオドルスが『教範』の基本的文献としてあげる（1, praef. 7 ; 2, 1, 1 ; 2, concl. 3)、アウグスティヌスの『キリスト教の教え』のことばをほとんど文字どおり引き写したものである。かれはまた、聖学（聖書注解）について説明を終え、俗学（自由学芸）の説明に入るに先立ち、教父たちの伝統に訴えてつぎのように繰り返している。「いとも聖なる教父たちは、俗学〔自由学芸〕の学習を排除しようとは考えなかった。たしかに、これらの事柄〔自由学芸〕の知識にわれわれの進歩の希望をかけるのではなく、われわれは節度をもって理にかなった仕方で求め、それらの学習をとおして「光の父」（「ヤコブの手紙」一・一七）から有用かつ救いをもたらす英知が与えられるはずである[69]」。そして自由学芸全体に関する説明の最終行でも同じ内容を表明している。

では、自由学芸は聖書注解においていかなる役割を果たすのであろうか。アウグスティヌスの『キリスト教の教え』は、自由学芸を哲学（知恵）に至るための基礎教養としたプラトンの思想、弁論家に不可欠な基礎教養としたキケロの思想をキリスト教化して継承し、聖書に啓示された神の知恵に至るための基礎教養として位置づけ、その主要な機能として基礎知識の収集（argumenta certissima）と精神の鍛練（exercitatio animae）をあげている[70]。

a　基礎知識の収集　カッシオドルスはアウグスティヌスの教えを継承し、聖書注解における自由学芸の必要性を明言したあと、その理由をつぎのように説明する。「というのは、これら〔自由学芸〕の知識は、いわば普遍的、完全な知恵という根源のなかにあるようにして、聖書の随所に散在しているからである[71]」。別言すると、神は聖書において救いの教えを啓示したが、そこで神は自由学芸の知識を、断片的ではあるが、聖書のなかに取り入れ媒体として用いている。そのためわれわれは、聖書に散在する自由学芸の知識を手がかりに、神の知恵、教え全体の把握に向かいうると言うのである。

では、啓示の媒体として聖書に散在し、聖書注解の手がかりとなる自由学芸の知識とはどのようなものか。聖書注解が聖書という文献の解釈である以上、自由学芸のうちとくに重視されるのは文法学の知識である。しかし先述したように、カッシオドルスによる文法学の説明は、アウグスティヌスその他の教父たちの説明に比べてきわめて形式的で不十分である。すでに述べたように、おそらくかれは、すでに『詩編注解』において十分例示したと考えているのであろう。(72)

とはいえかれは、文法学学習において重要な「資料の正銘性の確立」を取り上げる。かれは文法学における本文の「修正」(emendatio)を例にあげ、聖書写本間の相違を修正するための文法学知識の必要性を説く。またアウグスティヌスに倣い、聖書注解に必要な知識としてラテン語、ギリシア語の語形に関する正確な理解を求めている。さらに、文献解釈を容易にする物知り的な知識を得るため、古代文法学の学習内容であった「宇宙形状誌」(**cosmographia**)(とくにプトレマイオスの『宇宙形状誌』を勧める)、「歴史」(宗教会議の歴史、教父たちの著作という形で、すでに『教範』第一巻における聖書注解の説明のなかで取り上げている)の学習を勧めている。(73)

一方、修辞学についてカッシオドルスは、修辞学と政治的諸問題、裁判、文書作成との関連を指摘することはあっても、直接に聖書注解との関連については、なにもふれない。ただ、聖書の朗読と瞑想、また聖務の斉唱における記憶、所作の適用といったいわば間接的、二次的な関連の指摘にとどまっている(2, 2, 16)。アウグスティヌスは修辞学における話術を聖書の教えの伝達つまり説教に適用したが、カッシオドルスはこれについてはなにもふれない。(74)

弁証論についてカッシオドルスは、アリストテレスによる哲学の分類とそれぞれの定義を述べるなかで、すべての学問の頂点に立つ哲学は「人間が達しうる限りの神的、人間的事柄に関する蓋然的知識」であると定義し、したがって哲学の一部をなす弁証論は、存在しうる一切のものに関する論理的知識をもって、聖書注解における真偽の確認に寄与しうることを暗示している。[75]

一方、数学的諸学科（disciplinae mathematicae）についても、これら諸学科の基礎知識が聖書の随所に散在し、聖書注解の手がかりになることを指摘している。算術の説明では、教父とくにアウグスティヌスにもとづいて、数意学（arithmologia）を取り上げる。たとえば、一は神の唯一性を、二は新約と旧約を示し、三は神の最高の奥義である三位一体（Trinitas）を表明する。さらに四は四福音書を、五はモーセの五書を、六は六日目の（人間の）創造を、七は聖霊のたまものを示すと言い、それぞれ聖書の引用をもって説明したあと、「われわれは最高かつ全能の事柄を理解するのに数を必要とする」と言明している。[76] さいごに天文学の役割について、かれはアウグスティヌスの『キリスト教の教え』をもとに、天文学が宇宙における神の摂理にもとづくことを確認し、同時に、その占星術への悪用を戒め、天文学において学ぶべきことは聖書の内容に関連する事だけで十分であるとしている。[77]

b　精神の鍛錬

自由学芸の学習が聖書の理解に役立つ知識の収集をめざすとは言っても、それは単なる知識の寄せ集めであってはならない。聖書における自由学芸の知識が、究極的には神の知恵に至る手段であるとするならば、収集される知識は当然神の知恵に向けて体系化されなければならない。つまり知識の収集には、知識の評価とそれにもとづく知識の秩序づけが伴うべきであり、換言すると、神の知恵に向けての知性、精神の鍛錬と向上をもたらす。たしかにカッシオドルスの文法学は、全体としては、知識、知的技術の修得が主であるが、一方、品詞の役割の考察、文章の分析による意味の把握など精神の鍛錬に関する要素も暗示されている。また修辞学では、裁判、弁論関係の個々の知識が述べられているが、それらは巧みな、効果的な文章や弁論の作成つまりすぐれた思考の訓練が想定されている。弁証論においても、聖書注解における役割が指摘されている。カッシオドルスの言う弁証論は哲学の一部をなすものであるが、かれは哲学の定義として、１存在するものとその存在様態の認識、２神的および人間的な事柄の認識、３「諸知識のうちの知識」、「諸学問のうちの学問」というような、古代の哲学者たちによる定義をあげ、それに加えて、４知恵への愛、５死に対する精神的準備、６神への人間の上昇といったキリスト教的説明をあげることによって、哲学は、俗世の虚栄を軽んじ、未来の住家での生活にあやかる規律ある生活をめざすキリスト者にふさわしい学問であり、神的真理の把握に向けて精神を準備することを指摘している（2, 3, 5-6）。

カッシオドルスによると、精神の鍛練にもっとも適しているのは、「理論的」（doctrinalis）とも呼ばれる数学的諸学科である（2, praef. 4）。かれは、文法学、修辞学、弁証論の artes に対してこれらの諸学科を disciplinae と呼ぶことが多いが、この disciplina の語には、本来、規律、訓練の意味がある。かれは、つぎのように説明する。これらの学科は「抽象的な量を考察する学問で……それを思考においてのみ取り扱う学問であり」（2, 3, 21）、「臆見をもって惑わすこともなく……固有の方法でそれ自体の恒久的規則を揺らぐことなく堅固に保ち……われわれはそれをしばしば観想することによって理解力を鋭敏にし、無知の泥を払い落とす。また精神の健全さに恵まれている限り理論的観想へと導く」（2, 3, 22）[78]。

そして、数学的諸学科に関する説明を終わるにあたって、これら諸学科の間には天文学をさいごとするひとつの秩序があると結論し、「この秩序は……世俗の知識に捧げられた諸学科の訓練によって浄化された魂を、地上的な事柄から引き離し、称賛すべき仕方で天に据えてくれる」と説明する[79]。実際、数学的諸学科の第一にあげられ、それらの基礎である算術は、語源が示すとおり「数を対象とする」が、この数こそはすべての形象の根底にあるものである（2, praef. 2-3 ; 2, 4, 1-2 ; 2, 4, 8）。数の理解、操作は、日常生活に役立つだけではない（2, 4, 7）。

聖書における神の奇跡、神秘について具体的かつ総合的な理解をもたせ（2, 4, 8）、それによって、形象のなかに働く造物主を観想しうるだけの明晰かつ鋭敏な理性を準備してくれる。その理由を、かれはつぎのように説明する。「算術という学科は大いなる称賛を与えられている。ソロモンが『あなたはすべてのものを、数と尺度と重さにおいて創られた』（「知恵の書」一一・二〇）と述べているように、造物主である神は数と重さと尺度によってご自身による事物の配列を秩序づけたからである[80]」。

つぎに、「正しく韻律をとるための学問」である音楽は、天上および地上の事柄を造物主の配慮にしたがって正常に作動させる韻律を取り扱うことにより、われわれの知性を神的なものへと引き上げる。また音楽のもつ心情的効果として、楽器の健全な韻律は興奮した精神を静め、さらに精神的病いをいやし、健全な存在と生命のもつ韻律に復調させる。そのためカッシオドルスは、音楽は「われわれの感覚を天上へと上昇させ、甘美な旋律によって耳を和らげるもっとも喜ばしくきわめて有用な知識である」と結論している[81]（2, 2, 9-10 ; 2. 5, 2, 9）。

カッシオドルスによると、幾何学の起源は、神話が伝えるようにユピテルによる造形にあるのではなく、造物主なる全能の神による造形にある。「被造物を今日も存在させている三位一体は、それらにさまざまな種や形体を与えるとき、いわば幾何学の方法を活用する[82]」。こうしてかれは、神の創造と救いの秩序の理解における幾何学の機能を明示している。

またかれは、天体の運動が造物主の意志に依存することを指摘し、天文学は神のみわざの理解と把握に向かわせると主張する。さらに、天文学が自由学芸諸学科のさいごに位置することを説明して、天文学は世俗の知恵に没頭している精神を学問の訓練によって純化し、地上の事物から引き離して、感嘆すべき仕方で天上の仕事場におくと述べている（2, concl. 1）。さいごにかれは二度にわたって占星術を非難し、その非合理性と害毒をつよく非難しているが（2, 7, 4 ; 2, concl. 2）、それは裏を返せば、人々が天体の観察によっていかに天上の神秘的世界に惹き込まれやすいか、天文学と神秘の世界との関連を認識していたからである。

以上のことから、カッシオドルスが『教範』における自由学芸を聖学のための重要な基礎教養として位置づけていることは明白である。では、かれにそうさせる原理はなにか。聖書注解と自由学芸は、有用性という外的要因のもとに相互に依存しているだけなのか、あるいは両者は本質的にひとつの知恵に属し相互に秩序づけられているのか、その検討はカッシオドルスの自由学芸観の根源的理解に役立つ。

c　聖学への自由学芸の応用の原理

カッシオドルスは、自由学芸を「俗学」（litterae saeculares, humanae. 世俗的、人間的学問）、聖書注解を「聖学」（litterae divinae 神的学問）と呼び、両者を聖・俗という対立関係においているようであるが、実は、両者は神の知恵に至る同一の秩序のなかに位置するものとして理解されている。こうした自由学芸観を正しく把握し評価するため、キリスト教における自由学芸観の略史のなかに位置づけて見ることにしよう。

本来キリスト教は、ヘブライズムを母胎としてヘレニズム文化の世界に誕生し、聖書の編纂に見られるように、ヘレニズム文化・教養に養われ発展して来たのであるが、そこにはいわゆるカルチャー・ショックがあった。このショックは単なる文化レベルでの軋轢ではなく、キリスト教側から見れば、聖と俗（本稿の論点から言えば、聖書における神の啓示と、ヘレニズム文化を象徴する自由学芸）の調和・両立か相互排除という、キリスト教の存在そのものを問う重要な問題であり、カッシオドルス以前にも、種々の原理をたてに根本的な解決策が模索された。

概して、ギリシア教父たちは俗学に対して寛容であったが、初期のラテン教父たちはこれに激しく反発した。

その代表的人物がテルトゥリアヌス（Q. S. F. Tertullianus 一六〇頃―二二二以後）である。かれは護教教父のひとりとして徹底的な現世放棄の厳格主義（Montanismus）に走り、自由学芸を含む古代文化に対しても否定的な立場をとった。かれによると、弁証論は異端捏造の手段であり、哲学者は「知恵と雄弁の商人」、「栄誉を追い求める動物」にすぎない。世俗の学問自体が、神の目には愚かなもの、忌わしいものである。「アテネとエルサレム、アカデメイアと教会との間に一体なんの関連があると言うのか」[83]、多神教にもとづく神話的、異教的、退廃的なヘレニズム文化・教養と、一神教をもとに厳格な道徳をもつキリスト教とは絶対に相入れないというのがかれの主張であった。

その一方で、キリスト教擁護にあたる際のテルトゥリアヌスは、身につけた世俗的教養（自由学芸、とくに修辞学、弁証論）に頼らざるをえず、いわば「必要悪」としてこれを許容し利用したのであった。かれはまた、古代の異教的学校に代わるキリスト教独自の学校をもちえなかった当時のキリスト教徒の子弟に対しても、同様の態度をとった。ここには、俗学の有用性にもとづく両学の外的関連づけが認められる。かれに近い態度をとったものに、いずれもテルトゥリアヌスと同じくアフリカ出身者であった護教家のキプリアヌス（C. T. Cyprianus 二〇〇頃―二五八）とアルノビウス（Arnobius 三三〇年頃没）がいる。[84]

俗学に対する第二の、そしてキリスト教的伝統となったのは、聖学における俗学の積極的な応用であった。教父たちによれば、こうした態度はすでに一世紀の歴史家ヨセフスをはじめ同時代の一部のキリスト教徒、たとえば「使徒言行録」（七、二二）におけるステファヌス（Stephanus）や聖パウロの説教（「使徒言行録」一七・二二―三〇）に見られた。これは、アレクサンドリアのクレメンス（T. F. Clemens Alexandrinus 一五〇頃―二一一／一六）、オリゲネス（Origenes 一八五／六―二五四／五）はじめ、東方の教父たちに共通した態度であり、また概して、テルトゥリアヌス以後のラテン教父たちの態度でもあった。とくにアウグスティヌスは、聖書注解を取り扱う『キリスト教の教え』において、「出エジプト記」(三・二二、一二・三五、三六)をもとに、教父たちの教えを総合する形で、つぎのように説明している。「ところで哲学者〔異教徒の学者〕と呼ばれる人々が、たまたま真実なことや、われわれの信仰と合致することを述べているとき……いわば不正な所有者に対してするように、かれらからその返却を要求して自分のために役立てるべきである。それも個人の恣意ではなく、神の規定によって……異教徒たちのすべての学問は偽の、迷信的な像と、無意味な労働という重荷を背負っている……とはいえ、そこには真理のために用いるのがふさわしい自由学芸と、きわめて有益なある種の道徳律も含まれている……キリスト者たるものは、それを福音を宣べ伝えるという正しい目的のために用いなければならない[85]」。ここには、自由学芸を積極的に聖書注解に取り入れるアウグスティヌスの考え方が明確に述べられている。

しかもこうした自由学芸の受容においてアウグスティヌスは、テルトゥリアヌスのように、単なる有用性による聖学と俗学の関連づけではなく、両学のもつ同一の神的起源を指摘したのであった。かれは、カッシオドルスが頻用する『キリスト教の教え』において、つぎのように述べている。「これら〔自由学芸や道徳律〕は、かれら〔異教徒〕が創り出したものではない。これを、いたるところに注がれている神の摂理という、いわば鉱山〔アウグスティヌスは、さきに、自由学芸を金銀にたとえた〕から発掘したのである[86]」。だからこそアウグスティヌスは、自由学芸の神的起源を指摘し、それをもとに、聖書注解における自由学芸の利用は、「個人の恣意ではなく、神の規定によるもの」(**non auctoritate propria, sed praecepto Dei**)と言明し、聖学と自由学芸の内的、本質的関連を明示し、両者を神の英知に至る諸段階のなかに位置づけている。かれによると、キリスト者の活動は、「唯一の享受すべき三位一体の神」に向かう「歩み」であり、それには七つの上昇段階がある。それは、下から順に言うと、「敬畏」（timor）、「孝愛」（pietas）、「知識」（scientia）、「剛毅」（fortitudo）、「賢慮」（consilium）、「聡明」（puritas）、「知恵」（sapientia）の七つで、この第三段階の「知識」のなかに聖書注解とその基礎教養としての自由学芸の双方が位置づけられる[87]。

カッシオドルスは聖学と俗学との関係について、明らかにアウグスティヌスの思想とその原理を継承している。かれは、アウグスティヌスが自説を教父伝統のなかに位置づけた『キリスト教の教え』のことばを引き写して、キプリアヌス（C. T. Cyprianus 二〇〇頃―二五八）はじめ、ラクタンティウス（L. C. F. Lactantius 三―四世紀）、ヴィクトリヌス（Victorinus 生没年不詳）、オプタトゥス（Optatus 四世紀後半）、ヒラリウス（Hilarius 三一〇頃―三六七）をあげたあと、アウグスティヌスが「現存の方々にはふれないことにするが」（ut de vivis taceam）と断った箇所を、「わたし〔カッシオドルス〕はこれに加えてアンブロシウスとアウグスティヌス自身、またヒエロニムスをあげる」（nos addimus Ambrosium ipsumque Augustinum atque Hieronymum）と書き改め、聖学への俗学の応用とその原理が、キリスト教会の権威ある伝統であることを強調すると同時に、自らもこの系譜に立つことを明らかにしている[88]（1, 28, 4）。

（2）自由学芸の体系的学習

しかしカッシオドルスは、教父たちの伝統を単に祖述しただけではない。もともとアウグスティヌスの自由学芸観には紆余曲折があった。実際、聖職に入る以前の哲学者アウグスティヌスは、哲学をめざす弟子たちに基礎教養が欠落しているのを見て取り、自ら自由学芸を教え、『文法学』、『修辞学』、『弁証論』、『音楽論』など自由学芸の教科書の執筆に取り掛かった。しかし聖職に入り種々の異端との抗争に身を挺するにつれ、俗学（哲学と自由学芸）の悪用を危惧し、「余計なものは要らぬ」をモットーに、それらの計画を放棄した。[89] かれは、のちの『再論』（Retractationes 四二八年頃）においても、受洗前の自由学芸観があまりに楽観的であったとしてこれを撤回し、手がけた「自由学芸提要」も散逸するにまかせたのであった。[90] かれはのち聖書注解の経験を積むにつれて、『キリスト教の教え』にあるように、聖書注解における自由学芸の応用と必要性を認め、また主張したが、しかし「学ぶよりも学んだもの」（non disci sed jam didicisse）という原理をもって、自由学芸の体系的学習よりもむしろその知識内容を、学習自体よりもその結果を強調したのであった。ここには第二ソフィスト期の、しかも異教的な学校教育に対するアウグスティヌスの警戒心が見られるが、それはまた、学校教育制度がまだ健全であった時代のいわば贅沢な批判であった。これに対しカッシオドルスは、アウグスティヌスの聖学中心の自由学芸観を継承すると同時に、アウグスティヌスによる自由学芸の神的起源を再解釈し、そこから一歩進めて、自由学芸の独自性とその体系的学習の妥当性を引き出そうとしている。かれは、聖学、俗学双方の説明に入るまえに、アウグスティヌスの思想をもとに、両者の起源と相互関係についてつぎのように述べている。「聖書のなかに見出されるこれらの事柄（自由学芸）は何であれ、まえもって修得する知識によってよりよく理解されることは明らかである。というのも、霊的な知識の始原においてはそうした事柄に関する証しがいわば種子のように播かれてあり、それらを後に世俗の学問の教師たちがきわめて思慮深くかれらの規則に移し換えたことが認められるからである」[91]。ここでカッシオドルスは、聖書注解において自由学芸の知識が有用であるわけは、自由学芸の内容が当初から聖書のなかにあること（自由学芸の神的起源の主張）、聖書のなかに散在していた自由学芸の知識を独自の規則をもって体系化したのは世俗の学者たちであること（独自の学問体系としての自由学芸の認知）を明言している。

さらにカッシオドルスは、聖書が示唆する自由学芸の存在と学習の必要性は、有用な断片的知識にとどまらず、自由学芸体系全体に及ぶと見ている。かれは、すでに『詩編注解』においてその主張を提示している。「世俗的学芸の専門家たちは神の書の起源よりはるか後代に出現し、そこからギリシア人がトピカと呼ぶ論証をまとめ、また弁証論、修辞学にまとめ、……異教徒は、のちにそれらを人間的知恵に応用したのであった[92]」。かれはまた、聖書における自由学芸の内在と独自性についてもっとも異論の予想される数学的諸学科について、ヨセフスの『ユダヤ古代史』をもとに、つぎのように指摘する。「アブラハム（Abraham）が算術と天文学をまずエジプト人に伝え、もともと鋭敏な才能をもっていたエジプト人は、これをもとに、他の諸学科をうみ出し、深めていった[93]」。ここでもカッシオドルスは、自由学芸の創始者としての俗人、異教徒に注目することにより学問体系としての自由学芸の自立を主張し、その学習を積極的に奨励している。こうしてかれは、初歩的であるとはいえ七自由学芸全体について体系的説明を与えるだけでなく、参考書として各学科の学習に当然予想される主要なギリシア、ラテンの著作をあげて自由学芸の体系的学習をめざしている[94]。

さらに、カッシオドルスによる自由学芸の内容を見ても、かれが自由学芸の実用本意の限定的学習よりも体系的かつ総合的学習を求めていることは明白である。まず自由学芸各科の起源についていえば、通常、かれはギリシア、ラテンの著作にある神話的、伝説的起源をも取り上げ、そのうえで神話の神々をキリスト教の神におきかえているが、こうした語源の指摘とそのキリスト教化は、自由学芸の聖書注解への適用と同時に、語源からはじめる古来の伝統的学習をめざしていると言える。

また、各科の分類とその説明内容においても、聖書注解への応用を越えて、むしろ古来の伝統にもとづく体系的自由学芸の学習を意図している。まず文法学では、これまでにも指摘したように、聖書注解にもっとも近い

「解説」（enarratio）にはまったくふれないのに対し、その一方で、文法学の全体的学習をめざすかのように、ラテン語だけでなく、ラテン教養の原点ともいうべきギリシア語の語源、ギリシア人の著述家をあげている。また学問の分類でも、かれはラテン人ではなくギリシアのアンモニオス・サッカスに従っている。

また修辞学でも、ギリシア語に無知なはずの当時の初心者を相手に、修辞学のギリシア語の語源の説明から始めている（その他の学科についても同様である。ただしギリシア語による表記はせず、ラテン語に音訳するだけである）。またカッシオドルスが、古来、修辞学の対象とされてきた市民生活の諸問題と関連づけてこれを定義し、これにもとづいて、伝統的分類に詳細に従う学習方法を提示していることにも注目したい。さらに弁証論においても、かれは弁証論の祖アリストテレスの哲学の分類に従い、その学問体系のなかでの自由学芸の修得をめざさせる。これまで幾度も指摘したように、カッシオドルスは弁証論の分類とその内容の説明においても、ラテン語だけでなくギリシア語の名称、ギリシア語の著作、またそこから取った例文をあげている。要言すると、カッシオドルスが弁証論について推奨する参考書はほとんどすべて、ギリシアの哲学書のラテン語訳である。

つぎに数学的諸学科については、各科についてごく簡潔な説明がなされているが、そこでカッシオドルスは、ラテン語による算術、音楽、幾何学、天文学の著作に満足せず、ほとんどすべての参考書を数学的諸学科の源泉ともいうべきギリシアの著述家（翻訳をとおして）から取り入れている。このことは、『教範』が初心者向けの書であり、しかも数学的理論になじみの薄い当時のイタリアの修道者たちを対象としているだけに、カッシオドルスの意図が奈辺にあるかをよく暗示している。

実は、自由学芸の重視はすでに『教範』の標題に織り込まれているように思われる。かれはそこで、『神的学問と世俗的（人間的、教養的）学問』（Institutiones divinarum et saecularium（humanarum） litterarum）というように、聖学と俗学を et（と）という接続詞をもって並立させ、しかも第一巻は聖学、第二巻は俗学というように、明確に区別して説明しているが、この et は、単に区別あるいは結合を示すだけではない。それは、両学を同格におき、対等視する語として用いられている。かれは、『聖・俗学教範』におけるキリスト教大学設置計画の説明において、その目的として、「魂の救いを得〔聖学〕、信じるものたちの口が正しく清らかなことばで飾られる〔俗学〕ことをめざす」と述べ、また実現不可能となったキリスト教大学に代えて著した『聖・俗学教範』でも、「これ〔本書〕をとおして、魂の救いと世俗の知識とが学ばれる」ことを期待したからである、と繰り返している。(95) ヴァン・ド・ヴィヴァー（van de Vyver）やクールセルの研究によると、後代における『聖・俗学教範』の写本は、聖学、俗学とそれぞれ分離して作成されているが、このことは、第一巻、第二巻それぞれが、自己完結的な著作と目されていたことを示している。しかも中世においては、第二巻の自由学芸の方が重視され多用されたが、こうした中世知識人の態度は、まさにカッシオドルスの意向にかなうものであったと言うべきである。(96)

このように、カッシオドルスはヴィヴァリウム修道院の修道者に対して、自由学芸の体系的学習を勧めているが、それは、かつてベアーが主張したように、古典古代の自由学芸の復興とその学習を意図したものであろうか。

たしかにカッシオドルスは、各学科の語源の説明においてギリシア、ラテン語による異教的、伝統的語源をあげ、また例文としてギリシア、ラテンの古典から短文をあげることもある（とくに、弁証論の一部の例文において。2, 3, 14-15）。しかしかれは、古代の自由学芸をそのまま復活させようとしているのではない。かれは、伝統的語源の説明を固持するのではなく、すぐに、キリスト教的語源に置き換えている。古典の例文も、かれが参照した「提要」の引き写しにすぎない。またかれが参考書としてあげる蔵書のなかには、たとえば文法学などに必要な古典文学の書はまったく見当たらない。つまりカッシオドルスの自由学芸論は、全体としてその内容は伝統的なものであるが、しかしその古典古代の要素をいわば脱色し、容易にキリスト教化しうるような（あるいはキリスト教化を予想する）自由学芸を樹立し、学習させようとしている。ここに、カッシオドルスによる自由学芸観のひとつの特徴があり、また限界がある。

こうした自由学芸の限界は、『教範』が初心者向けに書かれているということだけでなく、かれが提示する参考書にも見られる。カッシオドルスはギリシア、ラテンの参考書をあげているが、実際にかれが利用したのはラテン語の書だけで、ギリシア語の書はボエティウス、ヴィクトリヌスなどの翻訳を用いている。またかれ自身、ギリシア語からの翻訳に努力したと述べている。(97) かれは、当座は、ヴィヴァリウム修道院の初心者に間に合うだけの説明を与え、その後、自由学芸の源泉にあるギリシア語の著作にまでかれらの学習を延長させようとしたのかも知れないが、当時のローマ人におけるギリシア語の知識、また読者の知的レベルから推測して、そうした可能性は考えにくい。

なお、付言するまでもないが、カッシオドルスによる自由学芸の体系的学習の勧告は、かれがかつて東ゴートの文教政策において体験した、ローマ没落後の文法学校、修辞学校の衰微と関連していることは明らかである（本章六頁参照）。

おわりに

さいごに、カッシオドルスによる自由学芸学習の計画は果たして実践され、成功したのであろうか。カッシオドルスは、『教範』において、四回にわたって自由学芸学習を修道者たちに迫っているが、それは、俗学の学習に対する修道者たちの心理的抵抗――東方修道制の影響下にあった西方修道制の禁欲的な一般的風潮を表明している――を暗示している。もともと、カッシオドルスによる学習計画はヴィヴァリウムの修道者にとってあまりに高邁すぎたようである。かれらのほとんどは単純な頭脳の持ち主で知的水準は低く、また知的雰囲気を維持しうるほどの学識者も、カッシオドルス以外にはいなかったようである。西方における修道者たちの抵抗は、裏を返せば、カッシオドルスによる修道制への俗学の導入がいかに革新的であったかを示している。

たしかに、カッシオドルスによる自由学芸観のもうひとつの特徴は、かれが自由学芸学習を修道生活に取り入れ、その組織化を図ったことにある。かれ以前にも、ヒエロニムスはベトレヘムの修道院で幾人かのラテンの若者に古来の自由学芸を教授したが、それは個人的、一時的なものであった[98]。またヴィヴァリウムよりやや早いベネディクトのモンテ・カッシーノ修道院のように、聖書の学習に励む修道院も二、三にとどまらなかったが、しかしその場合、聖書注解は聖務（officium）や聖書による瞑想（lectio divina）といったいわば霊的生活への援用であり、まして基礎教養となる自由学芸の体系的学習など見当たらない[99]。これに対しカッシオドルスは、自由学芸の神的起源を強調することによって自由学芸という俗学に教会内におけるいわば市民権をもたらし、しかもその学習を修道生活の主要な活動として導入している。古代ローマ人とは文化を異にするゲルマンの世界が漸次拡大され、古代の学校が衰退していくなかで、以後、新たな知的活動の中心となる修道院に聖・俗学の学習を正規の修道的活動として位置づけたことは、カッシオドルスの偉大な功績と言うべきであろう[100]。

では、ヴィヴァリウム修道院の知的活動は実を結んだのであろうか。ヴィヴァリウム修道院そのものの存在は一三世紀までは確認できるが、しかしその学習活動はきわめて短命で、すでに五九八年の史料では無視されている[101]。ただ、『教範』——とくに第二巻の自由学芸——は、七世紀のセビリャのイシドルス（Isidorus Hispalensis 五六〇頃—六三六）、八世紀のアルクイン（Alcuin 七三五頃—八〇四）とその弟子ラバヌス・マウルス（Rabanus Maurus 七八〇頃—八五六）、九世紀のサン・ヴィクトールのフーゴ（Hugo de Saint-Victor 一〇九六—一一四一）、一二世紀のソールズベリのヨアンネス（Joannes Salesberiensis 一一二〇頃—一一八〇）など中世を代表する学者たちが証言するように、中世の修道院における俗学学習の教科書の役割を果たしたのみならず、俗学学習を正当化する権威でもあった。またヴィヴァリウム修道院の蔵書は中世の西欧各地に流布し、知的活動の源泉のひとつになっている[102]。

第二章　イシドルスによる自由学芸

——『語源誌』を中心に——

はじめに

本章では、カッシオドルスの跡を受けて、その自由学芸観を継承し普及させたひとりとしてセビリャのイシドルス（Isidorus Hispalensis 五六〇頃—六三六）を取り上げたい。ややもすると、古代・中世の文化・教養の歴史は、ギリシア、イタリア、ガリア、ゲルマニアを中心に論じられがちであるが、しかし地中海世界の一方の掛橋であったスペインの役割にも注目する必要がある。前三世紀末以降ローマ化され、古代の文化遺産を継承したスペインが、地中海文化の北漸において、換言すれば、古代から中世への転換期の文化・教養において果たした役割も忘れてはならない[1]。そしてこの時期のスペインを代表する最大の人物がセビリャのイシドルスである。かれは、詩人プルデンティウス（A. C. Prudentius 三四八—四一〇頃）からアラビア人侵入までの三〇〇年間におけるスペイン最大の文人、著述家であり、また、正統派カトリックを中心に王権を確立し、ゲルマン民族、古典、キリスト教という三要素の融合に成功した西ゴートにあって、政教両面にわたり重要な役割を果たした教会人でもあった[2]。

I　イシドルスと西ゴートの教養

（1）　西ゴート・スペインの教養

スペインにおける古代文化の遺産

イシドルスの自由学芸観をよりよく把握するため、当時のスペインの政治、社会、文化と、そこに生きたイシドルスの生涯を見ておくことにしよう。中世史研究者たちが口をそろえて言うように、イシドルス時代のスペインにはローマ文化が色濃く残っていた。西ローマ帝国滅亡後（四七六年）のイベリア半島は、スエヴィ、西ゴートの二部族に分割支配されたが、しかし半島全部が占拠されたわけではなく、考古学や碑文学地図から明らかなように、ある地方ではゲルマン民族の姿はまったく見られなかった。イシドルスの出身地ベティカ地方でもローマの伝統がずっと持続されていたはずである。かつて知的分野においてローマから多くのものを受け、それに報いる形でセネカ（**L. M. A. Seneca** 五五頃—後四〇頃）、ルカヌス（**M. A. Lucanus** 三九—六五）、クインティリアヌス（**M. F. Quintilianus** 三〇／四五—一〇〇以前）、マルティアリス（**M. V. Martialis** 四〇頃—一〇四頃）、プルデンティウスなどをローマに与えたスペインは、その後もローマ的教養を失うことなく、シドニウス・アポリナリス（**Sidonius Apollinaris** 四三一／二—四八七／九）のころのコルドバには、まだ多くの若者が学問を求めて蝟集していたと言われる(3)。

こうした状況は、西ゴート（スペイン）が東ゴート王国（イタリア）権力下におかれる六世紀以降も続いた。実際、西ゴートがゲルマン世界でもとくに際立った文化王国でありえたわけは、古代から継承したローマ文化の遺産のほか、ガリア、アフリカとの交流とくに東ゴートの統治にあった。五〇七年、東ゴートのテオドリック

(Theodoric 在位四五三―六六)は、クロヴィス(Clovis 在位四八一―五一一)に破れた西ゴートの王たちを救出し、また、摂政の地位に就いた東ゴートのテウディス(Theudis 在位五三一―四八)は、死去するまで王としてバルセロナにとどまった。この間の東ゴートは、カッシオドルスの『書簡集』(Variae)からも推察されるように、イタリアで手がけたローマ文化復興の仕事をスペインにまで拡げ、ローマ風生活様式の維持に努めた。[4]

こうして生き残ったローマ的要素も、テウディスの死後おこった紛争により一時消滅の危機に立たされたが、ユスティニアヌスのローマ帝国再興政策によりスペイン南部にビザンツ勢力が定着したこともあって、存続することができた。西ゴート王たちは、これら「ローマ人」を嫌い抵抗しながらもかれらの文化・教養を模倣していったからである。たしかに、ローマ時代の都市制度がすべて維持されていったわけではないが、それでもなお、都市はいぜんとして社会生活の主要な中心であった。セビリャ、コルドバ、タラゴナ、バルセロナ、セゴビア、メリダ――スペインのローマとも言われた――にあったローマの記念建造物は保存され、利用されていた。またこれらの都市には商人がいて、地中海沿岸とくにビザンツ帝国との間には交易があった。七世紀の史料は、クリアーレス(curiales)、セナトーレス(senatores)といった古代ローマの社会階層が当時なお活躍していたことを教えてくれる。

また、このころの王の法廷ではローマ法が活用され、それは『西ゴート法典』(Lex Romana Visighotorum)の存在によってもわかる。『西ゴート法典』は、チンダスビント(Chindaswinthe 在位六四二―五三)が編纂に着手し、その子レセスビント(Receswinthe 在位六五三―七二)が完成したものであるが(六五四年)、これは、聖職者はじめ西ゴートのエリートがローマ文化の存続ないし復興をめざした働きの成果であった。イシドルスの『命題集』(Sententiae)や『修道会則』(Regula monachorum)にもローマ法の用語、精神、制度が散見される。[5] また、法典の存在が立証しているように、種々の契約では文書の使用が中心で、[6] それは、読み書きの教授がかなり普及していたことを示している。さらに法学、医学の教授もさかんで、アフリカで翻訳された医学書も多数、スペインに持ち込まれている。[7]

一方、西ゴートの宮廷――アタナヒルド（Athanagild 在位五五四―五八）の治世以降、最終的にトレドにおかれた――自体がビザンツ宮廷の組織、栄華を模倣し、また教育の中心でもあり、少なくとも七世紀には知的教養を広く受容していた。ただ、アリウス主義を信奉していた頃の西ゴートの王たちは、古典文学には無関心な好戦的君主であったようで、たとえばアリウス主義者であったレオビヒルド（Leovigild 在位五五四―六八）は、それほど深い俗学の教養はもたなかった。これに反して、カトリックに改宗後の西ゴートの諸王は東ゴートのテオドリック大王にならい、文芸の庇護者となっている。かれらは、宮廷の書庫に聖学に劣らぬ数の俗学の書を所有し、それらを手本に学習していた。[8] イシドルスと親交のあったシセブート王（Sisebut 在位六一二―二一）は、教養ある君主たちのなかでも抜きんでていた。かれの著作とされる『ヴィエンヌの聖デシデリウス伝』（Vita Desiderii viennensis）や、俗人や聖職者に送った書簡の書き方から見て、かれが修辞学を学んでいたことはたしかである。また王たちは、教養人を保護し著述にあたらせた。たとえば、イシドルスはシセブート王のために『事物の本性』（De natura rerum）を、シセナンド王（Sisenand 在位六三一―三六）のためには『ゴート史』（Historia Gothorum）を書いている。七世紀中葉、チンダスビントとその子レセスビントはブラウリオ、タイオ、エウゲニウスといった当時のおもだった教養人と親交があった。なおこうした西ゴートの知的活力は、イシドルスより一世代前のスペイン南部の多くの著述家たち、たとえば六世紀後半に活躍したバレンシアのエウトロピウス（Eutropius 五八九年以降没）、カルタヘナのリキニアヌス（Licinianus 在職五二八―六〇二）、マラガのセヴェルス（**Severus**）といった司教たちの著作にも示されている。かれらは三人ともスペイン東部のベティカ地方に住み、イシドルスの家族もこの地方の出身であった。

中世の重要な教育機関として注目される司教座教会付属学校が正式に発足したのも、スペインにおいてである。第二トレド宗教会議（五二七年）に参集した司教たちは、親たちが聖職者にするために捧げた年少の子どもたちを受け入れ、それを剃髪したあと、「教会の家」（**domus ecclesiae**　実際は司教の館）に住まわせることを決議している。子どもたちはそこで、司教の監督のもとに専任の教師から教育を受けた。この決議がどれほどの実績をあげたか、史料不足から明確にはできないが、この宗教会議から約二〇年後、スペインの教会には、ウルジェルの司教ユストゥス（**Justus**　五四六年以降没）のような偉大な聖書注解学者が誕生している。それは当時のスペイン教会が、少なくとも聖職者の知的、霊的形成に深い関心をもっていたことの証拠であろう。またこの教会はアフリカの教会とも交流があり、アリウス主義をめぐる教義上の争いにもかかわらず、むしろおそらくそのお陰で、当時のどの教会にもまして知的活力を保っていた(9)。

こうして維持されてきたスペインのラテン文化・教養は、レカレード一世（**Recared I**　在位五八六―六〇一）と西ゴート族のカトリックへの改宗という政教両面の和平によって（五八九年）、いっそうの発展を遂げた。ここで注目したいのは、西ゴートのカトリック改宗の先駆となったエルメネヒルドとその弟レカレード一世の改宗は、イシドルスの兄レアンデル（**Leander**　五五〇頃―六〇〇／一）によってもたらされたこと、また西ゴート王国の改宗を宣言した第三トレド宗教会議（五八九年）の議長となり――招集したのはレカレード王であったが――閉会の役目を果たしたのも、このレアンデルであったことである。なおレアンデルは、カトリック派のレオビギルド（**Leovigild**）とアリウス派の父王との紛争を解決するためコンスタンティノープルに赴き、かの地の宮廷で、のちの教皇大グレゴリウスと親交を結び、後年かれの大著『ヨブ記講解』(Moralia in Job)を献呈されるなど、スペイン教会とローマ教会との結合を固め、西ゴート・スペインの政治、教養、宗教に重要な役割を果たしたのであった。[10]

(2) イシドルスと西ゴートの教養

a イシドルスの教育

ところで、兄レアンデルのあとを継いで司教になる以前のイシドルスについては、ほとんどなにもわからない。[11] ただ、かれの家族はもともとカルタヘナ——かつてローマ時代にはカルタヘナ地方の首都であったが、アギラによって荒らされ、五五四年以降、半世紀以上もの間ビザンツの支配下にあった——に住み、レアンデルの著作によると、ビザンツのカルタヘナ占拠(五五〇年)から西ゴート内戦(五六三—五六四年)の間にこの町を出ている。脱出の理由は確定困難であるが、レアンデルの著作『修道女の教育と世俗の放棄』(De institutione virginum et contemptu mundi)に示唆されるスペインに対する愛郷心とビザンツへの敵対心から察すると、この事件は家族にとってかなりの悲劇であったようである。イシドルスの家族は、その名前(父は Severianus、兄は Leander と、のちエーシハ〔Eija〕の司教になった Fulgentius(五四〇/五六〇—六一九頃)、姉は Florentina)から見て、西ゴート・ローマの混血家系に属していたことはほぼ間違いない。この家族が上流社会に属していたという確証はないが、三兄弟はそろって司教になり(フロレンティナも女子修道院長になったようである)、西ゴートの宗教、政治、文化・教養において重要な役割を果たしている。

イシドルス自身について言うと、早くから両親を失った一家において家長の役割を果たしたのは長子レアンデルで、末子イシドルスはとくにその薫陶を受けたようである。フロレンティナあてのレアンデルの書簡によると、かれはイシドルスの教育に直接たずさわっている。イシドルス研究の第一人者フォンテーヌ（J. Fontaine）はこれを古来の上流階層における「家庭教育」として理解し、イシドルスの教養が修道院における初歩教育（読み書き中心）の域を越えていたのは、そのためであるとしている。[12] たしかに、その著作から見て、かれはすぐれた教育を受けている。ただ、イシドルスの著作の内容全体をかれ自身の教養と見なしたり、またかれがのち、第四トレド宗教会議（六三三年）において修道院学校、司教座教会付属学校について述べたことを、そのまま、かれが受けた教育と混同すべきでないことは言うまでもない。

他方、レアンデルは五七八年にはセビリャの司教に就任しイシドルスが六三六年に没したとすると、弟たちの教育を引受けたときのレアンデルはすでに修道者であったと考えられ、またフルゲンティウスとイシドルスのふたりがともに司教になり、フロレンティナも修道女になったことから見ても、レアンデルが与えた教育は修道者、聖職者の教養に近かったと言えよう。一方、先述したように、レアンデルがコンスタンティノープル行きを余儀なくされたことにより、イシドルスはセビリャの修道院学校あるいは司教座教会付属学校に学び、そこで自由学芸を深めたことも十分考えられる。[13] いずれにせよ、イシドルスの著作から見てもかれが受けた教育は古代教育と中世教育との混合であったと言える。

さらにイシドルスは早くから、レアンデルをとおして時代転換を象徴するさまざまな出来事に立ち会い、政教両面にわたる活動に引き込まれていった。かれがレアンデルとともにコンスタンティノープルに渡り、大グレゴリウスに接したか否かは知る由もないが、しかしかれは、西ゴート・スペインを統一したレオビヒルド王によるセビリャ攻囲のほか、とくに、兄レアンデルを議長とする第三トレド宗教会議におけるスペインの宗教的統一という歴史的快挙の証人であり、政治、軍事、宗教全面にわたるその成果の収穫者でもあった。

b　司教イシドルスの活躍

　スペイン統一後のイシドルスの生涯は、スペインにおける西ゴート王国および教会の歴史と渾然一体をなしている。かれは、イルデフォンスス（Ildefonsus 六〇七頃―六六七）の『イシドルス伝』（Vita Isidori）――『名士列伝』（De viris illustribus）第九巻――によると、兄レアンデルの死後（六〇〇／〇一年）、約四〇歳で兄の跡を継いでセビリャの大司教座につき[14]、セビリャやトレドで開催された主要な宗教会議において議長を務め、スペインの政教両面に重大な影響を与えた。たとえば、六一〇年カルタヘナからトレドへの首都司教座の移動を決定した『グンデマールの勅令』（Decretum Gundemari）――もしこの文書が信用してよいものならば――において、イシドルスはグンデマール王（Gundemar　在位六一〇―一二）のすぐあとに署名している[15]。

　なおグンデマールのあと西ゴートの王座についたシセブート王は、アストゥリア・バスクの反乱を静めてこれを従わせ、ビザンツに対しても二度にわたって勝利を収めた。イシドルスは王の戦勝をたたえ、捕虜に対する寛大さを称賛している。なおこのシセブート王は、トレドの聖女レオカディア教会を建立ないし再建してスペイン教会の発展に努める一方、文化・教養に対する関心も高く、イシドルスに対し『事物の本性』の著述を求めている。王はまた、ユダヤ人に対し追放または財産没収をちらつかせてキリスト教への改宗を迫ったが、イシドルスは『年代誌』（Chronica）でこれを甘く受け取り、「回心」と呼んでいる（『ゴート史』ではきびしく批判しているが）。シセブート王のあと、その子レカレード二世（在位六二一）は登位後三か月で他界し、その後を継いだスヴィンティラ（Svinthila　在位六二一―三一）はバスク地方を平定し、ビザンツを海外に追い出して全スペインを手中にしたが、イシドルスはこの王の才能をたたえ、その治世の永続を祈念している[16]。

　教会の組織化におけるイシドルスの才能と権威とは、かれが関係した宗教会議において顕著に示されている。

イシドルスは六一九年のセビリャの地方宗教会議において議長を務めたが、この宗教会議には以前ビザンツの支配下にあったベティカ地方のマラガの司教が参列し、会議の第一カノンではマラガ教区の復帰が確認され、また第一三カノンには、東方から渡来した一司教（グレゴリウス）に対するキリスト単性論反駁の神学が記されているが、これにはイシドルスの手が加えられている。[17] さらにシセナンド王が自分の登位の承認を求めて招集した第四トレド宗教会議においてイシドルスは、トレドの司教ユストゥスが列席していたにもかかわらず議長を務め、またそこで議決された規定の提案者でもあった。この宗教会議では、シセナンド王の復権の是認など（第七五カノン）政治問題に関する決定のほか、スペイン教会の主要な活動とくに典礼と聖職者の教育に関する決定が下されている。イシドルスはまたこの宗教会議において、歴代の司教たちによる断罪にもかかわらず、大衆のみならず王侯たちの間にさえはびこっていた占星術を再度、断罪させている。このいわば大衆的な異教は、プリスキリアヌス派の支援もあって人々のキリスト教信仰に混在する形で残存し、イシドルス自身、『語源誌』（Etymologiae）の天文学の章において繰り返し論破せざるをえなかったものである。[18] さらにイシドルスはこの宗教会議において、各司教区に聖職者養成のための学校の設置を決定させたが、当然、自分でもそれを実行に移したと思われる。

なお修道院内での学習活動について、イシドルスは『修道会則』（Regula monachorum）において、一日三時間の読書、聖書の共同学習、書籍の貸出しなどについて具体的に規定し、修道院における聖学の向上をはかっている。またサラゴサやトレドの図書室を模倣して、『語源誌』の史料から推測されるような聖・俗の書籍を含む図書室をセビリャに創設し充実させた。残念なことに、かれは自分の生徒や教授についてはなにも語ってくれない。[19]

このように、統一王国として新しく発足した西ゴート王国の政教両面の発展を支えるイシドルスの努力は、かれの著述活動にもよく示されている。

c　イシドルスの著述活動

イシドルスは、政教両面に関する多くの書簡のほか、自然学、歴史、聖書、神学、道徳など多岐にわたる著作を残したが、そのほんとどが司教就任後、聖・俗の教養を求める西ゴートの聖・俗のエリート（王、友人、親族、弟子、聖職者、修道者）の依頼により、その需要に応える形で著されている。イシドルスの著作は、知的水準から言えば、アウグスティヌスやヒエロニムスのそれには及ばないが、しかし七世紀西方の著書のなかではもっとも広範な分野を網羅している。

ここでは、本章の中心史料となる『語源誌』と関連の深い主要な著作を、聖・俗に大別して取り上げることにしよう。まず俗学を中心に取り扱う書としては、おそらく司教就任以前のものと思われる、『ことばとことば、事物と事物の相違』（De differentiis verborum et rerum）がある。これは、同義語、あるいは共通の意味をもつ語をアルファベット順に並べ、それらの意味内容の相違を明確にし、古来のラテン文法学の手法を神学に応用した書である。つぎに、『同義語』（Synonyma）は、説教者に対し文彩の学習や文体の訓練を勧める実践の書であり、またその副題「罪深き魂の嘆き」（Lamentatio animae peccatricis）が示すように、罪の赦しの希望をもって魂を力づける霊操の書でもある。『事物の本性』はシセブート王の依頼により執筆されたもので、過去の著述家とくにキリスト教徒の著作をもとに、神による創造の順に太陽、月、星の本性とその運動を説明する書で、当時の博物誌、宇宙形状誌、自然学を反映している。『ゴート史』は、西ゴートをローマ人の後継者と見なし、スペインにおける西ゴート王国建設の過程を取り扱う書で、当時のスペインの歴史を知るうえで重要な史料である。そこでイシドルスは、西ゴート諸王の人物、政策について評価ないし批判を加えているが、それは、かれがスペインの政教両面にいかに深い関心を寄せていたかをよく示している。さらに、世界のはじめからシセブート王までの時代の流れを追う『年代誌』もある。

一方、聖学を中心に取り扱う書として、イシドルスは聖書注解の手引書『入門』（Prooemium）を著して聖書各書の内容を簡潔にまとめ、また『数論』（De numeris）では、古来の数意学を聖書注解の予備知識として取り上げている。また兄フルゲンティウスの求めに応じて書いた『教会の役務』（De ecclesiasticis officiis）では、典礼を中心に各聖職位階の使命を明示し、その遂行に必要な聖・俗の教養の修得を求めている。なお本書は、かれが西ゴート典礼の組織化――のちモザラブ典礼と呼ばれる――にいかに重要な役割を果たしたかをよく示している。また兄レアンデルにならい、自分に委ねられた修道院のために『修道会則』を書いたが、そこでかれは、人々の弱さに配慮しつつ、修道生活と使徒活動との調和をはかっている。さらにかれは、大グレゴリウスの『ヨブ記講解』を大幅に取り入れて、教義、倫理両面を取り扱う『命題集』（Sententiae）を著したが、これは、ペトルス・ロンバルドゥス（Petrus Lombardus 一一〇〇頃―一一六〇／六九）の『命題集』（Libri sententiarum）――中世における重要な神学提要――の先駆をなす著作である。

その他、聖書注解の手引書として、アダムから聖パウロまで新・旧約聖書に出てくる八六名について、その誕生と死を中心に取り扱う『聖書人名録』（De ortu et obitu patrum）、聖書のいくつかの寓話を解説する『寓意論』（Allegoriae）、教父たちの注解書をもとにいわゆる「詞華撰」（florilegium）として編纂された『新・旧約聖書の諸問題』（Quaestiones de Veteri et Novo Testamento）、新・旧約聖書にでてくる人名を説明する『聖書人名解説』（De nominibus Legis et Evangeliorum）も編纂している。さらに、スペインにおけるユダヤ人の改宗問題を機に姉フロレンティナあてに書かれた『カトリック信仰論』（De fide catholica contra Judaeos）、種々の異端に関する教父たちの教えをまとめた『異端論』（De haeresibus）なども書いている。[20]

d　『語源誌』

こうした聖・俗両面にわたるかれの著述活動を総括するものとして執筆されたのが、本章の中心史料として取り上げる『語源誌』（Etymologiae sive Origines. 以下、本文の括弧内にでてくる書名なしの横書き算用数字は、巻、章、節を示す）である。本書は、イシドルスが友人の西ゴート王シセブートや、サラゴサの弟子ブラウリオ（Braulio 五九〇頃―六五一 当時は助祭長で、のち司教）つまり聖・俗の権威者による依頼と励ましのもとに、没年の六三六年より少しまえに起筆され、かれの死によって未完のまま残されたもので、イシドルスの知的成熟を最終的に示してくれる書である（刊行されたのは、六三七年か）。その内容は、本書の刊行者ブラウリオが指摘するように、シセプート王に代表される聖・俗の選良が「修得しておくべきほとんどすべての」（quaecumque fere sciri debentur）聖・俗の知識の要約を含んでいる[21]。そのため『語源誌』は百科全書であるとされるのが普通であるが、しかし今日の百科事典と同等の意味、価値をもたないことは言うまでもない。また、『語源誌』は師イシドルスが弟子ブラウリオのために著した提要であると考えたものもあった。たしかに本書はポンペイウス（Pompeius 五世紀）の『ドナトゥス文典注釈』（Commentarium Artis Donati）やカペラ（M. Capella 五世紀初頭）の『文献学とメルクリウスの結婚』（De nuptiis Philologiae et Mercurii）など、当時の学校教科書の抜粋を多く含んでいる。しかしそれは、単なる俗学の書ではなく明らかに宗教的視点に立って書かれている[22]。

本書は、刊行と同時に好評を博し、七世紀後半以降、アラビア人の侵入を避ける教養人の手によってピレネー以北にもたらされ、「カロリング・ルネサンス期」の教育に画期的な影響を与えた。とくに重宝されたのが自由学芸を取り扱う最初の三巻で、もともとイシドルス自身もこれを重視し、全体の約六割の紙数をこれにあてている。ベーゾン（Ch. H. Beeson）によると、七世紀から八世紀にかけてスペイン以外において作成された『語源誌』の写本の大半は、自由学芸に関する三巻の抜粋であった。また「一二世紀ルネサンス」の立役者のひとりサン・

ヴィクトルのフーゴ（Hugo de Saint Victor 一〇九七―一一四一）の『学芸論』（Didascalicon）ではイシドルスの著作の引用がもっとも多く、しかも引用の三分の一は『語源誌』の最初の三巻からである。さらにソールズベリのヨハンネス（Joannes Salesberiensis 一一二〇頃―八〇）の『メタロギコン』（Metalogicon）においても同様で、まさにイシドルスの『語源誌』は全中世の基本的文献のひとつであった。[23]

したがって『語源誌』は、イシドルスの自由学芸観研究の基本史料として最適の書であると言えよう。ここでわれわれは『語源誌』の百科全書的性格に留意しながらも、イシドルスが『語源誌』の編纂において資料として用いた聖・俗の書はどのようなものか、それらの書名を明確にし、また、これらの資料の取捨選択にあたって、イシドルスはなにを規準とし、なにをめざしていたのか、別言すると、西ゴート王国の中心人物のひとりであったイシドルスは同時代の人々に、いかなる文化・教養を提示しようとしたのか、種々の先行研究、とりわけイシドルス研究の第一人者フォンテーヌ（J. Fontaine）の大部な研究を援用しつつ、その解明に努めたい。[24]

II　イシドルスによる自由学芸

一　三　学

イシドルスによると、「自由学芸には七学科ある」。[25] かれは、カッシオドルス（F. M. A. Cassiodorus 四七七／四九〇頃―五七〇／五八三頃）の『聖・俗学教範』（Institutiones divinarum et saecularium litterarum（以下 Instit. あるいは『教範』と略記。それに伴う算用数字は、巻、章、節を示す）のなかから、いわば自明のこととして自由学芸の数と順序を引き写し、文法学、修辞学、弁証論、算術、幾何学、音楽、天文学の七学科をあげる（カッシオドルスは、音楽と幾何学の順序を入れ替えることもある）。カッシオドルスは、永続性、完全性を示す数として七を重視したが、『語源誌』にはそうした説明はない。しかしカッシオドルスにならい、自由学芸（artes liberales）の liberalis（自由な）は、liber（書物）の派生語であるとしている。書物に通じているものこそが正しく読み書き、話すことのできる自由人、教養人だからである[26]（1, 4, 2）。一方、イシドルスは trivium（三学）、quadrivium（四科）という分類はしないが、アウグスティヌス（A. Augustinus 三五四―四三〇）の『三位一体論』（De Trinitate）やカッシオドルスの『教範』をもとに、文法学、修辞学、弁証論には ars（学芸）を、数学的諸学科には disciplina（学科）の語をあてるが、しかしかれらと同様、この用語にそれほど拘泥しない[27]。

（1）文法学

イシドルスが第一にあげる自由学芸は、言うまでもなく、文法学である。かれは他の諸学芸に比べて不釣合いなほどに文法学を重視し、『語源誌』の第一巻（四四章）のほぼ全部をその説明にあてている（第二巻は修辞学と弁証論を、第三巻は数学的諸学科を取り扱う）。古来、自由学芸の学習では、disciplina よりも ars、とくに文法学を重視する傾向が強く、それは中世に入っていっそう顕著となるが、イシドルスはこうした文法学偏重に手を貸している。それは、かれが文法学の説明に費した紙数もさることながら、とくにその説明内容を見れば明白である。

イシドルスは文法学の本論に入るまえに、まず、文法学の基礎（primordia）として[28]、文字（littera）を取り上げる。カッシオドルスは文法論の冒頭でギリシア語、ラテン語の文字に言及しただけであったが（Instit. 2, 1, 1）、イシドルスは、ギリシア語、ラテン語、ヘブライ語、シリア語、カルデア語、エジプト語の起源にふれたあと、とくにラテン語の文字を詳しく説明する（1, 3, 1―1, 4, 18）。ここにはすでに、本書の百科全書的性格が示されている。またその説明の位置は、かれがいかに文字に関する知識を重視していたかを示している。イシドルスによる文字の説明は、ドナトゥス（A. Donatus 四世紀）の『大文典』（Ars Major）、カッシオドルスの『教範』における伝統的な位置ではなく、文法学の定義のまえつまり文法学の枠外におかれ、文法学の一要素というよりその前提、予備知識といった感が強い。またその説明内容も『語源誌』第一巻の第三、第四の二章にわたり、文法学の他の諸要素に比べ、冗舌にすぎるほど詳細に及んでいる。そのわけは、『語源誌』が幅広い学習者、とくにセビリャの司教座教会で働く写字生をも念頭において書かれたためであるという意見もある。それは『語源誌』における正書法、句読、記号の重視から見て首肯できる。しかし文字の説明が文法学の予備知識と見なされているわけはより深く、それは文化の衰微、非識字者の増加により、読み書きの知識が知的特性として評価されるに至った当時の知的水準を反映しているのではなかろうか。これは、ヴァロ（M. T. Varro 前一一六―二七）が litteratio（読み書き）と呼んだものを、イシドルスが disciplina（学問）と言い換えていることにも暗示されている。[29] さらに、イシドルスによる文字の重視には、真理の伝達記号としての書きことばに対するかれの畏敬の念が秘められている。それは、『語源誌』において絶えず聖書に言及することからもわかるように、かれが単なる語源学者ではなく、ことばを聖書における啓示の媒体として見る聖書学者、神学者でもあることを示唆している。こうした解釈は、文字の起源に関する説明からも引き出される。イシドルスは、ヴァロからプリスキアヌス（Priscianus 六世紀初頭）までのラテンの伝統が文字文明の起源をカルデア人においたことを認めつつ、その一方で、ヒエロニムス（H. Hieronymus 三四〇／五〇―四一九・二〇）やアウグスティヌスの権威をもとに、あらゆる言語のアルファベットの起源は聖書の言語であるヘブライ語にあると主張する（1, 3, 4-5）。またかれは、文字には「不在者の言辞を声によることなく伝える力がある」ことを認め[30]、これをもとに文字にキリスト教的解釈を与えている。たとえば、ギリシア語のγは人間の生命の発達を、θは死を、τはキリストの十字架を、αとωはキリストが言ったように初めと終わりを示す。さらにかれは、数について数意学的解釈を下すピュタゴラス（Pythagoras 前五八二頃―四九七／九六）、より直接的にはアウグスティヌス、カッシオドルスの思想をもとに、ギリシア語の文字の数について道徳的、宗教的解釈を加えている（『語源誌』第六巻の文字と書物に関する説明も同じ）（1, 3, 4-11）。こうした文字の寓意的解釈は、筆記の要素としての文字に魔術的、神秘的能力を見ようとする中世人の好奇心を助長させることになる。

文字の説明のあと、イシドルスは文法学そのものの説明に移り、ふたつの定義をあげる。第一の定義では、「文法学は語法に関する術知である」とし、第二の定義では、クインティリアヌス（M. F. Quintilianus 三五―九五）、カッシオドルスにならい、「文法学は正しい語法についての知識であり、自由学芸の起源、基礎である」と言う。「正しく話す」ためには文字（γράμματα）を知らねばならず、そのための文法学（grammatica）は文字（γράμματα）に起源をもつものであり、文法学が単なる知識（scientia）ではなく術（ars）であると言われるのは、「術の種々の規定と法則から成る」からであると説明する[31]。第一の定義で注意をひくのは、それが、文法学の主要な役割のひとつである審美的要素を含まず、また教材となる古典の読書にも言及していないことである（後述するように、古典学習の諸要素と詩人については若干ふれるが）。第二の定義では、「正しい語法」という表現で審美的要素は含むものの、それは本来の文法学習の教材であった古典――カッシオドルスは「詩人たちや有名な著述家たち」と総括するだけである――とは無関係に、抽象的、原理的な表現にとどまっている。古典にもとづく学習方法の無視は、フォンテーヌによると、異教徒の著作の排除ないし欠乏（読もうにも入手不可能であった）を暗示しているという(32)。

そのあとイシドルスは、文法学の本質的内容の説明に入る。まず品詞（**partes orationis**）を取り上げる。かれによると、アリストテレスは品詞として名詞と動詞の二つだけをあげ、ドナトゥスは八つあげたが、八つの品詞は、要するに、人格とその行為（**persona et actus**）を表示するものであり、アリストテレスの二つの品詞から派生し、それに還元される（**1, 6, 1**）。ここには、イシドルスの文法学が文学中心の文法学よりもボエティウスにおけるような哲学的、論理的思考を予想させる文法学であることが示唆されている(33)。

しかしイシドルス自身としては、ドナトゥスの『大文典』をもとに、名詞（**nomen**）、代名詞（**pronomen**）、動詞（**verbum**）、副詞（**adverbium**）、分詞（**participium**）、接続詞（**conjunctio**）、前置詞（**proepositio**）、間投詞（**interjectio**）をあげ、順に説明する。

かれは、名詞について、「名詞は、固有のことばをもって事物を告知するいわば弁別記号である(34)」と定義したあと、その種類について説明するが、ドナトゥスが普通名詞をその実質的内容に従って二七に分類したのに対し、イシドルスは対称的分類により二八としたこと、ドナトゥスが名詞の性、数、格など用法上の留意点をあげ、実用的な知識の教授を意図したのに対して、イシドルスはもっぱら語源にもとづく意味と細密な分類だけを取り上げ、あたかも語源による事物の本性の追求に終始するという印象を与える（**1, 7, 1-53**）。なお代名詞の説明では、語源（**pro vice moninis**「名詞の代わりに」）をもとにその機能を説明するにすぎない（**1, 8, 1-5**）。

動詞は、「空気を振動させることによって（**verberato**）生ずる音」に由来するというように(35)、動詞の語源的説明をあげたあと、動詞（**verbum**）は「精神のことば（**verbum**）である」といういわば哲学的な説明をつけ、そ(36)

れを補完する形で、時制による文法学の動詞と普遍的性格をもつ修辞学における動詞との区別を指摘する（1, 9, 1-7）。また副詞についてイシドルスは、カッシオドルスをもとに「副詞は、動詞に寄り添うところから、副詞と言われる」というように語源的説明を与えたあと、[37]副詞は、動詞に寄り添いその意味を補完すると指摘し、それぞれ一例をあげる。また分詞については、「名詞と動詞の一部をとる」[38]という語源的説明を与え、そのため分詞は名詞および動詞と性、数、格において一致すると説明する。[39]

接続詞については、「接続詞は、意味および文章を結びつける」[40]と語源をもって説明し、役割にもとづいてその種類をあげ、それぞれ語源的説明を与える。また前置詞については、「名詞、動詞のまえにおかれる」という語源的説明を与え、[41]前置詞の支配する格を指摘し、また名詞、動詞の接頭語として合成動詞を形成する前置詞を例示する。さいごに、間投詞については、「話のなかに投入する」という語源的説明を与えたあと、[42]それによって表明される感情の表記の困難さをアウグスティヌス、ヒエロニムスの聖書注解をもとに述べていることが注意をひく。[43]

本来、文法学の教授は古典詩文の各行の分析と解説から展開されたが、イシドルスもこうした伝統的学習の順序を一応は踏襲し、説明の項目順に音声（vox）の説明に移るが、それはただ、ドナトゥスの『大文典』をもとに、vox の語義と、人間と動物の音声の区別をあげるだけである。こうした説明の簡潔さは、イシドルスが、ドナトゥスやヴァロといった伝統的な文法学者たちと関心を異にしていることを示している（1, 15, 1）。また音節（syllaba）についてイシドルスは、ギリシア語の語源とその訳語にもとづく定義をあげたあと、短、長、共通、の三種の音節について述べ、とくに AE, OE, AU, EU の四種の二重母音について注意を喚起したあと、カッシオドルスと同じく、詳しくは「ドナトゥスを読め」（lege Donatum）と述べるにとどめている。ここでは、写字などにおける実際的な知識を予想しているのかもしれない[44]。

つぎに脚韻（pedes）であるが、アウグスティヌスは脚韻の有用性を強調しつつも、語源的説明は冗舌で無用であると批判した[45]。これに対してイシドルスは、ひたすらドナトゥスによる脚韻の分類と分解、サケルドス（Sacerdos 三世紀）、カペラによる脚韻の名称をあげ、その語源を列挙する。しかし詩文の分析と解説における脚韻の有用性にはふれず、カペラが強調した脚韻の実際的用法についてもまったく述べない。つまり脚韻と文法学学習との結びつきは度外視している（1, 17, 1-30）。

またイシドルスは、抑揚（accentus）とその記号（figurae accentum）についてもセルヴィウス（Servius 四世紀）の『ドナトゥス文典注解』（Explanatio in Artem Donati）を引き写す形で、ギリシア語の語源を中心とする語源的説明を列挙するにすぎない。しかも多脚の抑揚という複雑な問題はまじめには考慮せず、また抑揚の規則も簡潔化し、時には歪曲している（1, 18, 1-5 ; 1, 19, 1-11）。

句読（positura）の説明では、休止の説明も取り込み、その説明は文法学というより音楽や修辞学を連想させる。このことはイシドルスが、基本的にはドナトゥスとその注解書に依拠しながらも、「詩編」の斉唱という典礼的用法を考えていたことを示唆している（1, 20, 1-6）。こうした句読の典礼への応用は、イシドルスが頻用するカッシオドルスの『教範』がすでに指摘していたものであり、またイシドルス自身の『教会の役務』においても主張されている[46]。

つぎに弁別記号（notae sententiarum）の説明では、古典学習の伝統の維持と聖書の読書や写字活動に対する配慮がうかがえる。イシドルスは、古典（かれは「もっとも有名な著述家たち」（celeberrimi auctores）と呼ぶ）における記号の用法もあげるが、それ以上に、オリゲネス（A. Origenes 一八五／八六―二五四／五五）、ヒエロニムス、アウグスティヌスなどの教父たちが聖書の翻訳や注解に用いた記号に注目し、その定義とともに具体例を示し、これらの記号は当時の教会著述家も聖書注解に用いていると説明する（1, 21, 1-28）。

これに続いてイシドルスは、速記記号（notae vulgares）を取り上げる。かれはアウグスティヌスの『キリスト教の教え』（De doctrina christiana）をもとに、速記記号はエンニウス（Q. Ennius 前二三九頃—一六九）やティロ（M. T. Tiro 前一世紀）によって発明され、アクイラ（Aquila 三世紀頃）、セネカ（L. A. Seneca 前五五頃—後四〇頃）によって完成されたという歴史をあげるが、個々の記号そのものについてはまったくふれない（1, 22, 1-2）。しかし大グレゴリウス（Gregorius Magnus 五四〇頃—六〇四）の『エゼキエル書注解』（Commentarium in Ezechielem）や第四トレド宗教会議などの議事録からうかがえるように、当時の公文書の作成に速記記号が重宝されていたことは明らかである[47]。そのほかイシドルスは、法律用語の速記記号（notae juridicae: 1, 23, 1-2）、軍事用語の速記記号（notae militares: 1, 24, 1-2）、文学用語の速記記号（notae litterarum: 1, 25, 1-2）、指による速記記号（notae digitorum: 1, 26, 1-2）があることを指摘する。これらはどれも、文法学論におけるいわゆる余談（regressus）であり、『語源誌』の実利的、百科全書的一面をよく表している。

つぎに正書法（orthographia）を取り扱う。正書法は、本来自由学芸とは独立した実践的知識であったが、二世紀以降、文法学の学習課程に組み込まれ、以後、古典の書法に従う「書きことば」と、時代とともに変容する「話しことば」との乖離が進むにつれ、一段と注目された[48]。したがって後代の文法学教師たちは、紀元前の教師たちと同じく、ことばの正しい綴り方を教授すると同時に、またそれ以上に、音声どおりの綴り方の防止に力点をおいた。イシドルスも、おもにカッシオドルスの『正書法』（Orthographia）をもとに、誤記しやすい語をアルファベット順に一語ずつ検討し、とくに E をもとにした AE, OE という二重母音の用法に注意を喚起している

（1, 27, 1-29）。なお、正書法に続く比較（analogia：comparatio）も、正書法に関連づけて説明している（1, 28, 1-4）。

さらにかれは、比較と関連づけて語源（etymologia）を取り扱う。比較は類比をもとにことばの諸要素の一体性を把握させ、語源はことばの各要素の分解をもとにそれらの原初的な本質と一体性とを理解させる。イシドルスは etymologia という語について、ギリシア語による説明はアリストテレス（Aristoteles 前三八四―三二二）から、ラテン語による説明はキケロ（M. T. Cicero 前一〇六―後四三）から取り入れ、全体の説明はキケロの『トピカ』（Topica）から借用している。イシドルスによると、「語源とは、動詞や名詞の解明をとおしてその意味を把握する際の、ことばの起源のことである」[49]。かれは語源の分類として、語自体のもつ語源と人々の合意による任意的語源をあげ、また、とくにラテン語自体における語源とギリシア語その他の言語（たとえばヘブライ語）における語源とを、意図する説明内容に応じて使い分ける。こうした語源の説明は技巧的にすぎる面も多いが、しかしその根本には、文法学的視点を越えて、語源をあらゆる知識の根源とみなす、あるいは名称から本質へ（Verba から res へ）というイシドルスの基本的な学問観、より正確には、後述する哲学の定義におけるような、アウグスティヌス思想の継承がうかがえる[50]。

つぎに、不純正語法（barbarismus）、語法違反（solecismus）、誤り（vitia）、語形変異（metaplasmus）を取り上げる。ここでイシドルスは、文学的批判と審美という伝統的な文法学習の内容を、部分的ではあるが取り入れている（1, 32, 1―1, 35, 7）。まず不純正語法については、アウグスティヌスの『キリスト教の教え』をもとに具体的に定義し、またその第一の例も同書から借用するが、このことは、古典に関する伝統的学習方法を聖書本文の校訂のための基礎知識、基本的訓練として摂取したアウグスティヌスの模倣を意図しているようである[51]。また、不純正語法の語源について、四世紀のセルヴィウス（Servius）は蛮族（barbari）が間違った話し方をしたことに起因するとしたが、七世紀のイシドルスは、西ゴートの心情を考慮してか、「不純正語法は純粋なラテン語を知らなかったころの蛮族がこう呼んだ」としている。[52] 同時に、蛮族は「ことばの誤りだけでなく道徳的悪習（vitia verborum et morum）」をもローマに持ち込んだと指摘しているが、これは、かれによる文法学習が宗教的要素を含有していることを明示するとともに、蛮族のもつ欠陥をキリスト教教養全体のなかに包摂し和らげようという配慮がうかがわれる（1, 32, 1-9）。

つぎに、語法違反について述べる。かれはここでも、ドナトゥスとその注解者セルヴィウス、ポンペイウスの書を参照しながら、しかしドナトゥスよりも詳しく、根本的にはクインティリアヌスの『弁論家の教育』（Institutio oratoria）やアウグスティヌスの『キリスト教の教え』を要約する形で述べている。[53] こうした二種の資料の併用には、後述するように、古来の文法学の本質的要素の形式的保持と同時に、文法学のキリスト教化つまり聖書注解への応用という新時代への対応が見られる（1, 33, 1-5）。

つぎに、文法上の種々の欠点を総括する形で、誤り（vitia）を取り上げる。誤りの分類とその説明においてかれは、ドナトゥスの『大文典』のほか、ユヴェナリス（D. J. Juvenalis 五〇―一三〇）、アウグスティヌス、ヒエロニムスの著作、また「詩編」からの引用が目立つ（1, 34, 1-6）。[54] さいごに、語形変異について述べる。かれによると、語形変異は韻律の必要から詩人たちの恣意によって起こる。そして一三種の語形変異を、名称もほとんどそのままドナトゥスの『大文典』から引き写している（1, 35, 1-7）。

こうしてイシドルスは、文法学におけるいわば否定的な要素を取り扱ったあと、積極的な要素の検討に移り、まず文彩（schemata : figurae）について説明する。かれはクインティリアヌスにならい、文法学と修辞学双方でこれを取り扱うが（1, 36, 1-22 ; 2, 21, 1-48）、文法学における説明では文法学校での教授を連想させる。そこでは、各項目のギリシア語の標題をあげ、そのラテン語訳をもって語源的説明に代える（1, 36, 1-22）。

つぎに、言い回し（tropos : modi locutio）を取り上げる。かれは、ここでもドナトゥスの『大文典』とポンペイウスの『ドナトゥス文典注釈』（Commentum Artis Donati）を援用しながら、その説明と例文を簡潔にまとめ、含蓄的すぎるドナトゥスの抽象的な文体や、ポンペイウスの冗舌さとは異なる明確な説明に成功している。一方、主要な定義と例文は、主としてアウグスティヌスの『キリスト教の教え』、『神の国』（De civitate Dei）その他の著作から取り入れ、言い回しと聖書注解との関連づけも忘れない。なおイシドルスは、『ヘレンニウス修辞学』（Rhetorica ad Herennium）があげる言い回しの有用性と美的要素を強調するが、これもアウグスティヌスが求めた聖書注解のための「精神の鍛練」（exercitatio mentis）に向けられている（1, 37, 1-3）[55]。

つぎに文体について。かれはまず散文（prosa）について説明し、その語源をふたつあげる。第一はヴァロ（M. T. Varro 前一一六―二七）によるもので、散文と詩文（versus）の区別を主とし、第二は「その他のもの（alii）」（イシドルス自身でないとしたら、ドナトゥス以降の二次的資料を指すようである）によるもので、ストア的色彩が濃い。そのあとかれは、ギリシア、ラテンそれぞれの文学における散文の発明者としてギリシア人のフェレキュデス（Pherecydes 前五四八／八三―四九九／九八）とラテン人のアッピウス（Appius）をあげる（1, 38, 1-2）。

これに続く韻律（metra）の説明では、まずギリシア語（μέτρον）にもとづく定義をあげているが、その資料となっているのはディオメデス（Diomedes 四世紀末）、ヴィクトリヌス（M. Victorinus 四世紀）、フォルトゥナティアヌス（Fortunatianus 四世紀）、サケルドスといった実用的な書である。一方、詩文（versus）、韻律（rhythmus）の定義と説明では、韻律による精神の鍛錬と神への上昇を説くアウグスティヌスの『秩序論』（De ordine）からほとんどそのまま取り入れている。[56]

ところでこの韻律（metra）の説明には、イシドルスの自由学芸観の特徴がよく示されている。まず、かれは六歩格（hexametrum）の発明はエンニウスであるとしているが、これはイシドルスが資料として用いたエウセビウス（Eusebius Caesariensis 二六〇頃―三四〇）の『年代誌』（Chronica）の誤りを引き写したもので、古代文学史に関するイシドルスの無知を暴露している。また、一般に古代の文法学教師たちがあげるヒッポナクス（Hipponax 前六世紀）、アルケナウス（Alcenaus 前七世紀）をあげないのも、かれの無知を意味するのかもしれない。なおかれは、異教的詩文に対するユダヤ・キリスト教的詩文の時代の古さ、普及の広さを強調し、また分類において異教徒詩人とキリスト教徒詩人の作品を混用しているが、これは詩文における異教とキリスト教との調和の努力として見ることもできる。一方、文明の起源と「その最初の発明者」に関する異教（ヘレニズム）とユダヤ人との対立は、イシドルスがあげる思想家だけを追うと、まずフイロン（Larissaの Philon 前一六〇頃―八〇）に対抗したヨセフス（F. Josephus 三七―一〇〇頃）から始まり、アレクサンドリアのキリスト教徒に継承され、クレメンス（Clemens Alexandrinus 一五〇頃―二一五／一六）、オリゲネス、エウセビウスをとおして、西方へと舞台を移した。イシドルスは、こうした伝統的対立を受けて、エウセビウスの『年代誌』をもとに、モーセ（Moyses 前一四世紀頃）はホメロス（Homerus）よりはるか以前に英雄詩をつくり、その他の聖書記者もギリシア人、ローマ人より先に多くの詩文を書いたと主張する（1, 39, 1-36）。

これに続いてかれは、寓話（fabula）と歴史（historia）をあげるが、古来、文法学の学習教材は古典や古典と目される詩人および歴史家の書であり、そこに含まれる寓話や神話、歴史であった。イシドルスは寓話について歴史と対比しつつ（facta-ficta）説明しているが、かれの寓話の定義は混乱し、動物寓話のほか神話や喜劇もfabulaという語に含めている。[57] 一方イシドルスは伝統に従い、イソップ、リュビス（Lybis）といった古典的寓話の教育的価値を強調するとともに、旧約聖書の「士師記」（Liber Judicum）における寓話の引用は、寓話のもつ新たな利用価値を示していると指摘する（1, 40, 1-7）。

つぎに歴史であるが、イシドルスは哲学の基礎教養として歴史学習をあげ、アウグスティヌスの『秩序論』の権威を盾に、文法学の学習内容のひとつとして歴史を取り入れている。歴史の語源の説明では、historia はギリシア語の ἀπό τοῦ ἱστορεῖν つまり videre（見る）、cognoscere（認識する）に由来し、事実を目のあたりにし知悉しているものが語り書くのが歴史であるとして、歴史と真実性との関連を強調する（1, 41, 1-2）。

そして歴史家を列挙するが、そこでかれはキリスト教徒と異教徒とを対比する。それによると、「モーセ五書」（創世記、出エジプト記、レビ記、民数記、申命記）（Pentateuch）の著者とされるモーセは、「世界の始源」（de initio mundi）について記述したキリスト教最初の歴史家である。これに対し異教徒最初の歴史家は、ギリシア人とトロイア人の物語（五世紀のラテン語訳は Daretis Phrygii de Excidio Troiae Historia となっている）を書いたフリギアのダレス（Dares Phrygius）で、そのあとヘロドトス（Herodotos 前四八四頃―四二五頃）、エズラ預言者（Esdras 前五世紀）が民衆に律法を読み聞かせたころのフェレキュデス（Phereydes）をあげる。そのほかイシドルスは『語源誌』の随所において、サルスティウス（C. G. Sallustius 前八六―前三四頃）、エウセビオス、ヒエロニムスといった名をあげるが、歴史に関するイシドルスの文章は、そのほとんどが文法書やその注解書から取り出した断片的なものにすぎない（1, 42, 1-2）。またかれは、歴史のもつ有用性は過去に関する知識の収集にあるとする一方で、歴史家を「賢人」（sapientes）と呼び、歴史のもつ教育的価値にも注目している。なおイシドルスは、キリスト教徒の年代誌記者だけを取り上げたカッシオドルスとは異なり、異教徒、キリスト教徒双方のいわゆる歴史家を利用しているが、これは、かれが歴史を聖書注解や護教論の補助知識として見た教父たちの歴史観を継承すると同時に、百科全書的な博識をめざしていることを示している。[58]

さいごにイシドルスは、事実を語り叙述する歴史（historia）と、事実を離れてその可能性を論ずる論証（argumentum）と、事実も可能性もない、自然に反することを語る寓話の三つに区別しているが（1, 44, 5）、こうした区別は、つぎの第二巻の内容となる修辞学と弁証論の説明への導入となっている。[59]

（2）修辞学

イシドルスは自由学芸の第二に修辞学をあげる。かれはまず、「修辞学は上手に話すための知識であり、市民的諸問題において、正しいこと、善いことを納得させるための雄弁の豊かさである」と定義し、[60]それを解説する形で、その語源はギリシア語の ἀπό τοῦ ῥετορίζειν（公に話すことから）つまり copia locutionis（話しの豊かさ）にあると説明する。この定義と語源の説明はカッシオドルスの『教範』を中心に多くの書から寄せ集めたものであるが、しかしそこには、カッシオドルスがフォルトゥナティアヌスをもとに付記したような「市民的諸問題」（civiles quaestiones）の説明は省略されている。その代わり、カッシオドルスがふれなかった修辞学の起源について説明する。イシドルスによると、修辞学はギリシアのゴルギアス（Gorgias 前五〇〇／四八四―三九一／三七五頃）、アリストテレス、ヘルマゴラス（Hermagoras 一五〇頃活躍）によって発明され、キケロとクインティリアヌスによってラテン化された（2, 2, 1）。

実際、ラテン教養の泰斗キケロは、『雄弁家論』（De oratore）その他の著作をもってギリシア語の弁論用語をラテン語に置き換え、同時に、教養人の形成における修辞学の役割を強調した。そしてクインティリアヌスは、かれの思想と事業を継承し、『弁論家の教育』を著してキケロの理想の実現を図った。したがってキケロ、クインティリアヌスのふたりには、まだ本来のギリシア修辞学における人間的教養の豊かさが残されていたが、しかし帝政期以降とくに四世紀における東西ローマ間の政治、言語の断絶に伴い、西方の修辞学は形骸化を深め、修辞学技法の偏重に走り、ついには中世の説教、文書作成術（ars dictaminis）へとつながるのであるが、こうした修辞学の変質は、すでにイシドルスにおいてはっきりと見て取れる。

なるほどイシドルスは、雄弁家の定義では、修辞学とヒューマニズムとの結合を強調したキケロの主張を取り入れている。かれは、「雄弁家は話すことに長けた、善良な人である」と定義し、キケロに従うカッシオドルスを引き継いで、善良な人とは性格、習性、知識においてすぐれた人であると言う[61]。しかしこうしたヒューマニズムの主張も、実は弁論家ではなくキリスト教の説教者について言われている。それは、イシドルスがカッシオドルスによる修辞学を受け継ぎながらも雄弁家についてはストア的定義をあげたこと、また「話すことに長けた人」（peritus dicendi）の説明において、修辞学を説教に応用するアウグスティヌスの『キリスト教の教え』（第四巻）を多用していることにも表明されている[62]。

つぎに弁論の分類では、かれは一応、伝統的なカッシオドルスの順序に従い、演示弁論（demonstrativum）、議会弁論（deliberativum）、法廷弁論（judiciale）を列挙するが[63]、それぞれの内容の説明になると、法廷弁論を第一におき、伝統に従い罰（poena）と報酬（praemium）を取り上げている。しかし当時の法曹界では罰だけが重視され、罰と報酬といった分類はむしろ学校弁論の、それも演示弁論のなかに吸収されていたものである。したがって、ここでイシドルスは弁論学校の実際を映し出しているのかもしれない（2, 4, 2）。なおキケロは法廷弁論をとくに重視したが、イシドルスは他の弁論と同じく、その説明にはわずかに四、五行をあてるにすぎない。また演示弁論の第一の定義はキケロ、第二の定義はクインティリアヌスによっている。[64] こうした資料の混用（あるいは混乱）におけるイシドルスの意図は明確にはしがたいが、少なくとも古典的修辞学の簡潔化ないし軽視がうかがえる（2, 4, 16）。

つぎに、かれは論点（status）を取り上げる。論点はヘレニズム期の修辞学では重視され、ヘルマゴラス以来、注解書も豊富であったが、イシドルスはクインティリアヌスやキケロよりも、手元にあったと思われる学校教育用の偽アウグスティヌス（Pseudo-Augustinus）の『修辞学』（De rhetorica）やカペラの『文献学とメルクリウスの結婚』（De nuptiis Philologiae et Mercutii）を援用し、とくに説明の大部分は、きわめて簡潔なカッシオドルスの『教範』から取り入れている。しかしカッシオドルスが judicialis と呼んだものを juridicialis と呼ぶなど（2, 5, 2）、引き写しにおける不注意から見ても、イシドルスによる修辞学の理論的要素の軽視は否めない。[65]

つぎに弁論の構成部分についてイシドルスは、キケロの『構想論』（De inventione）をもとに六部分とするカッシオドルスの説明ではなく、むしろキケロの『弁論区分』（Partitiones oratoriae）や『雄弁家論』（De oratore）、クインティリアヌスの『弁論家の教育』におけるより簡潔な四区分（序言（exordium）、陳述（narratio）、確証（argumentatio）、結語（conclusio））に従い、その説明や用語では、キケロやクインティリアヌス、カッシオドルスを混用している。しかしその説明が極端に省略されていること、カッシオドルスの説明が叙述的であるのに対しイシドルスのそれは、「……しなければならない」（たとえば、inchoandum etc）という勧告ないし命令口調をとり実践的であることから見て、かれが学校教育を念頭においていることは明らかである。また、アウグスティヌスの『キリスト教の教え』を思わせる用語、口調もあり（とくに narratio, argumentatio において）、修辞学の説教への適用もうかがわれる。[66]

つぎに論証（ギリシア語で syllogismus ラテン語で argumentatio）に関する説明でも、かれは簡潔化をめざす。まず、論証の語源として、argutae mentis oratio（明晰な精神のことば）という作為的（あるいは恣意的）な表現をあげたあと、論証に関する説明の大部分は、カッシオドルスがキケロ、フォルトゥナティアヌス、ボエティウスから集めた分類と定義をほとんどそのまま用い（その順序においては、明確化につとめているが）、また、例文も同様である。なおこうした例文は、古来、学校教育において用いられたものである。またイシドルスは、論証は弁論家だけでなく弁証論者（dialectici）にも有用であると主張し、ヒエロニムスのことばを借りて、聖パウロもこれを利用したと指摘する。[67] ここでイシドルスは、例文に見られるような学校教育の伝統、カッシオドルスにおける修道院的教養、ヒエロニムスに代表されるキリスト教的論証の融合を考えていると言えば言い過ぎであろうか。[68]

これに続いて、法（leges）、慣習（mores）に関する専門的な説明がある。ギリシアの弁論家をはじめラテンのキケロ、クインティリアヌスも法廷弁論における法知識の必要性を主張し、帝政期以降のローマその他の都市（東方ではベイルートの法学が有名であった）には法学校さえ存在した。したがってイシドルスの場合、挿入あるいは余談の形ではあるが、それが他の項目に比べてかなり詳述されていることは（『語源誌』第五巻にもある）、『語源誌』の学校教育的な、また百科全書的な性格を示しているとも言える（2, 10, 1-6）。そのあと、命題（sententia: 2, 11, 1-2）、肯定（catasceve: confirmatio）と反駁（anasceve: refutatio: 2, 12, 1-6）、擬人法（prosopopoeia: 2, 13, 1-2）、人物描写（ethopoeia: 2, 14, 1-2）という弁論形態をあげているが、これらはいずれも練習弁論（progymnasmata）の要素をなすもので、弁論学校の教授内容を反映している。

つぎに表現（elocutio）を取り上げるが、そこで用いられる文体は論証のそれよりはるかに明確で、思想の流れも論理的である。また説明全体は簡潔化され実践的要素を重視しつつも、ことばの選択と結合、明晰さといった伝統的要素は確保されている。ただ、キケロ、クインティリアヌスが表現の規準を審美的要素においたのに対し、イシドルスは「世俗的なものと宗教的なもの、不相応なものと清純なものとを……混同してはならない」と述べ[69]、むしろ道徳的、宗教的要素を規準にしているが、これは修辞学のキリスト教化を示唆しているようである（2, 16, 1）。一方、表現における明晰さについてイシドルスはキケロ、クインティリアヌスに従い、文体の明晰さは、用語と事物の合致、用語における自発性、当代の教養と話法への適応、この三つにかかっていると主張する。そして真実な語の選択は、事物、自然に即してはじめて可能であると強調しているが、そこには、語の修飾にこだわる擬古主義への批判があるのは明らかである。そこにはまた、真理の伝達のみをめざすキリスト教的弁論（説教）の視点があることもたしかで、それはかれが『命題集』（Sententiae）において、ヒエロニムス、アウグスティヌスによる擬古主義批判、世俗的審美主義批判を引用していることに示されている（2, 16, 2）[70]。さらにここには、言行一致の人格を説教者にもとめるというキリスト教的雄弁術の伝統があり、それを継承するアウグスティヌスの教えがイシドルスに受け継がれていると言えよう。

つぎに、三様の文体（de trimodo dicendi genere）について述べる。ここでイシドルスは、文体の用法に関するキケロの主張をキリスト教的弁論（説教）に適応させ取り入れたアウグスティヌスの『キリスト教の教え』をもとに[71]、しかしそれとは比較にならないほど簡潔に、聖なる事柄、それも神と人々の救霊を述べる際にはとくに荘重かつ明晰な文体を用いるように勧告している（2, 17, 1-3）。

つぎは、文章の句読（comma, colon, periodus）を取り上げ（2, 18, 1-2）、文字、ことば、文章の区切りにおいて避けるべき誤り（vitia: 2. 19, 1-4）、ことばの結合（conjunctio verborum: 2, 20, 1-4）について述べるが、それはどれも文法学校の教科書レベルの便覧から取り入れたもので、その説明も、ことば、文章の修正に関する若干の例示にとどまっている。つまり一応、弁論家に語りかける形を取りながらも、その内容は文法学習の域を出ず、弁論だけでなく写字も視野においているように思われる。

さいごに、表現（elocutio）を修飾する文彩（figurae verborum et sententiarum）に関する説明がある。イシドルスが援用したカペラ、フォルトゥナティアヌスなど四世紀の著者の文彩論は、ギリシアの伝統にならい、単独の書になっている。これに対してイシドルスは、修辞学論全体の三分の一という紙数をもって修辞学に組み入れているが、これも『語源誌』の百科全書的性格を示すものであろう（2, 21, 1-49）。イシドルスによる文彩の説明は、ドナトゥスの『大文典』からの借用に終始し、その順序、内容、また古典の引用など、当時の文法学教授を反映している。また文彩の説明において顕著な（『語源誌』全体にも散見される）ギリシア語の標題の引き写しとその翻訳にもとづく説明、ホメロスの詩文の引用は、皮肉にも、イシドルスおよび同世代の人々のギリシア語の知識の欠如と、同時に憧憬を暗示していると言える。

一方、イシドルスが自由学芸全体にわたって援用するカッシオドルスの『教範』は、不十分ではあるが、一応、修辞学の全要素を取り上げ、とくに記憶（memoria）と所作（actio）を典礼に応用することを勧めたが、しかしこの二要素はイシドルスの修辞学ではまったく無視されている。それは、説教を念頭におきながら修辞学を説明するかれにしては予想外のことであるが、こうした欠落は、イシドルスの修辞学における文法学的要素の重視から推測されるように、修辞学が話術から文書作成術へと変貌していく一過程を示しているのではなかろうか。それはまたイシドルスが、官吏として宮廷に仕える聖職者の育成を念じていたこととも無関係ではないであろう。[72]

（3）弁証論

イシドルスによる自由学芸の第三は、弁証論である。ここでもかれは、自由学芸における弁証論の伝統的序列は保ちながらも、その説明は短縮している。イシドルスが多用するカッシオドルスの『教範』は、文法学の約三倍、修辞学の約二倍の紙数を弁証論に用いたが、イシドルスの『語源誌』は、修辞学とほぼ同じ紙数を弁証論にあてている。そのため、『語源誌』の刊行者ブラウリオは、第二巻を修辞学と弁証論とに二等分している。ただ、イシドルスの弁証論に関する知識は、『語源誌』全体に散見され、第三巻（数学的諸学科について）、第一三巻（宇宙のその要素について）、また第一一巻（人間、怪物について）において、かれがいう自然学（physica）に関する説明のなかで取り上げられている。また、倫理学（moralis）の説明においても、倫理学は福音書と聖パウロの書簡にもとづく教父たちの教えであると述べながら、やはり古代の哲学的道徳を反映させる形で弁証論にふれている。とくに第八巻は、異端や異教とその年代を主題にしながら、その説明は哲学（弁証論）の分類と歴史といった枠組みに従い、小哲学史といった印象を与える。こうした弁証論の取り扱い方は断片的、散発的な知識の収集、別言すると知識の分散であり、自由学芸を哲学の基礎教養として位置づけたプラトン以来の伝統的、体系的自由学芸観とは異なる、いわゆる百科全書的な性格を反映していると言えよう[73]。

イシドルスは弁証論をつぎのように定義する。「弁証論は、事物の諸原因を識別するために考え出された学問である。それは哲学のひとつで、論理学と呼ばれ、定義し、論求し、論述する機能をもつ合理的な学問である。実際、それは多くの諸問題について論議することにより真偽の判別を可能にする」[74]。この定義における第一の文章は弁証論を自然学に関連づけるもので、弁証論を雄弁術の基礎学問と考えたキケロよりも、学問一般における予備的教養の道具（organon）としたアリストテレスに近い。第二の文章は、弁証論と論理学との関連を強調し、弁証論の機能は定義（definiendi）、論求（quaerendi）、論述（disserendi）にあるとする点で、キケロに近い。第三の文章は、弁証論の究極的かつ本質的な機能を真偽の判別においているが、これはカッシオドルス、セネカ、アウグスティヌスに近い[75]。またイシドルスは弁証論に全幅の信頼を寄せ、テルトゥリアヌス（Q. S. F. Tertullianus 一六六頃―二二二頃）はじめ若干の初代教父たちに見られた弁証論への敵対は全面的に排除している。なお、これら三文章に示される弁証論の役割と評価は、のち、中世の哲学あるいは神学における形式論理学の偏重を権威づけるものとなった[76]。

つぎにかれは、カッシオドルスが伝えるヴァロのことばをもって弁証論と修辞学とを比較し、両者の関連を明確にする。それによると、弁証論が修辞学のあとに続くのは両者が共通の要素をもつからである（2. 22, 2）。「弁証論と修辞学は、人間の手で言えば、握った拳（こぶし）と開いた掌（てのひら）のようなものである。前者は表現を引き締め、後者はそれを拡大する[77]」。

つぎに、哲学の定義と分類、機能の説明に移る。それは、哲学の一部をなす弁証論の総括的な理解には不可欠であった。かれによると、哲学（philosophia）の語源は、ギリシア語の φίλος（amor）と σοφία（sapientia）にあり[78]、哲学は「よく生きようとする努力と結合した人間的、神的事柄に関する認識である[79]」。さらにかれは哲学の分類を説明しつつ、全体と区分を関連づける形で、当時の伝統的な三とおりの哲学の定義を列挙している。第一の定義はアリストテレス的表現をもち、「哲学は神的、人間的事柄に関する、人間に可能なかぎりの蓋然的な知識である」となっている。第二の定義はキケロ的ニュアンスをもち、「哲学は学芸のうちの学芸であり、学問のうちの学問である」とされている。第三の定義はストア的キリスト教的表現をもち、「哲学は死に関する瞑想であり、空しい現世を軽んじて、来世の祖国におけるような規律ある生活を送ろうとするキリスト教徒にふさわしい」となっている。これら三つの定義はいずれもカッシオドルスの定義の引き写しであるが[80]、その配列は、哲学の内容を主とする第一の定義、哲学の方法を示す第二、目的を示す第三の定義となっている。こうしたイシドルス（あるいはカッシオドルス）による総合的な定義は、全体としてはキケロの『雄弁家論』のそれに近いが、しかしキケロとは逆に、「人間的事柄」の知識を「神的事柄」の知識のまえにおいている（キケロの表現は『語源誌』第八巻にある）。この配列はむしろ、アウグスティヌスの考えのそれに近く、また人間的事柄の認識をとおして神的事柄の認識へ、哲学をとおして神学へというアウグスティヌスの学問的態度を反映するものであり、イシドルスもこの系譜に立つことを示している（2, 24, 1-2, 9）[81]。

さらにイシドルスは、哲学を自然学（naturalis, physica）、倫理学（moralis, ethica）、論理学（rationalis, logica）の三つに分類し、弁証論は論理学のひとつに位置づけているが、こうした分類はきわめて古く、プラトンに潜勢的に存在したものを弟子クセノクラテス（Xenocrates）が明確化し、ストア派をとおしてギリシア、ラテンの学校に取り入れられたものである[82]。分類の説明においてイシドルスは、アウグスティヌスの『神の国』第八、第一一巻を用いているが、しかしアウグスティヌスのような哲学に精通したものの自由な態度はとりえず、初歩的な紋切型の叙述に終始している。一方イシドルスは、聖書にも哲学の三分類を適用しうると主張する。自然学は「創世紀」と「伝道の書」が、倫理学は「格言の書」その他の書の随所で、論理学は「雅歌」や「福音書」において取り扱われていると言う（2, 24, 8）。これは、ヒエロニムスの著作をとおしてオリゲネスの思想を取り入れたもので、文法学、修辞学においても見られたように、聖・俗の照応関係を確立することにより、俗学のキリスト教化を意図していると言える[83]。

つぎにイシドルスは、カッシオドルスと同じく（Instit. 2, 3, 5-8）、ヴィクトリヌスやボエティウスによるポルフィリウス（Porphyrius 二三二／二三三－三〇五頃）の『アリストテレス範疇論入門』（Isagoge）をあげているが、イシドルスによる説明が専門的というより文学的であること、また『語源誌』第二巻二九章におけるヴィクトリヌスの注解の重視から見て、かれが哲学者ボエティウスよりもむしろ修辞学者ヴィクトリヌスに依拠していることは明らかである（2, 29, 1-15）。さらに substantia（実体）、accidens（偶有性）、proprium（特性）などに関する説明はカペラを思わせる（2, 25, 2-8）。これらの諸点から見ると、イシドルスはヴィクトリヌス、カペラを中心とするアフリカの学校教育の影響を反映しているとも言える（2, 25, 1-9）(84)。

つぎにかれは、アリストテレスによる『範疇論』（Categoriae）について述べ、それぞれの範疇について、その語源を中心に説明する。範疇の説明の位置、実体（substantia）に関する説明内容とその結語はカッシオドルスの『教範』によっているが(85)、範疇の順序はヴィクトリヌスやカペラに近い。さらに各範疇の定義となると、イシドルスの資料はさらに増える。たとえば量（quantitas）は偽アウグスティヌスの『アリストテレスの一〇の範疇』（Categoriae decem ex Aristotele decerptae）に、質（qualitas）、運動（motio）、場所（locus）、時間（tempus）はボエティウスに依拠している。したがって、範疇に関するイシドルスの説明はきわめて合成的で、たとえば能動－受動（actio-passio）では文法学的要素を取り入れている。そして結語では修辞学における弁証論の有用性を説き、カッシオドルスのことばをほとんどそのまま繰り返し、「アリストテレスの書を熱心に読め。人が話すことは、なんであれ、すべて一〇の範疇に含まれ、修辞学者、弁証論者に関係する書を理解するうえで役立つからである」と勧めている(86)。

つぎに、アリストテレスのもうひとつの著書『命題論』（Perihermeneias）を取り上げる。ここでも、説明の位置はカッシオドルスによっているが（Instit. 2, 3, 11）、その内容はかれとはまったく異なる。イシドルスが利用したと思われる『命題論』の注釈書としては、ボエティウス、ヴィクトリヌスのそれが考えられるが、ギリシア語的要素の希薄さ、アリストテレスに対する修辞的な賛辞、修辞学用語（たとえば cataphasis（affirmatio）, apophasis（negatio））の使用などから見て、イシドルスは哲学的なボエティウスよりも、カッシオドルスが指示した修辞学的なヴィクトリヌスの注解書を用いたようである[87]。

つぎに、弁証論における三段論法（syllogismi dialectici）について説明する。ここでまずイシドルスは、真理の探究における三段論法の価値を称賛し、誤謬の説得にそれを用いることは邪道であるとして、警告を発する。こうした考えは、四世紀のキリスト教徒の著者とくにアウグスティヌスの説に従うものであるが、それ以降の説明は、カッシオドルスの説明をほとんどそのまま引き写している[88]。つぎに、ヴィクトリヌスの書の参照を勧告するカッシオドルスのことばを引き写したあと、ヴィクトリヌスの『定義の分類』（De divisione definitionum）を一章に要約している[89]。

そのあと、トピカ（topica 論点）を取り上げる。かれは、カッシオドルスをとおしてヴィクトリヌスによるキケロの『トピカ』の注解を援用し、さらにクインティリアヌスによる補足的説明を付加することによって、トピカ本来の哲学的性格に修辞学的ニュアンスをもたせ、また例文としてヴェルギリウスを引用することによって文法学的ニュアンスさえ与えている。こうしたトピカにおける修辞学的傾向は、カペラに見られるように、五世紀のラテン学者たちの一般的な態度でもあった[90]。

さいごにかれは、「対当」（opposita, contraria）を取り扱う。カッシオドルスは論証の一形態としてこれを取り上げたにすぎず[91]、キケロの弁論でもさほど重視されていないが、アリストテレスの『範疇論』ではさいごの四分の一において重要な場を占めている。しかも『範疇論』は、後期ヘレニズムおよび中世の弁証論者たちがきわめて重視した書であった。しかし「対当」に関するイシドルスの説明内容から見ると、かれはむしろ弁論家キケロに近い。アリストテレスの注解者たちはかれの用語に近い opposita を用いたが、イシドルスはむしろキケロが用いた contraria を用いている。その他、説明の文体から見てもキケロのものと思われる用語、例文を頻用している。さらにキケロの文章を一語に集約したり、逆にキケロの一語を文章化したりするが[92]、これは修辞学における弁証論の利用あるいは修辞学教師による修辞学と弁証論の混同をうかがわせるもので、当時の学校教育を反映しているのかもしれない（2, 31, 1-8）[93]。このようにイシドルスの弁証論は、概して、キケロをはじめとするラテンの伝統に従い修辞学的教養の一手段にとどまり、アウグスティヌスにおけるような神学の補助学問ではなく、それ以前の学校教育の水準にとどまっている面が目立つ。

二　四　科

イシドルスは『語源誌』第一、第二巻で三学を説明したあと、第三巻で四科（mathematica）を取り扱うが、この第三巻には第一、第二巻にはなかった序文を付けている（3, praefatio）。そこでイシドルスは、弁証論であげた学問の分類と四科の定義を繰り返し、つぎのように述べる。「数学的諸学科は、ラテン語では理論的知識と言われ、抽象された量を取り扱う。抽象された量とは、たとえば偶数、奇数などのように、知性をもって物質的なものおよびその他の偶有的なものから分離され、推論のみによって論じられる量である」[94]。そこには、四科（数学的諸学科）は数という抽象的要素を共通の基本的内容とし、抽象によって知性の鍛練をめざすというプラト

ン的、アウグスティヌス的な思想が、カッシオドルスを介して継承されている。(95)

しかし、以下の説明からわかるように、イシドルスによる四科の実際の内容は、理論的知識としての要素をいくらかとどめつつも、実践的術知（practica peritia）としての性格がきわめてつよい。そこには、急速な四科の衰退という歴史的状況のなかで、手もとの資料にある本来的な四科の要素と、実践的要素を求める当時の人々の知的態度との狭間に立つイシドルスの立場がうかがわれる。一方イシドルスによる四科の定義の文章は、明らかにカッシオドルスの受け売りで、実践面においては自分の経験を交えて多様な資料を操作するイシドルスも、理論の表明においては資料を取捨選択する余裕はなく、身近な権威者による要約的な書を引き写さざるをえなかったようである。(96)

(1) 算術

イシドルスは、四科のうち算術（arithmetica）を第一にあげる。(97) 算術についてかれは三とおりの定義を示す。まず、算術論の冒頭で、「算術は数に関する学問である」と簡潔に定義する。この定義はいかにもイシドルス的なもので、語源的説明にもっとも適している。かれは、arithmetica の語源をギリシア語の ἀριθμός（numerus）から引き出して、算術を「数の学問」と定義し、算術は、数の応用を取り扱う幾何学、音楽、天文学に優先される、と明言する。しかしカッシオドルスがあげたような、そのわけは省略している（3, 1, 2; Instit. 2, praef. 3; 2, 4, 1）。

その他、かれはすでに自由学芸全体の序において、「〔自由学芸の〕第四は算術で、それは数の意味と分類とを含む」と定義し、また、四科全体の序においてカッシオドルスの定義を引き写して「算術は、数えることのできる量を、それ自体において取り扱う学問考察する学科である」と定義して、(98) 算術の理論面を強調し、四科の他の分野つまり幾何学、音楽、天文学に対する算術の基礎的性格を示唆している。こうした定義は、おそらくボエティウスによるニコマコス（Gerasa の Nichomakos 二世紀）の『算術入門』（Arithmetike eisagoge）の訳（Arithmetica introductio）をカッシオドルスが取り入れたものであろう（Instit. 2, 4, 1）。

つぎにイシドルスは、算術に関する代表的な著者として、つぎのような人物をあげる。「数の学問について、ギリシア人ではピュタゴラスが最初に著作を出し、のちニコマコスがそれを発展させ、ラテン人ではまずアプレイウス（Apuleius 一二七生）が、つぎにボエティウスがそれを翻訳した」[99]。したがってイシドルスは、エウクレイデス（Eukleides 三〇〇頃）はもちろん、アレクサンドリアの学者たちも全部はあげない、あるいは知らないのかもしれない。ただ、ニコマコスの『算術入門』は知っていた（ちなみに、この書は、ピュタゴラスの数論を発展させ、数の神秘的意味を強調する）。しかしニコマコスの書は、エウクレイデスの『幾何学原論』（Stoicheia）にあるような諸定理の詳細な説明、類題による説明、新たな定理の発見と綜合など、そうした配慮はほとんど含まず、エウクレイデス以降における算術教授の衰退の証人でもあった。それはとにかく、ニコマコスはたしかにローマ帝政期の算術教授において重要な位置を占めており、イシドルスがカッシオドルスの権威をもとに、ニコマコスをラテン人のもとにおける算術教授の出発点としたのも当然である。しかもここには、はからずもニコマコス、ボエティウス、カッシオドルス、イシドルスという学問上の一系譜が、イシドルス自身の口から明言されている。なおイシドルスは、算術に関する最初の著述家としてピュタゴラスをあげているが、思想はとにかく、著作を最初に刊行したのは、ピュタゴラスより一世紀あとのピュタゴラス派の人々であり、その点、イシドルスの表現は不正確である[100]。

つぎにイシドルスは数の語源について説明しているが、それは『語源誌』の性格をもっともよく表している。

かれは三とおりの資料にもとづいて、三様の説明をする。まず、ニコマコスが伝える伝統的な数の定義をあげ、「数とは単位からなる多である」と言う。これは、直接にはカッシオドルスから取り入れているが、しかし用語や語順から見て、ボエティウス訳によるニコマコスの影響が認められる[101]。イシドルスはさらに、この専門的な定義を正当化しようとして「一は数の種子であって、数ではない」と言っているが、そこにはカペラの影響があり、算術というより数意学的解釈がうかがわれる[102]。

つぎにかれは、numerus（数）という名称は nummus（貨幣）に由来すると説明しているが（3, 3, 1）、これはただ語の類似だけに注目したもので、逆に nummus の語源は numerus にあるとする伝統的な説明と矛盾する。こうした説明は、他の数の説明から見ても（3, 3, 2-3）、明らかにイシドルスの独創と見てよい。実際イシドルスは、一から一〇までの数について、unum（1）は ἕνα から、duo（2）は δύο から、tres（3）は τρία、sex（6）は ἕξ、septem（7）は ἑπτά から（「ちょうど herpillos の代りに serpillum と言われるように」）というふうに、ギリシア語の語源をあげているが、ただ四と五のラテン語はギリシア語とまったく異なるところから、quatuor（4）は figura quadrata（四角形）に由来し、quinque（5）は「思いつきで」（secundum placitum voluntatis）そう呼ばれたと片づける。また、たとえば decem（10）のように数意学的解釈を付する場合もある。かれは一〇については、ギリシア語の語源（δέκα = δεσμεύειν つまり conjungere, ligare）と思われるものをもとに、一〇と言われるのは、「それが以前のすべての数を結合し、統合するからである」と説明する[103]。こうしたギリシア語からの安易な語源的説明は、ヴァロ以来ラテン文法学教師たちの間ではおなじみで、ラテン語のすべてをギリシア語に見出だそうとする、当時の文法学教授におけるギリシア崇拝、憧憬を反映するものであろう。一方、こうしたギリシア語混じりの数の使用は、セビリャにおける日常生活に由来するとも考えられる。そこでは、ずっと以前から東方の商人たちが往き来し、また五八四年の西ゴートによる再征服までビザンツの役人や他民族の傭兵が逗留していたからである[104]。

つぎに数のもつ意味について、かれはその神秘的役割を強調する。かれは、アウグスティヌスの『神の国』をもとに、「聖書の多くの箇所で数がいかほどの神秘を示しているか明白であり、したがって数に関する知識を軽視すべきではない」と言明する[105]。ここでいう「神秘」(mysterium) とは、同じ『語源誌』(6, 19, 42) における「神秘」の語意から見て、宗教的意味にとられている。しかもイシドルスは、アウグスティヌス以上に数のもつ神秘的意味を強調しているが、それは、ピュタゴラスによる異教的数意学がいっそうキリスト教化されつつあったことを示している。こうして『語源誌』には、ほとんど「数の神学」とも言えるものが随所に見られる。イシドルスがキリスト教的数意学をいかに重視したかは、かれがピュタゴラス、カペラ、アウグスティヌスらの数意学を一書に収録して『数論』(Liber numerorum) を著し、ラテン語のキリスト教文献に新たなジャンルをつくり出した一事を見てもわかる[106]。

イシドルスは、こうしたキリスト教的数意学の一例として、アウグスティヌスの書から取ったと思われるつぎのふたつの数をあげる。まず六という数は、六日にわたった神の創造の業の完成を示す。また四〇という数を知らずしては、モーセ、エリヤ、またキリスト自身の断食の日数を理解できないと言う[107]。こうして、ついにイシドルスは数意学を自由学芸のなかに正式に位置づけ、数の知識を「術知」(peritia) と呼び、算術をいわば「数意学の下女」にしかねない。

またかれは数の実用性について、「われわれは数のおかげで混乱を避ける。すべてのものから数を取り去るならば、すべては消滅する。世界から数の計算を排除しようものなら、すべての人は無知蒙昧になる。計算を知らないものは他の動物と異なるところがない[108]」と言明して、時間の区分、事物の区別、種々の算定などにおける数の実用性を強調し、ついには、人間を人間たらしめているのは数の知識であり、人間と動物との違いは数の知識の有無にあると主張する(3, 4, 3)。こうした主張の根底には、かれ以前の先賢に見られるように、神は「数と目方と尺度とで、すべてのものを整えた」(Omnia in numero, mensura et pondere fecisti.「知恵の書」一一・二〇)という、万物の創造主、摂理者に対するユダヤ・キリスト教的信仰がある[109]。

つぎに、三とおりの数の分類をあげる。第一の分類は偶数、奇数の分類で、それぞれの詳しい分類項目と内容は大体カッシオドルスの『教範』に従っている[110]。ただイシドルスは、カッシオドルスが第一、第二と二分類したものを、第一の分類にまとめている。つまり数の分類においてイシドルスは、カッシオドルスがボエティウスの『算術教程』(De institutione arithmetica)を抜粋し簡潔化したものをいっそう縮約している。カッシオドルスとボエティウスが偶数、奇数の定義において稀なしかも専門的な aequalis という語を用いたのに対し、イシドルスがより単純な日常語の aequus を用いたことも、その一例である(3, 5, 2と4)。

数の第二の分類についてイシドルスは、「すべての数は、あるいはそれ自体において、あるいは他との比較によって考察される[111]」と言い、aequalis numerus(たとえば2)と inaequalis numerus(たとえば3)に分け、さらにそれぞれを細かく分類している。ここでもイシドルスは、ニコマコスによる伝統を要約するカッシオドルスの『教範』をほぼ文字どおり引き写している[112]。ただ、注目すべき点は、イシドルスはカッシオドルスの原典となったボエティウスの『算術教程』――カッシオドルスの『教範』よりはるかに詳しく、しかもボエティウスは、「初心者」(ingredientes)を挫折させないために要約する、と断っている(De institutione arithmetica, 1, 30)――を手もとにおいていたにもかかわらず、それはまったく利用せず、カッシオドルスの要約的な『教範』を文字どおり書き写していることである（aequalis, と aequus の違いはあるが）。それは、カッシオドルスの読者と同様、イシドルスの読者（初心者）が、ボエティウスのいう初心者以下の知的水準にあったことを意味するものであろう。あるいはイシドルス自身、内容豊富なボエティウスの書を要約するよりも、カッシオドルスの書を読み、引き写すのがやっとだったのかもしれない。

イシドルスによる数の第三の分類は、「図形による数」（numeri figurati）である。[113] これは、算術と言うより装飾デザインとでも言うべき似非学問で、数字を線、面、円、立方体の形に並記していく。これは、数意学的解釈の逸脱ないしは行き過ぎであり、数字と図形に関する解釈を組み合わせ、その類比を口実に、世界の起源や本質を説明しようとするものである。「図形による数」は、すでにニコマコスの『算術入門』（Arithmetica introductio）に詳述されていたものをカッシオドルスが要約し、それをイシドルスが引き写したものであろうが、ただ、イシドルスは数意学的解釈の容易な図形だけを選び、解釈の困難な三角形、四角形、五角形、立体図形による数は省略している。

つぎに、算術、幾何学、音楽の相違について述べているが、ここでかれは、カッシオドルスからまったく離れ、かと言ってボエティウスにも依拠していない。それまでの非人称の文体から第二人称に転じていることから見て、かれはボエティウスの『算術教程』よりも簡潔で教科書的な資料を用いたようである。それも、harmonica の代りにラテン的な musica を用いるところから、ラテン的伝統を代表するカペラの『文献学とメルクリウスの結婚』を利用したのかもしれない。さらに、イシドルスが、これら三学科間の相違をただ中項（medium）の求め方の相違におくというように、いわば文学的視点に立っていることはいっそうそうした資料を暗示しているようである。[114]

さいごに、イシドルスの算術論は、以上述べてきた項目別の分割的説明を総括するかのように、無限数（**numerus infinitus**）の説明で終わる（3, 3, 9）。こうした説明はボエティウスその他の算術論でも一般に見られるが、イシドルスの場合、その観点は大きく異なっている。ボエティウスは、「無限は学問の対象にはなりえず、また精神によって把握することもできない[115]」としてこれを斥けたが、イシドルスはむしろ、アウグスティヌスの態度と表現を借用して、無限数に感嘆の念を示し、そこに無限な絶対者の象徴を見ようとしている[116]。つまりイシドルスは算術の学習者に対し、算術論の最終目標ともいうべき神の知恵をめざし精神の高揚をはかるよう求めているのである。かれは自由学芸論全体の結びにおいても、こうしたプラトン的かつアウグスティヌス的思想を再度、提示する（3, 71, 41）。

（2）幾何学

イシドルスが頻用するカッシオドルスは数学的諸学科の第二に音楽をあげたが、イシドルスは幾何学をあげる。しかしその説明はカッシオドルスのそれと同じく、他の三学科に比べてきわめて簡潔で算術論の四分の一以下の紙数にとどまっている。

かれは、幾何学の起源から説明をはじめる（3, 10, 1）。ここでもイシドルスはカッシオドルスに依拠しているが、しかしカッシオドルスが、幾何学は耕地の測量からはじまったとするエジプト起源説――カッシオドルスは「少なからぬ著者たちによると（ut nonnulli dicunt）」と表現する――と、原初の遊牧民による土地の分割にはじまるというヴァロ説のいずれをとるかためらいながら、ついには後者の説に傾いているのに対し、イシドルスはセルヴィウスの『牧歌注解』（In Vergilium commentarius ad Eclogas）をもとに[117]、迷うことなくエジプト起源説をとり、つぎのように詳しく述べている。「幾何学を最初に発明したのはエジプト人であると、言われている。ナイル川が氾濫し、すべての所有地が泥で覆われたとき、かれらは線を引き、測量して土地を分割したが、ここに幾何学という名称の起源がある。その後、知者たちが鋭敏な知性をもってそれを発展させ、海、天、空間の広さを測るのに用いた[118]」。たしかに、古代の書においてはエジプト起源説が一般的で、その点イシドルスの選択は、正しい。こうしたイシドルスの選択は、ルフィヌス（Rufinus　三四五頃—四一〇）やアウグスティヌスがオリゲネスの主張をもとに繰り返しエジプト起源説をとったことにも影響されているようである[119]。またイシドルスは幾何学の歴史について、幾何学は当初の土地の測量から、海、天、空間の広さの測定、地球から月まで、太陽から月までの距離の測定、天球や地球の大きさの測定など、幾何学は天文学に属する領域にまで発展したと述べているが、これはカッシオドルスがヴァロから引用したもので、古いラテンの伝統によるものらしい[120]。

そのあとイシドルスは、幾何学の起源を確認する形でギリシア語をもとに語源的説明を加え、そこで、まったく一般的なギリシア語の単語を入念にラテン訳し説明しているが（たとえば γῆ = terra, μέτρον = mensura）、それは、『語源誌』らしい手法を示すと同時に、先述したように、『語源誌』の読者におけるギリシア語知識の低さを暗示しているのかもしれない（3, 10, 3）。

なおかれは、それぞれ違う箇所で、三とおりの幾何学の定義をあげているが、それらは内容から見て、相互に補完する形をとっている。第一の定義は語源に近い形で、「幾何学は長さと大きさを取り扱う」と述べ、さらに学問の分類における第二の定義では、カッシオドルスの定義——ボエティウスのものとされる定義に図形（figurae）を加えたもの——を引き写して、「不動の大きさと図形を取り扱う学科である」と定義し、第三の定義では、それを縮約して、「図形の大きさの学問である」と定義している[121]。フォンテーヌの意見では、イシドルスがあげる幾何学の内容と照合して見ると、以上の定義には、キケロとアウグスティヌスの影響が認められる。とすれば、学問的なこの定義の底本となっているのは、専門書ではなく、弁論家や神学者の書であるということになる。

つぎにイシドルスは、幾何学の内容を平面図形、数的大きさ、有理的大きさ、立体図形に分類し、それぞれ定義しているが、これも、カッシオドルスが偽ボエティウスの『幾何学』(Ars geometriae)をとおしてエウクレイデスの『幾何学原論』から取り入れたものである[122]。ただイシドルスは立体図形を説明して、それは「プラトンによると五つある」と述べているが(3, 11, 4)、これは、プラトンが当初すべての物体にあると述べた五つの正多面体のことであろうか(『ティマイオス』Thimaios 55c)。もしそうだとすれば、イシドルスはかなり誤って記憶していることになる。プラトンのいう五つの正多面体は、ここでは五つの平面図形とされているからである。とはいえ、『ティマイオス』の注釈書がかなり後代まで影響力をもっていたことから考えて、ここでプラトンの名をあげたことは大いに興味深い。こうしたちぐはぐな引用は、エウクレイデスの『原論』と残存するプラトンの学説とを総合しようという知的関心を示しているとも言えるからである(3, 11, 1-4)。

つぎにかれは、平面図形を五つ、立体図形を五つあげて説明する。そこで注目すべき点をあげると、まずかれは、エウクレイデスの『原論』と同じく円を第一にあげているが、その説明内容は、明らかに、アウグスティヌスが『秩序論』において哲学的思索の一例としてあげたものを受け売りしている[123]。なお、つぎの四辺形の説明は、正方形、直線図形のそれと混同している(3, 12, 2)。またイシドルスは、三角形のうち直角三角形と正三角形のふたつだけをあげるが、その説明における用語と初歩的内容(定義に見合うだけの理論的説明はない)には、測量師たちが用いた実践的知識の影響がうかがえる(3, 12, 1-2)。さいごにかれは、五つの立体図形(したがって合計一〇の図形）の説明を終わるにあたって、「すべての数が一〇以内にあるように、図形はすべて以上の範囲に含まれる」と述べているが[124]、これは、たえず念頭にあった数意学をもとに、幾何学における基本的な図形の数を完全数の一〇に決定しようとしたものであろう。

さいごにイシドルスは、偽カッシオドルスの『幾何学原理』（Principia geometricae disciplinae）が伝えるエウクレイデスのことばどおりの、点、線、面の定義をあげる。ただ、幾何学にとり根源的なこれらの定義を、エウクレイデスは『原論』の冒頭にあげたが、イシドルスはそれを「付録」（appendix）の形で伝えた偽カッシオドルスをまねて、幾何学論のさいごにおいている[125]。そして、突如としてイシドルスの幾何学論はそこで終わる。たしかに Arevalo 版（PL）では 3, 14, 1 もあるが、これは『語源誌』3, 8, 2 の繰り返しであり、後代（とはいってもアラビア人の侵入以前）の挿入であるという点では、研究者の意見は一致している[126]。それはとにかく、3, 14, 1（つまり 3, 8, 2）が挿入されたわけは、それが幾何学における「中項」（medium）の求め方を説明し、それによって幾何学とそれにつづく音楽との相違を指摘し、両者を比較し関連づけてくれるからであろう（3, 8, 1-3）。

（3）音　楽

アウグスティヌス、カッシオドルスは音楽（musica）を四科の二番目にあげたが、イシドルスは三番目におく。かれは音楽について、それぞれ異なる箇所で四とおりの定義を提示するが、そこでは、音楽を「学科」（disciplina）として取り扱う古来の伝統とその用語、音楽を実践的、経験的な術知（peritia）として取り扱う後代の思想とその用語とが錯綜している。

まず第一の定義は、七自由学芸全体を列挙するなかに出てくるもので、「音楽は詩と歌唱からなる」と述べている。しかしここでイシドルスは、古来の音楽論において本質的要素として取り扱われる脚や韻律には言及しない。その直後につづく文法学で述べているからであろうか（1, 18; 1, 39）。第二の定義は、弁証論における学問の分類に際してあげられる。そこでイシドルスは、ニコマコスの定義を受け継ぐカッシオドルスの定義を引き写して、「音楽は、音に見出される数と関係する数を取り扱う学科である」と述べている。そして四科全体の序にある第三の定義では、それをより簡潔化し、やはりカッシオドルスにならって、「音楽は音に含まれる数を取り扱う学科である」としている。[127] これら第二、第三の定義は、まったく伝統的な定義であるが、しかしそれは音楽論以外の章に出てくる。

第四の定義は音楽論の冒頭にあり、それによると、「音楽は音と歌唱とにおける韻律を取り扱う術知である」。[128] 音楽を「韻律を取り扱う術知」とするこの定義には、古来の音楽論に見られる数学的要素が根本におかれているが、しかしイシドルスが意識しているのは、伝統的な音楽論ではなく近代的、芸術的な音楽論で、しかも後述するように、声楽と楽器を中心に取り扱う実践的、経験的術知の解明である。この定義はおそらくヴァロからの借用であろうが、イシドルスがこの定義をもって自分の音楽論を代表させたのは、当時かれが考えていた音楽の概念をもっとも簡明に表明しているからであろう。つまり当時は、数学的要素を重視するギリシア的音楽ではなく、日常、トレド王国の大聖堂や修道院で歌われていた聖歌がより注目されていたということでもあろう。[129]

そのあとかれは、この定義を補完する形で音楽の語源的説明に移る。それによると、musica は Musae 女神に由来し、Musae は ἀπὸ τοῦ μῶσθαι = a quaerendo（探求する）からくる。つまり古代の人々は音楽をもって、詩歌（carmina）の効力（vis）と、声の抑揚（modulatio）を追求していったと言うのである。こうした説明は、ヘレニズム期の学校教育における神話的説明をカッシオドルス——かれはアレクサンドリアのクレメンス（Clemens

Alexandrinus 一五〇頃―二一〇/一六)から取り入れている――をとおして継承したものである[130]。

また、アウグスティヌスが『秩序論』において、Musae(音楽)は Jovis(ユピテル)と Memoria(記憶)の娘たちであったという神話をもとに音楽と記憶との関連を説明した点を受け売りして、音楽における記憶の役割を強調している。ただ、アウグスティヌスは哲学的視点に立ち、記憶によってのみ存続可能な音つまり感覚的事物の可変性に対し精神的な概念の不滅性を強調したが、イシドルスは、「音楽は人が記憶しないかぎり消え去ってしまう。音は書き留めえないから」と述べて[131]、むしろ記憶と記号の関連を取り上げ、音の記号化つまり音楽の実学的性格に留意している。このことは、イシドルスはじめ西ゴートの知識人がギリシア人による伝統的な音楽記号にうとく、一方、まだ中世の音楽記号にも無知であったことを暗示しているのかもしれない。

つぎにイシドルスは、音楽の発明者つまり音楽の起源について種々の意見を取り上げている。モーセ(Moyses)によると(イシドルスは直接に「創世記」四・二一に依拠している)、音楽の発明者はカイン(Cain)の子孫ユバル(Jubal)であるが、ギリシア人によると(イシドルスはガウデンティウスに依拠したカッシオドルスを引き写して)ピュタゴラスが鎚の音、張り詰めた弦の振動から音楽を思いついたのであり、さらに他の人々によれば、テーベのリノス(Linos Thebaeos)、ゼトス(Zethos)とアンフィオン(Amphion)が音楽の発明者である(3, 16, 1=Instit. 2, 5, 1)。ここには、ユダヤ・キリスト教的伝統と異教的伝統とが並置され、発明者の順序としては、まず聖書における宗教的人物、つぎに学校教育では周知のピュタゴラス、さいごに、神話に出てくるテーベの歌手リノスというように、年代ではなく宗教的視点を優先している。イシドルスは、その後の音楽の歴史については、ギリシア的伝統の一面を反映するクインティリアヌスの『弁論家の教育』をもとに、「その後、この学科は多様な仕方で漸次発展をとげ、文学と同じく音楽に通じていないことは恥ずべきことであった」と述べ[132]、人々は宗教儀式のみならず婚礼、葬儀、会食などすべての儀式において、また喜びにつけ悲しみにつけ楽器を演奏し歌っていたと説明して、音楽の実用性を中心にその歴史を要約している（3, 16, 2-3）。

つぎに音楽のもつ効力（vis）について、かれはピュタゴラスの主張を取り入れ、「音楽なしにいかなる学問も完全ではありえない。音楽なしには何もありえないから」と言明して[133]、古来、音楽に固有の数学的、審美的要素をもとに、宇宙における音の調和、天空における星の調和を指摘する。しかしその説明においては、むしろ音楽のもつ実用的要素をより重視している。かれはまず、「音楽は感情を動かし、感覚のあり方を種々、変えさせる」[134]として、ことばや弁論における音楽（つまり韻律）の効用をあげる。これはおそらく、クインティリアヌスの『弁論家の教育』における理論――弁論において、所作（actio）による感情への働きかけは重要である――と、イシドルス自身の雄弁術（説教）の経験にもとづいている[135]。

さらに、音楽のもつ心理的効果（たとえば戦士を鼓舞するラッパ、漕ぎ手その他、労働する人々の労苦を紛らす歌）、精神的、心理的効果（たとえばサウル王の不機嫌をなおしたダビデの音楽）、舵、鳥、海豚などの動物に対する音楽の効用を強調しているが（3, 17, 2-3 = Instit. 2, 5, 8-9）、そこでイシドルスの資料となっているのは、哲学者や音楽家の著作ではなく、クインティリアヌスとカッシオドルスつまり紀元一世紀の弁論教師の学校や、六世紀のヴィヴァリウム修道院で教授内容とされたものであった。さらに歌唱については、回心前後のアウグスティヌスがミラノの教会において聖なる歌唱を聞き深く感動したという『告白』の叙述と、イシドルス自身の教会音楽の体験をもとに語られている[136]。

つぎに音楽の分類では、ギリシアの文学的、詩的伝統を汲むカッシオドルスに従い、音楽を構成する三部分として、和声（harmonica）、律動（rythmica）、韻律（metrica）をあげ、カッシオドルスによるそれぞれの定義を引き写している。またカッシオドルスと同じく、こうした音楽の伝統的、理論的部分についてはごく簡潔な定義をあげるだけで、内容についてはまったく説明しない[137]。

むしろイシドルスは、音楽の第二の分類として音楽の素材となる音の性質をもとに音楽を三分類し、それを中心に以下の説明を展開する（3, 19, 1-2）。その三分類とは **harmonica**（声楽における音）、**organica**（吹くことによって生ずる音）、**rythmica**（叩くことによって生ずる音）である。そしてこの三分類の基準になっているものは演奏者自身の心理的活動であり、そこでイシドルスがとくに示唆を得ているのは、アウグスティヌスの『秩序論』、『キリスト教の教え』、『詩編注解』である[138]。しかしこの三つの用語と内容の結合は、だいたいイシドルスの独創と言ってよい。ニコマコスが声楽、弦楽器、管楽器、打楽器の四つに分け、カッシオドルスがそのうちの声楽を省略したのに対し（**Instit. 2, 5, 6**, しかし協和音の説明で詳述する。**Instit. 2, 5, 7-8**）、イシドルスはむしろ声楽を重視し、弦楽器と管楽器はひとつにまとめている。それは、イシドルスが依拠するアウグスティヌスが繰り返しこうした三分類をあげたということのほかに、典礼音楽の組織者として著名な大グレゴリウス（**Gregorius Magnus** 五四〇頃―六〇四）が、『ヨブ記講解』（**Moralia sive Expositio in librum Job**）の序文において、同じ分類をしていることからもわかるように、当時の音楽観を反映している[139]。

まず声楽（**harmonica**）について（3, 20, 1-14）。イシドルスはアウグスティヌスの『秩序論』を引き写して、**harmonica** を人間の声、具体的には悲劇役者、喜劇役者、合唱者その他すべて歌う人の声だけに限定している[140]。そして声（**vox**）の語源、比喩的な意味、派生的な意味の説明では、文法学教授の伝統に従っている（3, 20, 2）。たとえばディオメデス（**Diomedes** 四世紀末）の『文法学』（**Ars grammatica**）を援用している。その他、声楽で注目される点をあげると、協和音（**symphonia**）において、カッシオドルスはもっぱら六つの基本的な形を取り上げたのに対し、イシドルスは語源をもとに、合唱における声の一致という実践的要素だけに注目している[141]。また声の高さ（tonus）について、カッシオドルスは一五に分類し簡潔に説明したが、イシドルスは総合する形で「音楽家たちはこれを一五種に分けた」と述べ[142]、その定義といくつかの例をあげ、さいごにまとめとして、「完全な声とは、力強く、快く、明晰である」べきであるとし[143]、これを弁論術と関連づけている。声の高さは、もともと音楽家や弁論家が職業上の必要から熱心に追求し、とくにキケロやクインティリアヌスがすぐれた弁論家の資質のひとつとして訓練を求めたものであり、イシドルス自身も、説教の経験からその必要性を痛感していたものであろう[144]。

つぎに管楽器（organica）について、その起源と用法を中心に説明する（3, 21, 1-6）。楽器の種類はカッシオドルスの『教範』に従い[145]、オルガン（organum）を第一にあげるが、それは、この語が楽器全体の代名詞でもあるからである（3, 21, 2）。つぎのラッパ（tuba）については、セルヴィウスによる『アエネイス注解』（In Vergilium commentarius ad Aeneida）の一文を引用して、ティレニア人（Tyrrheni）によって発明されたと述べ、その用途については、一般の祭儀における使用のほかに、旧約聖書をもとに（たとえば「詩編」八一・四）宗教儀式における使用も認めている（3, 21, 3）。

その他、笛（tibia）、リード（calamus）、フルート（fistula）、ハープ（samblica）についても、イシドルスは楽器の名称、発明者、用途について、語源をもとに、また聖書やヴェルギリウスの詩文を引用してつまり文法学教授の手法を駆使して説明している（3, 21, 4-8）。

さいごに、音の第三の分類、弦楽器と打楽器（rythmica）について説明する（3, 22, 1-14）。かれは弦楽器と打楽器の種類を列挙したあと（3, 22, 1）、それぞれの楽器について語源をもとに説明する。まずキタラ（cithara）

について、その発明者はユバルであるが（「創世記」四・二一）、ギリシア人はアポロ（Apollo）であると言う。これが cithara と呼ばれるのは、それが人間の胸（ドーリア方言で kithara）に似ているからである（3, 22, 2）。キタラは後代になって、その形と弦の数を変え、プサルテリウム（psalterium）、リュラ（lyra）などその種類もふえたが、七絃のものは「声の全音階と天空の七つの運動」[146]を示していると言う。そこには、キリスト教ではなく（たとえばアウグスティヌスは七つの秘跡、聖霊の七つの賜物などを象徴すると言う）、おそらくセルヴィウスの『アエネイス注解』による世俗的数意学による解釈が取り入れられている[147]。

一方、プサルテリウム（psalterium）もユバルの発明になるもので、通常 canticum と呼ばれるが、それは、合唱隊（chorus）がこれに合わせて歌うからであると言う。この点は、イシドルスの『教会の役務』（1, 9, 1）にある説明から推察して、かれ自身の典礼の経験によるものであろう。なお、プサルテリウムの一〇絃はモーセの十戒の象徴であると言うが、この数意学的解釈はアウグスティヌスの『神の国』によっている[148]。さらにリュラ（lyra）については、その発明者はメルクリウスで、かれがのちこれをオルフェウスに授けたと述べ、またリュラの語源は ἀπὸ τοῦ λυρεῖν = a virtute vocum（「声の多様性から」）にあるとする。これはまったくのこじつけであるが、概して古代の文法学教授において一般化していたものをカッシオドルスが取り上げ、それをイシドルスが借用したようである[149]。

打楽器では、シンバル（cymbalum）の語源は、それが ballematica（舞踏曲）——みだらな歌、破廉恥な歌謡や冷やかし——に伴奏していたことにあると言う（3, 22, 11）。この説明は、イシドルス自身の身近かな経験にもとづいている。というのも、第三トレド宗教会議（五八九年）はこうした舞踏曲を守護聖人の祭りにおいて歌うことを禁じているからである（Conc. Toletanum III, 3, c. 23）。さらにティンパニ（tympanum）、鈴（tintinnabulum）、太鼓（symphonia）についても、その構造、用途について説明しているが、説明内容の具体性から見て、イシドルス自身の経験的知識によるものであろう（3, 22, 10, 14）。一方シストルム（sistrum）の説明では、ユヴェナリス（D. J. Juvenalis 五〇頃―一三〇頃）の『風刺詩』（Saturnae）の一文を引用して、それはエジプトの女神イシス（Isis）の発見によるものであり、発明者と同性の女たちは、戦場でこれをたたき、士気を鼓舞したと言う（3, 22, 12）。

このように、語源学者としてのイシドルスは、弦楽器、打楽器の説明において、科学的というよりも文法学教授の視点に立ち、ギリシア語をもとにした語の類似や擬音、はては神話にもとづく語呂合わせまで用いている[150]。さらにかれは、必ずしも視点を統一することなしに多様な資料を援用し、その結果、キリスト教的数意学（たとえば十戒を示す一〇弦）と異教的数意学（たとえば天空の七つの運動を示す七弦）の混用が見られる。

（4）天文学

イシドルスの天文学は、四科を取り扱う『語源誌』第三巻の半分以上を占め、四科のうちもっとも詳しくかつ重視されている（3, 24, 1―3, 71, 41）。イシドルスが継承する古代の思想に従えば、天文学は、プリニウスの『博物誌』（Naturalis historia）におけるように、宇宙全体の視点から取り扱われる。そのため、かれの天文学論は『語源誌』第一三巻の「宇宙とその要素」（De mundo et partibus）にも出てくる[151]。

かれは天文学についても、それぞれ異なる箇所で四つの定義をあげ、種々の視点からその本質を明示しようとしている。まず第一の定義は七自由学芸全体の序文にある。そこでかれは、カッシオドルスの『教範』をもとに、「第七番目の天文学は、天体の法則を取り扱う」という形で、語源的説明をあげるにとどめている[152]。第二の定義は、弁証論における学問の分類のなかに出てくる。そこでイシドルスは、ふたたびカッシオドルスの『教範』を援用し——カッシオドルスの説明そのものが、ボエティウスの『算術教程』をとおして知ったアレクサンドリアの教師たちからの受け売りであるが——他の学科と釣り合うだけの専門的な語法で、「天文学は、天上の星に関する学科であり、星のすべての形状を観察し、星自体における、また地球の周りにおけるその慣性を、探究力のある理性をもって考察する学科である」と定義している。第三の定義は四科全体の序文にあり、そこでかれは、上記の定義をわずかに変えて、「天文学は、天体、星の運行と形状、また星のすべての慣性を観察する学問である」と述べている。そして、天文学論そのものの冒頭では、以上三つの定義を総合しかつ語源を加味してつぎのようにまとめている。「天文学は、天体の法則を取り扱い、天体の運行、形状、慣性について、それ自体においてまた地球との関連において、探求力のある理性をもって考察する学科 である[153]」。この第四の定義は完璧ではあるが、かれの天文学論の内容を越えむしろかれの理想を表明しているとも言える。

つぎにイシドルスは、天文学の起源と歴史について述べているが、その説明は極端に要約され、しかも錯綜している。かれはヒエロニムスの『年代誌』（Chronicon Eusebii retractatum）をもとに、つぎのように言う。「最初に天文学（astronomia）を発明したのはエジプト人で、占星術（astrologia）と、誕生について占う方法を最初に教えたのはカルデア人であった。そしてヨセフスによると、カルデア人のひとりアブラハムがエジプト人に占星術を伝えたのであった。しかしギリシア人によると、この学問を最初に考え出したのはアトラスであった。かれが天空（蒼穹）を担いでいるのはそのためである[154]」。このように、かれの説明は一見混乱しているが、しかし、astronomia と astrologia を同義にとり両者を混同していた先賢の教えを、用語の使い分けをもって明確にし、天文学と占星術とを区別しようという宗教的意図と努力が認められる[155]。なお、イシドルスは天文学の歴史におけるエジプト人の役割を重視し、天文学に関するギリシア、ラテンの教師たち（institutores）のうちもっとも著名なものとしてプトレマイオス（Ptolemaios Klaudios 二世紀）をあげているが、これは、かれがこの偉大な天文学者の書に通じていたからではなくむしろカッシオドルスの受け売りである[156]。イシドルスは自著の『年代誌』（Chronica）で、天文学者プトレマイオスを同名のエジプト王と同一視する程度の知識しか持ち合わせていない[157]。

さらにかれは、astronomia と astrologia の区別を、両者の内容を説明することによって明確にする（3, 27, 1）。かれは、キケロが『雄弁家論』（De oratore）において astrologia の語で述べた内容を、ことばに惑わされることなく正しく astronomia に取り入れ、「天文学は天空の回転運動、天体の出没と運行」、さらに「天体の名称とその語源」を取り扱うと説明している[158]。一方かれは、astrologia を naturalis（自然的）と supernaturalis（超自然的）とに分け（3, 27, 2）、前者は、「太陽、月、星の運行、四季の変化」を取り扱い、方角の確定や種々の算定に役立つ経験的術知であるとして、これを astronomia の実践的要素と同一視している。また後者（astrologia supernaturalis）は、「占い師」（mathematici）が星の運行から人の出生や性格を予言したり推測したりするもので、天文学の悪用であるとしてこれを批判し、天文学と占星術との区別をいっそう明確にしようとしている。

つぎに天文学の内容の説明に移り（3, 28, 1）、まず宇宙（mundus）からはじめる。宇宙の本質と名称についてかれは、「宇宙は天と地、海と天体からなり、mundus と呼ばれるのは、それが休みなく、つねに in motu（運行中）にあるからである」と説明する[159]。また宇宙の形状についてイシドルスは、基点方位（東西南北）をもとに説明する。そこでかれは、南北を軸とする宇宙の回転の傾斜を指摘し、また、東方から天体が出現するところから、東は宇宙の顔であると述べている。さらに、東を宇宙の起源とし、北をその果てとする聖・俗の資料（たとえばカペラやアウグスティヌス、ヒエロニムス）を混用するなかで、つい西を見落としている[160]。

つぎに天空（coelum）の名称について、アンブロシウスの『天地創造講解』（Eexameron）が伝えるヴァロの説明を取り入れ、coelum（天空）と呼ばれるのは、vas coelatum（絵入りの額皿）のように、そこに星が固定されているからである、と言う。その裏づけとして、ラクタンティウス（L. C. F. Lactantius 二四〇頃—三二〇頃）にならい、神は創造のとき太陽、月、星などの輝くもの（luminaria）をもって天空を飾ったと言うユダヤ・キリスト教的説明（旧約聖書）を加えている[161]。

なお、天球（sphaera coeli）の形状についてイシドルスは、前記のアンブロシウスの書とその典拠である異教徒の天文学者ヒギヌスの『天文学』（Astronomica）やプラキドゥス（Placidus 五ないし六世紀）の『語彙集』（Glossarium）をもとに、天球はまるく、したがって円のように無窮で、その中心に地球があると言う[162]。また天球の運動についてイシドルスは、学校教育に利用されていたセルヴィウスの『農耕詩注解』（In Vergilium commentarius ad Georgica）とヒギヌスの『天文学』をもとに述べている[163]。さらに、天球の日周運動における天体の出没の時間の移動については、アウグスティヌスの『創世記逐語注解』（De Genesi ad litteram）によって説明しているが、アウグスティヌスが疑問のままに残し、しかもキリスト者には不要の知識であるとして片づけたものをイシドルスは断定的に肯定し、積極的に取り入れている[164]。

つぎに天球の運動については、古代の宇宙観をもとに、それは一昼夜二四時間を要し、その間に太陽は地球の上をめぐり、下を通って一周すると述べたあと（3, 34-35）、天球の軸について、「天球はいわば車輪のように軸の上を回り、そこに plaustrum（四輪荷車、大熊座）がある」として、セルヴィウスの『アエネイス注解』をもとに、科学的というより文法学教授の手法を用い、写実的なたとえをあげて語源の説明をしている[165]。また、天球極（poli）と方位（cardines）については、それらを区別しなかったヒギヌスとは反対に両者を明確に区別し（3, 37-

38)、polus の語源として（実はギリシア語の（πόλος）に由来する）、車軸の摩滅を意味するラテン語の polire に帰している（3, 37, 2)。そして cardines は caedo（蝶番）に、またセルヴィウスをまねて cor（心臓）に関連づけている。[166]

つぎにかれは、（天の）穹窿（convexa coeli）、天の門（janua coeli）、天のふたつの面（gemina facies coeli）をそれぞれ一、二行で定義したあと（3, 39, 1—41, 1）、緯度（climata）つまり帯（plaga）は穹窿を分かつ線であると考え、東西南北の四つの帯に分け、語源的説明を加えているが（たとえば、西（occidens）は、occidere（落ちる）つまり interire（死ぬ）に由来すると言う）、その説明はあまりに通俗的で、資料を特定するまでもない（3, 42, 1-2)。さらに東西にかけて七つの帯に分け、カッシオドルスの権威をたよりに、ためらうことなくこの区分を取り入れている。[167]

つぎに、天球を地の上方の半球と地の下方の半球とに分けたあと（3, 43)、天球の五つの帯（circuli, zonae）にふれるが、そこではギリシア語をあげてラテン訳し、その内容を説明する（3, 44, 1-4)。そして黄道帯（circulus zodiacus）については、前章と同じく、ヒギヌスに依拠しつつわずか二行の定義を与えるにすぎない。[168]

なお銀河（1aetus circulus = candidus circulus）について、銀河の語源は candor（純白さ）で、昼間の太陽の残光であるとする古来の説明をプラキドゥスの『語彙集』（Glossarium）から引き写している。しかし、銀河を英雄たちの死後の住処と考えるプラキドゥスの異教的解釈や、ユノ（Juno）がメルクリウスを養う乳であるというヒギヌスの神話的解釈は否定して、銀河が白く輝くのは太陽の通り道であるからという即物的な注釈にとどめている。[169]

種々の天体についてイシドルスは、太陽と月、その他の天体というふうに二分して説明する。そして太陽と月それぞれについて、その本性と大きさ、地球からの距離、日、月、季節における運行、食というように、一定のプランに従って説明している。かれはまず、太陽の大きさについて、カッシオドルスをとおして古代の教えを継承し、太陽は東西から同時に見えるほど大きく、それが小さく見えるのは、地球から遠距離にあるせいだとするが、しかし数による距離の計算はまったく取り上げない。[170] 一方、月の大きさについては、ヒギヌス（Hyginus 前一世紀）の『天文学』（Astronomica）に依拠したカッシオドルスの『教範』を用い、地球から遠距離にある太陽の大きさから推測して、月は太陽や地球より小さいと言う。[171]

つぎに、太陽の本性についてイシドルスは、アンブロシウスの説明を取り入れ、太陽は過度の回転のため燃焼しているが、その燃料は水で、太陽がしばしば濡れて露をしたたらせるのはそのためであると言う。この太陽と水との結びつきは、聖書に言われている「天上の水」（たとえば「創世記」七・一〇―一二参照）を思わせるもので、古代ユダヤ・キリスト教的宇宙観との関連を示唆している。[172]

また太陽の運行についてかれは、明らかに天動説をとり、運行の結果として年、四季、月、日、昼と夜、時間が発生すると説明する（3, 50-52）。しかし数学的根拠はまったく取り上げず、ただ偽クレメンスの書を引用して、太陽の移動に伴う気候（あるいは陽気）の調和と大地の肥沃化を特記して、太陽の運行における神の摂理に注目させている。[173]

つぎに月の光についてかれは、アウグスティヌスに従って、月はそれ自体が発光体であるとする説と、太陽の光を反射するという説とを併記するにとどめている。[174] 月の形状については、カペラをもとに、月の満ち欠けの七段階、とくに半月について述べ、[175] 月の運行については、ラクタンティウス（Lactautius 三―四世紀）の『神の怒り』（De ira Dei）をもとに、太陽の運行に対応させつつ月の公転、公転の角度、月の満ち欠けとその理由について述べる。[176] また月から地球までの距離についても、太陽の周期と比較して説明し（太陽は三六五日、月は三〇日）、古代の人々は月（mensis）の算定には月（luna）の運行を、年（annus）の算定には太陽（sol）の運行を基準にしたと言う（3, 57, 1）。

そして太陽と月に関する説明は、日食、月食の二章で終わる。イシドルスは、その導入の部ではカッシオドルスに従うが、本論ではよりくわしいヒギヌスをもとに、きわめて科学的な、また基本的な説明をしている。[177]

イシドルスは、太陽と月のあと、その他の天体について述べる。かれはまず、stella, sidera, astra の区別からはじめる。かれによると、stella は個々の星について言われ、sidera は Hyades（ヒヤデス星団）や Pleiades（プレイアデス星団）のように多数の stella の集合で、astra は Orion（オリオン星座）や Bootes（牛飼座）のように大きな stella であると説明する。したがって、かれは Orion や Bootes が星座であることは知らず、「著述家によっては astra を stella, sidera と混同するものもいる」と批判するかれ自身、同じ間違いを犯している。こうした区別は、厳密に科学的な定義を示すものではなく、聖・俗の書に常用されている用語を理解するための便宜上の説明にすぎない。[178]

イシドルスはつぎに、星（stella）の光について説明し、星は月と同じく太陽の光を受けて輝くと言う（3, 61）。さらに星の運行については、星そのものは不動で、天球に固定したまま天球とともに移動し、昼間も没することはなく、見えないのは太陽の光にさえぎられるためであると述べ、stella（星）の語源は stare（とどまる）であると言う。[179] 一方、sidera の運行については、あるものは天球に固定して天球とともに回転し、あるものは、たとえば惑星のように「一定の枠内において、さまよいつつ移動する」と説明する。[180]

ところで以上の三章（3, 61, 1—3, 63, 1）においてもイシドルスは概念の混乱を来たしている。『語源誌』3, 62, 1-2 は恒星（planetae）について述べたもので、その説明は 3, 61—63 にもあてはまる。また 3, 63 は、3, 60, 1 の区別に従うと、sidera のふたつの運行について述べたものであるが、しかしこの sidera は、文脈から言うと、より広義にとられ、恒星と惑星（erraticae）を総括する語として用いられている。したがってここには、星の定義における用語の混乱が繰り返されている。

惑星について、イシドルスはとくに詳述し、セルヴィウスの『アエネイス注解』をもとに、惑星とは「さまよえる星」（errantes stellae）つまり「宇宙全体にわたってさまざまな運行をする星」と定義し、さらにセルヴィウスの『農耕詩注解』をもとに、planetae の語源は error（誤謬）にあるとして、惑星は天球に固定されず、「その種々の相」をもって人々を「惑わす」ことから、この名称があるとしている(181)。

また、種々の星の軌道の相違、運行の遅速については、先にヒギヌスの書をもとに太陽と月の周期の相違は地球からの距離に関係があると説明したが、同じような説明を繰り返す(182)。ただ、ヒギヌスの説明は恒星について言われているのに対し、イシドルスはそれを星全体（惑星も含めて）にあてはめている。かれはまた、アウグスティヌスの『創世記逐語注解』をもとに、星の光が異なるのはそれぞれの星の地球からの距離によると説明する(183)。

イシドルスは、星の公転周期（numerus circularis）に関する説明では（3, 66, 2）、数を取り上げているが（太陽は一九年、月は八年、水星は二〇年、金星は九年、火星は一五年、木星は一二年、土星は三〇年）、それは、古代における専門的な数学的説明からはほど遠い。しかも文章の結びにはわざわざルカヌス（M. A. Lucanus 三九—六五）の詩を引用しているが、これはイシドルスの天文学論の文学的性格をよく表している(184)。

さいごにかれは、天文学論の三分の一の紙数をさいて（3, 71, 1-40）、種々の天体について語源的説明を加えるが、そこには『語源誌』の性格が顕著に示されている。そのおもなものをあげると、まず太陽（sol）については、それがただひとつ（solus）出現することによって他の星が見えなくなるからであると言い、月（luna）については、その語源は太陽の光を受けて輝く（a solis luce）ことにあると言う。これはいずれもラクタンティウスの『聖学教範』（Institutiones divinae）によっている。[185] Orion については、おそらくヒギヌスなどの書をもとに、その語源として雄牛の urina（小便）をあげ、それをもとに、しかし神話的要素は排除して、オリオンは水と関係が深くその出現は冬の海のあらしと関連があるとしている。[186] Hyades については、セルヴィウスの『アエネイス注解』をもとに、その語源は ἀπό τοῦ ὕειν つまり液（succus）または雨（pluviae）にあり、実際、この星が出ると雨模様の天気になると言う。[187] Pleiades は七つの星からなり、ギリシア人は多数を示す πλειότητα の名称を用いたが、ラテン人はこれを Vergiliae と呼ぶ。それはこの星団が没することによって冬が訪れ、出現することによって夏が、航海の季節がはじまるからであると言う。[188] さらに、シリウス星（Canicula, Sirius）については、もっぱら暑さという気象現象と、それに伴う健康状態の変化が言われている（『語源誌』第四巻の医術では、医者は気象の知識を必要とすると言う）。このように、気象学的視点はイシドルスによる惑星の説明のひとつの特徴をなしている（3, 71, 14; 4, 13, 4）。

彗星（cometes）についてイシドルスは、その語源は光のすじ（coma 髪）を発することにあり（3, 71, 16）――そのためラテン人は crinitae と呼ぶ（3, 71, 17）――彗星の出現はペスト、飢饉、戦争を予告すると説明する。かれはここでクラウディウス・ドナトゥス（T. C. Donatus）の『アエネイス注解』をもとに、この三つの不幸をもたらす「黙示録」（六、二―九）の三人の騎士を連想しているのかもしれない。[189] また、ひときわ明るく輝く金星（Lucifer）について、その名称は lucem ferat（光輝を放つ）ことに由来し、ラテン名は jubar（光線）とも言われるが、それは光のすじを浴びせる（jubas lucis effundat）からであると言う（3, 71, 18）。

さいごに指摘しておきたいことは、イシドルスは『語源誌』のほぼ全体にわたって語源をもとに説明を進めていくが、星の説明ではかれ自身の思想を明確に表明していることである。たとえば惑星を定義したあとかれは、アウグスティヌスの『詩編注解』（**Enarrationes in Psalmos**）をもとに、つぎのように述べている。ローマ人は、それぞれの惑星に **Jovis**（木星）、**Saturnus**（土星）、**Mars**（火星）、**Venus**（金星）、**Mercurius**（水星）など自分たちの神々の名をつけ、神聖化した。こうしてかれらは神々が宇宙を支配していることを印象づけ、人々の礼拝を求めて占星術の基礎を固めた。かような謬説を悪魔は承認したが、キリストはこれをくつがえした[190]。さらに、かれはことばを次いで、異教徒は星と星とをつないで動物の形を想像し、それに **Arctos**（大熊座）、**Aries**（牡羊座）、**Taurus**（牡牛座）、**Libra**（天秤座）などの名をつけ、迷信によってそれに神々の姿と名前を与えたと述べ（**3, 71, 22**）、それにまつわる神話を紹介したあと（**3, 71, 23-36**）、つぎのように批判する。「しかし人々がいかに迷信的な仕方で、それに名前をつけようと、これらの星座は、神が世の初めに創造し、正確な運動をもって時を示すように秩序づけたものにすぎない[191]」。したがって星の形状にもとづく人間の運命の予言（占星術）は、明らかにキリスト教信仰に反するものであり、キリスト者はそれを無視すべきである（**3, 71, 38**）。なお、こうした予言は、「キリスト教教師のみならず、プラトン、アリストテレスはじめ真理を探求する異教徒もみな一致して断罪した」と述べ[192]、科学と信仰、双方の視点に立って占星術を排除しようとしている。さらにかれは、「もし〔かれらが言うように〕人々の誕生が必然的であるとすれば、なぜ善人が賞賛され、悪人が罰されるのであろうか……」と述べ、読者の合理的判断に訴えている[193]。

さいごにイシドルスは、天文学、そして自由学芸全体の結論として、カッシオドルスにならい、「以上の七つの俗学は、哲学者たちによって、星にまで至るよう秩序づけられた。それは、世俗的な知恵にとりつかれた精神を地上的なものから解き放ち、天上のものの観想に従事させるためである」と言明する[194]。これは、キリスト者の生活、教養における七自由学芸の機能ないし価値を簡明に表現したものである。

Ⅲ　イシドルスの自由学芸観

以上、イシドルスの『語源誌』における自由学芸について、利用されている資料を中心に検討を加えてきた。その結果、明らかになったことは、『語源誌』が多様な資料を併用し百科全書と通称されるほどの内容を収集していることである。

それらの資料は、およそつぎのようにまとめることができる。まず言語の面から言うと、イシドルスはたしかにギリシア人とラテン人の著作をあげてはいるが、しかし実際に利用している文献はすべてラテン人の著作である。ギリシア人の著作を用いるとしても、それは例外なくラテン語訳によるもので、アリストテレス、ピュタゴラス、エウクレイデスなどの著作はすべてボエティウスの訳と注釈を用いている。また語源の説明においてイシドルスはギリシア語をあげることが多いが、それもすべてラテン語文献に既存のものでありギリシア語文献から直接に取り入れたものではない[195]。

つぎに内容から言って、かれが用いた資料は、自由学芸そのものを直接対象とする専門的資料と、自由学芸を聖書注解などキリスト教諸学に利用する応用的資料とに区分できる。専門的資料としてはヴァロ、キケロ、クインティリアヌス、カペラ、ボエティウス、カッシオドルスなどの書がある。三学に限って言えば、伝統的に三学の原資料として用いられてきたホメロス、ヴェルギリウスのほか、ポンペイウス、ドナトゥス、ヴィクトリヌス、アリストテレス、アラトゥスなどの書を利用している。一方、応用的資料のおもなものをあげると、オリゲネス、エウセビウス、ヒエロニムス、アンブロシウスの書があり、とくにアウグスティヌスの著作が多い。なお、以上あげた人名から明らかなように、専門的資料はほとんど――ボエティウス、カッシオドルス、ヴィクトリヌスを除いて（とはいえ、かれら自身は異教徒の著作を取り入れている）――すべて異教徒の著作であるのに対し、応用的資料はすべてキリスト教徒のそれである。[196]

ところでイシドルスは、これらの資料をどのような観点から、どのように用いたのか、別言すると、かれはどのような自由学芸を構築しようとしているのか、かれがめざす自由学芸観はどのようなものであったのか検討することにしよう。従来、イシドルスと同じくキリスト教を奉ずる著述家のうちあるものはたとえばテルトゥリアヌスのように自由学芸に敵対し、あるものはヒエロニムス、アウグスティヌス、カッシオドルスのように自由学芸を聖書注解、典礼、説教に応用し、自由学芸をキリスト教的教養の一要素として包摂した。[197]

（1）　自由学芸体系の確立

こうしたふたつの自由学芸観のうち、イシドルスはどの立場をとっているのだろうか。かつてフランスの歴史学の泰斗　F・ロートは、イシドルスは大グレゴリウスと同じく自由学芸を含む世俗の学問を憎悪したと主張し、かれの意見に同調する学者も少なくなかった。[198] たしかにイシドルスは『命題集』、『修道会則』といった宗教的な著作では俗学排除の態度を表明しているが、しかし聖・俗双方に関連する書においては、これとは異なる態度をとっている。とくに司教、王の顧問として政・教両面にわたる職責を経験するにつれ、折衷的な態度をとり、それは年とともに深まっていった。とくに生涯さいごの著作『語源誌』においては、異教徒とキリスト教徒の著作を截然と区別することはしない。かれは、専門的なものであれ応用的なものであれ、あるいは異教徒、キリスト教徒のいかんにかかわらず、自由学芸体系確立に役立つかぎりすべての古代の著述家に同等の権威を認め、両いは偽クレメンスのような正統信仰と相入れない著者の書も尊重し、参照している。

者を併用している。こうしてかれは、テルトゥリアヌスのようなキリスト教信仰の正統性に難点のあるものある

a　専門的資料の利用

たしかに、『語源誌』におけるイシドルスの自由学芸論は、学問と呼ぶにはあまりに簡潔すぎ、単なる知識の寄せ集めに見えるかもしれない。自由学芸を取り扱うのは、『語源誌』二〇巻のうちわずか三巻だけである。しかしこの三巻は、かれの他の専門的、体系的な著作の内容を前提としたものであり、たとえば算術、幾何学、音楽、天文学を取り扱う『語源誌』第三巻は、宇宙とその要素、宇宙形状誌、気象学について論ずる『事物の本性』を要約したものである。

これに加えて、イシドルスの自由学芸論は、つねに専門的資料にもとづく説明が基本におかれている。かれは、主としてカペラ、カッシオドルスの自由学芸論と同じ章立てのもとに七学科全部を取り上げ、それをひとつの全体、体系として相互に関連づけている。しかも各科は、定義、起源ないし歴史、構成要素ないし分類、実践的要素といった伝統的な項目に分類し、それぞれの説明においても、概して全体との調和を保つように配慮している。

まず文法学では、ドナトゥスの文法書を、ある時は直接に、たいていはヒエロニムス、アウグスティヌスの著作を介して用いているが、その場合、かれは「天来のみことば〔聖書〕をドナトゥスの規則〔文法学〕に従属させることは、きわめて遺憾なことである」という大グレゴリウスのことばを十分承知のうえであったことを思うとき、イシドルスによるドナトゥスの頻用には重要な意味がある。[199] つぎに修辞学について、イシドルスはアウグスティヌスによる説教への応用をあげるが、しかしそれはキケロ、クインティリアヌスによるラテン修辞学の確立を確認したうえでのことである。また弁証論でも、ポルフィリウスの『アリストテレス範疇論入門』、またボエティウスの訳を介してアリストテレスの主要な書とその注釈書を用いて体系的説明を試みているが、こうした

内容は聖書注解にはほとんど無用のもので、むしろ自由学芸の体系的確立をめざしているからこその利用である。

つぎに算術についてかれは、たしかに聖書注解のための数意学を強調しているが、一方、それ以外の算術の内容についてもカッシオドルス、ニコマコス（ボエティウスの訳による）、ピュタゴラスという専門的資料による体系的、専門的説明に終始し、さいごの無限数の説明とそのキリスト教的解釈も、こうした体系的説明の延長線上におかれている。また幾何学の説明では、プラトン、カペラ、とくにカッシオドルス、ボエティウス、エウクレイデスといった専門的資料をもとに、定義、起源、分類など、最小限の体系的説明を加えている。とりわけ幾何学の起源に関する諸説の併記は、かれの知的関心がどこにあるかを示すものとして注目に値する。音楽についてはカッシオドルスによるニコマコスを基本文献として利用し、天文学においては、ヒギヌスの『天文学』を中心に、異教、キリスト教双方の文学的資料を多用しているが、ここには明らかに、占星術という似非学問から真の天文学を区別し、学問として確立しようという意図がうかがえる。

b　応用的資料の併用

イシドルスは『語源誌』編纂の資料として、自由学芸を聖書注解に利用した多くのキリスト教著述家の書も併用しているが、まさにこうした資料の利用そのものが、『語源誌』が自由学芸の体系的学習の書であったことを立証している。実際、『語源誌』においてイシドルスは、同一事項の説明において、これらの応用的資料を専門的資料つまり俗学の書と対等あるいは同格に取り扱い、あるいは俗学の書を補完する形でそれに秩序づけている。たとえば、文法学の本質的要素をなす品詞の説明において、かれは間投詞の説明に入ると、それまで利用したドナトゥスの説明が不十分であるかのように、それに代えてアウグスティヌス、ヒエロニムスの聖書注解書から取り入れている[200]。また語源の説明においてはキケロ、ヴァロに依拠しつつも、認識における語源の基本的な役割についてはアウグスティヌスの説明を取り入れ（1, 29, 1-5）、さらに弁別符については、古典学習において使用されていたものに加えて、ヒエロニムス、アウグスティヌスが聖書注解において用いたものをあげている[201]。キリスト教的応用的資料と異教的専門的資料との併用は、文彩においていっそう顕著である。文彩自体の説明はクインティリアヌス、ドナトゥスの書から、その例文はアウグスティヌスの『キリスト教の教え』、『神の国』から取り入れている[202]。さらに韻律および詩文の説明ではダビデによる賛歌の発見とホラティウスの叙事詩の定義とを併記するなど、キリスト教詩人と異教詩人の作品を混用している（1, 39, 1-26）。そして文法学さいごの歴史の説明では、異教、キリスト教双方の歴史家を動員してまとまったひとつの歴史観を提示しようと骨折っている（1, 43, 1-2）。

つぎに修辞学について、とくに際立った一例をあげると、論証（三段論法）の説明ではキケロとパウロ（「使徒」（**Apostolus**）の名称で）が併用されている[203]。これはヒエロニムスが、「ホラティウスと『詩編』、ヴェルギリウスと福音書はなんの関係があると言うのか、キケロと使徒とはなんの関係があると言うのか。お前の兄弟はお前が偶像の神殿で食卓につくのを見て躓いている」と批難したのとは大違いである[204]。またイシドルスは、三段論法の定義において、ヒエロニムスの『ヨナ書注解』（**Commentarius in Jonam**）と『パウラへの書簡』（**Epistola ad Paulam**）から都合二か所を援用しているが、それは宗教的ないし道徳的価値とはまったく無関係な利用の仕方をしている[205]。

一方、哲学では三つの定義をあげるが、そこでイシドルスは、カッシオドルスの『俗学教範』（『聖・俗学教範』の第二巻）にあるヴァロのことばをもとに導入的説明を加えたあと、アウグスティヌス的な哲学の内容、キケロ的な哲学の方法、ストア的、アウグスティヌス的な哲学の目的というように、哲学全体の完結をめざして聖・俗の資料を相互補完的に用いている（2, 24, 1—2, 9）。またイシドルスは、カッシオドルスが煩瑣なものとして省略したアリストテレスの『範疇論』の「対当」（opposita, contraria）――全体の四分の一にあたる内容をもつ――を取り入れたが（2, 31, 1-8）、これは後代の弁証論者たちの態度から見てもわかるように、その学問的価値に留意していたからではなかろうか。

またかれはカッシオドルス、アウグスティヌスにならい、「創世記」をもとに音楽の創始者としてモーセその他の聖書中の人物をあげると同時に、世俗の資料をもとにギリシア人ピュタゴラス、テーベのリノスほかを併記している（3, 16, 1）。つまりユダヤ・キリスト教的伝統と異教的伝統が宗教的、道徳的価値という点から、心情的に信用しうる度合に応じて列挙されている。また音楽のもつ心理的効果についても、旧約聖書（ダビデ）と同時にカッシオドルスによるクインティリアヌスの書に依拠している。(206) 一方音楽の分類においては、声楽、管楽器、弦楽器、打楽器に分けたが、管楽器の名称、発明者、用途の説明では、聖書とヴェルギリウスの詩文をまさに自由に混用している。また弦楽器の説明では、七弦についてはセルヴィウスによる世俗的数意学を取り入れ、一〇弦についてはキリスト教的数意学を教えるアウグスティヌスの『キリスト教の教え』に依拠している。(207)

さいごに、自由学芸の専門的資料と応用的資料の併用は天文学において顕著である。まずイシドルスは、天文学の起源と歴史について、ヒエロニムスの『年代誌』によるユダヤ的伝統と、ギリシア神話の伝統とを併記しているが（3, 26, 1）、そこには、前者による厳密な意味での科学的天文学（astronomia）の起源を、後者による占星術（astrologia）の起源から逆説的に明らかにする形で、天文学と占星術の区別を明確にしようと言う配慮が示されている。また宇宙（mundus）の説明では、カペラ、アウグスティヌスを混用し、(208) 天空（coelum）についてはアンブロシウスが伝えるヴァロの説明と、ラクタンティウスによるユダヤ・キリスト教的解釈を併用している。(209) 天球

（spahera coeli）については、これもアンブロシウスの書に見られる異教の天文学者ヒギヌスやプラキドゥスの説明を中心におき、これを補う形で、キリスト教的解釈を付したアウグスティヌスの『創世記逐語注解』を援用している[210]。さらに月の説明において、聖・俗の資料の併用は極限に達し、月の光についてはアウグスティヌスを、満ち欠けについてはカペラを、運行についてはラクタンティウス（L. C. F. Lactantius 三一七後没）を用いている[211]。

さいごに、イシドルスは「天文学」の章において「宇宙は地と天と海とすべての星からなる」と述べているが[212]、ここでかれは、一学問のもつ内容の多さ、複雑さに圧倒され、聖・俗の学者にそれぞれの立場から各学科について、また自由学芸全体について言うべきことを言わせようとする。こうしてキリストの権威はヴァロのそれと同等に取り扱われ、またある教父は科学の権威者と見なされたのであった。つまり四世紀のキリスト教的著作は、キリスト教的霊生あるいは聖書注解という宗教的文脈から切り離され、むしろ異教徒の知識の残滓を含む断片として注目されている。たとえば、アウグスティヌスの『キリスト教の教え』における俗学の書の引用を宗教的文脈から取り出すことによりそれに本来の俗学的意味をもたせ、単なる世俗の書の引用と同じ性格に戻す箇所も少なくない。そこには明らかに、俗学の自立的価値の確認が目につく。

c　イシドルスとカッシオドルスの自由学芸観の比較

つぎに、イシドルスによる自由学芸体系の確立を正しく理解するため、かれがもっとも重宝したカッシオドルスの『俗学教範』による自由学芸と『語源誌』による自由学芸とを比較してみたい。先に述べたように（本書第一章）、カッシオドルスは自由学芸の聖書注解への応用とともに、その基礎教養として自由学芸の体系的学習をめざしていた。イシドルスは、カッシオドルスの『俗学教範』（『正書法』（De orthographia）も）は所有していたが、しかしその第一巻つまり『聖学教範』（および『書簡集』（Variae）、『詩編注解』（Expositio in Psalmos）なども）は知らなかったようである。それは、イシドルスの著作におけるこれらの書の引用ないし参照が欠落していることから見て明らかである。したがって、カッシオドルスの書の参照は『俗学教範』に限られ、それだけに、自由学芸体系の確立という点でカッシオドルスから多くの要素を受け継いでいる。

とはいえ、両者の自由学芸観をめぐる相違点も見のがせない。カッシオドルスは、みずから創設したヴィヴァリウム修道院をキリスト教大学とも言うべき知的中心として組織し、知的学習を修道生活の主要な活動として位置づけ、種々の物的条件を整備するとともに、『聖・俗学教範』を著して聖・俗学の学習内容を明示した。これに対しイシドルスは、友人（西ゴート王シセブート）や弟子（修道者でのちサラゴサの司教になったブラウリオ）の個人的な依頼により、当時の知識人が修得しておくべき基礎知識の収集あるいは学習便覧として『語源誌』を編纂したのである。

したがって、カッシオドルスの『俗学教範』とイシドルスの『語源誌』の内容には若干の相違が認められる。カッシオドルスは自由学芸の体系と主要素だけを取り上げ、ごく簡潔な導入的説明を加えたあと、それを補完するための参考図書を指定しその読書を勧めた。かれは八方手を尽くして蔵書の充実をはかり、多くのギリシア語（実はラテン語訳）、ラテン語の書を収集し、また自分でギリシア語の著作を翻訳した。これに対しイシドルスは、簡潔化されたカッシオドルスの説明をいっそう縮約しただけでなく、カッシオドルスがあげたような資料の利用も不可能となり、思い切った簡潔化を図っている。(213) 一例をあげると、文法学の定義においてイシドルスは、クインティリアヌスを引き継ぐカッシオドルスの定義をもとに、自分なりの定義を作り出しているが、それには古典の文学作品の解説つまり文法学の伝統的学習方法が省略されている。また弁論の構成部分について、カッシオドルスはキケロの『構想論』をもとに詳細な学習を期して六つに分けたが、イシドルスは、より簡潔に四つにわけるキケロの『弁論区分』やクインティリアヌスの方を取り入れている。さらに弁証論について、カッシオドルスは文法学の約三倍、修辞学の約二倍の紙数をあてたが、イシドルスは修辞学とほぼ等量の説明で満足している。一方、四科においてカッシオドルスは、エウクレイデスなどのギリシア語資料のラテン語訳を要約したが、イシドルスはそれをさらに簡潔化して取り入れただけで、カッシオドルスのように、参考書による徹底的な学習は勧告していない。

しかしイシドルスは、カッシオドルスによる説明を簡潔化する一方で説明の項目をふやしたが、それはとくに文法学、算術、天文学において顕著である。それはおそらく当時の学問の需要を反映すると同時に、カッシオドルスが比較的項目の少ない科目に関する説明を参考書の紹介という形で補完しようとしたこととも関係がある。つまりカッシオドルスが学習者の知的能力を考慮してごく基本的な項目だけをあげ、より高度な内容は参考書に託し、「くわしくは……を読め[214]」と繰り返したのに対し、イシドルスは当時の全面的な学問の衰退を考慮し、これに対応すべく、広く、浅く、入手可能な知識をすべて網羅しようとしたのであろう。

(2) 自由学芸のキリスト教化

a 自由学芸の聖学（聖書注解）への応用

では、イシドルスが『語源誌』においてめざしたのは自由学芸の再生だけであろうか。フォンテーヌによると、『語源誌』におけるイシドルスの目的は自由学芸体系の確立だけで、かれがキリスト教的、応用的資料を利用したのも異教的、専門的資料を補完するためだけであった。かれによると、イシドルスは語源中心の説明をもって自由学芸論を中立化し、一方、キリスト教的資料をいわば「世俗化」しキリスト教的要素を除去することによって専門的資料と調和させようとした、と言う[215]。

たしかに、古代から中世への過渡期の混乱にともない入手困難になった自由学芸の専門的資料を、七世紀の人々の身近にあったキリスト教的資料をもって補完する必要があったことは、容易に首肯される。『語源誌』の読者も、読みなれた資料、著作を持ち出されることによって、自由学芸の学習に違和感を抱くことも少なかったであろう。しかし異教的、専門的資料と併用されたキリスト教的、応用的資料は、フォンテーヌが言うように、果たして「世俗化」されているだろうか。

かれの主張には若干の疑問があり、そのまま認めるわけにはいかない。イシドルスが『語源誌』においてめざしたのは自由学芸体系の確立だけではなく、自由学芸を確立し修得させたあと、それまでの教父たちと同じく、究極的にはキリスト教会の知的活動とくに聖書注解、説教、典礼の基礎教養として役立てることであった。イシドルスが用いるキリスト教的資料は、俗学の資料を補完しながらも本来のキリスト教的機能を保ち発揮している。いくつかの例をあげよう。

まず文法学について言うと、イシドルスは文字（littera）のもつ役割として、不在者の言辞の伝達、記憶の想起をあげているが（1, 3, 1-3）、そこでかれは、文字は単なる事物の記号ではなく真理の伝達記号であることを言おうとしている。かれは、こうしたキリスト教的解釈の原理として、アルファベットの起源はヘブライ語つまり聖なる民の言語にあるとする説（異教徒の発明によるという意見と併記してはいるが）をあげる（1, 3, 4-5）。さらに文字そのものにはキリスト教的意味があるとして、キリストの十字架を示すというTなど、限られた数ではあるが、いくつかの文字を例にあげる[216]。

つぎにイシドルスが句読（positura）の説明において、古典の読書よりも聖書とくに詩編集の朗誦を想定していることは、かれの『教会の役務』によっても裏づけられる（1, 20, 1-6）。さらに弁別符 については、それが古典の注解書はもちろんヒエロニムス、アウグスティヌスなどの聖書注解においても使用されたことを指摘し、また不純正語法、誤り（vitia）、語形変異の説明では、アウグスティヌスの『キリスト教の教え』の説明および例をそのまま取り入れているが、ここには文法学における原典の校訂、解釈という基本的な作業を聖書原文の学習に役立てようという意図がうかがえる[217]。

また、本来、文法学の学習内容は詩文による神話、歴史であるが、イシドルスは、古代の神話、歴史に代えて、聖書による世界の創造と救いの歴史を歴史全体の根源におくことによって（1, 42, 1など）、聖書注解における世俗の歴史の利用の妥当性、必要性を示唆している。

弁証論の定義においてイシドルスはカッシオドルスと同様、弁証論の本質的機能は真偽の判断にあるとして弁証論を聖学つまり聖書注解における教えの正銘性の立証に役立てようとしている（2, 22, 1-2）。また弁証論の定義のひとつとして、弁証論は人間的事柄の認識をとおして神的事柄の認識に至らせる学問であり、来世の生命をめざすキリスト教徒にふさわしいと述べているが（2, 24, 9）、ここでは明らかに、アウグスティヌスによるアリストテレス、キケロの思想のキリスト教化が図られている。さらに哲学の分類においてイシドルスは、アウグスティヌスをとおしてギリシア、ローマの伝統を取り入れ、その三分類を聖書に見られる三文学類型をもって正当化しようとするが（2, 24, 8）、ここでもアウグスティヌスによるキリスト教化をそのまま受け継いでいる。なおイシドルスが弁証論の説明において、古代の哲学者つまりアリストテレス、ボエティウスのほかヴィクトリヌスを多用していることにも、弁証論のキリスト教化が見て取れる。かれは、ヴィクトリヌスが弁論教師として名声を博し、またアリストテレス、新プラトン主義、キケロの著作を翻訳、注釈し、反アリウス主義の著作をもって確固たる神学的論理を展開したこと、またキリスト教信仰とアリストテレス、新プラトン主義との調和、融合を図り、アウグスティヌスの回心に多大な影響を及ぼした人物であったことを、アウグスティヌスの『告白』その他の著作をとおして認識していたはずである。[218]

つぎに、イシドルスは算術の実用性を認めつつも、数のもつ神秘的意味を強調したアウグスティヌスの著作を頻用している。実際、アウグスティヌスは聖書注解における数意学（arithmologica）の重要性を説き、算術のキリスト教化を図ったが、イシドルスはアウグスティヌスの『神の国』、『キリスト教の教え』から数例をあげ、また聖書の多くの箇所で数が神秘的意味に使用されていることを理由に、アウグスティヌス以上に聖書注解における数意学の重要性を強調している。こうした数意学は、音楽論で取り扱う弦楽器の七弦、一〇弦などの解釈にも出ている。[219] なおイシドルスは、時間、事物など一切の数、量の測定における数の実用性をあげたあと、教父たちの伝統に従い、神は「数と目方と尺度とで、すべてのものを整えた」と言う「知恵の書」（一一、二〇）をもって、数の神的起源を明示している。さらに、イシドルスの『数論』はピュタゴラス、カペラ、アウグスティヌスの数意学の集成であるが、これは、アウグスティヌスが『キリスト教の教え』において願望しつつも実現しえなかった聖書注解のためのいわば基本的参考書となるものであった。またイシドルスが、ボエティウスのような専門的資料において割愛されていた無限数を算術の説明のさいごに挿入したことは（3, 9, 1-2）、自由学芸は神的事柄に至るための「精神の鍛練」であると言うアウグスティヌスのキリスト教的自由学芸観（それはもともとプラトン的な自由学芸観である）の継承を示していると言える。[220]

なお「精神の鍛練」という点は、幾何学において、イシドルスがアウグスティヌスの『秩序論』から取り入れた円とその中心の説明においても暗示されている。[221] さらにかれは、天文学に関するほとんどすべての説明において異教徒ヒギヌスの天文学の書を利用しつつも、これら異教徒による説明から一切の神話的要素を除去し、物理的、学問的説明に徹しようとつとめる。しかも四科のうち、この天文学にもっとも多くの紙数を割いているが、それは、天文学を占星術と同一視していた当時の大衆的異端を強く意識してのことであろう。一方、それまで無差別に混用されていた astronomia と astrologia を天文学論の冒頭からきびしく峻別したことは、かれが天文学においてなにをめざしていたかをよく示している（3, 25, 1-2）。またかれは、天文学論のいわば結論ともいうべき終章において、キリストによる宇宙の贖いを示唆し、宇宙についての神話を悪魔の仕業と決めつけ、キリストの死と復活によるその解放、宇宙に対するキリストの支配の復権を暗示したことにも天文学のキリスト教化が表現されている（3, 71, 37-41）。

なおイシドルスは、七自由学芸全体が天文学で終わるわけを説明しようとして、先にもあげたが、カッシオドルスのことばを借りてつぎのように述べる。「以上七つの俗学は哲学者たちによって、星にまで至るよう秩序づけられた。それは、世俗的な知恵にとりつかれた精神を地上的なものから解き放ち、天上のものの観想に従事させるためである」[222]。そして、このことば以上にイシドルスによる自由学芸のキリスト教化を立証する明確な証言はありえない。

b　自由学芸の説教への応用

つぎに、イシドルスによる自由学芸のキリスト教化は、やはりアウグスティヌスの『キリスト教の教え』（第四巻）をもとに雄弁術の説教への応用という形で行われている。イシドルスは雄弁術の定義において、キケロやクインティリアヌスが雄弁家と教養人とを同一視し理想的人間として描いた同じことばを用いているが（2, 3, 1）、そこでかれが現実に考えているのは、アウグスティヌスの『キリスト教の教え』におけるキリスト教説教家であった。それはかれが、雄弁家の定義においてストア的側面を強調して「よい人」（vir bonus）だけに留意し、「陳述」（narratio）では「真実らしきこと」（probabile）を排除し、ただ「行われたこと」（res gestae）だけを取り上げたことにも示されている（2, 7, 1）。またかれが「表現」（elocutio）においてヒエロニムス、アウグスティヌスをもとに文章における擬古主義、審美主義を批判したのも、「表現」における宗教的なもの、清純なもの、つまり真理の伝達手段としての有用性を強調するためであった。かれによると、話の内容の配置、言語の純潔さ、文体の装飾はどれもそれ自体が目的ではなく、聖書のみことばの伝達と人々の霊的、道徳的進歩のための有効な手段である[223]。

これに関連して、かれは雄弁術の文体（口調）ではキケロの説明を取り上げながら、まず説教という聖化の手段に比べ、美辞麗句に流れがちであった古来の異教的雄弁術への手きびしい批判を下している[224]。またキケロが雄弁術における文体を内容の軽重に合わせて詳しく細分化したのに対し、イシドルスはアウグスティヌスの『キリスト教の教え』をもとに雄弁術の内容として聖なる事柄、神、魂の救いを取り入れ、しかもそれらを説明する文体は荘重かつ明晰でなければならないとしている[225]。音楽論においてもかれは、クインティリアヌスが『弁論家の教育』において指摘する感覚、感情に訴える音楽の作用を取り入れたことを指摘しているが、これは明らかに説教の所作における音楽の重要性を意識したものである[226]。ただ、イシドルスが修辞学の章においては雄弁術における記憶、所作を無視しながら、音楽論において説教の所作にふれたことは、かれが説教による心情の動きを重視していること、また雄弁術の説教への応用が理論よりもかれ自身の経験に由来していることを物語っているのかもしれない（3, 20, 14）。かれはそこで、「完全な声とは、高く、甘美で、はっきりした声である。高い声とは、十分に高音の声であり、はっきりした声とは、耳を十分に満たす声であり、甘美な声とは、聞く人の魂を魅了する声である」と述べている[227]。

c　自由学芸の典礼への応用

さいごに、イシドルスによる自由学芸のキリスト教化は文法学の典礼への応用として示されている。まず、句読の説明は、聖書の朗読、詩編の斉唱への応用を前提としたものであった（1, 20, 1-6）。またかれの音楽論は、一応、古来の音楽論における理論つまり韻律の説明を含みながらも声楽と楽器をも取り扱い、とくに歌唱を意識している（1, 2, 2）。そこで詳述されているのは、「音楽は、音と歌唱とにおける韻律を取り扱う術知である」という定義からも察せられるとおり[228]、音楽の実用的な側面、声楽と楽器についての説明であり、教会音楽への応用を意図したものである。実際イシドルスは、音楽の定義、起源、歴史を聖・俗の資料を併用して説明したあとすぐに、クインティリアヌスをもとに声楽、楽器の演奏が教養の一要素を構成し、儀式、宗教行事に頻用されていたことを指摘する（3, 16, 2-3）。また聖・俗の資料をもとに音楽のもつ心理的効果を強調し、さらにアウグスティヌスの『告白』、『秩序論』をもとに、またおそらくイシドルス自身の経験から、教会典礼における声楽の効用に注目している[229]。またかれが声の種類と機能について詳述していることも（3, 20, 2-14）、音楽の典礼への応用と無関係ではない。さらに楽器（正確には管楽器）については、旧約聖書の用例をもとに（「詩編」八一・四参照）、教会典礼における使用を認めている（3, 21, 3）。またプサルテリウムについては合唱隊の伴奏という、当時の典礼にもとづく説明がなされている（3, 22, 7）。

音楽の典礼への適用は、なにもイシドルスがはじめたものではなく、かれはすでにアウグスティヌスの『告白』をとおして、アンブロシウスがミラノの教会で実践していたことを知っていたと思われる[230]。またイシドルスが音楽の分類において、典礼音楽に深い関心を寄せた大グレゴリウスの『ヨブ記講解』——先述したように、この大著はイシドルスの兄レアンデルに献呈されたものであった——と同じ分類法をとったことも、かれが当時の教会音楽の実践に注目していたことを示唆している（3, 19, 1-2）。実際、当時のスペインの教会典礼において音楽の導入は拡大される一方で、第三トレド宗教会議は、音楽と典礼との過度の結びつきを批判したほどである。

おそらくイシドルス自身それを身近かに体験し、『語源誌』における音楽論をもって、こうした実践を正しく位置づけようとしたものであろう。

また、自由学芸の典礼への応用において、当然、予想されるのが復活祭の算定、聖務の時間の特定など教会暦における天文学の役割であるが、イシドルスはそうした説明は、書籍と聖務を取り扱う『語源誌』第六巻（「教会関係の書籍、聖職者の役務」）にゆずっている。ただかれが、上述したように、天文学論の最初から天文学と占星術との区別を明確にし天文学をいわば客観化しようとしたことは、天文学のキリスト教化を意識し、第六巻の内容を準備していると言ってもよい[231]。

以上の考察から言えることは、イシドルスが専門的資料と併用した応用的資料は補完的役割を果たしながらも本来のキリスト教的要素は保持し、自由学芸のキリスト教化の機能を果たしているということである。ただイシドルスは、アウグスティヌスやかれの思想を引き継ぐカッシオドルスとは異なり、自由学芸のキリスト教化を直接的には明言していない。なぜ明言しなかったのであろうか。

d　イシドルスとアウグスティヌスの自由学芸観の比較

イシドルスはキリスト教的、応用的資料としてとくにオリゲネス、エウセビウス、ヒエロニムス、アンブロシウス、アウグスティヌスの書を用い、なかでもアウグスティヌスの書を多用している。かれはアウグスティヌスの『キリスト教の教え』を座右の書とし、「日夜をとおして学んだとしても学び尽くせない」と言うほど、それを高く評価している[232]。しかし『語源誌』におけるキリスト教化を『キリスト教の教え』によるキリスト教化と比較するとき、そこには大きな開きがあることに気づく。アウグスティヌスは自由学芸の起源および目的を神におくことによって自由学芸とキリスト教諸学との一元論を説き、それをもとに自由学芸の全面的かつ体系的なキリスト教化つまり聖書注解、説教への応用を正当化したのであった。[233]

しかしイシドルスによる自由学芸のキリスト教化には、アウグスティヌスが詳述したような自由学芸の神的起源、神的目的にもとづく理論的説明は暗示されてはいても明言されてはいない。かれは文字の説明において、多くの語源的説明のなかから究極的にはヘブライ語をあげ、文字を母とし起源とする諸学の神的起源を示唆し（1, 3, 4-5）、また、天文学が自由学芸のさいごに位置するのは自由学芸諸学の神的目的を明示している、と説明するだけである（3, 71, 41）。つまりイシドルスの『語源誌』は、アウグスティヌスの『キリスト教の教え』における体系的キリスト教化から、その理論ではなく具体的例証を折にふれて取り入れているにすぎない。

こうした両者の違いは、言うまでもないが、両者の著述における直接目的の相違からくる。アウグスティヌスが『キリスト教の教え』を著した直接目的は聖書注解と説教の内容、方法を説明するためで、その基礎教養として自由学芸を取り上げたのであった。これに対しイシドルスが『語源誌』を書いたのは、直接には自由学芸確立のためで、間接的、究極的に自由学芸の聖書注解その他のキリスト教学への応用を考えていたのである。そのためイシドルスの自由学芸論では、自由学芸とキリスト教諸学との関連は、カッシオドルスの場合と同様、断片的に、しかし要点をふまえて取り扱われるにすぎない。あるいは自由学芸のキリスト教化は、イシドルス自由学芸論の通奏低音と言えるかもしれない。

また両者の違いは、それぞれの著述方法からも来ている。アウグスティヌスはその著作全体から明らかなように理論派の人であり、『キリスト教の教え』も理論的、体系的に書かれている。これに対してイシドルスは実践派の人であり、その著作も実用的、実利的なものが多く、『語源誌』はその最たるもので百科全書とも言われる形式を用いている。そこでは、アウグスティヌスの『キリスト教の教え』におけるような理論の展開は望むべくもない。

さらに、両者の生きる歴史的状況が違う。古代末期に生きたアウグスティヌスは、まだ強固な影響力をもつ古代の異教的教養つまり自由学芸と対峙していたのに対し、それから三世紀後のイシドルスは、すでにキリスト教化された国家、社会にあって、衰退の一途をたどりつつある自由学芸のもつ異教的要素を恐れる必要もなく、むしろ、自由学芸そのものの衰退、忘却を阻止する必要に迫られていたのであり、『語源誌』における自由学芸論の直接目的はここにあったのである。換言すると、イシドルス時代における自由学芸のキリスト教化は当時の知的雰囲気全体に定着したものであり、いまさら意識的に明言する必要もなかったということであろう。

おわりに

サラゴサの司教ブラウリオは、師イシドルスの死後、『イシドルスの著作の確認』(Renotatio librorum Isidori)を著し、そのなかで、イシドルスの著作のもつ意義について、とくに『語源誌』を念頭におきながら、つぎのように述べている。「近年スペインが経験した数多くの不幸のあと、神は、古代の人々の記念碑を再建し無知による老衰からわれわれを守るため、いわば保護者としてかれ〔イシドルス〕を選び、遣わされた」と。(234) ここには、師をたたえる弟子としての誇張もあるが、しかしイシドルスが西ローマ帝国の崩壊とその後の度重なる混乱によって荒廃したスペインに知的再生をもたらしたというのは正しい。ただ、それは「イシドルス・ルネサンス」(「西ゴート・ルネサンス」)と称せられるほどの内実を伴っていたのだろうか。

もちろん『語源誌』一書をもってイシドルスの知的遺産全体を判断することはできないが、しかし『語源誌』

がかれの代表的業績であるという視点に立ち、その知的貢献を評価することは許されるであろう。「イシドルス・ルネサンス」の名称に疑念がもたれるのは、『語源誌』の著述様式のせいであると言える。イシドルスの『語源誌』は「語源」の説明を中心に書かれている。かれによると、すべての事物は「語源を知ることによっていっそう明白に洞察され[235]」、それによって学習者は理解を早め、深め、また執筆者は膨大な内容を集約し、多くの知識を伝達することができる。語源による知識の解明と縮約は、すでにホメロス、プラトン、キケロなど古代の文人たちも用いている。イシドルスは、こうした手法はすでに新・旧約聖書における無数の人名解釈によって正当化されたとして受けとめ利用したのであった。ただ、この語源中心の説明を著作全体に用いることによって、『語源誌』は百科全書的な内容と形式をとることになり、あるいは教師が弟子たちに書き与えた学校教育用の教科書、便覧、辞書などと目され[236]、「浅く、広く」という学問上の限界を内包していることもたしかである。こうして『語源誌』は自由学芸体系の確立をめざしながら、基礎教養、人文主義という理念から遠ざかるもの、「ルネサンス」の名称にそぐわないものとみなされるようになったのは当然かもしれない。

しかし文化の再生は、文化だけの孤立した事象ではない。それは社会全体の変革と重なり、それによって触発される。政治、経済、社会における変動は、それまで継承され作用してきた文化の価値と効力とを問い直していく。いわば文化の現代への適応ないし見直しが、文化の再生である。こうした視点から見るとき、『語源誌』には別の評価を下すこともできる。イシドルスが、『語源誌』をもって古代文化を継承し提供する機会となったのは、カトリックを紐帯とする政教一致の新スペイン王国の誕生であり、その出来事を象徴的に代表する人物が、『語源誌』の執筆を依頼し激励したシセブート王、ブラウリオ司教であった。イシドルスは、かれらを単なる友人あるいは弟子としてではなく、スペインの独立をもたらした権力者、キリスト教王国を支える司教として見ている。またイシドルス自身、この変革の立役者のひとりであることを自覚している。

こうして見ると、『語源誌』の著者に求められていたのは単なる知識の収集、百科全書の編纂ではなく、同時に、新生スペインを支える新たな文化の基礎と、進むべき方向を知的エリートに指示することであった。支持する社会基盤を失って衰退し、また大部分のものにとって学習不可能となり、同時に、西ゴートという新たな社会のなかで作用するだけの生気を喪失した古代文化、教養を見直し、時代に即した生気と方向を賦与すること、これがイシドルスに求められた仕事であった。そのためかれは、自由学芸という古代文化の基本形態を保持し、同時に、古代末期以来、明らかになりつつあった自由学芸の進むべき新たな方向、役割をキリスト教的諸学への適用という形で受けとめようとした。かれが、『語源誌』の編纂において、異教的、専門的資料とキリスト教的、応用的資料とを併用したのはそのためである。つまりこの二重の資料は、古代文化の再生、キリスト教的諸学への適応という二重の目的をもち、それに向けて相互補完していたと言うべきである。こうした古代の再生と新時代への適応という視点から見た場合、『語源誌』におけるイシドルスの活躍は「ルネサンス」の名にふさわしいと言えないだろうか。イシドルス以後の中世の学校教育、知的生活における『語源誌』の多用もそれを証していると言えないだろうか。

第三章　アルクインによる自由学芸

はじめに

今日のヨーロッパ文化は、一連の「ルネサンス」を重ねて形成されてきた。そのうちもっとも関心をもたれるのは、当然、「一五・一六世紀ルネサンス」であるが、しかし中世の「カロリング・ルネサンス」も、カロリング帝国が今日の欧州連合（ＥＵ）の原型と目されることにより、とみに注目されてきた。本章では、こうした問題意識のもとに、「カロリング・ルネサンス」において中心的な役割を果たしたアルクインの教育・文化における活動とくに自由学芸観に焦点をしぼって検討したい。なお一般に、アルクインはアングロ・サクソンの文化を大陸に導入することによって「カロリング・ルネサンス」を開花させたと言われているが、この点についても、かれの自由学芸観という視点からより正確な理解をめざしたい(1)。

I　アルクインが受けた教育

一　ヨークの司教座教会付属学校

アルクイン（Alcuin 七三五頃―八〇四）による自由学芸を知るためには、まず、かれが受けた教育に注目する必要がある。アルクインの出生の年月や場所は定かではない。たぶん、尊者ベダ（Beda Venerabilis 六七三／四―七三五）が没した七三五年ごろ、ヨークかその近辺の貴族の家庭に生まれた。先祖のなかには、ひとりならず、聖人とあがめられるものがいる。かれは、幼少のころからヨークの司教座教会に隣接する修道院に預けられ、そこで初歩教育を受けたとされている。かれは後年、ヨークの修道者たちに対し、「か弱い児童期には母性的愛情をもって育て、少年期のいたずらには辛抱づよく耐え、父親の厳しさをもって一人前に育成し、聖なる学問をもって鍛錬してくれた」と謝意を表しているからである(2)。その後、かれはヨークの司教座教会付属学校に移り、司教エグベルト（Egbert 七世紀末―七六六）の指導のもとに自由学芸と聖学を修め、七六六年ごろ助祭に叙せられている。

八世紀のヨークの学校は、イギリスでもとくに教養に恵まれていた。それは、ヨークの地理と歴史を一瞥すればわかる。ヨークはイギリスの東海岸のほぼ中央に位置し、当代最高の教養をイギリスの北から（それは西のアイルランドから来たものであったが）、また南から（それは東のイタリア、フランス、スペインから来たものであった）受け入れている。とくに六世紀にイギリス北方に移ったアイルランドの伝道師たちは、ヨークの北方にウェアマス、リンディスファーン、ジャローその他の修道院を創設し、これを学問の中心に発展させた。かれらは、当時、多くの西方の聖職者が危惧していたキリスト教と古典教養との相克など意に介することもなく、むしろアウグスティヌスが『キリスト教の教え』(De doctrina christiana)で主張した両者の調和、補完の立場を継承し、普及させた。ただ、かれらがどのように自由学芸を教授し、また学習したかについては、アイルランドの修道院における自由学芸関係の専門書がほとんど皆無なため知るよしもないが、しかしアイルランドの伝道師たちが自由学芸の主要な部分をイギリスに持ち込んだことはたしかである。

アイルランド人による教育事業は、ヴィタリアヌス教皇(Vitalianus 在位 六六九―六七〇)が、ラテン、ギリシア双方の言語と教養に精通したギリシア生まれのテオドルス(Theodorus 六〇二頃―六九〇)とアフリカ人ハドリアヌス(両名とも修道者)を送ることによって補強されていった。一方、イギリスのベネディクト・ビスコプ(Benedictus Biscop 六八九/六九〇没)はイタリアに旅行して多くの古典の写本を持ち帰り、ヨークを含むイギリス全体の教養を高めるのに貢献している。(3)

テオドルスとハドリアヌスは多くの弟子をもったが、そのうち有名なのは、アルドヘルム(Aldhelm 七〇九没)とベダのふたりである。かれらは、マームズベリとジャローの修道院を古代教養の中心として発展させた。ベダは書簡と著作をもって「祈りと学問」の成果を人々にもたらし、アルドヘルムは、のちアルクインもするように、師弟間の対話をもって教え、またアングロ・サクソン人好みの「謎歌」(aenigmata)を教材にも用いるなど、かれらの知的性格に適応した教授法をとっている。こうして八世紀前半つまりアルクインが学問を始めるころは、イタリアにおいて衰退したかに見えた古典教養は、「アングロ・サクソン人のもとでは、かれらがイタリア人とアイルランド人との知的方法を身につけることによって再興され、多くの実を結んでいた」のである。(4)

アングロ・サクソンの修道者たちは、その知的活動においてアイルランド人修道者を凌駕していく。かれらは、西方各地から吸収した学識とかれら独特のエネルギーとをもって八世紀の西方キリスト教世界における知的活動、キリスト教伝道の中心を形成していく。そのひとつが、アルクインが学んだヨークの学校であった。

ベダによると、ヨークの司教座が再興された（創設されたのは六〇一年、イギリスの使徒アウグスティヌス（Augustinus Cantuariensis 六〇四頃没）が教会組織を企画したときである）のは、ノーサンブリアのエドゥイン王が自分の回心と受洗に貢献したパウリヌス（Paulinus）に司教座を与えた時である（六二五年）。なお、ヨークに司教座教会付属学校と図書室を創設したのは、パウリヌスから数えて八代目のエグベルト司教（Egbert, Ecgbert 二年後に大司教 在職七三二―七六六）である。かれはノーサンブリア王の兄弟（あるいはいとこ）で、アイルランド追放を奇遇に、かの地で聖・俗の学問を修得したのであった。かれはまたベダ、ボニファティウス（Bonifatius 六七二頃―七五四）と親交があり、とくにベダの指導のもとに典礼、学問を奨励し、多岐にわたって知的、修道的改革を断行し、その功績はベダに劣らない。アルクインの伝記作者によると、エグベルトは自分で教鞭をとり、「……日の出とともに起き出して、第六時まで、あるいは往々にして第九時まで、生徒を自分のそばに集め、聖書の奥義を説明した……かれは……準備されたものを食したが、その間、ずっと朗読が行われた。それは、双方〔体と魂のため〕のパンをもって生気を養うためであった」(5)。エグベルトの教授内容はアングロ・サクソンの伝統に沿ったもので、文法学の初歩から始め、一応、自由学芸全体の学習をめざすものであった。ただ、その実態はさほど明確ではないが、かれはまた配下の司祭たちに対し、ベダの勧告のもとに「使徒信経」（Credo）、「主の祈り」（Pater）を教え、さらに神学の手ほどきをした。エグベルトはまた、その言行をもって、信仰、希望、愛、謙遜、断食、貞潔、従順、聖務の励行を教え、勧めた。アルクインも、一時、このエグベルトに直かに教えを受けたようであるが、詳しいことはわからない。のちエグベルトは司教職に忙殺され、近親者でもあった配下の司祭アエルベルトに学校の指導を託している。

二　ヨークの司教座教会付属学校でのアルクインの教育

アルクインの真の師は、このアエルベルトであった。アルクインは、エグベルトについては王族の血を引く司教、すぐれた学者として称賛することはあっても、親愛の情を込めて追慕することはない。これに対しアエルベルトについては、折りあるごとに賛辞を呈している。(6) 実際、アエルベルト（Aelbert, Aelberthus, Aethelbertus, Etelbertus 大司教在任 七六七―七八六）は、学識の広さ、深さから「ベダの再来」と言われ、また司牧活動にも熱心で「第二のビスコプ」と言われたほどである。

アエルベルトがヨークの司教座教会付属学校で教えた内容は、アルクインが七八一年ないし七八二年に書いたと思われる、かの有名な『ヨーク教会の司教、王ならびに聖人たちをたたえる』（Versus de Patribus, Regibus et Sanctis Euboricensis Ecclesiae）という詩文をもとに推測される。たしかにこの詩文は、その韻律には問題なしとしないが、歴史的示唆に富む史料である。しかしその解釈には、種々の意見がある。ロジェ（Roger）によると、この詩文に列挙されている科目は、実際にヨークの学校で教授された内容である。これに対してリシェ（Riché）は、この詩文は過去の事実の回想というよりむしろカロリング帝国における学校教育改組の理想を提示したものであると理解している。われわれは、両者による解釈の正誤を速断するよりも、この頌詩を手がかりに、アルクインが受けた教育、与えた教育そのものを推測することにしよう。こうしてはじめてこの史料を正しく判断できるであろう[7]。

この詩文においてアルクインは、つぎのような教授内容をあげている。「敬虔にして学識あるかれ〔アエルベルト〕は、乾いた魂たちを学問のあらゆる源泉をもって癒した。あるものには文法学を、あるものには修辞学を教えた。あるものは法廷闘争に向けて準備し、あるものにはアオニアの歌を教えた。またカスタリアの笛を吹くこと、抒情詩的韻律をもってパルナッソス山の頂に登ることを教えた。かれはまた、天界の調和、日食、月食、五つの地帯、七つの惑星、天体の法則、その出没について、海潮、地震、人間の本性、家畜、鳥、野獣について、と、また、種々の数の組み合わせ、数の種々異なる形について教えた。また復活祭の期日の算出方法を教え、とくに聖書の意味を明らかにした。つまりかれは古い掟の深淵を開く術を熟知していた」。そしてアルクインはさいごに、以上の内容をまとめて、「アエルベルトは自由学芸と聖書注解とを教えた」と結んでいる[8]。

しかしアルクインの証言を詳細に検討すると、アエルベルトが自由学芸の全科目を教えたようには見えない。アエルベルトのもとでかれが学んだのは、三学（trivium）では文法学とそれに付随する作詩法（versificatio）が中心で、修辞学はその基礎（とアルクインによると演説調の文体の学習だけ）に限られ、弁証論は明らかに欠落している。アルクインはのちに弁証論を重視し、この学芸に関する小著を書いたことから見て、かれが学習科目からうっかり見落としたとは考えにくい。少なくとも、アエルベルトの教授では弁証論はあまり重要視されていなかったと言うべきであろう。ちなみに、ハドリアヌス、ベダの教授内容にも弁証論は含まれていない。

一方、四科（quadrivium）では天文学、算術、幾何学の内容とその応用が取り扱われ[9]、また詩文と同時に音楽が取り上げられている。Aonius cantus（アオニアの歌）は音楽を意味するという解釈もありうるが、それは、絶対的ではない。音楽の教授は、聖務に必要なグレゴリオ聖歌に限られていたのかも知れない（ベダの著作ではそのようになっている)。アルクインの頌詩における算術は、当時の教師たちが重視した復活祭算定法を越える広範な内容を含んでいる。また天文学の内容も詩文体をもって広く説明されているが、しかし一般に詩文体での説明は饒舌になりがちで、詩文の行数だけで実際の学習内容を判断するわけにはいかない。その他、本来、自由学芸とくに文法学の学習内容に関係する「博物誌」(historia naturalis)、歴史(historia)などについて若干の説明もある。以上から見ると、アエルベルトの教授内容は、のちにアルクインがガリアで教えた内容より狭いと見てよい。アルクインの学識のかなりの部分は、むしろ図書室を利用することによって修得されたと推測される。

アエルベルトは先任者から託された図書室の充実を図り、数次にわたって大陸にでかけ、とくにローマから多様な書籍を持ち帰っている。図書室の蔵書についてアルクインは、先にあげた『ヨーク教会の司教、王ならびに聖人たちをたたえる』において、つぎのように述べている(七八〇年以降、アルクインがこの図書室の管理にあたっていたことを考慮して評価すべきであるが)。「古代のすべての教父たちの著作、ローマ人がラテン世界において、みずからのために有していたすべてのもの、明敏なギリシア人がラテン人に遺贈したすべてのもの、またヘブライの民の渇きをいやす神的慈雨のすべて、アフリカがその光を拡散した著作のすべてが、この図書室にある」[10]。細目をあげると、まずラテン教会の教父および教会著述家では、ヒエロニムス、ヒラリウス、アンブロシウス、アウグスティヌス、フルゲンティウス、大レオ、大グレゴリウスの著作があり、ギリシア教会では、アタナシウス、バシリウス、ヨハネス・クリュソストモスの著作がある。さらに、他のキリスト教著述家(主として詩人中心で、歴史家もいる)としては、オロシウス、ラクタンティウス、セドゥリウス、ユヴェンクス、アヴィトゥス、プルデンティウス、プロスペル、パウリヌス、アラトル、フォルトゥナトゥスがいる。異教徒の著述家ではアリストテレス、「偉大なる弁論家キケロ」(rhetor quoque Tullius ingens)、また詩人、歴史家ではヴェルギリウス、スタティウス、ルカヌスがいる。たしかにアルクインがあげる世俗の著述家は少ないが、そのなかで文法学教師の数は比較的多く、フラックス、ヴァロ、マルケッルス、カペル、アグロエキウス、ディオメデス、ヴィクトリヌス、プロブス、フォカス、セルギウス、コンセンティウス、エウティケス、ドナトゥス、プリスキアヌス、セルヴィウス、エウティキウス、ポンペイウス、アウダクス、コミニアヌス（カリシウス）がいる。なかでもカッシオドルス、ボエティウス、アルドヘルム、ベダは特別な地位を占めている。

このように、ヨークの図書室には、ギリシア、ラテンの教父の著作とともにキリスト教徒および異教徒の詩人の書、アングロ・サクソンの碩学たちの著作があった。もちろんこの図書室に欠落しているものもある。コンスタンティヌス以前のキリスト教著述家の著作、また天文学、幾何学の教授に必須の、ギリシアの数学的諸学科の著作、また古典のオヴィディウス、ホラティウス、テレンティウス、さらにアイルランド人が自由学芸の提要として多用したマルティアヌス・カペラの書も見当たらない。しかしアルクインが図書室の書籍全部をあげているとは思われないし、また教授の実態から見て天文学、幾何学関係の書が皆無であったとも考えられない[11]。いずれにせよヨークの図書室の蔵書は豊富で、のちカールの宮廷学校を辞し、西方有数の修道生活の中心サン・マルタン・ド・トゥールの修道院長になったアルクインは、同郷人あての書簡のなかで、ヨークで若いころ利用したような書籍が手もとにないことを嘆き、使者を送って書籍を取り寄せている。しかしアルクインの学識全部をヨークの教育と図書室に結び付けるのは間違いであろう。かれは、大陸のミュールバッハ、ローマ、パヴィアなどイギリス以外の地に旅することにより、学校教育の枠を超えて学識を深めたからである[12]。

アエルベルトの名声は遠く大陸にまで及び、かれがおそらく七六六年以前に写本を求めてローマに旅した時には、通過した地方の権力者、「偉大な王たち」がかれを引き留めようとした。またヨークの学校には、イギリス各地から、また大陸から多くの弟子が集まった。というのも、かれは出会ったり噂を聞いたりする若者を自分のもとに招くのがつねであったからである。弟子のうち、もっとも高名であったのがアルクインであった。アエルベルトはとくにかれに目を掛け、写本収集や巡礼のローマ旅行にはかれを伴い、のちアルクインがカール大帝の宮廷に入る契機となったピサの討論（ピサの助祭ディアコヌスとユダヤ人ルルとの）にも、ふたりで出席している。なおアルクインに対し、カール大帝の要望を入れその宮廷で教えるように勧告したのも、アエルベルトであった。

Ⅱ　アルクインによる教育

一　ヨークの司教座教会付属学校での教育

たぶん七六六年、アルクインは助祭に叙せられた。これは、聖職者としての一応の教育が終了したことを意味する。エグベルトの後を継いでヨークの大司教（七六七―七七八）に就任したアエルベルトは、多忙な司教職の合間をぬって教育活動を続け、アルクインに補佐させた。そして修道院に引退後は、学校教育全部をアルクインに託し、同時に図書室の管理をも委ねた（七七八年）。アルクインはこの新しい職務に大いに満足し、またアエルベルトが「かけがえのない書籍の宝をもって学問への渇きを癒してくれた」ことに対し、例の『ヨーク教会の司教、王ならびに聖人たちをたたえる』詩文のなかで師に謝辞を呈している(13)。かれは、短期間に図書室をいっそう充実させ、また教職をもって多くの学生を惹き寄せ、ヨークの学校をブリタニア第一の学問の中心にした。アルクインが教えた学生のうち一部の名前はよく知られている。後述するように、かれらは大陸におけるアルクインの活動にも関係しているからである。

弟子の大部分はもちろんアングロ・サクソン人である。最初に来たのは司祭シグルフ（Sigulf）で、アルクインはかれのやさしさと、聖書に対する愛着を誉めている。シグルフは、ローマ、メッスで聖歌と聖務の唱え方を学んだあと、ヨークの教会で教え、のちアルクインとともにカール大帝の宮廷学校に移ってその教授を補佐し、ついにはかれのあとを受けてフェリエールの修道院長になっている。つぎに、アルクインがシグルフと同じく高く評価したヴィッツオ（Wizzo あるいはヴィット Witto）がいる。かれは七九三年カール大帝の宮廷学校に入り、アルクインに師事するとともにその教授を助け、のちアルクインの伝記作者となった。さらに、ヴィッツォと同じころ宮廷学校に移ったフレデギス（Fredegis）がいる。かれは弟子のなかでも神学的素養があり、アルクインやカール大帝の神学論争にも参加している。また宮廷の信任もあつく、アルクインのあとを継いでサン・マルタンの修道院長となり、ルートヴィヒ敬虔王（Ludwig der Fromme フランク王在位八一四－八四〇）の宰相も務めた。つぎに、オズルフ（Osulf）がいる。かれは並外れた知性をもち学識も豊かで、アルクインはかれの才能に大いに期待していた。かれも宮廷学校に移ったが、宮廷の悪弊に染まり不道徳な生活をもって道を踏み外し、晩年のアルクインを苦しめた(14)。

アングロ・サクソン人に交じって、アイルランドのヨセフ・スコット（Joseph Scot）がいる。かれは聖書の注釈と作詩に巧みで、宮廷学校ではアルクインに学びつつかれの教授を助けた。その他、教育の仕上げのためユトレヒトの司教グレゴリウスからヨークに送られたフリースラントのシグボルト（Sigbolt）と、のち伝道者、司教になったリウトゲル（Liudger）がいる。かれらはまず一年間滞在し、さらに後者は再来して三年半、師事している。ヨークにおけるアルクインの教授についてはそれ以上の詳細は不明であるが、しかし七八〇年ごろのアルクインはベダとともにイギリスを代表する学者と見なされ、こうした名声がかれをカール大帝のもとへ赴かせることになったのである。

二　フランクの宮廷での教育

アルクインは、師アエルベルトに同伴した第二次イタリア旅行（七八〇年）からの帰途、パヴィア滞在中のカール大帝に邂逅した。そのころのアルクインは五〇歳に近い一助祭であったが、学者としての名声は高く、先述したように、そこでユダヤ人ルル（Lullus）と、カールの文法学教師となるピサのペトルス（Petrus Pistoriensis）との公開討論（disputatio）に立ち会い、カールの注目を引いた。さらに、第三次イタリア旅行（七八一年初頭）の途次、パルマにいた大帝と再会し、カロリング王国の教化を依頼され、教師として招聘された。こうしてかれは、師アエルベルトの強い勧告もあって、大司教エアンバルト（アエルベルトの後継者）の許可を得てヨークにおける教職を辞し、アーヘンの宮廷に入った（七八二年）。それから約八年間、マーシア王オッファに対するカール大帝の特命を受けて一時帰国したほかは（七九〇―七九三年）、全生涯をカロリング帝国の教化にささげたのであった。

カールは、先王たちの文教政策を継続、発展させるため、ヨーロッパ各地から多くの学者を招聘していた。アルクインが活動を開始したころ宮廷で活躍していたおもな学者をあげると、スペインのテオドゥルフ、イタリアのピサの文法学教師ペトルス、もとパヴィアの宮廷教師であったモンテ・カッシーノの修道者パウルス・ディアコヌス、アイルランドのクレメンスとドゥンガルがいた[15]。したがって、カロリング王国における教育活動のどこまでがアルクインの活動なのか、その確定は困難であるが、しかしカロリング文教政策の中心にアルクインがいて、またそれがカール大帝の意向であったことはたしかである。実際アルクインは、カールの『一般訓戒』（Admonitio generalis）、『学問の振興』（De litteris colendis）の発布と施行にも直接、間接に関与している。

一方アルクイン自身、多様な教育活動を展開した。それは対象者、教授内容から三つに分けうる。ただ、これらは重複する点もあり、明確な線引きは困難であるが。第一は「宮廷アカデメイア」と呼ばれる教育ないし文化活動であり、第二はいわゆる「宮廷学校」における自由学芸教授を中心とする教養人の育成（上級聖職者の育成を含む）であり、第三は聖・俗の実用的知識を与える教育（下級聖職者の育成を含む）であった。

（1）宮廷アカデメイア

このアカデメイアは、もちろん今日のアカデミーとは異なる。「宮廷アカデメイア」という語そのものは当時の文献には見当たらない。Achademicae という語はあるが、それは文脈からすると、achademicae litterae（アカデミックな学問）の意味である。つまり宮廷には「アカデミックな学問」に励む一団があったと言うことであるが、その構成員および活動内容となると、つぎに述べる宮廷学校との間に截然たる区別はつけがたい。名称はとにかく、カール大帝の宮廷には折にふれて教養人が集まり、知的また娯楽的な雰囲気のなかで、個人あるいは社会の関心事について討議していた。また、教父たちの著作の一部を読んでそれについて論じるとか、あるいは参会者のだれかが自作の詩を紹介するとか、あるいはアングロ・サクソン人がはやらせた謎かけのような謎歌に興じたり、あるいは音楽を奏し、聞き、楽しんだ。したがってこの会合では、教授というよりも各自が意見を出し合う討議ないし対話が主であった。その様式は一定ではなく、改まった形式をとることもあり、王と陪食中の会話のこともあった。またその場所は、遠征などで移動することの多かった宮廷の一間であったり、時には、水浴を好んだカール大帝に合わせて浴場で行われることもあった。

アカデメイアのメンバーはカール大帝に招かれた人々で、かれらは聖・俗の学問を愛好し、相互に精神的、宗教的絆で結ばれていた。おもな人物をあげると、王が招聘した教師たちのほかに、アダルハルト（Adalhard）とアンギルベルト（Angilbert）がいた。前者は大帝のいとこで、頭脳明晰で機知に富み、能弁で、王の主要な顧問（Primi palatii）を務めていた。後者は、これも名門の出で豪奢を好み、大帝に高く評価され、しばしば特命を受けて各地に派遣されている。その他、宮廷の重立った職務につく有力な俗人や聖職者、修道院長、伯などがいた。また王の男女の子どもたち、アルクインの弟子たちもこれに加わることがあった。(16)

アカデメイアの雰囲気をよく示すものに、アルクインが主要なメンバーに付けたあだ名がある。この慣習は、アルクインがアングロ・サクソンの伝統から取り入れたものらしく、かれの文通と詩文によってしか知られていない。アルクインの主たる意図は、キリストがシモンをペトロに（「マタイによる福音書」一六・一八参照）、またゼベダイのふたりの子どもの名を替えたのにならい、アカデメイアのメンバー間のわだかまりを取り除き、自由かつ親密な関係を作り出すことにあった。例をいくつかあげると、あるあだ名は、本人の文学的好みに合わせて古代の著述家あるいはその作品のなかから取られている。こうしてアンギルベルトはホメロス、アルクインはフラックス、大司教リクルフはヴェルギリウスの詩文にあるダモエタス（Damoetas）と呼ばれた。また聖書に出てくる人物に因んで、カール大帝はダビデ、サンスの大司教ベオルンラドはサムエル、アルクインの弟子フレデギスはナタナエルと呼ばれた。さらにあるものは原始教会の歴史から名をとって、アダルハルトはアントニウス、リクボドはマカリウスと呼ばれている。またある名前はゲルマン語の名前をラテン訳したもので、アルクインの弟子ヴィッツオはカンディドゥス、ザルツブルクの司教アルノはアクイラと呼ばれ、さらにあるものは単なる思い付きで名付けられ、カールの姉妹ギセラはルチア、カールの娘ロトルダはコルンバ、同じく娘のギセラはデリアと呼ばれている[17]。

(2) 宮廷学校

したがって、このアカデメイアは宮廷人たちの教養サロンとも言うべきものであった。しかし宮廷人の大部分はまた、教養の学習者でもあり、カール大帝自身がそうであった。かれの伝記作者アインハルト(Einhard 七七〇頃—八四〇)によると、「かれ〔カール大帝〕は自由学芸を熱心に学び……文法学の学習では……ピサの助祭ペトルスの教えを受けた。その他の学科でかれの教師になったのは……アルクインであった。カールは、多くの時間をかけ、努力を払って、この教師のもとで修辞学、弁証論とくに天文学を学んだ。かれは数え方を習い、また細心の注意と観察力とをもって星の運行を調べた[18]」。カールは、「予は、諸教会の状態を改善するため、われわれの先祖の無関心によりほぼ消滅しかかった学問を再興させようと考えた。したがって、臣下はすべて自由学芸を学ぶべきで、予はまずその模範を示す」と述べて、基礎教養の習得を勧め、みずからも努力している[19]。

この伝記作者によると、カールは王子、王女にも自由学芸を学ばせた[20]。貴族たちは大帝の熱意に刺激され、競ってその子弟を宮廷に送り込み、カールが奨励した教育とくに自由学芸を立身出世の手段として学ばせた。さらに、先述したように、アルクインがヨークの司教座教会付属学校から同伴した弟子たちのほとんどが、アルクインの教育を補助するとともに学習者でもあった。こうした学習者の団体は、「宮廷アカデミア」と呼ばれる集団のなかにありながら、ある程度の体系的学習をめざす集団として「宮廷学校」（schola palatina この呼称はアルクインだけが用いた）と呼ばれたもので、宮廷におけるアルクインの主たる教育活動の対象であった。こうした自由学芸学習の委細については、自由学芸そのものの検討において見ることにしたい。

（3）　初歩的実務学習の学校

また、宮廷の役人たちの子弟だけでなく、出自の低い（大部分は教会に属する）子どもたちも、聖務その他の職務をめざして初歩的実務の学習に取り組んでいた。それは、教育令などに表明されているように、カールやアルクインの願望でもあった。かれらは、役人に必要な読み書き、教会典礼における朗読や歌唱、あるいは書記、写字生としての技術を学んだ。これについてアルクインは、つぎのような詩文を残している。「スルピキウスは、白衣をまとった読師たちの群を引き連れて行き、アクセントの位置を正しく付けるように教える。イディトゥンは、子どもたちを聖歌になれさせ、音楽は脚、数、韻律の集合から成ることを教える。そして写字生、医者がこれに続く」[21]。つまりカールの宮廷には、読み書き、歌唱、写字、医術を学習する、グループ（schola）あるいは学校（schola）があったということである[22]。

なおこれらの諸学校（あるいはグループ）の存在を証明する史料として、ノートカーの『カロルス大帝業績録』（Gesta Karoli Magni Imperatoris）があるが、しかしそこに含まれる逸話は、むしろ諸学校の存在に疑問を抱かせる。この『業績録』には、カールが怠惰な富裕階層の子弟を厳しく叱責し、勤勉かつ優秀な下層の子どもたちを称賛したという話があるが、これは、若者の学習態度に対する信賞必罰の教訓的逸話にすぎないのではないか、という疑念である[23]。たしかに、本書のあまりに教訓的な書式、内容から推して、また著者がカール大帝の容貌の描写にスエトニウスの『皇帝伝』（De vita Caesarum）を模していることから見ても、ノートカーの書面をそのまま受け取りにくいというのが、大方の意見である。しかしカールが、多くの教育令において初歩的実務の学習を奨励し、また奨励したことはかれみずから必ず実践したことから考えて、これらの実務学習の諸学校の実在そのものは疑いえないことである。実際カールは『一般訓戒』において、農奴身分の子ども、自由人の子どもをともに集めて規律ある生活を送らせ、読み書きを教えるように求めていることを忘れてはならない。[24]

三　トゥールのサン・マルタン修道院での教育

アルクインはカールの最高の顧問としてあらゆる政策に関与し活躍したが、性格から言えば、かれは文人、教師であり、閑静な修道生活に憧れていた。アルクインの願望を察知したカールはアルクインを手元に引き留めようとして、すでに七九三年ごろ、フェリエールと、トロアのサン・ルーの修道院を与えている。しかしアルクインが望んでいたのは修道院ではなく隠退であった。かれは七九五年ヨークへの隠退を望んだが、ノーサンブリア王エセルレッドの暗殺（七九六年）、マーシア王オッファの死（七九六年）とそれに伴う政治、社会の混乱を恐れて帰国を果たせなかった。そのため七九六年半ば、フルダに隠退することを願い出、これに対しカール大帝は、修道院長イテリウス（Itherius）の死後、空席のままであったトゥールのサン・マルタン修道院長の職を委ね、こうしてアルクインは同年末、トゥールに移ったのであった。[25]

この修道院は、ガリア最大の聖人マルティヌス（Martinus　三一五頃―三九七）に捧げられた大修道院で、歴代の修道院長は、当時の政治、宗教において重要な役割を果たした。ここはまた巡礼地でもあり、広大な土地を所有し、莫大な富を蓄え、そのためか、約二〇〇名と推測される修道者の間には規律の弛緩が見られた[26]。

カロリング朝は、政治、経済、文化において教会に頼り、その拠点とされたのが司教座であり、とくに修道院であった。こうして各地の宗教会議の決定やカールの勅令から明らかなように、カロリング期の大修道院には、三重の役割が与えられていた。第一は、土地を開拓し、修道院とそれに所属する農民の物的、経済的生活を保証し、カロリング支配の橋頭保となること。第二は、帝国を精神的に支えかつ帝国統一の紐帯となる教会において宗教生活の中核であること。第三は、第二の役割を保証するための文化的中心であること、つまり教会の典礼生活を保証するため聖書、典礼書その他の教会の書を純粋に保ちかつ普及させ、また学校を開設して聖職者を育成し民衆の教化にあたらせると同時に、帝国の政治に人材を供給することであった。

いまここでわれわれが注目したいのは、第三の点とくに学校教育において、アルクインがどのような役割を果たしたかということである。サン・マルタン修道院には、アルクインの着任以前に、先任者イテリウスによって学校が開設されていたが、あまり盛んではなかった。アルクインはまず、サン・マルタン修道院における徳育に力を注いだ。かれは修道院の規律を固め、若い学生（修道者）には貞潔な生活と定期的な告白とを求め、着任当初から告白、贖罪に関する書を書き、また修道院領地内の民衆の宗教教育にも配慮している[27]。

一方、その知的教授は、かれがかつてヨークの学校で受け、のちカールの宮廷でも教えたことをキリスト教、修道生活に適応させたものであった[28]。かれはまたヨークの図書室に比肩しうるほどの豊富な蔵書の収集をめざし、ローマやヨークから図書を取り寄せた[29]。すでに、当時の教令や宗教会議の決定に散見され、またカールの宮廷での初歩的実務学校においても見られたことであるが、アルクインは師アエルベルトにならい、修道志願者だけでなく向学心に富む一般の若者にも、無償で教育の門戸を開いたと言われる。かれは、「渇きを覚えるものは皆、水のそばに来るがよい。銀をもたないものも来るがよい。来て、銀を払うことなく買い求めよ（「イザヤ書」五五・一）」という聖書のことばを掲げて、貧しい子どもや親たちにも学習を勧め、教師たちには無償の熱心な教授を求めた[30]。

このころ、ヨークの大司教エアンバルト二世にあてたアルクインの書簡によると、生徒たちは読師（lectores）、歌唱師（cantores）、写字生（scriptores）の三つのグループ（ordines あるいは schola）に分けられ、それぞれのグループに教師が配置されていた。かれは、カンタベリーの大司教にも同じように勧めている。アルクインがこうした勧告をしたということは、かれが学んだころのヨークにはそうした区別はなく、フランクでの教授活動の経験から教会の種々の需要を満たす専門別の教育の必要性と効果的な教授方法とに気づいたということであろう[31]。

クラインクラウツ（A. Kleinclausz）は、これら三つの学校をより高度な自由学芸学習にいたる三段階の学習課程であるとしているが、これら三つのグループ（たしかに、このグループは ordo と呼ばれてはいるが、それは聖職位階を示しているのではない。写字生は聖職位階に含まれない）は、教会の典礼における読師、歌唱師と、写本の作成にあたる写字生を養成する学校（あるいはグループ）で、それぞれ自己完結的な組織であった。もちろん、これらの職務を経て自由学芸の学習へと進むものもいたが、しかしそこに組織的な秩序があったわけではない[32]。

またアルクインは、トゥールの学校において自由学芸とそれを基礎教養とする聖書注解、神学も教授していた。かれはカールあての書簡のなかで、「陛下の勧告と要望に従い、私はサン・マルタンの修道院において、あるものには聖書の蜜を与え、あるものには古代の学問の古い酒を与えて酔わせる」と書いている[33]。ただここでは、「古代の学問」として自由学芸諸学科の基礎をなす文法学と、カールが特別に興味を示した天文学を名指してあげるだけで、他の科目にはふれていない。しかしかれが、三学（trivium）を中心にしながらも自由学芸全体を教授したことは、サン・マルタン修道院におけるアルクイン自身の著作、またそこでかれに師事した多くの弟子たち（ラガナール、ワルドラム、アダルハルト、アルドリックなど）、なかでもかの有名なフルダのラバヌス・マウルスの著作を見れば明らかである（本書第四章参照）。

しかしサン・マルタンでの教授内容が宮廷学校のそれと同じく自由学芸であったとはいえ、両者の教授には若干の相違が認められる。宮廷学校の教授においてアルクインは、古典のあだ名さえ用いたが、しかし伝記作者によると、トゥールでは、ヴェルギリウスの文章で話す必要はなく、「キリスト教の詩人だけで足りる」と考えている。またトゥールにおける自由学芸は明らかに聖書の読書と注解に向けられ、その教授も聖書注解に直結する三学とくに文法学中心に行われ、他の四科は聖書注解を補完する百科全書的な知識、数意学が学習されている。こうした新たな傾向は、サン・マルタンにおけるあだ名が古典のものは避けキリスト教的なものに移行していること、また古典の教授に固執した弟子シグルフに対するアルクインの不満と叱責にもよく示されている。[34]

Ⅲ　アルクインによる自由学芸

とはいえ、アルクインによる自由学芸教授の全実態を具体的かつ正確に把握することは史料不足から困難である。端的に言えば、アルクインはみずからヨークの学校で学んだ内容をヨークおよびフランク王国の生徒たちに適応させ補完しつつ、教えたということであろう。かれはまず、『文法学』第一部において、学習活動の究極目標として知恵の修得をあげ、それに到達する手段として、文法学、修辞学、［弁証論］[35]、算術、幾何学、音楽、天文学の七自由学芸をあげている（c. 853D―854A）、（本文中の横書きの算用数字は、『ラテン教父著作集』（Patrologia latina）におけるアルクインの著作の引用・参考箇所を示す。c. は colon の略号）。

一　自由学芸学習の条件

アルクインの『文法学』（Grammatica）は、自由学芸に関するかれの提要のなかで、質、量において最大かつ最重要な書である。その著述年代は不明であるが、おそらくヨークの学校で教授した内容と方法をもとに、宮廷学校の学習者のために書き下ろしたものであろう。『文法学』の内容は大きく二分されている。第一部は自由学芸の究極目的と学習方法について、教師（magister）と弟子たち（discipuli）との対話形式（質疑応答）（per interrogationes et responsiones）で述べ、第二部は文法学そのものについて、主として弟子対弟子の対話形式で取り扱っている。第一部は哲学をもとに論ずるところから、ある写本（Fredegisus）では、「真の哲学についての討論」（Disputatio de vera philosophia）という副題がつけられている。しかしアルクインは、哲学を専門的に論じようとしているのではない。ただ自由学芸の目的としての哲学を論じ、また哲学に至るための自由学芸学習の必要性と学習条件について述べる。したがってこの第一部は、文法学だけでなく自由学芸全体への序として書かれたものである。[36]

アルクインは第一部において、まず、ボエティウス（A. M. T. S. Boethius 四八〇―五二四）の『哲学の慰め』（De consolatione philosophiae）をもとに、哲学の修得こそが自由学芸学習の目的であるとして、「哲学はあらゆる徳の教師であり……優れた幸福の探求へと導く」と言明する。[37] ここでアルクインは、哲学（philosophia）とは「知恵の愛」（amor sapientiae）であるという古典的な語源的解釈と、知恵（哲学）こそが人々の生活の基準であり人間を幸福に導くという、ボエティウスのことばと思想を取り入れることにより、自由学芸はすべて哲学に導くというプラトン（Platon　前四二七―三四七）、アリストテレス（Aristoteles　前三八四―三二二）の教養観を継承している。ただ、ボエティウスが心ではキリスト教徒でありながら、その表現においてはあくまで理性の水準にとどまったのに対し、アルクインは、聖書の引用（「ヨハネによる福音書」一・九）を加え、「人を照らす」神の光キリストと知恵（哲学）とを対比することによって、プラトン、アリストテレス、ボエティウスの思想をキリスト教化している[38]。

こうしてアルクインによる自由学芸学習に関する説明は、単なる知的レベルにとどまらず、倫理的、具体的な内容に及んでいる。かれによると、自由学芸学習者のなかには、「人々の称賛あるいは現世における名誉、さらには富による偽りの楽しみを求める」ものも多いが、それは学問の偽りの目的にすぎない。その証拠に、人々の称賛、名誉、富は変化し、消滅する。また「偽りの楽しみはすべて、愛されれば愛されるほど、それを求める人を知識の真の光から遠ざからせる[39]」。そうした楽しみは、真の学問の目的に対する誤解あるいは無知から来ている。これに対して、「知恵」（sapientia）こそは魂の飾り、尊厳を成すものであり、永続的である。「人間は、理性的動物であり……造り主の似姿であるあなた〔生徒、人間〕……にとって本来的飾りは、知恵である[40]」。

このようにアルクインは、プラトンの哲学をキリスト教化し、一方、教父たちが伝統的に援用してきた「箴言」（「知恵は家を建て、七本の柱を刻んで立てた」九・一）をもとに、キリスト教的知恵を極めるための基礎教養として、七自由学芸の学習を強調する。かれは「箴言」のことばを注解して、七本の柱によって支えられる教会は聖霊の七つの賜物によって照らされ堅固なものにされ、自由学芸における知恵は七つの段階によって完全なものになる。つまり七つの聖霊の賜物も七段階の自由学芸もともに「完成」を意味するとしている（c. 853C）。

その自由学芸とは文法学、修辞学、〔弁証論〕、算術、幾何学、音楽、天文学であり[41]、異教時代には、「それら〔自由学芸〕によって哲学者たちは……永遠の記憶をもって称賛されるべきものとなり、またわれわれの信仰にかかわる聖なるカトリックの教師や擁護者たちは、公の論争においてすべての異端にいつも打ち勝って来た[42]」。こうした表現にはすでに、後述するような聖書注解による神の知恵の修得と、その基礎教養としての自由学芸の役割が示唆されている。

かれはまた、『文法学』第一部において、分散的ではあるが、自由学芸の学習方法について説明する。それによると、まず早期教育が必要である。哲学つまり知恵に導く文法学その他の諸学科は、若いうちに教えられかつ学ぶべきである。知恵の段階はきわめて高く、福音的完全さと同じく、一朝一夕に究めることはできない。したがって、「あなたたちは、年を重ね、いっそう理解力を強め、聖書の頂点に達するまで、毎日、この小道を駆けていかなければならない[43]」。生徒たちは、師アルクイン自身、幼少の頃から事物の知識を与えられ知恵の段階（gradus sapientiae）を登り始めたことを知り、これにならおうと決意する（c. 853B）。

アルクインが早期教育を主張するうらには、学習者に内在する能力への信頼がある。学習者は見るために目を、学問を理解するために魂をもっている。人間は理性的動物であり、人間のよりよい部分は造物主の似姿であることからして、知恵の飾り（sapientiae decus）を得る能力を備えている（c. 851A）。換言すると、「真なる善への渇望が人間の精神には本性的に備わっている[44]」。

ただ、この善への渇望は名誉、権力、感覚的快楽、称賛へとすり替えられることもある。したがって、いかに才能に恵まれた生徒といえども、学習における間違いを避け、自由学芸の真の目的に到達するためには、教師による指導（教授）を必要とする。火打ち石が火を本性的に宿しているとはいえ、石が打たれないかぎり火打ち石のなかの火種は隠されたままにとどまるのと同じく、人間の精神には本性的光（学習能力）があるが、教師が頻繁に心配りをして光を生み出させないかぎり覆われたままである（c. 850A-B）。アルクインの生徒たちも自分たちの力不足を自覚し、つぎのように言う。「私たちは若く、先生の手助けがなければ、独り立ちするにははなはだ心もとない……目が、太陽の輝きによって、あるいはどのような仕方であれ光があるとき……視界に入るものをすべて識別できるように……魂を照らし始めるものがあるならば、魂の活力は知恵に近づくことができる[45]」。

これに対してアルクインは、師の側を決して離れることのなかったとされるプラトンを例に引き、教師こそは対話をとおして知恵に導く、と明言する（c. 852D）。一方、教師もまた神の知恵をまえにへりくだり、「私は〔行為に〕先行し〔行為を〕完成する神の恩恵によって〔恩恵に頼りつつ〕、あなたがた〔生徒〕が依頼していること〔教授〕を行おう」と宣言する[46]。また教師には、「『この世に来るすべての人を照らすお方』（「ヨハネによる福音書」一・九）があなたがたが進歩しうるよう、あなたがたの精神を照らしてくださるように祈る[47]」謙虚さが必要である。

他方生徒たちは、教師が「自分たちを自由学芸の道に就かせるだけでなく、さらに永遠の生命に導く知恵に至るより善い道を切り開くことができる」と信じつつも[48]、未知の学問をまえに不安を抱いている。これに対して教師は、段階的、漸進的な指導をもって、生徒たちの「徳の羽根が次第に成長するまで、適切なことをすべて秩序よく、学問の一定の段階を追って、より低いものからより優れたものへ導こう」と念じている。そして若者たちは、教師が柔らかいものからはじめ、乳を与え……年を重ねるにつれ、固いものを口にすることができるように配慮してくれることを願っている」（「コリントの信徒への手紙 Ⅰ」、三・二参照[49]）。また人間の知識欲はとどまるところを知らず、あるいは変化し、魂を滅亡に導くこともある。したがって教師は、理性の手綱をとって魂の猛進を抑制し、なにごとも度を過ごすことのないように、分別と秩序をもって指導しなければならない。

さらに教師は、長期にわたるはずの学習において生徒たちがくじけることのないようかれらを鼓舞し、つぎのように勧告する。「学問の根は苦く、その実は甘い、と古い格言は言い、われわれの雄弁家〔聖パウロ〕も『ヘブライ人への手紙』のなかで、どのような訓練も、そのときには喜びではなく悲しみのように思われるが、後になって、それによって鍛えられた人々に正義〔救い〕という平和に満ちた実をもたらすと言った」（「ヘブライ人への手紙」一二・一一参照）[50]。これに対して生徒たちは、「どうぞお望みのところに導いてください。わたしたちは喜んで従います。報酬を期待するものには苦労も苦労でなくなるのが普通ですから」[51]と応じ、教師の指導に対して信頼と従順の態度を表明し、文法学に取り組んでいく（c. 852C）。

二　学

(1) 文　法　学

文法学そのものを取り扱う『文法学』第二部に移ろう。この部分に入ると、対話の形が変わる。第一部では教師対生徒の対話であったが、第二部では当初、教師とふたりの生徒の対話で始まり、教師は、徐々に生徒同士の対話に任せていく。とくにアルクインが強調する品詞論においては、教師はほとんど口を出さない。生徒ふたりは、高度な内容あるいは哲学（philosophiae disciplina）についてのみ教師（アルクイン）に質問する。教師は生徒の質問を真摯に受けとめ、問題解決の糸口となる主要な要素を指摘し、初心者に不要なものは要約して、先に進ませる。また、無味乾燥になりがちな質疑応答に冗談やことばの遊びで味付けし（c. 854c-D, c. 855A, c. 857B-

858A-D, c. 874A-B)、フランコ（Franco 一四歳）の質問に立ち往生する年長者サクソ（Saxo 一五歳）を励ましつつ、あくまでふたりの対話に委ねる[52]。因みに、フランコというあだ名は、知的レベルは低いながらも学習意欲の高いフランク王国を暗示し、またサクソはアングロ・サクソンの知的先進性をそれとなく示唆しているようである（c. 854B）

こうしたアルクインの教授形態は、まことに斬新かつ独創的である。師弟間の質疑応答あるいは対話による教授は、古来、常用され、また生徒同士の質疑も多少は見られたが、しかしアルクインの『文法学』では徹底して生徒同士の相互学習の形をとり、それは今日の助教法（monitorial system）とも受け取れる。アルクインが宮廷学校に赴任する際、ヨークの学校ですでにアルクインの教えを受けていたヴィッツォ（Wizzo）、オズルフ（Osulf）などを伴っていたことは、おそらくこうした相互学習と無関係ではないであろう。

つぎに、アルクインの『文法学』の読者あるいは学習者であるが、それは先述したように、学問の初心者である（c. 862A, 881A）。かれによると、本書は「文法学の茂みに分け入ったばかり」のものに文法学の若干の規則を記憶させるための「教科書」である（manualis libellus c. 854B）。つまりかれが本書で相手にするのはラテン語を自国語としない人々で、アルクインは、かれらにとってラテン語学習の困難さがどこにあるかを明確に意識し、それに適応した教授に努めている。

こうしてかれは、当時、文法学教授において多用されていたドナトゥス（Donatus 四世紀中頃）の『大文典』（Ars Major）やプリスキアヌス（Priscianus 六世紀初頭）の『文法学教範』（Institutiones grammaticae）をもとに、それに説明を加え（c. 877CD; 882B）、あるいは長くもないかれらの説明をさらに要約し、それを一語で示すこともある（c. 855C = Priscianus, Institutiones crammaticae, 1, 3, 10）。さらに、ドナトゥスとプリスキアヌスとが異なる説明を与える場合、必ずしも両者の調和を図ることなく、それぞれを列挙し、例文をあげて説明に代えることがある。そのため、代名詞、接続詞の説明におけるように不明瞭な点が残る（c. 870, 895）。こうしたやり方については、アルクインの教授法の杜撰さを指摘するものもいるが、むしろここには、学習者に種々異なる説明を提示し、かれらの思考に委ね、その学習能力を錬磨するという、教師アルクインの意図が秘められているのではなかろうか[53]。これは生徒の対話に委ねるという自由な発想と合致するように思われる。いずれにせよ、現実的には、子どもたちにとって文法学の完全学習は不可能であり、日常の必要度に従って教授内容に濃淡が出るのは当然である。

とはいえ、初歩的な知識で満足させるのではなく、より高度な学習に向かわせようという配慮もうかがえる。かれは、説明の枠組みはドナトゥスやプリスキアヌスの文法書に従いながら、場合によっては身近な具体例をもってより完全かつ明確な概念を与え（c. 877CD）、系統的な説明をしようとして、ベダ、ボエティウス[54]、カッシオドルス（F. M. C. Cassiodorus 四八七頃―五八三頃）、イシドルス（Isidorus Hispalensis 五六〇頃―六三六）、フォカス（Phocas 五世紀）の書を利用している。

では、アルクインのいう文法学とはなにか。ローマ帝政期の文法学は、「正しく話す術」と「詩人たちの作品の解説」という二要素から成り立っていた。文法学は、自己完結的というよりも基礎教養の第一段階で、直接的には、より高度な修辞学を準備する予備的学問であったからである[55]。

これに対してアルクインは、「文法学は文字の学問であり、正しく話し書くための守り手である」と定義する[56]。つまりかれのいう文法学は、正しい話し方、書き方を教える学問であり、詩人たちの作品の解説は、少なくとも、それとしては文法学の内容には含まれない。そのためかれは、マルティアヌス・カペラ（Martianus Capella 五世紀）のようにことばの巧緻さを求めるのではなく、またカッシオドルスのように「有名な詩人や著作家たち」にもとづくことばの美を探求するのでもなく、ただことばの正しさ（correctio）だけを求めようとしている。[57] そこには、いくつかの理由がうかがわれる。そのひとつは、かれの生徒たちはラテン語を母国語、日常語としたローマ人とは異なり、ラテン語をまったくの外国語として学んだということである。第二の理由は、文法学学習の目的の違いにある。ローマ人は弁論の世界に生き、ことばの術によって人々を動かし活躍した。しかしアルクインの大部分の生徒たちはもはや弁論を必要としない。かれらにとって文法学は弁論への準備ではなく、アウグスティヌスが『キリスト教の教え』（De doctrina christiana）において強調し、アルクイン自身『文法学』の第一部で示唆したように、聖書の読書、理解のための基礎教養であり、[58] さらに、アルクインの『正書法』（De orthographia）に示されているように、聖書の写字、また文書作成に必要な実学である。

このように、アルクインが文法学を「文字の学問」（litteralis scientia）と定義し、古典の学習を排除したかに見え、またその理由も一応わかるとはいえ、矛盾するようであるが、かれが実際に学びかつ教授した文法学から古典文学が全面的に排除されていたわけではない。アングロ・サクソンの修道者たちが、イギリス伝道の始祖大グレゴリウス（Gregorius Magnus　在位五九〇―六〇四）の古典排除の思想に影響されなかったことは先述したとおりである。[59] アルクインの言う litteralis は、文字だけを意味するのではなく、より広義に文学全体を含蓄している。そのことは、かれが文法学の定義において借用したと思われる文法学教師ディオメデス（Diomedes　四世紀末）の表現の内容から見て、またとくに文法学の説明における例文が古典詩人の著作から取られていることからもわかる。学習者はこれらの例文をとおして、実際の教授のなかで古典詩人にふれたのであろう。[60]

ところで、文法学が「正しく書き話すための学問」であるとして、その「正しさ」の規準は何か。それは、古代ローマの文法学においてはヴェルギリウスその他の著名な古典詩人の文章であり、その意味で、文法学は「ヴェルギリウスにならい、かれに似ている程度に応じて学ぶ」ということであった[61]。これに対してアルクインは、古典から例文をあげる一方で、基準の説明としては、きわめて抽象的に答えている（c. 857D）。それによると、人が話したり書いたりするとき、かれらは、natura, ratio, auctoritas, consuetudo にもとづいている。しかし natura（本性）がなにを意味するのか、説明していない。おそらくディオメデスと同じく、ことばあるいは名詞における本来的内容の不変性と解していたようである。また ratio（規則）について、クィンティリアヌスは主として類比、語源の意味にとったが、アウグスティヌスはより広い意味にとって、ars と同義つまり規則の知識として理解していた[62]。アルクインもアウグスティヌスとほぼ同義にとっているようである。Auctoritas（権威）は、クィンティリアヌスにとっては雄弁家と歴史家であり[63]、consuetudo（慣習）は、もっとも確実なことばを用いる教師のことである。アルクインも同様の理解をしているようである。このように、ことばの正しさの規準に関するアルクインの説明ははなはだ曖昧である。好意的に解釈するならば、かれは、これから説明する文法学の初歩的な内容に不釣合いな哲学的説明（かれは、哲学的分野の説明を排除するむね、再三にわたって断っている）に入るのを嫌い、説明を簡略化したのであろう。

つぎに、『文法学』の細部の検討に入ることにする。生徒ふたりの質疑応答は、かれらが交わす対話（collocutio）ないし討論（disputatio）のもつ三つの要素、res（内容、つまり魂によって把握されるもの）、intellectus（知性、つまり内容を把握する機能）、そして vox（音声、つまり理解し把握したものの表明）のうち、vox からはじまる。つまりアルクインは文法学の説明を生徒の感覚的な日常体験からはじめる[64]。

音声（vox）には、articulata（発音されたもの）、inarticulata（発音されないもの）、litterata（文字化されたもの）、

illiterata（文字化されていないもの）の四種があり、そのうち、litterata つまり音声を表記する文字（littera）が文法学の最初の内容になる。すべての対話や文章は文字から成り、文字以上に細分化することはできない。Littera（文字）の定義は legitera つまり読むものに（legentibus）道（iter）を示すことから来る。文字には、母音（vocales）と子音（consonantes）がある。母音はラテン語では五つで、Y, Z はギリシア語である。アルクインは、文字の説明でドナトゥスの説明を応用しながら、しかしかれが与えるそれ以上の説明は省略する（ドナトゥスは littera の nomen, figura, potestas について述べたが[65]）。

つぎにアルクインは、音節（syllabae）について説明する。音節は「ひとつの抑揚をもって一息で発せられる、文字化された音声である[66]」。音節は語の基本を成す。たしかに ars, do, dic など一音節だけで十分な意味をもつものもあるが、しかし普通は一音節だけではその意味は完全ではない。音節の組み合わせが必要である（c. 856C―857D）。こうしてアルクインは、音節の説明の途中ではじめて、先にあげた文法学の定義を示し、文法学の内容を二六の要素に分類し、それぞれに二、三行の説明を加える。それは、音声（vox）、文字（littera）、音節（syllaba）、品詞（partes）、話し（dictio）、演説（oratio）、定義（definitio）、脚韻（pes）、抑揚（accentus）、句読（positura）、記号（notae）、正書法（orthographia）、類推（analogia）、語源（etymologia）、難解語（glossa）、差異（differentia）、不純正語法（barbarismus）、語法違反（soloecismus）、誤り（vitia）、語形変異（metaplasmus）、文彩（schema）、言い回し（tropos）、散文（prosa）、韻律（metra）、寓話（fabula）、物語（historia）である[67]。

当然のことであるが、アルクインが『文法学』においてもっとも重視し、比較的詳しく説明するのは八つの品詞（partes）であり、これがかれの文法学の本質を構成している。まず名詞（nomen）について説明する。名詞の説明に用いられている資料は、ドナトゥス、プリスキアヌス、イシドルスの文典で、アルクインはそれを簡略化して利用している。名詞の定義としてかれは、「われわれが個々の事物あるいは共通のものを知る標記のようなものである」と言う(68)。

つぎに名詞の種類を取り上げる。そのなかでかれは、「ある名詞の派生語（derivativa）」として（たとえば、名詞 mons から形容詞 montanus など）、現代の形容詞をあげ、また名詞における比較（comparatio）として、今日の形容詞における比較級（comparativus）、最上級（superlativus）を、それぞれの語尾を列挙してその見分け方を教える（860A-861B）。

つぎに名詞の性（genera）について。かれはここでも、語源をもとに説明する。つまり genera は generare（産む）に由来し、そのため、性には、男性、女性、そして音声（vox）の本性（natura）よりも特質（qualitas）を示す中性がある。そして男性名詞を見分けるための名詞の語尾として、a, o, l, n, r, s, x の七文字をあげ、それぞれに一語ずつ例を示す。また女性名詞を見分けるための語尾も男性名詞と同数、同形の文字をあげる。そして中性名詞を見分けるための語尾は、a, e, i, u, l, m, n, r, s, c, t, d の一二文字をあげ、それぞれ一語で例示する。こうして見ると、同じ語尾でも、名詞によっては性が異なる。名詞の性の決定は、「古代の人々の権威だけにもとづく」（sola auctoritate veterum）もので、理論的に決めるわけにはいかない。むしろわれわれは名詞の語尾にたよりつつ、それぞれの名詞の性を見分けうるように努力すべきである（c. 862A-866D）。

そのあと、名詞の数（numerus）を取り扱う。かれは、単数（singularis）と複数（pluralis）のふたつをあげ、名詞の数によって、それに関係する動詞なども数を変えることに注目させる（c. 866D-867D）。つぎに、名詞の語形変容（figurae）を取り扱い、合成名詞（nomina composita）の存在とその格変化の仕方を jusjurandum などの例をあげて説明する（c. 867D-868D）。

つぎに、名詞の格（casus）を説明する。casus（格）は、cadereという動詞に由来する。ここでアルクインは六つの格をあげ、それぞれ固有の役割と意味をもつことを指摘し、それに応じた名称を示す（nominativus＝rectus主格、genitivus＝possessivus属格、dativus＝mandativus与格、accusativus＝causativus対格、vocativus＝salutativus呼格、ablativus＝comparativus奪格）。さいごに、名詞の格変化（declinatio）を第五変化まであげ、たとえば、第一変化の語の語尾のaは、属格と与格はae, 対格はam, 呼格はa（長音）、複数では、主格、呼格はae, 属格はarum, 与格、奪格はisになるというように、語尾による名詞の変化の見分け方を示す。ここで、アルクインはドナトゥスとプリスキアヌスを引用して説明するが、両者間の相違、対立はそのままにしている（c. 868D-870D）。

つぎに、代名詞（pronomen）について説明する（c. 870D-871B）。かれは、「代名詞は、同じ名詞をくり返し読んだり書いたりするわずらわしさを避けるため名詞の代わりに用いられる」と述べたあと[69]、代名詞の性（genera）について、大体、名詞の性に関する説明と同じ内容を一〇行足らずで要約し（c. 871B-C）、また、代名詞の語形変容、数、格についての説明でも、名詞について述べた内容を、代名詞の単語に応用し例示するだけである。以上の説明からわかるように、名詞、代名詞の説明でアルクインが留意していることは、それぞれの定義と分類、とくに多くの語の例示に見られるように、語形の正確さである。

つぎにフランコはサクソに動詞の定義をたずねる。サクソは自分では答えられず、教師に向かって、「哲学による動詞の定義は何か」と質問する。それまでは生徒間の質疑応答であったが、話が哲学に及ぶと、ふたりは改めて教師に質問している。それに対して教師は、プリスキアヌスの定義を文字どおり借用し、その各語に若干の説明を付け加えるだけである（Priscianus, Institutiones grammaticae, 8）。そのあと、動詞の能動態、受動態（activa, passivaあるいはagendi, patiendi）に分け、短文をあげて例示する（c. 874A-C）。

そして動詞に関する説明内容として、つぎの七つをあげる。まず、態（significatio あるいは genus）については、能動態（activa）、受動態（passiva）、受動形能動態（異態）（deponens）に分け、それぞれの態の語尾をあげて、その見分け方と意味を説明する（874D-875C）。つぎに、時制（tempus）について、過去形（ここでは、例外的な語尾をとる動詞、percutio-percussi, statuo-statui, fero-tuli などの動詞の指摘がある）、現在形、未来形に分け、それぞれ人称の数に応じた動詞の語尾について述べ（875D-876C）、法（modus）については、直説法（indicativus）、命令法（imperativus）、希求法（optativus）、接続法（subjunctivus）に分け、それぞれの人称の数に応じた動詞の語尾について述べ、さらに不定法（infinitivus）、非人称法（impersonale）の意味と語尾について（876D-878B）、また動詞の形態（figurae）（878B-D）、人称（persona）について説明し（881D-882A）、さいごに、人称の数（numerus）について説明する（882A-885D）。ここでもアルクインは、ドナトゥスとプリスキアヌスの文法書を利用したことを名指してあげている[70]。

動詞の説明全般にわたって、アルクインがとくに留意しているのは動詞の活用（conjugationes）とその見分け方である（878D-885D）。ギリシア語の動詞では一〇とおり、ラテン語の動詞では四とおりの活用があるが、かれはラテン語の動詞だけについて、それを能動態、受動態に分けて、それぞれの人称の語尾をあげて説明する。そこでかれが例としてあげる動詞は、amo（amas）, moneo（mones）, lego（legis）, munio（munis）、の四つである。またそれぞれの活用の型の見分け方、その他、動詞の種々の法における活用形について述べ（c. 876D-882A）、さいごに、動詞の人称の数（numerus）について、語尾によって単数、複数を見分ける方法を示す。そしてさいごに、fero, volo, edo, sum という、利用頻度の高いしかし例外的な活用をする動詞とその合成動詞について詳述する（c. 882A-886A）。こうして見ると、動詞、名詞に関するアルクインの説明は「正書法」の教授を意図しているように思われる。

つぎに、副詞（adverbium）について説明する。その定義と種類（primitivum, derivativum）、支配する格（例えば地格としての属格　例 Romae）を取り上げ、そのあと副詞の語形変容（figurae）と意味について、他の要素に比して詳しく述べる。副詞の説明において目立つのは、フランコが例を求めるのに対し、サクソがそれまでと違ってキケロ、テレンティウス、ホラティウス、ユヴェナリスといった古典著述家、とくにヴェルギリウスを頻繁にあげ、例文をもって内容の説明にあてていることである[71]。

つぎに、分詞（participium）について。分詞に関する説明の要点は、その定義にある。「分詞は、名詞の部分と動詞の部分をもっているので、分詞と言われる」。したがって、名詞（形容詞を含めて）と動詞について述べたことを分詞の説明にあてている[72]。

つぎに、接続詞（conjunctio）について。「接続詞は、話の不変化の部分で、〔いくつかの〕他の部分の内容をつなぎかつ意味を示し、秩序づける」。接続詞が、「内容（vis）をつなぎかつ意味する」と言われるのはいくつかの語の意味を同時に示すからであり、「秩序づける」と言われるのは語の相関関係（因果関係、排除、否定、条件など）を示すからであり、こうした機能をもって接続詞は文章を明確にし意味を豊かにする[73]。

つぎに、前置詞（praepositio）について。前置詞は、名詞や代名詞のまえにおかれ（appositio）、あるいは名詞、代名詞と合成されて（compositio）、名詞や代名詞の格を支配し（例 mecum, tecum, secum）、その意味を明確にする。ここでも、ヴェルギリウスの『アエネイス』、『農耕詩』、『牧歌』など、例文として古典の引用が目立つ。接続詞の説明は他の品詞に比べて比較的詳しく、「正書法」への配慮がうかがわれる[74]。

そのあと、間投詞（interjectio）について、ごく手短に説明する。かれは、日常の態度、情感（喜び、悲しみ、驚き、恐れ、感嘆など）に対する反応を例に、間投詞の役割に気づかせる[75]。

以上、アルクインの『文法学』の分析を試みてきたが、まず気づくことは、『文法学』の内容が従来の文法学に比してきわめて限られ（八つの品詞だけ）、しかもほとんど語形論のレベルにとどまっていることである。アルクインが借用したドナトゥス、プリスキアヌス、カッシオドルスの文法書による文法学は、ことばの知識と古典の解説を取り扱う学問であったが、これに対しアルクインの文法学は、イシドルスの文法学と同じく、もっぱら「正しいことば」の学習を目的にことばの説明に終始し、古典などによる文学の審美的要素は学習対象から除外されている。

もちろんアルクインは、先述したように、古典そのものを否定しているわけではない。『文法学』において例文として古典を引用したことは、ラテン語の正しさ（審美ではない）の実際的な基準を古典におくことによって、古典学習の意欲を刺激するものであった。たしかにアルクイン自身、またその教えの継承者たちも古代の世俗的作品を熱心に学習している。例をあげると、カエサルの『ガリア戦記』（De bello gallico）、リヴィウスの『ローマ建国史』（Ab Urbe condita libri）、とくにヴェルギリウスの『アエネイス』、『農耕詩』、タキトゥスの『年代記』（Annales）、ルクレティウスの『事物の本性』（De rerum natura）などに通じ、キケロの著作は言うまでもない。現代のわれわれが、古代の書に接することができるのは、アルクインはじめカロリング期の人々の古典の学習と筆写のおかげである。

実際アルクインは、古典学習の重要性は十分、自覚していた。かれは、『修辞学』において、修辞学を修得するもっとも効率的な練習は、「著述家の書を読み、その名文を暗記することである」と述べ、古典の学習を勧めている[76]。かれは、宮廷人の性格に応じて、古典から人名をあげてかれらにあだ名を付けているほどである。伝記作者によると、かれは若いころ、「詩編」よりもヴェルギリウスの詩文に魅せられ[77]、それはカールの宮廷に入っても同様であった。中世の歴史家リシェール（Richer 一〇世紀後半）によると、アルクインは宮廷その他で詩人たちの書を教えている。またアルクイン自身、自分のことを「詩人アルクイン」（Albinus vates, Flaccus poeta）と自称し[78]、『ヨーク教会の司教、王ならびに聖人たちをたたえる』という詩文を書いている。

しかし伝記作者によると、いったんトゥールの修道院長に就任してからは古典を退け、それについて語ろうともしなかった。かれが言うには、弟子たちにはキリスト教徒詩人の書で十分で、ヴェルギリウス風の退廃的なみやびに汚されてはならない。かれは、忠告を無視してヴェルギリウスを教えたシグルフを「ヴェルギリウス派」と決めつけ、ひどく非難したと言われている[79]。

しかしアルクインがヴェルギリウスはじめ古典の著述家を非難したのは、偉大な詩人、古典著述家としてではなく、むしろキリスト教的知恵に向かうことを妨げる異教徒としてであった。つまりかれは、古典文学を教養の目的とするのではなく、教養の手段として用いるのである[80]。かれが、とくに副詞（adverbium）、詞姿（figurae）の説明において、ヴェルギリウスの種々の著作、またキケロ、ホラティウス、テレンティウス、ユヴェナリスの書から多くの文章を例文として引用しているのも（886A-888D）、これらの古典を称賛するためではなく、曖昧になりがちなラテン語の説明において、正確な、古典的ラテン語を例示しようとしたまでである[81]。

換言すると、『文法学』におけるアルクインは、当時のカロリングの若者たちの知的レベル、需要に合わせるという教育的配慮を払っているのである。カロリングにおいて使用されていたラテン語は、新生の地方語と相互浸透することにより、かなり変形し誤解される要素が多々、含まれ、それだけに当時のラテン語の教授は、とくに純粋さ、正確さが求められていたということであり、そのためアルクインは、ことばの学習という初歩に徹し、

「文法学の茂みに分け入ったばかりの」若者に重荷となる古典の解説は省略しながらも、なお、正しいラテン語を用いる古典を引用しているのである。

(2) 修辞学

アルクインの『修辞学』(より正確には『修辞学と諸徳についての対話』(Dialogus de rhetorica et virtutibus. 以下『修辞学』と略記)は、『文法学』とはまったく別の機会に書かれたものである。その著述年代は、『修辞学』の序文から見て、かれがカール大帝の特命を受けてマーシア王オッファ(Offa 七五七頃—七九六)のもとに派遣され、ふたたびカロリングの宮廷に戻った七九三年以降であると思われる。こうした推定は、『修辞学』全体からうかがえるように、アルクインがカール大帝の知的関心のみならず政治的、市民的諸問題への取り組みを知悉していることからも成り立つ[82]。

アルクインの『修辞学』は『文法学』との時間的接続はないとしても、自由学芸体系を意識して書かれていることはたしかである。具体的に言うと、かれの修辞学論は宮廷学校における自由学芸諸学科に関する初歩的な手ほどきのあと、それを補完するものとして書かれている。それは、修辞学の説明を師アルクインに求めるカール自身のことばに明らかである。「尊師は、わずかな答えをもって、修辞学の学芸と弁証論的巧みさのとびらをわずかに開き、予にそれらの学問をつよく志向させ、とくに数学的諸学科の貯蔵庫に導き入れ、また天文学の輝きをもって照らしてくれた[83]」。とはいえ、かれの文法学と修辞学は直接対象を異にしている。

こうして、アルクインの修辞学論は、『修辞学と諸徳についての対話』という標題が示すように、アルクインとカール大帝との一対一の対話の形式をとっている。対話はまず、カールのつぎのことばではじまる。「尊師もよく知るように、予は帝国の支配と宮廷の管理のため、絶えずこれらの諸問題〔市民的諸問題〕に取り紛れ、日常の業務に必然的に関係するこの学芸〔修辞学〕の規則について無知であることは、愚なことと思われる」[84]。このことばは、単にカールの願望を表明するだけではない。それは、アルクインによる『修辞学』執筆の直接的動機を示し、さらに、修辞学の内容を「市民的諸問題」（civiles quaestiones）に限定することによって、修辞学論の視点を明確にしている。

ここで言われている「市民的諸問題」（政治上の諸問題とも訳せる）の意味内容について、アルクインが直接に依拠するカッシオドルスは、フォルトゥナティアヌス（C. C. Fortunatianus　四世紀）の解釈として、「人間の常識に関する事柄全体」（quae in communem animi conceptionem possunt cadere）つまり人々の種々の意見や態度について、どれが正しくまたふさわしいか、法律や慣習にもとづいて吟味することであるとしている（なお、クインティリアヌスによると、修辞学の対象を最初に市民的問題に限定したのはアリストテレスであった[85]）。

カールは、こうした問題意識をもとに質問を重ねていくのであるが、かれはまず弁論術の起源（initium）について質問する。これに対してアルクインは、キケロの『構想論』（De inventione）をほとんどそのまま引用して、つぎのように答える。「古人の伝えるところによると、人々はかつて野獣と同様に、野を彷徨し、欲望のままに、精神よりも体力にまかせた付き合い方をしていた。しかしある偉大な知者が人間に内在する精神の力と利便性に気づき、理論と話をもって、かれらを相互に睦ませ、生活に安息を得るようにした[86]」。ここでアルクインは、「私の主なる王よ」（Domine, mi rex）と呼びかけているが、それによってかれが、「ある偉大な知者」（quidam vir magnus et sapiens）をもってカール大帝を示唆し、「理論と話」（propter rationem et orationem）をもって弁論術（修辞学）を言おうとしていることは明らかである。

そのあとアルクインは、修辞学の語源、定義について改めて説明する。まず、「rhetorica の名称は何に由来するのか」というカールの質問に対して、アルクインは、ギリシア語の ἀπὸ τοῦ ῥητορεύειν という語源をあげ、そこから、修辞学は「上手に話すための知識である」と定義する[87]。つぎにカールは、修辞学の取り扱う内容について質問する。これに対してアルクインはイシドルスの『語源誌』をもとに、修辞学は「精神の自然的才能が考えうる市民的諸問題を取り扱う」と答え[88]、戦い、治める人、カール大帝に引き寄せて、つぎのように説明する。人はだれでも、たとえ武器や技を身につけていなくても、敵に対して身を護り、かれらを攻撃することはごく自然的なことである。同様に、他人に対し自分の権利を主張することは自然の要求であるが、その場合、武器よりも、人間にとってより自然的なことばの術によるのが妥当であり、その知識つまり弁論術の修得が急務である。

弁論術は、内容の取り扱い方によって三つに分類される（c. 922AB）。第一は、ある人に対する頌徳あるいは弾劾を取り扱う演示弁論（demonstrativum）である（ここでアルクインは「創世紀」四・四を例にあげ、神はアベルの献げ物をよみし、カインの献げ物を斥けたと言う）。第二は、説得あるいは諫止を取り扱う議会弁論（deliberativum）である（「サムエル記下」一五・一二を例にあげる。それによると、アブサロムは父ダビデに謀反を起こすにあたってダビデの顧問アヒトフェルの意見を求めた）。第三は、訴訟と弁護を取り扱う法廷弁論（judiciale）である（「使徒言行録」二三・二六、二五・二四における総督フェストによる聖パウロの裁判を例にあげる）。これらの弁論のうち、アルクインは、市民的諸問題に忙殺されるカールの関心に合わせて、議会弁論、とくに法廷弁論を中心に説明している。なお、先にあげた弁論術の内容の説明においてアルクインは、イシドルスのそれを取り入れたが、弁論術の分類ではカッシオドルスに従い、両者の資料は融合されることも調和されることもなく、まさに寄せ集めの感が強い。またこの分類の説明では聖書からの引用が目立つが、後述するように、ここには弁論術のキリスト教化がうかがえる[89]。

アルクインによると、「話すことはすべての人にとって自然であるとはいえ、文法学に従って話す人ははるかにすぐれている[90]」。こうしてかれは、「上手に話すための知識」、法廷での争いの術である弁論術こそは、人間にとってもっとも妥当かつ自然的な手段であることを明らかにし、その修得を勧める。これを聞いたカールは、日常の生活と業務（occupationes）における修辞学の必要性を確信して、修辞学の規則（rhetoricae disciplinae regulae）を求め、これに応えて師アルクインは修辞学の諸要素の説明に入る。

修辞学は五つの部分（partes）から成る。それは、「構想」（inventio）（訴訟を勝利に導く、真実のあるいは真実らしい事柄を発見し考察する）、「配列」（dispositio）（発見した内容を秩序をもって配置する）、「表現」（elocutio）（発見の内容に適したことばを選択させる）、「記憶」（memoria）（話すべき内容とことばを的確に把握させ保持させる）、「所作」（pronuntiatio）（話す内容にふさわしい声と動作をとらせる）の五つである。アルクインはその各部を二、三行で定義し説明するが、それは、二、三の装飾語を除いて、明らかにカッシオドルスの『聖・俗学教範』の引き写しである[91]。

五部分のうち、「構想」に関する説明はもっとも長い。「構想」はその内容から見て、つぎの「配列」を含み、また「表現」とも関連しているからである。かれは、「構想」の要点（periocha）として、まず訴訟において見極めるべき七つの状況（circumstantiae）をあげる。それは、「だれが、なにを、いつ、どこで、どのようにして、なぜ、能力があるか、である。これらの状況をもとに、訴訟の内容を肯定あるいは否定するのであって、そのどれを欠いても弁論は成り立たない[92]。

つぎに、「論争の場所」（loci controversiarum）あるいは修辞学者の言う「問題の立脚点」（status causarum）、つまり問題がどこにあるか（ubi quaestio consistit）について説明する。それには、「合理的（rationales）立脚点」と「法的（legales）立脚点」とがある。アルクインはカールの求めに応じて、ギリシア、ローマの神話や歴史から例をあげて説明する。「立脚点」を見出したあと、それが「単一的」（simplex）であるか、複合的（conjuncta）であるかを見分ける（c. 922D-923C）。ただ、「法的立脚点」の説明は、カロリング王国での法令集の編纂を反映してか、「成文法」（lex scripta）を例にあげ、比較的長く詳しい。一例をあげると、かれは嵐における船の放棄が是か否かという、古典的な例をめぐって法文をもとに論じている。かれによると、法について議論（controversia）がある場合、古代史の人物の取った態度を参考に決定すべきである。そして具体的判断の拠り所として、どの法がより有益か、どの法が先に書かれたか、立法者はだれかを見極め、検討すべきであると言う。そのためアルクインは、法とその解釈、適用について、概略的に説明したあと（c. 924C-928B）、学習者カールの日常の要務に関する種々の事例とそれに対する規則をあげて詳しく説明する。(93)

つぎに、裁判（judicium）に関係する当事者（personae）をあげる。ここでアルクインはカッシオドルス、イシドルスとまったく異なり、具体的に説明している。裁判に関係する人は、原告（accusator）、被告（defensor）、証人（testis）、裁判官（judex）である。裁判官は公正（aequitas）を求め、証人は真理（veritas）を求め、原告は問題の拡大（amplificatio causae）に、被告は問題の縮小（extenuatio causae）に努める。かれはまた、各自の占める位置（loca）について述べる。裁判官は裁判官席（tribunal）に、原告はその左手に、被告は右手に、証人は後ろ（retro）に位置する（c. 928C-929C）。

以上、すべての訴訟を取り巻く状況を述べたあと、裁判本体の各部を取り上げる。そして、そこで活躍する弁論家がどのように弁論（oratio）を構築するのか、弁論の六つの部分を取り上げる。アルクインは、キケロの

『構想論』にもとづくカッシオドルスの定義を文字通り引き写したあと、それに実践的な忠告を付加し、カッシオドルスが二ないし三行で述べたことを二〇から七〇行で説明しているが、このことは、かれが裁判官カールにあてて具体的な裁判を意識しつつ『修辞学』を書いたことを示している[94]。

1　序言（exordium）。弁論家は「弁論」をはじめるにあたって、聴衆の好意、注意、柔順さを得るように努める。アルクインは、それぞれの心情を得る方法について詳述したあと、そのためにも承知しておく必要があるとして、カッシオドルスを引き写して、「信頼するにたるもの」（honestum）、「奇異なもの」（admirabile）、「些細なもの」（humile）、「不確実なもの」（anceps）、「難解なもの」（obscurum）の五つについて説明する[95]。

2　陳述（narratio）。陳述は起こった事柄の説明で、そのことばは「簡潔で」、「明瞭で」、「もっともらしく」なければならない。なお六部分の説明のうち、この序言と陳述に関する説明がもっとも長い。それは、やはりカール大帝が修辞学に求めた政治的、司法的役割と無関係ではなかろう（c. 931B-931C）。

3　分析（partitio）。この区分には簡潔さ、正確さ（absolutio）、僅少さが求められる（c. 931D-932A）。

4　検証（confirmatio）。これは係争中の問題における正しさを確立するための論証（argumentatio）で、その方法は、あるいは「人物をもとに」（呼び名、性、種族、祖国、教養、身分、感情、性格、訴訟事例の関わりなど）、あるいは「問題をもとに」（訴訟事例のまえ、あいだ、あと）考察することによって得られる。したがって、確証は当事者の心理、態度、行動、事実の分析などによる事実の把握を前提にするもので、そのためには論証と推論（ratiocinatio）つまり弁証論が必要である（c. 932A-936D）。

5　論駁（reprehensio）。これは、相手と同じ場所（locus）に立って相手の証明を弱体化し、あるいは否定することである（c. 937A-D）。

6　結語（conclusio）。これはまとめ（enumeratio）で、相手に対する憤怒を表明し、聴衆の心情に訴える。その方法は聴衆によって異なるが、カールはこれに強い関心を示している（c. 937D-939B）。

このように、アルクインは「構想」については多くの行を割いて詳述するが、弁論術の他の要素つまり「配列」、「表現」、「記憶」、「所作」については、きわめて簡単に説明する。

「配列」は、取り扱うべき事柄を秩序をもって配置することで、これに関する規則は、その機能から見て、「構想」と「表現」のそれと同一である（c. 939C）。

つぎに「表現」であるが、その条件は、深い内容をもつ適切な（aperta）ことばを用いること、曖昧さのないこと、あまり転移（translatio）を用いず、また誇張法も弄しないことである。むしろ文法学の規則を守り、古人の権威（auctoritas）に頼ることが肝要である。なお権威を身につけるためには、古人の書を読み、かれらの名言を記憶する必要があり、それには文法学の学習が前提となる（c. 939D-941B）。

「記憶」についてかれは、「記憶はすべての事柄の宝庫である」（thesaurus est omnium rerum memoria）というキケロ（名指しで）の定義をあげ、「記憶」の増加を図る方法についてたずねるカールに対し、それは、話す訓練（dicendi exercitatio）、書く習慣（scribendi usus）、思考の努力（cogitandi studium）以外にないと言う（c. 941B-C）。そして突如として、泥酔を避けること、泥酔は身体だけでなく精神にも有害でありすべての学習を妨害する、と具体的に述べているが、これは、カール大帝の暴飲暴食を諌める意味があると考えられる(96)。

さいごにアルクインは「所作」について、カッシオドルスによる定義をほとんどそのまま用いて説明する。「所作」にはことばの品位、ことばと内容との適応、適切な態度が必要である。しかしアルクインによる説明を聞いたカールは、日常の言葉遣い、立ち居振る舞いについて反省し、果てはそうした行動の根元となる諸徳にふれ、その修得を期する[97]。

アルクインが考えている弁論術の「努力〔訓練〕はしばしば才能と本性を越え、習慣はすべての教師の教えを越える」[98]が、こうした訓練、習慣は知的分野だけでなく、霊的、精神的分野においても必要である（c. 942C-943A）。そのためかれは、修辞学論の終わりに、すぐれた弁論家になるためのもうひとつの必須条件として、『修辞学と諸徳についての対話』のさいごに、諸徳（virtutes）について説明する[99]。

歴代の修辞学教師によると、理想的な弁論家は、上手に話すだけでなく、有徳な人（vir bonus）でなければならない。アルクインが依拠するイシドルスによると、「弁論家はことばに長けた、善良な人である」[100]。アルクインの修辞学論の標題『修辞学と諸徳についての対話』（Dialogus de rhetorica et virtutibus）では、一見、修辞学と徳論は二分され、徳は独立して論じられているように見えるが、それは外見だけで、修辞学と徳とは不可分である。実際、徳とはいっても、それはストア的な倫理徳を中心に取り扱われている。また説明様式もそれまでのアルクイン対カールという対話は以前とまったく変わらず、修辞学に関する説明の延長である。

修辞学と徳との結び付きは、すでに『修辞学』の序文において暗示されている。アルクインによると、人間は単なる物体的存在および活動から理性的存在と活動へと発展するものであり、そこには当然、人間精神の合理的な調和とその規則つまり徳が前提とされている。こうして、かれは修辞学論のはじめから徳とくに知恵を修辞学学習の頂点におく結論を準備している（c. 921AB）。

さらに、修辞学と徳との関連は弁論の分類と目標にも明示されている。「修辞学の学芸は、三つの事柄を取り扱う。つまり演示弁論（demonstrativum）、議会弁論（deliberativum）、法廷弁論（judiciale）である……演示弁論ではなにがふさわしいかが論ぜられ、議会弁論では何がふさわしくかつ有用であるかが提示され、法廷弁論ではなにが正しいかが検討される」[101]。このように、弁論では、「ふさわしいもの」（aequum）、「正しいもの」（honestum）について論じるのであるが、弁論家はまず、自分自身の言行において「ふさわしいもの」、「正しいもの」であってはじめて、「ふさわしいもの」、「正しいもの」を人に示し、説得できる（c. 943A）。人の話は、ほとんどいつもその人の生活態度をあらわにするからである。

徳は、弁論の内容の明示、説得に必要であるだけでなく、弁論の構成と所作においても不可欠である。アルクインによると、「上手な話し方は、上手な歩き方と同じく、ゆっくりと、飛躍することなく、止まることなく進むことにあり、すべてにおいて抑制された手段のもつ節制をもって輝いていなければならない」[102]。「なにごとも度を過ごすことなく」（ne quid nimis）という古来の哲学的格言は、われわれの生活態度（mores）全般に必要であるが、とくに弁論に必要である。かれによると、「中庸を越えるものは誤りだからである」[103]。

では、アルクインによる徳とはどのようなものか。かれによると、「徳とは、精神の持し方、本性の飾り、生活の秩序、行為の高潔さである」[104]。この定義の内容は、弁論術に必須の道徳的、精神的特徴を網羅したものである。かれはさらに具体的に詳述するため、徳の分類を取り上げる。徳には四つの枢要徳（radices aliarum virtutum）があり、そこから多くの関連する徳が派生する。第一の枢要徳は賢慮（prudentia）で、それは、事物と本性に関する知識（rerum et naturarum scientia）をもとに、記憶（memoria）、理解（intelligentia）、配慮（providentia）をもって人間の行為を目的に適合したものにする。「魂は、記憶をもって過去にあったことを思い出し、理解をもって現在のことを見透し、配慮をもって未来に起こるあることを起こるまえに予見する」[105]。

第二の枢要徳は正義（justitia）で、それは「各自に固有の品位に即して接する魂の態度である」[106]。この固有の品位は、自然法（jus naturae）、慣習（consuetudinis usus）によって決められている。自然法による品位とは、神に対する宗教心（religio）、血族、同胞に対する敬畏（pietas）、友人に対する好意（gratia）、敵に対する報復（vindicatio）、すぐれた品位をもつものに対する恭順（observantia）、そして過去、現在、未来の事実に対する真実（veritas）である。慣習による品位には契約（pactus）による品位があり、それはある人々の間で交わされるもので、当事者全員に対して公正（par）であるべきである。またある有力者たち、人々の間での品位は文書による判例（judicatum）をもって示され、さらに成文法（lex）による品位はすべての人が留意し、順守すべきものである（c. 944B-D）。

第三の枢要徳は剛毅（fortitudo）で、それは「危険や困難に対する寛大な忍従である」[107]。その派生徳としては、鷹揚さ（magnificentia）、信頼（fidentia）、忍耐（patientia）、堅忍（perseverantia）がある。鷹揚さは、重大かつ崇高な事柄について広く思考し、観想することであり、信頼は、重大かつ正しい事柄において自分を信じ、希望をもって対処することであり、忍耐は、正しいこと、有用なことのために、困難な事柄に自発的かつ永続的に取り組むことであり、堅忍は、不動かつ永続的に、熟慮された態度を貫くことである（c. 944D）。

第四の枢要徳は節制（temperantia）で、それは、「性欲その他の正しくない衝動に対する理性的な抑制である」[108]。その派生徳として節欲（continentia）、寛容（clementia）、謙譲（modestia）がある。アルクインによると、諸徳の根本にあるのは節制（temperantia）で、この節制をいわば根のようにして他の徳が発生する。そのためかれが弁論の「構想」と「所作」の説明において、節制の役割と重要性を指摘したことは、先述したとおりである（c. 945A-945D）。

ところで、これらの諸徳は、キリスト教徒はもちろん、古来の異教徒の哲学者や雄弁家も重んじてきた。そのためカールはキリスト教徒と異教徒における徳の違いをたずね、これに対してアルクインは、キリスト教徒の徳は信仰（fides つまり神の啓示）と洗礼（baptismus つまり神の生命への再生）にもとづくという点で異なる、と答える。それを注釈すると、異教徒の徳は人間理性の合理的判断にもとづき、人間の自然的能力をもって実践され、人間性の完成に向かう。これに対し、キリスト教徒の徳は、神の啓示にもとづき、洗礼によって再生した神の子としての恵みをもって実践され、人間を神の子として完成し神の至福に向かわせるということである。

以後、徳に関するアルクインの説明は、まったくキリスト教神学対神徳に帰着する。哲学者は、これらの徳をただ生活の品位と栄誉のために実践するのに対し、キリスト教徒は神に対する信仰と愛にもとづいて実践し、その報いとして、イエス・キリストの永遠の栄光にあずかることを約束されている。なぜなら、これらの諸徳はつまるところ神と隣人に対する愛だからである。これは、「われわれが、全身、全霊をもって、一心に、神とわれわれの主を愛し、またわれわれの隣人を自分自身のように愛する」[109]という聖書の教えと合致するからである。こうして絶え間なく変動する市民的諸問題から始まった討論は、不動の永遠の目的（finis）に達し、師弟はともにその恵みを感謝して、修辞学に関する質疑応答は終わる（c. 946A-946D）[110]。

以上アルクインの修辞学論を検討して来たが、そこには他の修辞学と異なる特徴がなにかあるのだろうか。まず、西方中世の教養（自由学芸）の歴史に占めるアルクインの修辞学論の位置に注目したい。普通、アルクインの功績はアングロ・サクソンの学問を大陸に導入したことにあるとされる。しかしアルクインの『修辞学』は、先に取り上げた『文法学』のように、ヨークにおける教授内容をそのまま書いたものではない。たしかに、ヨークにおけるアルクインの師アルドヘルムは自由学芸の科目として修辞学をあげているが、それは自由学芸の伝統的科目のひとつとして列挙しているにすぎない。またかれは、修辞学学習者が学ぶべき脚韻について数行述べているが、これも文法学における作詩の説明にすぎない。一方アルクインは、『ヨーク教会の司教、王ならびに聖人たちをたたえる』詩文のなかで、師アエルベルトがその弟子たち（アルクインを含む）に、「修辞学のことばを溢れんばかりに注いだ」（Illis rhetoricae infudens refluamina linguae）と書いているが、しかしこの表現はフォルトゥナティアヌスの借り物で、文彩のひとつにすぎないと思われる。

またイギリス教会の重鎮で、「祈りと学問に生き、生涯を修道院内で過ごした」ベダは、その小著『詞姿と言い回し』（De schematibus et tropis）において、教父たちが試みてきた修辞学の聖書注解への応用を定着させたが、しかし修辞学そのものの学習には無関心であった。聖書は、その権威、効用、起源の古さにおいて他のすべての書にまさり、「修辞法においてもすぐれている」（praeeminet positione dicendi）というのがその理由であった。ベダによると、諸学の学習目的は「聖書による瞑想」（lectio divina）にあり、ことばを弄する修辞学は不要であり有害でさえある。またベダのホミリア（homilia）を見てもわかるように、当時の説教は聖書の文言の組み合わせによるキリスト教の説明で、そこには弁論術の割り込むすきはなかった。まして、アルクインの修辞学が取り扱うような市民的諸問題を修道院教育に持ち込むことなど、到底、許容できなかったであろう。

こうして見ると、アルクインのころまで、アングロ・サクソン人のもとでは少なくとも修辞学の理論的、体系的学習は行われていなかったようである。もしアルクインがアングロ・サクソンの教養人から修辞学を学んだのであれば、『修辞学』の説明のどこかに、アングロ・サクソンによる修道院教育への適応が名残をとどめたことであろう。しかしそうした痕跡は見あたらない(111)。

しかしアルクインは、『修辞学』を著すまで、修辞学をまったく学習しなかったとも言えない。確証はないが、おそらくかれは、先にあげたヨークの学校教育において修辞学の基礎にふれ、ヨークの図書室の蔵書を用いて修辞学を自学自習したのであろう。『修辞学』の序文によると、すでに本書の執筆以前に、カールの宮廷において基礎的、初歩的な修辞学の知識を教えるだけの知識を有していたからである。しかしカールから専門的な修辞学論を請われたアルクインは、それに応じうるだけの専門的知識はなく、もっとも手っ取り早い方法として、教科書的な枠組みと内容をもつキケロの『構想論』(De inventione)、イシドルスの『語源誌』、カッシオドルスの『聖・俗学教範』を手元において本書を執筆したのである。それはこれまで見て来たように、教科書的なかれらの著作とアルクイン自身の書の比較から明らかである。

このように、アルクインの『修辞学』は、カール大帝を直接の読者とする宮廷学校の教科書として、しかも政治、裁判に関する術知(ars)を身につけようとするカール自身の要求にそって書かれたものである。その結果、カッシオドルスとイシドルスが伝統的、体系的な修辞学の区分と説明をバランスよく取り入れようとしているのに対し、アルクインは、市民的諸問題、訴訟、裁判に関する要素を重視し、それらを中心に取り扱っている。弁論術は、ローマにおける言論の自由が消滅して以来、ほとんどその意義を失った。しかしそこに含まれる高度な訴訟技術の利便性はそれ以後も注目され、維持されている。ましてカロリング期は、ひとりの立法者の意思による制定、成文法が大量に現れてくる時代である。とくに戴冠後(八〇〇年)の皇帝カールは、聖・俗にわたる支配者として、教会が依拠するローマ法とカロリングのもつ民族法をもって帝国と教会の一致と発展を図った。このことは、かれが各地に招集した宗教会議、また周知のような文教政策とその勅令を見ればわかる。こうしてアルクインの修辞学論は、修辞学、倫理、政治を結合する古代の絆を、キリスト教とカロリングとの結合のなかで再現し、修辞学がカロリング期の宗教的、世俗的需要に適応しうることを示した。

他方、アルクインの修辞学論は政治、裁判、法治との関係を浮き彫りにし強調することにより、伝統的な修辞学内容の分解を触発し、中世における修辞学の、文書作成術、書簡術、説教術への分化を導入したと言えよう。

たしかにその明確な分化は、伝統的修辞学の目標をキリスト教的目標へと転換させたラバヌスによってであるが、その端緒はアルクインの『修辞学』にあると言える[112]。

(3) 弁証論

自由学芸諸学科を列挙する順序として、文法学、修辞学のつぎに弁証論をあげるのが普通であるが、アルクインの場合、修辞学と弁証論との区別と順序はやや曖昧で、弁証論を修辞学の前におくこともある（そのため、修辞学のあとに弁証論を括弧で囲み、[弁証論]とする写本もある。写本 Parisinus 7559）。かれはイシドルスの『語源誌』にならい、修辞学と弁証論を論理学の二要素として考えているのかもしれない[113]。

いずれにせよ、修辞学と弁証論との結合はソフィスト時代にさかのぼる。弁論家は、相手を説得しあるいは反論するためには、現象の世界を脱して存在の真実を把握し、理論化する弁証論を必要とする。そのため古代ローマの学校では、修辞学教師が修辞学と弁証論を教える場合もあった。少なくとも修辞学学習者は、弁証論のうち雄弁家に必要と思われる諸要素を学んでいた（それ以外の要素は、哲学をめざすものだけが学んだ[114]）。アルクインは、『弁証論』（De dialectica）の著述にあたって、主としてイシドルスの『語源誌』とカッシオドルスの『教範』を利用しているが、カッシオドルスが文法学の三倍、修辞学の二倍の紙数を弁証論の説明にあてているのに対し、アルクインはイシドルスと同じく修辞学と弁証論にほぼ同等の説明を加えている。

アルクインの『弁証論』の内容の検討に移ろう。かれはここでも、「知恵の熱心な追求者、愛好者である王」、カールの質問に答えるという形式をとっている。しかしアルクインの念頭にはカールの政策を補佐する教養人であったとも言えよう。まずカールは、アルクインが『修辞学』のさいごにふれた知恵つまり哲学（philosophia）

を取り上げ、その起源について質問する。アルクインはカッシオドルスにならい、哲学はギリシア語の *φίλος*, *σοφία* のラテン語訳 amor sapientiae（知恵の愛）に由来すると説明する。そして哲学の定義では、カッシオドルスの定義をことばの順序を変えて簡潔にし、「哲学は、人間が考えうるかぎりにおける本性の探求であり、人間的および神的事柄についての認識である」[115]と答え、そしてすぐにカッシオドルスに従って、哲学とキリスト教徒の生活態度との結びつきを浮き彫りにし強調する。「哲学は、生活の正しさ、よく生きるための努力、死についての瞑想、世俗の軽視であり、だからこそ哲学は、世俗の野心を棄て未来の祖国をめざすキリスト教徒にふさわしい学問である」[116]。

つぎにかれは、イシドルスをもとに哲学の伝統的な三分類をあげ、その内容を説明する。[117] 第一に自然学（physica）があり、それは算術（arithmetica）、幾何学（geometria）、音楽（musica）、天文学（astronomia）の四つに分類される（この分類では、アルクインが『修辞学』の説明のさいごにあげた分類から（c. 949-950）、占星術（astrologia）、機械術（mechanica）、医学（medicina）が除外されている）。哲学の第二の分類は倫理学（ethica）で、それには、かれの『修辞学』のさいごに説明された賢慮、正義、剛毅、節制の四つの枢要徳が含まれる。第三の分類は論理学（logica）で、それは弁証論（dialectica）と修辞学（rhetorica）のふたつに分けられる[118]。

なおアルクインは、イシドルスの『語源誌』にもとづいて、哲学とその分類は聖書（eloquia divina）にも見られると主張する。かれによると、自然学は自然を論じる「創世記」と「コヘレトの言葉（伝道の書）」にあり、倫理学（mores）は「箴言」とその他聖書の随所にあり、論理学は「雅歌」と「福音書」にあると言う[119]。ここには明らかに、アルクイン（といっても教父たちの思想の受け売りであるが）による俗学の聖化、俗学に対する聖学の優位性、聖学のための俗学の効用という思想がある。つまり哲学という知恵が諸学の知識をすべて含むように、聖書という最高の知恵はすべての諸学を含み、またそれらの学習を通して修得される。こうした考えは、すでに『文法学』における哲学つまり知恵を支える「自由学芸の七本の柱」（liberalium litterarum septem columnae）という表現にも含まれている[120]。

哲学の分類をもって弁証論を哲学全体のなかに位置づけ、知恵の修得における弁証論の役割を総括的に示したあと、アルクインは弁証論そのものの説明に移る。まずかれは、弁証論の語源はギリシア語の *λέξις*、ラテン語の「言うこと」（dictio）に由来するとして、弁証論は「言われたこと」（de dictis）について論じ、「探求し、定義し、論議することによって、真偽の判別を可能にする理性的学問である」と定義する[121]。「言うこと」、「言われたこと」を取り扱う点では、弁証論は修辞学と似ている。両者の関係についてアルクインは、カッシオドルスとイシドルスがヴァロ（M. T. Varro　前一一六―二七）の説明として伝えたものを引き写している。それによると、弁証論を「握り拳」（pugnus astrictus）とするならば、修辞学は「開いた掌」（palma distenta）である。弁証論は短いはなしをもって論じるのに対して、修辞学は豊富なことばをもって能弁の野をかけめぐるからである。前者はことばを収縮するのに対して、後者はことばを拡張する。前者は事柄を発見することにすぐれ、後者は発見された事柄を能弁に話すのに向いている。前者は数少ない知識人を対象とし、後者は大体、民衆を対象とする[122]。要するに、弁証論と修辞学は内容的に密接に結ばれている。とくに、修辞学が市民的諸問題、訴訟、政治的決定に関与するとするなら、少なくともこれらの諸問題における真実の把握において、弁証論の果たすべき役割があることは確かである。両者の関係を意識していたからこそ、先述したように、アルクインとその先賢は修辞学と弁証論を峻別しなかったのかもしれない。

つぎに弁証論の学習内容として、アルクインはカッシオドルス、イシドルスと同じくポルフィリウスの『アリストテレス範疇論入門』（Isagoge）を取り上げ[123]、かれらの説明を少々敷衍ないし縮約して取り入れている。そのあと、実体（substantia）、量（quantitas）、関係（ad aliquid）、性質（qualitas）、能動と受動（facere et pati）、位置（jacere）、場所と時間（ubi et quando）、状態（habere）に分け、それぞれ一章をあてて、アリストテレスの一〇の「範疇」を説明する。その説明内容のほとんどは、ボエティウスによるアリストテレスの『範疇論』のラテン語訳と、それを抜粋したイシドルスとカッシオドルスの「弁証論」の引き写しであり、いまさら取り上げるまでもない。ただ注目したいのは、アルクインは、イシドルスとカッシオドルスが一ないし三行で説明することを六〇ないし三〇行に拡大していること、またかれらが、例えば relatio（関係）、actio（能動）、passio（受動）、locus（場所）、tempus（時間）、situs（位置）、habitus（状態）というように名詞で表現する範疇を、アルクインはそれぞれ ad aliquid（第五章）、facere et pati（第七章）、jacere（第八章）、ubi et quando（第九章）、habere（第一〇章）という具体的な動詞で表現していることであるが、これは、かれが初歩的な語源の説明を加えていること、短文をもって質疑応答を細かく繰り返し、説明の明確さを期していることから考えて、初心者に対する教育的配慮を示すものであるとも言えよう[124]。

とくに目を引くのは、第五章の「関係」（ad aliquid: relatio）である。イシドルスはこの relatio（関係）を父子関係をもって例示したが（Etymologiae 2, 26, 7）、アルクインは、アウグスティヌスの『三位一体論』をもとに三位一体をもって例示する（c. 959BC）。アリウス主義によると、Filius（聖子）は時間的には Pater（聖父）より後のものである。しかし弁証論における「関係」の概念には時間の観念は含まれず、したがって、「関係」にもとづく説明からすれば、Pater と Filius は同時に永遠であり（simul consempiternum）、正統信仰の説明は成り立つ。こうした説明には、身辺の諸問題を例証に用い、カールの関心と向学心を刺激しようとするアルクインの教育的態度が見られる。つまりここでは、帝国内における宗教的統一と平和を探求するカール大帝が、アリウス主義の流れを汲む養子説の撲滅にいかに腐心したか、アルクイン自身、それに応えて、三位一体論とくに聖霊の発出について論じる書を著したことを思い起こすべきである[125]。

そのあと、反対概念（de contrariis vel oppositis）、論証（de argumentis）、定義の方法（de modis diffinitionum）、定義の種類（de speciebus diffinitionum）、論点（de topicis）、解釈（de perihermeniis）にそれぞれ一章をあてて説明している（c. 963A-976A）。説明の内容は、種々の参考書をあげるカッシオドルスよりも、むしろ読み易く整理されたイシドルスの方を取り入れている。ただ、論証の説明において、イシドルスは三段論法に一章をあてて詳述するのに対し、アルクインは三段論法の構成を数行で説明するだけである[126]。また説明の順序として、カッシオドルスとイシドルスが範疇のすぐあとに解釈（de perihermeniis）をあげ、反対概念をさいごにおくのに対して、アルクインはその逆の順序をとっていること、またアルクインがイシドルスにならい古典からの例文を多用しながら（とくに第一五章の論点において）、定義の種類の説明（第一四章）では前二者とは違って、聖書からの例を多用していることが目につく[127]。

さいごに、アルクインによる『弁証論』をどのように評価すべきであろうか。一般に言われていることは、かれの『弁証論』は、『修辞学』、『文法学』と同様、カッシオドルス、イシドルスといった先賢の著作の引き写しであり、それも未消化で、独創性に乏しいということである。著作の内容そのものから言うなら、この評価は正しい。しかしアルクインの『弁証論』を時代背景のなかに置き直してみるとき、別の評価もありうるのではなかろうか。

まずアルクインの『弁証論』の由来を問うことにしよう。その起源として考えられるのはアングロ・サクソン人のもとでの学習であるが、しかしかれらは、修辞学と同様、弁証論を軽視していたと思われ、アルクインがそれをイギリスで学んだとは言いがたい。たしかに、アルクインの師アルドヘルムは、ある詩のいくつかの箇所で弁証論を七自由学芸のひとつに数えているが、その一方で、天来の哲学（聖書と神学）はストア派の論証やアリストテレスの範疇にはるかにまさるとして、弁証論を度外視している。アルクイン自身、『ヨーク教会の司教、王ならびに聖人たちをたたえる』という詩のなかで、ヨークの司教座教会付属学校の図書室にはボエティウスやアリストテレスの著作があったと述べているが、そこからただちに、この学校で弁証論が教授されていたと結論するわけにはいかない。『修辞学』について述べたように、アルクインがそこで弁証論を学んだとした場合、かれの『弁証論』にとどめているはずのアングロ・サクソン人による修道院的適応あるいは影響が見られないからである。

なお、アングロ・サクソンの修道院学校における弁証論の教授・学習の有無については、かれらの知的活動を方向づけたベダの態度から推測するのが妥当であるが、われわれは、ベダの著作のなかに弁証論の必要性を主張する箇所を見出すことはできない。むしろかれは、『モーセ五書の注解』（Commentarii in Pentateuchum）において、弁証論をエジプトでの第二の災害（ブヨ）になぞらえ、「微細、煩瑣なことばの刺激をもって魂に入り込み、誤謬をさとらせまいとする」[128]として、これを排除している。しかもこうした弁証論の排除は、教父たち（一部ではあるが）の伝統につながる。

実際、キリスト教のごく初期のころから、教父たちは弁証家（dialecticus）を警戒し、キリスト教と同じく真理の探求を目指すとされる弁証論に対し、強い敵対心を抱いていた。二世紀のイレナエウス（Irenaeus 二〇二頃没）やテルトゥリアヌス（Q. S. F. Tertullianus 一六〇頃―二二二以後）は、キリスト教の真理をないがしろにするものとしてアリストテレスの哲学を非難し、ヒエロニムス（S. E. Hieronymus 三四〇／三五〇―四一九／四二〇）は、われわれが必要としているのは、弁証家たちの網やアリストテレスのとげのある草むらではなく、聖書のことばそのものであると述べ、キリスト者が必要とする世俗の学問はすべて聖書のなかに見出され、キリスト者には聖書だけで十分であるとした。そしてアルクイン以前の七世紀のアングロ・サクソンの修道者も、こうした反弁証論の教父たちの流れを汲み、「聖書による瞑想」（lectio divina）のためには弁証論を学ぶ必要はないと考えていたようである。(129)

一方、弁証論を含む七自由学芸を肯定し、それを聖書注解のための基礎教養として役立てた教父もいた。その代表がアウグスティヌスである。かれは、『キリスト教の教え』（De doctrina christiana）のなかで、「定義し、分割し、区分する学問は虚偽の事柄にもしばしば適用されるけれども、この学問自体は虚偽ではない。それは人間が考え出したものではなく事柄の筋道のなかに見出される」。つまり「論理的演繹の正しさそのものは、人間がこしらえたものではなく……事象の根拠のなかに永遠に存在し、神が定めたものである(130)」からである。こうしてついにアウグスティヌスは、七自由学芸全体の聖書注解への利用を認め、かつその学習を勧めたのであった。このアウグスティヌスの態度を継承したのが、アルクインが依拠したカッシオドルス、イシドルスであり、アルクインはまさに、この教父たちの知的系譜に立つのである。(131)ただし、アルクインが自ら学んだこともない弁証論について書いたのは、市民的諸問題の解決、政治、裁判に必要な真実追究の手段を求めるカール大帝の要請に応えるためであった。こうしてアルクインは、聖書注解の基礎教養として弁証論を利用した教父たちの見解を踏まえつつ、いわば時代の要求に対応するため、イシドルス、カッシオドルス、ボエティウスそしてアリストテレスといった系譜を遡及しつつ、古代の弁証論の存続ないし復活を図ったということになる。

三　四　科

アルクインが若いころヨークの学校において数学的諸学科（disciplinae mathematicae）を学んだらしいことは、かれの『ヨーク教会の司教、王ならびに聖人たちをたたえる』詩文から推測される[132]。またかれが、フランク王国の諸学校でこれら諸学科を教えたことは、かれの書簡から明らかである。しかし、かれが学びかつ教えた数学的諸学科の正確な内容と水準について明確な把握は困難である。われわれは、主として、かれが学習者の質問に答え、その範囲内でしたためた書簡をとおして知るだけである。アルクインの伝記作者によると、かれは『音楽論』（De musica）を著したようであるが、散逸してしまっている。かれの教授全体から推察すると、本書にはたぶん教会の典礼歌と数の象徴的な説明も含まれていたと考えられる[133]。

算術についてアルクインは、種々の書簡において、聖書注解における数の知識の重要性を強調している。「聖書における数の優位性はきわめて高く、また聖書を学ぶものにとって数の学問を修得することはきわめて必要である[134]」。したがってアルクインによる算術は、実質的には数意学（arithmologia）が中心であったと思われる。それによると、三は三位一体を示し、もっとも高貴な数である。六は神が創造のわざを完成した六日間を示し、また種々の仕方で割り切れるところから、完全な数である。これに対して、七、九は不完全な数である。八はキリストが山上の説教で教えた八つの幸福（「マタイによる福音書」五・一―一〇参照）を示す。また八は、六と同じく割り切れる数で、六のつぎに完全な数である。これは、かれ以前の教父たちの教えの繰り返しにすぎない[135]。

つぎに、カール大帝が格別の関心をもち多くの質問を発した天文学について、アルクインはカールにあてた書箇において、また折にふれて、太陽、月、星の運行、月の満ち欠け、黄道帯、火星の軌道などについて説明する。しかしアルクインによる宇宙、天体の説明は、造物主の知恵の証しのため、また人々の迷信（占星術）の排除、一般暦、教会の典礼暦とくに復活祭の日付の算定という実用のためであり、それらを裏づけるだけの知的根拠を示すにすぎない[136]。

以上のような「四科」の内容を包括する書として、アルクインは、『月の運行と差異、閏年』（**De cursu et saltu lunae ac bissexto**）、『若者を鍛練するための提言』（**Propositiones ad acuendos juvenes**）も著したが、しかしその内容は実践的かつ限られた内容で、かれが三学において利用したカッシオドルスやイシドルスの数学的諸学科と比較しうるほどの内容はなく、また本章で論じた三学の内容、知的水準とはまったく不釣合いな内容である。したがってわれわれはつぎに、アルクインの三学を中心にかれの自由学芸観をまとめることにしたい。

Ⅳ　アルクインの自由学芸観

まず、これまでのアルクイン研究者はかれの自由学芸論をどのように評価したのだろうか。アルクインから一〇〇年後のザンクト・ガレンのノートカー（Notker Labeo 九五〇頃—一〇二二）は、かれの自由学芸について、つぎのように述べている。ドナトゥス（A. Donatus 四世紀）、ドシテウス（Dositheus）、プリスキアヌス（Priscianus 五世紀初頭）の文法書などは、アルクインの『文法学』に比べると無に等しい、と[137]。一方、近代の批評家たちによると、アルクインの『文法学』における長所はすべてドナトゥス、プリスキアヌスのものであり、アルクイン独自のものとしては、その形式つまり対話方式と誤謬だけである[138]。かれの『修辞学』についても、ほぼ同様の評価を下している。それによると、かれの『修辞学』はほとんど全面的にキケロ、カッシオドルス、イシドルスの教科書レベルの書の抜粋で、しかも前三者のすぐれた特質は取り入れえず、未熟な作品のままに終わっている。さらに『弁証論』も先賢の書の引き写しで、未消化で独創性に乏しいというのが従来の一般の評価であった[139]。

アルクインの自由学芸論における伝統的内容だけに注目するならば、近代批評家の評価はあたっている。たしかに、かれの三学の内容のほとんどは、何人かの先賢の書の内容を、あるいはそのまま引き写し、あるいは質問者の視点、理解力に合わせて多少、短縮ないし敷衍しつつ組み合わせたものである。場合によっては、引用する著者間の用語、視点の相違にはお構いなしに、単に寄せ集めただけといった印象も否めない。また読者の理解力を超える内容については、説明に代えて例文を多用し、例文だけで済ませることもある。その結果、アルクインの三学は、概して各学科の一応の基礎的内容は含みつつも、その説明においては全体の調和を欠いていることもたしかである。

しかしアルクインの自由学芸論を正しく評価するためには、かれの教育活動、著述の背景にあるカール大帝の文教政策全体に照らして検討すべきである。アルクイン自身、この政策の立案、施行に、直接また間接に関与しており、そこにはアルクインの自由学芸論を含む知的活動が反映されていると思われるからである。ところで、カールの文教政策を示す文書、書簡は多数あるが、ここでは、つぎの三つの文書からその骨子を取り出し、アルクインの自由学芸論を検討する視点としたい[140]。

まず、『学問の振興』がある。「中世最初の教育憲章」とも呼ばれるこの書簡は、帝国各地の修道院長に送られた回章であるが、フルダの修道院長バウグルフス（**Baugulfus** 在任七七九／七八〇―八〇二）あてのものが現存している（カールは、書簡の末尾において、この書簡の写しをすべての属司教、同輩の司教、およびすべての修道院に送るように求めている)。この書簡においてカールは、配下の諸司教区における教会の規定および決議の実践、修道院における修道会則の遵守を求めると同時に、「知は行いに先立つ」(prius est nosse quam facere) という理念のもとに、「正しい生活を送る」(recte vivere) ためには知的教育が必要であることを指摘し、学問の振興と教育の普及をめざして、学校を開設し能力ある教師を配置するように勧告する。また教育内容として、正しい話し方と優雅な書き方、雄弁な説教、聖書の正しい解釈をあげ、そのための基礎教養の修得を求めている。

つぎに、『一般訓戒』の勅令がある(この勅令にアルクインが直接に関係したことは、すべての研究者の認めるところである)。これは司教たちにあてられた回章で、カールはそこで、司祭職候補者の「信仰と生活」(fides et vita) について綿密な調査を求め、また教区内の司祭が典礼を規則どおりに施行しているか、聖書をもとに正統信仰を説教しているか、またそれだけの能力と学識があるか、定期的に調査し確認することを義務づけている。同時に聖職者の資質を高めるため、小教区に学校を開設して読み方(とくに典礼において)を教え、また修道院、司教の館に学校を開設して、「詩編」、記号(速記)、歌唱、数え方(暦の算定法)、文法学を教えること、さらに、入念に校訂されたカトリックの書籍の所蔵、写本作成における正確な写字を命じている。

さいごに、『一般書簡』においてカールは、聖務、典礼においてはローマ教会の伝統をもとに校訂された新・旧約聖書、典礼書、朗読集 (lectiones)、また教父たちの著作、説教(ホミリア選集)を用いること、これらの校訂された書を正しく朗読することにより人々が正しく理解できるようにすること、それには正しいことば(ラテン語)とその理解力を身につける必要があり、カール自身がしたように、自由学芸を修得するように勧める。

以上の三文書における文教政策の内容は、つぎのように要約することができる。(1) 正しいラテン語の修得と使用、(2) 正しい聖書注解とそれにもとづく正統信仰の説教、その基礎教養としての自由学芸の修得、(3)

学校の開設と教育の組織化である。これらの要求に対して、アルクインの自由学芸はどのように対応しているのか、その検討をとおしてアルクインの自由学芸観とその価値を明らかにしたい。

V　正しいラテン語の修得と使用

(1)　正しいラテン語の修得

民族の大移動は、西ローマの政治、社会に変動をもたらすと同時に、ラテン語以外の種々の言語を定着させ、ラテン語の衰退を早めていった。しかもこれらの新言語は、カロリング帝国における部族間の交流、統一にはきわめて不都合なものであった。そのためカール大帝は、特定の部族の言語ではなく、かれが憧れるローマ帝国の言語で、栄えある文化を伝えるラテン語の復活をめざした。実際ラテン語だけが、豊富な語彙と論理的な構文法を兼ね備えた言語であり、カロリング帝国の思想的紐帯をなすキリスト教会の公用語であった(141)。

しかしそのラテン語も八世紀末以降の地方語の発達と混入により本来の純粋性を急速に失いつつあり、カロリングがめざす政治、行政、宗教による帝国の統一に一大障壁となりつつあったこともたしかである。

そのためカールは、帝国の行政や教会典礼におけるラテン語を本来の純粋なラテン語に戻そうとして文教政策を立案し、イタリアその他から著名な文法学教師を招聘したが、最適の教師は、イギリスのアルクインであったと言える。かれが生まれ教育されたイギリス北部は、古来、ラテン文化圏外にあり、したがってかれがヨークの修道院で修得したラテン語は、大陸の人々のそれのように新移住者の言語に汚染されたことのない、真の古典ラテン語であったからである(142)。

（2）正しいラテン語の使用

a「正しいラテン語による話し方」（recte loqui）

普通、言語というと、まず「話す」という言語の基本的機能が思い浮かぶ。その視点から見た場合、カロリングにおけるラテン語教育は成功したとは思われない。カロリングがめざした「正しいラテン語」は古典ラテン語であり、それを日常、駆使できるほど最高の教育を受けた聖職者が皆無ではなかったとしても、当時の知的状況から見て、ごく少数であったに違いない。実際、『カール大帝伝』の著者は、多少の追従を込めて、カールはラテン語を母国語同様に話すことができたと強調し、それが普通でなかったことを示唆している[143]。

しかし「正しいラテン語」の修得という目標がまったく挫折したわけではない。カールとアルクインがめざした「正しいラテン語による話し方」はまた、「正しい読み方」（recte legre）でもあり、実際このころ、教父たちによる「雄弁な説教」[144]（実際はホミリア集）、念入りに選別し収集された教父たちの著作が多用されるようになったからである。

b「正しいラテン語」と典礼の刷新

「正しいラテン語」学習の目的のひとつは、とくに典礼におけるラテン語の「正しい読み方」であった。カールの文書における「読み方」は、とくに『一般書簡』から明らかなように、祈りや聖務日課における詩編、聖務やミサその他の典礼における朗読文（lectiones つまり新・旧約聖書、教父たちの聖書注解、ホミリアの抜粋）を正しく読むことである。

たしかに、民衆の祈りや説教は諸言語で行われあるいは通訳されたが、しかし基本となる典礼文、典礼書は、ラテン語による正規の典礼書に依るべきであった。カールは、帝国の統一を保証する宗教的要素のなかでも、とくに信仰とともに典礼の統一に留意し、その基準となる典礼書を正しいラテン語をもって校訂し、統一するように求めた。[145]というのもフランク王国には、アイルランド、イギリス、スペインの伝道者、知識人がキリスト教信仰と同時にそれぞれの地方の典礼を持ち込み、またイタリアからは強い影響力をもつ教皇座の典礼が持ち込まれていた。これらの典礼にはそれぞれ独自の復活祭の算定方法、また洗礼、ミサなどの秘跡の授け方があり、これにガリア土着の典礼を交えて、王国の典礼は混乱しがちであった。とくにカール自身の注意を引いたのは、『一般書簡』において指摘されているように、典礼の朗読文（lectiones）における無数の歪曲、恣意的な挿入文、誤った、不調和な語法（たとえば語法違反 solecismus）の使用であった（それは、写字に起因することも多かった）。そのため、典礼における統一（unitas）と正統性（puritas）の確立は急務であった。

こうした目的を達成するため、カールは、『一般書簡』において明言しているように、教皇座の典礼をもとに典礼の刷新と統一を図った父王ピピン（三世）の政策を継承し、すでにモンテ・カッシーノの修道院に戻っていたパウルス・デイアコヌスの手を借りて、とくに典礼における朗読書（lectiones）を校訂させ、整備させている。アルクインもカールの意向を受けて、典礼全体のローマ化をめざし、説教、朗読文、秘跡の授け方を含む『典礼大全』（Corpus liturgicum）を編纂したほか、教皇ハドリアヌスがカールの求めに応じて送った『グレゴリウス秘跡書』（Sacramentum Gregorianum）を『ゲラシウス秘跡書』（Sacramentum Gelasianum）をもって校訂し、補完した。かれはまた、修道者の聖務と俗人の個人的使用のために、『個人用ミサ典書』（Liber sacramentorum）、『詩編の用法』（De Psalmorum usu）を著し、さらに、一年間の日曜、祭日の朗読文を集めた『アルクインの補筆による朗読文集（ハドリヌム）』（Comes ab Albino ex Caroli imperatoris praecepto emendatus）のほか、いくつもの『祈祷小本』（Libelli precum）を著している。[146]

c　「正しいラテン語」と文書（書簡）作成　「正しいラテン語」の修得は、また「正しい書き方」(recte scribere)の修得をも意味した。カロリングの人々が古典ラテン語を学んだのも、話すためというよりも正確な読み書きとその理解力を身につけるためであった。『学問の振興』においてカールは、諸修道院から送られてくるほとんどの文書（scripta）のなかに「粗野なことばによる表現」（sermones inculti: lingua inerudita）、「内心にあることを無学なために表現しえないもの」（interius dictabat lingua inerudita non valet）が多くあるのを発見し、そこに「書き方の術知の衰退」（minor in scribendo prudentia）を認め、「正しく優雅な文章を書くように」（ordinet et ornet seriem verborum）求めている。

さらに、カールが「正しく優雅なラテン語」を求めた文書は、書簡だけではない。かれは、カロリング期にとくに盛んになった行政上の公式文書を視野においている。かつてローマではローマ法とともに文書の伝統が確立されていたが、ローマの行政組織を継承したゲルマン民族のなかでその伝統を受け継いだのが、イタリアに定着したブルグンドであり、その影響のもとに、フランク王国でも文書作成が盛んになった。カールは、父王ピピンの後を受けて役所を改組し、文書と記録の使用を義務づけ、市民法や教会法令集の編纂を奨励した。こうして、それまで口伝によっていた諸部族の慣習は文書化され、宮廷の書記は法令（capitularia）や巡察使への訓令などを一定の様式をもって文書化し、教会でも宗教会議の議事録の作成が盛んになり、王、修道院の所領においても資財目録、報告書、勘定書が作成された(147)。

また、一〇世紀末から一一世紀には、ユスティニアヌス（JustinianusI 在位五二七—五六五）の『ローマ法大全』（Corpus juris）の注釈、その『語彙集』、『詞華集』が作成され、一方、修道院や司教座の写字室では、『テオドシウス法典』（Codex Theodosianus）、『新勅法』（Novellae）の要約の写本が作成され、それらをもとに、「文書作成術」（ars dictaminis）の教授も盛んになっていった。[148] なお『一般訓戒』では、諸学校での教授内容のひとつとして記号（notae）をあげているが、これは、文書作成に不可欠な古来の速記記号を指していると思われる。[149]

文書の重視は写本の重視につながる。一般の知的活動はもちろん、教会の典礼、文書による行政にも写本の作成は不可欠であった。実際、文書作成が復活し普及したカロリング期には、宮廷はじめ大規模な修道院や司教館には写字室があり、聖職者、修道者だけでなく、俗人も写字の仕事に携わった。こうして八、九世紀の間に無数の写本が作成され、そのうち約八〇〇〇の写本が残っている。カール大帝は、『一般訓戒』において、福音書、詩編集、ミサ典書の写字にふれ、「福音書、詩編集、ミサ典書を筆写する必要がある場合、年齢の上でも十分に成熟したものが、細心の注意をもって筆写するように」と特別に配慮している。[150]

d 「正しいラテン語」と写字

もちろんアルクイン自身写字には熱心で、トゥールのサン・マルタン修道院の写字室に活気を吹き込んでいる。写字室の入り口には、写字生の心構えを記したアルクインの詩文が掲げられていた。それによると、写字生は、神の聖なる神託と教父たちの書を筆写するという使命感をもって心身を統一し、独断や思いつきに走らず、入念に校正された書籍だけを用い、その内容をよくわきまえ、文章を正しく句切るようにしなければならない。それは、読師が正規の朗読において誤謬に気づき立ち往生することのないようにするためである。聖なる書籍を筆写することは偉大な業であり、筆写する人はそれだけの報いを受ける。実際、筆写することはぶどう畑を耕すよりも価値がある。耕す人は腹を満たすために耕すが、筆写する人は魂を養うために筆写するからである。[151]

アルクインはまた、誤記しやすい、似たような綴りの語を、アルファベット順にまとめた『正書法』（De orthographia）を著している。サン・マルタンの写字室からは、主要な教父たちの書の写本が数多く作成され、またアルクイン自身の著書も筆写されている。[152] なお、カロリング期の文書作成、写字活動のなかでカロリング文字が考案され、効率的な書き方が生み出されたことは周知のとおりである。[153]

Ⅵ　「正しいラテン語」の修得・使用とアルクインの自由学芸

(1)　文法学

以上、カールの文教政策の指針のひとつ、「正しいラテン語」の修得と使用について見てきたが、これはまさに、アルクインの三学とくに文法学がめざしたものであった。アルクインのいう文法学は、「文字の学問であり、正しく話し書くための守り手」(857D)であり、正しい話し方、書き方の学習を直接目標としている。本来、文法学は、アルクインが依拠するドナトゥス、プリスキアヌスのように、「ことばの術」と「詩人の作品の解説」という密接に関連するふたつの要素をもち、究極的には文学的表現と審美的判断力を修得させ、修辞学学習をめざさせるものであった。たしかにアルクインは、古典の詩文から短文を取り出し例文として利用しているが、しかし古代文法書における古典の引用の数、方法とは比較にならない。古代の文法学においては、ことばの術の説明は、例文よりも古典詩人の作品そのものを解説する形で行われていた。これに対してアルクインは、ことばの術だけを取り扱い、それも八つの品詞の説明だけに終始する。かれは、名詞(形容詞を含む)、代名詞の性、数、格の変化を名詞のそれを基準に説明し、それぞれの語尾によってその変化を見分ける方法を、手を取るようにして教える。また動詞についても、能動態、受動態、形式所相(異態)といった基本的な動詞の活用を、法、人称、時制にしたがって説明し、とくに例外的な活用形をもつ動詞を例示し、詳述している。ここでアルクインが求めているのは、ことばや表現の正しさ、語形の正確さであり、この正しさをもとにした文章の巧みさ、優雅さである。

古代の人々にとって、「ことばの正しさ」の基準は、ヴェルギリウスなどの古典であったが、古典を取り扱わないアルクインは、ことばの正しさの基準として、本性、理性、権威、慣習をあげるが（857D）、これは、先賢のことばの受け売りにすぎず、読者を納得させるような説明はない。現実には、かれもやはり古典から取り出した短文を例文としてあげ、これをもってことばの正しさの証拠にすることもある。とくに副詞、接続詞、間投詞の説明で例文としてホラティウス、ヴェルギリウス、テレンティウス、ユヴェナリスといった古典を引用している（886A-902B）。しかしそれは、ごくわずかで、全体から見ると、アルクインの『文法学』は、「ことばの正しさ」を語形に求めるレベルの、いわゆる語学の学習書といった感がある。

（2）修辞学

古来、文法学は修辞学のための基礎知識である。ことばが意志の疎通を図る手段であるとすれば、「正しいことば」を教える文法学は、人間相互の理解をより効果的に行う「上手な話し方」の修辞学につながる。カールが『学問の振興』において、修道者たちの書簡が文意不明であると非難し、「考えは正しいが、粗野なことばで表現されている」と指摘し、「熱心な信心が内心において命ずるところを、無学な舌は表現しえないでいる」と非難したのは[154]、文法学的知識の欠落だけでなく、修辞学的知識の欠如を責めていることは明らかである。

こうした視点からアルクインは、修辞学を構成する五要素（構想、配列、表現、記憶、所作）のうち、とくに「構想」（inventio）を強調し、その説明をとおして、文法学において確立された「正しいことば」を「上手な話し方」、「正しく上手な書き方」に発展させる構文法を示そうとしている。かつてプリニウス、シンマクス、とくにカッシオドルス（アルクインは、『修辞学』の執筆において、とくにかれに依拠している）の『書簡集』（Variae）によって例示され、七世紀のマルクルフの『書式集』（Formulae）によって準備された「文書作成術」は、アルクインの修辞学論の影響のもとに、修辞学の新たな発展形態として確立されていく。これは言うまでもなく、書簡や説教の作成にも深い影響を与えていく[155]。

さらに、アルクインの修辞学が種々の行政文書の作成に密接に関係していることは、『修辞学』執筆の動機にすでに明らかである。かれの『修辞学』は、帝国の「市民的諸問題」つまり行政、統治に追われるカール大帝にその処理方法の原理を教えるためであった。かれは、カールの関心に合わせて、演示弁論、議会弁論、法廷弁論という古来の三弁論のうち、演示弁論は省略し、議会弁論、とくに法廷弁論を中心に修辞学の内容を説明する。こうして修辞学の「構想」の説明においては法的根拠を重視し、成文法（lex scripta）をもとに比較的長く詳しく、法とその解釈、適用において、判断の正確さを期するための留意すべき諸点を取り上げている。

（3）弁　証　論

いかに修辞学によって洗練され修飾されたことばであっても、「ことば」は真実を伝える「正しいことば」でなければならず、人を誤らせる詭弁であってはならない。ここに、修辞学の機能を保証し補完するものとして弁証論がある。アルクインはカッシオドルス、イシドルスと同じく、弁証論と修辞学との関連を、握り拳と開いた掌にたとえ、弁証論は、ことばが伝えるはずの真理を究明、発見させ、修辞学は発見され確認された真理を豊富なことばをもって伝えると言う。実際、アルクインによる弁証論は、「言われたこと」（de dictis）について論じ、「探求し、定義し、論議し、その真偽を区別させる理性的学問である[156]」。

そして「言われたこと」とは、アルクインに弁証論の説明を求めたカール大帝の質問内容から明らかなように、市民的諸問題、政治、行政、裁判などにおける言動であり、その「正しさ」とは、統治者としてもつべき「正しい」(honestus) 判断であり、さらに、アルクインによる弁証論の哲学全体における位置づけから見て、理性のもちうる最高の知恵にもとづく真理の探究である。それは、かれが質問者カールを「知恵の熱心な追求者、愛好者である王」と呼んでいることにも示されている。

こうして教育者アルクインは、自由学芸学習をもってカールの文教政策のひとつの柱、「正しいことば」つまり「古典ラテン語」の復活とその広範な応用を修得させ、普及させようとしているのである。

Ⅶ　聖書注解と自由学芸

(1)　聖書写本の校訂と統一

カールは、魂の救いを探求する熱心なキリスト教徒としてまた領民を救いに導く王として、さらにキリスト教信仰を核に帝国統一を図る支配者として、キリスト教の依拠する聖書に最大の関心を示した。かれが、文教政策において求めた目標のひとつは、真の聖書注解の能力を聖職者の間に広めることであった。かれが『学問の振興』において言うところによると、「人々に書く能力が欠如しているのを見て、もっとも危惧したのは、聖書の理解に当然、必要とされる知恵がいっそう低下しているのではないか、ということであった(157)」。

カールはまず、混乱する聖書訳写本の校訂と統一に手をつけた。当時の聖書訳としては、「七十人訳」(Septuaginta)、「古ラテン訳」(Vetus latina) と、ヒエロニムスによる「ヴルガタ訳」(Vulgata) があり、しかもそれらを利用する人々は、各自の知的関心に従って部分的に歪曲しがちで、異端を唱えるものは自説を書き込んだ写本を作成し、普及させようとした。もともと当時のフランク王国には、文化と同様、先進各地から多様な聖書写本が持ち込まれ、それが聖書事情に一層の混乱をもたらすことになった。アイルランドの伝道師たちは自分たちの聖書を持ち込み、スペインからは、とくにアラビア人の侵入後、避難する修道者たちが種々の写本を持ち込んできた。そのなかには、異端その他自由な知的活動の結果、真偽取り混ぜて混乱したものもあった。イタリアからも、典礼関係の書などとともに聖書の種々の写本が入ってきた。これらの写本のうち、聖書の全書を揃えたものはまれで（聖書の正典の数さえ明確ではなかった）、ほとんどの写本が、せいぜいキリストの生涯を伝える福音書、典礼の中心となる詩編、道徳教育の鑑となる知恵文学の書と聖パウロの書簡を含むだけであった。また聖書の全書を揃えたものでも、その配列、順序は、とくに旧約聖書においてまちまちであった。

カールは『一般訓戒』において、聖職者、修道者に対し「入念に校訂されたカトリックの書」（libros catholicos bene emendatos）を用いるように命じているが、この「カトリックの書」とは、『一般書簡』の内容から、またカールが取り組んだ校訂事業でもわかるように、典礼書のほか、教父たちの聖書注解書、聖書にもとづく説教集であり、とくにそれらの書のもとになる聖書そのものであった。

それ以前の教会も、聖書の校訂と統一に無関心であったわけではない。ヒエロニムスによる「ヴルガタ訳」がその一例である。またカロリングに近いところでは、八世紀（七七八年）に、コルビー修道院のモートランド（Maudramnus 七九一没）が聖書の整理を手がけている。そしてカール大帝自身、トゥールの修道院長に任命したアルクインに聖書の校訂を委託した。アルクインは七九七年頃それに着手し、八〇〇年か八〇一年の復活祭に校訂写本を大帝に献上している[158]。アルクインによる校訂本の原本は散逸したが、その写本はいくつか残っている。

それをもとに推測すると、かれは種々の写本を照合し、文法学の規則、教父たちの聖書注解を参考に、それまでの写本に大胆に手を加え、不当な記入を削除することによって、ヒエロニムスの「ヴルガタ訳」をほぼ再生することに成功している。この校訂本は中世を通じて常用され、以後、筆写、誤記などによる写本間の違いが訂正され再編されつつ、今日なお、「ヴルガタ訳聖書」の定本として利用されている。(159)

つぎに聖書注解について。アルクインは、教父たちの注解書をもとに多くの聖書注解書を著した。トゥールに移ったかれは、アウグスティヌスの『ヨハネによる福音書講解』(Tractatus in Joannis Evangelium) は大部で難解であると訴える大帝の妹ギセラ(シェル(Chelles)の修道院長)のために、それを要約して、『ヨハネによる福音書注解』(Expositio super Johannem 七巻) としてまとめ、贈っている。かれはまた、弟子シグルフの求めに応じて二八〇の質疑応答の形式にまとめて『創世記注解』(Interrogationes et responsiones in Genesin) を著している。その他、ヒエロニムスの注解書をもとに、「ティトへの手紙」、「フィレモンへの手紙」の注解書を著し、またヨハネス・クリュソストモスの注解書のラテン語訳をもとに「ヘブライ人への手紙」の注解書を書き、さらに、アルクインとほぼ同時代のアンブロシウス・アウトペルトゥス (Ambrosius Autpertus 七八四没) の書簡の大半を取り入れて「黙示録」の注解書を著している。かれはまた、「エフェソの信徒への手紙」の注解書も書いたようであるが、散逸している。さらに、修道者のために、「詩編」の内容をまとめて『詩編の用法』(De Psalmorum usu) を書いている。(160)

このようにアルクインの著作様式は、カッシオドルスがヴィヴァリウムの修道者たちに勧めたように、教父たちの書を組み合わせる形をとっている。その場合、かれが手元においていたと思われる注解書は、ヒエロニムス、アウグスティヌスがおもで、とくに後者を多用している。その他、ヴィクトリヌス、大グレゴリウス、とくにアルクインと同郷の尊者ベダの書も用いているが、かれらはみな権威ある教父たちであった。アルクインはまた、アウグスティヌスが聖書注解の提要として推薦したティコニウス（Tyconius 四〇〇年頃没・ドナトゥス派のキリスト教徒）の『規則の書』（Liber regularum）も利用している[161]。

（2）聖書注解と自由学芸

a　聖書注解と文法学　カールは『学問の振興』において、聖書学習を奨励するだけでなく、「聖書を理解するための知恵」（in sanctarum scripturarum ad intelligendum sapientia）つまり聖書を正しく解釈しうるだけの基礎教養の修得と、教父たちの注解書を読解し編纂しうるだけの知識と能力を求め、かれみずから率先して自由学芸を学んだ。

かれは同じ『学問の振興』において、「聖書には、文彩や言い回し、その他これに類するものが含まれているが、だれでも、あらかじめ学問に精通していればいるほど、速やかにその霊的意味を把握する」として[162]、聖書学習における文法学の有用性を例示している。これは、アウグスティヌス以降の教父たち、アルクインが自由学芸論においてとくに依拠するカッシオドルス、イシドルスの態度であり、アルクインはかれらの衣鉢を継いで、聖書注解における自由学芸の重要性を指摘する。かれは、自由学芸論全体の序文ともいうべき『文法学』第一部において、自由学芸に取り組もうとする若者に対し「若いあなたたちは、年を重ね、魂がさらに理解力を強めて聖書の頂点に達するまで、毎日、この小道を駆けていかなければならない」と述べて[163]、自由学芸を聖書学習の予備知識として位置づけている。

一方、文法学と聖書注解との具体的な関連については、『文法学』の序文において十分強調したというのか、文法学そのものの説明においてはほとんどふれない。アルクインの『文法学』における文法学と聖書注解との乖離は、かれが『文法学』の編纂に利用したカッシオドルスの『聖・俗学教範』と比較してみれば歴然としている。カッシオドルスはアウグスティヌスにならい、聖書注解の基礎教養として自由学芸による知識の蒐集と知性の鍛錬とを指摘しているが、アルクインの文法学は正しい話し方、書き方を教える学問で、聖書注解の直接的知的訓練に寄与すると思われるギリシア、ローマの古典の解説は取り上げない。たしかに、若いころのかれは古典に親しみ、また、『文法学』においては若干の古典とくにヴェルギリウスからの引用もあるが、しかしそれは例文としてあげるだけで、古典そのものは文法学学習の対象とはなっていない。著書ではなく、実際の教授において教えたという確たる証拠もない(164)。

しかしかれ自身の聖書注解書からわかるように、かれが注解対象としているのは身近なラテン語訳の聖書であり、聖書注解の作業にしても、アウグスティヌス、ヒエロニムスなどラテン教父たちの聖書注解書にもとづく聖書の理解であった。そして、このレベルの注解活動に必要な当座の教養は、アルクインの初歩者向けの『文法学』が目指した「正しいラテン語」であり、またそれで十分であった。これが、アルクインの考えであったと思われる。もちろん、より高度な聖書注解を視野においていたことは言うまでもない。

b　聖書注解と修辞学

聖書と修辞学との関係についても、ほぼ文法学と同じような立場をとっている。アルクインの修辞学は、「上手に話すための知識」であり、統治者カールが市民的諸問題を取り扱うために必要な基礎教養で、聖書注解との直接的関連は明確ではない。しかし聖書との関連がまったくないわけではない。アルクインは、種々、例文をあげるなかで聖書のテキストを取り上げ、また裁判の証明における権威としてギリシア、ローマの人物と並んで聖書中の人物をあげているが、これは、聖書における種々の弁論の存在を暗示するとともに聖書への親しみを誘う。さらに修辞学論のむすびとなる徳論においては、キリスト教徒の知と行為における聖書の重要性を示唆している。

c　聖書注解と弁証論

つぎに、聖書注解に対する弁証論の役割であるが、ここでも修辞学の場合と同じく、聖書との関連は明言されていない。ただ、「定義」（definitio）の種類を列挙するなかで「詩編」から例をとっていることは、聖書と弁証論との関連を示唆するものかもしれない。さらにアルクインは、先述したようにイシドルスに倣い、哲学の分類は聖書にも見られると説明する。(165) そこには、明らかに、自由学芸に対する聖書注解の優位性、聖書注解のための自由学芸の効用が強調されている。要するに、聖書注解と弁証論は、それとして明言されていないとはいえ、知恵の探求という共通の内容、機能をもつものとして考えられている。(166)

さいごに、アルクインがアウグスティヌス、カッシオドルス、イシドルスの系譜に立ち自由学芸を聖書注解の基礎教養として位置づけながらも、かれらと違って、聖書注解における自由学芸の役割を具体的に聖書の文章をあげて例示しないのはなぜだろうか。そのわけは、アルクインによる自由学芸論の直接目標の違いにあるように思われる。アルクインが直接めざすのは、『文法学』では「正しいラテン語」という文法の初歩的部分であり、『修辞学』、『弁証論』では実務的知識である。また、かれが念頭においていたのはメロビング期の知的混乱、蒙昧さを振り払おうとする人々で、かれらの知的レベルに合わせて先賢の知的教授以前の初歩段階の教えからはじめようとしているのである。

VIII 説教と自由学芸

カールはまた、種々の回章その他をもって、司教、司祭たちに対し、民衆教化のための説教の義務を想起させたが、とくに注目されるのは、司教たちに対し司祭の説教に配慮するように求める『一般訓戒』第八二条である。かれはそこで、つぎのように述べている。「いとも親愛にして尊敬する、神の諸教会の司牧者にして指導者たちは、諸教会をとおして神に仕える民を指導し説教するために派遣した司祭たちが正しく誠実に説教するように配慮されよ。そのだれかが、聖書にもとづくのではなく自分の考えに従って、新奇なことあるいは正統でないことを、民衆に説教するままに放置してはならない」[167]。

カールがとくに司祭の説教について注意を促したわけは二つある。ひとつは、司祭の知的教養と道徳的資質の向上を促すことにある。司教の資質さえ不確かな当時にあって、まして一般司祭の程度の低さは想像に難くない。そのためカールは、『一般訓戒』のさいご(第八二条)に、説教をより容易にし、また正統信仰からの逸脱を予防するための説教の見本として、主要な信仰箇条と、守るべき掟、避けるべき悪習を列記している。もうひとつのわけは、司教たちに司祭たちの説教の権能を認めさせることである。司祭による説教は、アウグスティヌスの例もあるようにすでに五世紀から実践されつつあったが、しかし司教たちのなかには、説教を独占し、配下の司祭たちに説教を許さないものもあった。アルクインは、カールに助言して、こうした司教の悪習を正そうとしているのである[168]。

ところでアルクインは、『修辞学』において説教のための修辞学を提示しているのだろうか。かれの修辞学論にはそうした関連は見られない。修辞学論においてアウグスティヌスを多用したアルクインが、修辞学的諸要素を説教に応用した『キリスト教の教え』第四巻を知らなかったはずはない。アルクインは、説教と修辞学との関連をあえて無視している。正確には、両者の関連はかれの『修辞学』執筆の目的外にある。先述したように、かれが『修辞学』を著したのは、世俗の統治者カールの求めに応じて、その職責に必要な知識を提示するためであり、かれの修辞学論が法廷弁論中心となっているのはそのためであった。さらにアルクインの『修辞学』は、カールを含め修辞学にはまったくの初歩者向けに書かれたことを思うとき、修辞学の説教への応用という段階にまでいっていない。

Ⅸ　学校教育と自由学芸の提要

とはいえ、アルクインが提示する自由学芸は、初歩段階にとどまるものではなく、むしろ出発点であった。カロリング文教政策のひとつの重要な柱は学校教育の推進であり、アルクインの自由学芸論も、学校教育による知的上昇を前提とし、その「提要」（Manuale）として書かれていることを忘れてはならない。

カール大帝は、『一般訓戒』において学校の開設と教授内容を指示し、つぎのように述べている。「〔司祭たちは〕農奴身分の子どもだけでなく自由身分の子どもたちをも自分のもとに集め、生活をともにさせよ。そして、子どもたちが読み方を学ぶための学校を開設せよ。また、それぞれの修道院や司教の館において、『詩編』、記号、歌唱、暦の算定法、文法学を［教えよ］[169]。また『学問の振興』においては、学問の教授、学習を勧告し、「司教の館および修道院において……学問の修業も行われ、神の恵みにより学習の能力を与えられたものには各自の能力に応じて教えるよう配慮することが望ましい……」と述べている。[170] さらに『一般書簡』においては、つぎのように勧告する。「われらの先輩たちの怠惰によりほとんど忘れ去られた仕事場を、学問のたゆまない研鑽によって修復すべく努力し、あたうかぎりの人たちが、予の模範にならい、自由学芸の学習に精励するように勧める」[171]。

こうしてカールは、小教区においては、聖職者育成をめざして能力ある子どもたちに読み書きを教える初歩教育の学校を開設し、司教座教会、修道院ではより進んだ教育を励行し、それによって聖職者の学識を高め、かれらが典礼、洗礼、聖体（ミサ）、聖歌を正しく施行し、説教をもって民衆を唯一の真の宗教に導き、こうして帝国の宗教的、文化的向上と統一に寄与することを求めたのであった。

これに呼応して教会の指導者たちは、各地に宗教会議を開催して（たとえば、八一三年のアッティニー、八二五年、八二九年のパリなどの宗教会議）公私の学校の設置に努めた。しかしカロリング朝自体の内紛という障害もあり、宗教会議の決議が繰り返し発せられたことから推察されるように、期待したほどの成果は得られなかったが、西方の学校教育史に一時期を画したことはたしかである。[172]

カールの文教政策の立案と施行に関与したアルクインは、先述したように、カールの宮廷、トゥールの修道院でみずから教え、また教えさせた。そして自分だけでなくあとに続く人々のためにも、一部ではあるが、その内容を「提要」（教科書）としてまとめた。これが、かれの自由学芸の三学の書である。まずかれの『文法学』は、その内容のほとんど全部をドナトゥス、プリスキアヌス、カッシオドルス、イシドルスなどから取り入れているが、しかしそれは、若干の批評家たちが述べたように、単なる寄せ集めではない。本来、教科書というものは、各時代の流れ（需要）のなかで精錬され、価値あるものとして評価の定まった文化内容を選択し、学習者のおかれた知的、社会的需要に合わせ、その知的レベルに応じ、かれらの興味、関心に適合した仕方で伝達するものである。アルクインは、死語であった古典ラテン語学習の困難さをよく見通し、先賢の文法書の内容を取り入れながらも、あくまで生徒の必要、理解に即したレベルの内容に限定し、その配列においても、縮小ないし拡大、敷衍しながら、簡便かつごく初歩的な文法書に仕上げている。今日の批評家たちが、アルクインの『文法学』の内容の幼稚さを非難するのもわかるが、しかしかれが意図する教授内容、対象から見た評価もあって然るべきではなかろうか。

また、アルクインが用いる教授方法は、一方的に強制し注入する方法ではなく、質疑応答の方法をとる。かれによると、「上手に質問することは、教えることである[173]」。先述したように、『文法学』第一部は教師と生徒との対話であるが、『文法学』の本論（第二部）では生徒同士のいわば相互教授の形式をとり、教師が介入するのは難解な、原理的な説明を要する場合だけである。また教師は、時として、当時流行した謎歌、語呂合わせなどをもって、生徒の緊張をほぐすこともある（それはとくに、アルクインの『ピピンとその師アルクインとの対話』(Disputatio Pippini cum Albino scholastico) に顕著である[174]）。もちろんこうした質疑応答による教授方法は、アルクインが発明したものではない。すでにピュタゴラス以下、古代の教師たちが用いた方法で、アルクインが傾倒したアウグスティヌスも、とくにカッシキアクム時代の（自由学芸と哲学の）教授および著作において学習者との質疑応答の方法をとっている。おそらくアルクインは、こうした方法を直接的には、ドナトゥスやプリスキアヌスとくにアングロ・サクソンの教師たちから受け継いだのであろう[175]。

かれの『修辞学』も、内容の選択と配列、教授方法において、『文法学』に劣らず教科書的な書である。『修辞学』の内容は、一応、伝統的内容をふまえながらもそのままは踏襲せず、学習者カールの関心、必要を中心に編纂されている。たとえば、アルクインが依拠するカッシオドルス、イシドルスは、三種類の弁論についてほとんど同等の説明を加えているが、アルクイン自身は、とくに裁判と行政文書に関心をもつカールに合わせて、演示弁論は名称だけにとどめ、議会弁論とくに法廷弁論を中心に説明している。また修辞学の五つの部分について、カッシオドルス、イシドルスは各部分についてほぼ同等の説明を加えたのに対し、アルクインは議会弁論、法廷弁論に素材を提供する「構想」については詳しく説明しながら、これら二弁論とほとんど無関係な他の要素、とくに「配列」、「表現」は、読者が忘れたころになって、やむなく取り上げるだけである。これはあくまで、カールの実利的関心に応えようとするアルクインの教育的配慮の表れである。

また弁証論についてもアルクインは、弁証論は本来、理性の働きを規制する合理的な学問であると承知しながらも、その基本的手段である三段論法は取り上げない。カロリング期の異端論争を見ればわかるように、当時の学者たちは「反駁」、「立証」においては弁証論による理性の秩序に従うのではなく、教父たちの種々の定義、文章を多用することによって自分の理論を権威づけようとしたが、アルクインも同じ方法を用いている（カロリング帝国で本当に哲学らしいものが取り扱われ教授されるのは、ヨハネス・スコトゥス・エリウゲナ（Johannes Scotus Eriugena 八一〇頃—八七七以降）からである。要するに、アルクインの『弁証論』は、大体において、学問の体系的専門書というよりも、学習者カール（とかれを補佐する教養人）の知的需要と関心に即して書かれた「提要」である。

X 「鑑」としての自由学芸論

とはいえ、アルクインの三学は単なる教科書ではない。人間形成という点では教科書以上に教育力をもつ、

「鑑」（speculum 教訓書）でもある。アルクインは学者であるまえに熱心な修道者、すぐれた教育者であり、その著作にもおのずからキリスト教的人生観、人間観が反映されている。もちろん、「鑑」という類の著作はアルクインに始まるものではなく、古代から存在した。しかしカロリング期のアングロ・サクソン人で「鑑」を書いたのは、アルクインが最初である(176)。

かれの自由学芸論が「鑑」としての性格をもつことは、かれがとくに依拠したカッシオドルス、イシドルスの自由学芸論と比較するとよくわかる。後者ふたりの自由学芸論は、学問だけをいわば客観的視点から取り上げているのに対し、アルクインの自由学芸論は、学問だけでなく、学習者の立場からいわば主観的に取り扱われている(177)。

かれはまず、『文法学』の序文において自由学芸全体について述べると同時に、自由学芸学習の目的、学習態度についてもふれている。それによると、自由学芸学習の目的は、単なる知的基礎教養の修得ではなく人生の究極目的である神の知恵に到達することであり、自由学芸の科目を示す七という数も、知識の範囲を示すというより神の知恵に到達するための七段階つまり完全な歩み、上昇を示す（c. 853C）。たしかに、ここまではカッシオドルス、インドルスも説明する。しかしアルクインはこの教えを実生活に引き込んで、学習者は、自由学芸学習の目的を取り違え、名誉や人々の称賛、権力、富の獲得など、神以外のものをめざしてはならないと言い、魂の浄化を促す（c. 851C）。

アルクインはまた、学習者に内在する能力を自覚させ、自信をもたせようとしている。学習者は、幼少であるとはいえ、神の姿に似せて創造された理性的存在であり、本性的に真理、善への渇望とそれに到達するだけの能力を、いわば火打石が火を内包するようにして、自分のなかにもっている。一方かれは、学習能力の開発における教師の役割にも注目させ、学習者のとるべき基本的な態度を勧告する。それは、自分の無知の自覚とそれにもとづく謙虚さ、教師の指導に対する信頼と従順であり、また初心者がたどるはずの段階的、漸進的学習における忍耐である。[178]

修辞学、弁証論の説明において、「鑑」としての性格はいっそう明らかになる。かれの『修辞学』は、対話者がカール大帝であるところから、のちにカロリング期の「君主の鑑」のひとつと目された。アルクインは、修辞学の起源における「偉大な知者」——体力にまかせ、暴力をもって支配されていた社会を、理論と話をもって睦ませ、平和をもたらした——を取り扱うことによって、統治者としてのカール（とかれを補佐する人々）に呼びかけ、その責任の重大さを自覚させようとしている。かれはまた、修辞学の内容の説明ではとくに「市民的諸問題」の解決のための裁判について詳述し、裁判における公平、正義を強調しているが、こうした配慮には、かれの『修辞学』が、単にカールの知的関心に応える教科書であるだけでなく、かれの宗教的、道徳的形成をめざす「鑑」でもあることが示唆されている。

さらにアルクインは、その修辞学論に加えて、『修辞学と諸徳についての対話』という標題のもとに、統治者カールが身につけておくべき諸徳について説明する。たしかに、古来、弁論家は「はなしに長けた善良な人」（vir bonus loquendi）つまり有徳の人とされてきた。しかしアルクインは一般の徳について述べるのではなく、あるいは弁論術一般における徳論といういわば抽象的な叙述ではなく、カールの質問に答える形で個人的な訓育を与えようとしている。アルクインが記憶の増進方法について訊ねられ、突如として、泥酔をとりあげていることは、かれがいかにカールの道徳的生活の改善を念じていたかを示すものである。[179]

さらに、かれの『弁証論』は『修辞学』と一体を成すもので、『修辞学』における「鑑」としての要素を保持し延長している。実際、かれは『弁証論』において哲学について説明しながら、哲学をキリスト教的に解釈して、

「生活の正しさ、よく生きるための努力、死についての瞑想、世俗の軽視」と説明し、だからこそ哲学は、世俗の野心を棄て未来の祖国を目指すキリスト教徒にふさわしい学問であると定義する。こうして見ると、かれの自由学芸論は、単なる学問体系の専門書ではなく人生そのものを解明する書であり、神の知恵に到達しようとする人間のあり方を教示する「鑑」であるとも言える。さいごに、アルクインの自由学芸論における教科書としての実践的知的要素と「鑑」としての道徳的要素は、とくに、かれの直弟子であったラバヌス・マウルスの『聖職者の教育』(De institutione clericorum)において継承され、以後の自由学芸史に新たな要素をもたらすことになる。

おわりに

以上、アルクインの自由学芸論の中心資料となったカッシオドルス、イシドルスの自由学芸論と比較しつつ、その独自性を探ってきた。さいごに、アルクインの知的形成に重要な影響を与えたアングロ・サクソンの教養と比較しつつ、かれの自由学芸論の独創性をいっそう明らかにしたい。結論から先に言うと、アルクインの自由学芸は、かれ以前のあるいは同時代のイギリスの島々の自由学芸の引き写しではなく、大陸の人々の知的需要に即した発展的な自由学芸であったということである。

アングロ・サクソンにおける自由学芸については、すでにアルクインが受けた教育のなかで少しはふれたが、ここでは、アルクインに近い七、八世紀のアングロ・サクソンにおける自由学芸伝統の代表として、アルドヘルムとベダの自由学芸を取り上げたい。マームズベリの修道院長アルドヘルム(Aldhelm 六四〇頃―七〇九)は、テオドルスとハドリアヌスに師事した。かれは一応、自由学芸全般にわたって学習したようであるが、しかしそれは、マルティアヌス・カペラ、カッシオドルスにおけるような自由学芸の順序と内容に従ったものではない。ベダによると、アルドヘルムは広範な文学的教養を身につけていたと言われているが、しかしアルドヘルム自身が実際に興味をもったのは文法学だけである。かれは、とくに古典の詩文、数意学に関心をもち、かれが残した知的業績といえば、自然あるいは聖書の内容を題材に、古典の詩文体と数意学をもって著した『トゥッルスの謎歌』(Aenigumata Tulli)、あるいは修道者としての諸徳の実践と知的活動を奨励し、大陸の女子修道院に多大な影響を与えた『処女性について』(De virginitate) などがある[180]。

一方、ジャローの修道者ベダ(Beda, Venerabilis 六七二/六七三―七三五)は、ウェアマスのベネディクト・ビスコプ(Benedictus Biscop 六二〇―六九〇)とジャローのケオルフリド(Ceolfrid 七一六以前)に師事した。ベダは、聖書注解の基礎教養として自由学芸を勧めた大グレゴリウスの教えは知りながら、むしろ自由学芸に対するかれの警戒心を引き継いでいる。その証拠に、かれはカッシオドルスの『詩編注解』(Expositio in Psalmos) は取り上げても、アルクインが自由学芸論の編纂に多用したカッシオドルスの『聖・俗学教範』についてはなにもふれない。実際、ベダの最大の業績は聖書注解である[181]。

要するに、アルドヘルムもベダも、聖書注解に直接利用可能な文法学だけは重宝しているが、修辞学と弁証論は危険視している。かれらは、修辞学はことばの操作をもって人心をたぶらかすとしてこれを排除し、弁証論は安易に人間理性中心の推論を重ねることにより人々を異端(とくにペラギウス主義の復活)に誘うとしてこれを避けた。また数学的諸学科については、聖歌の歌唱、指算、教会暦の算定法を中心に、いわば教会典礼に役立つ実践的要素だけを取り扱い、理論的説明は学んでいない。こうして見ると、アングロ・サクソンの自由学芸は、キリスト教とともに導入された教父アウグスティヌスによるキリスト教的自由学芸で、より直截的に言うと、聖書注解と典礼を目的とするいわば修道院的自由学芸と名づけうるものであった。

これに対して、アルクインによる自由学芸論は、究極的には、アングロ・サクソンの修道院的自由学芸と同じく聖書注解をめざしながらも、修道院的自由学芸において無視ないし軽視された文法学における世俗的要素、また修辞学、弁証論を復活させ、宮廷とその周辺の若者たちに手ほどきするものであった。まず、修道院的文法学では、伝統的文法学における「ことばの術と古典の解説」という二要素のうち、聖書注解のための古典ラテン語の学習と聖書の「解説」を重視したのに対し、アルクインの『文法学』は、古典（詩人）の解説は無視して、より正確には先送りする形で、ことばつまり古典ラテン語の学習に終始している。しかしかれによる古典ラテン語の学習は、修道院的自由学芸の射程を超えて、世俗的用途をめざすものであった。アルクインがフランクの若者たちに古典ラテン語の学習を奨励したのは、当時の大陸の若者たちがラテン語訳の聖書の読解に必要なラテン語に無知であったということのほかに、当時の社会、政治全体にわたる文書による支配、統治に必要とされた、帝国全体に共通の、しかも豊富な語彙、表現をもつ言語の需要に応えるものであった。こうしてアルクインの『文法学』は、従来の聖書注解の道具としての文法学の役割は維持しながらも、『修辞学』、『弁証論』とともに、「文書作成術」（ars dictaminis）、あるいは「書簡術」（カッシオドルスの『書簡集』によって準備されていた）を生み出すことになる。

さらに重要なことは、アルクインの自由学芸には聖書注解を主とする修道院的教養では学習されなかった修辞学が正式に取り扱われていることである。本来、市民的事柄について雄弁に語ることを目的とする修辞学は、アウグスティヌスによって説教に応用されたが、「神のみことばを人間のことばに従属させる」ことを嫌う大グレゴリウスにならうアングロ・サクソン人のもとでは、無視されていた。しかしアルクインは、統治者カールの要望に応じて、かれの質問に答える形で『修辞学』を著し、修辞学本来の政治的機能を復活させている。同時に、かれは、カッシオドルス、イシドルスにおいてさほど重視されなかった古来の修辞学と倫理および政治との結びつきを再認識させることによって、中世における「鑑」文学の隆盛に一役買ったことになる。

修辞学について言われたことは、弁証論にも当てはまる。アルクインは、修辞学と弁証論は内容的に一体を成すと考えている。伝統的自由学芸における弁証論は雄弁家の判断の正しさを保障するものであるが、思考、行動の基準として神の啓示をもつアングロ・サクソンの修道者にとって、弁証論はまさに「出エジプト記」にある「ブヨ」のような障害物であり、かれらはこれを放棄したのであった。しかしアルクインは、その自由学芸教授において人々の言行における真偽を見分けさせる弁証論は、ついには人々をして神の知恵に与からせる学問であるとして、その有用性を説き、復活を図っている。M・ロジェは、アングロ・サクソン人で弁証論を学んだ最初の人物はアルクインであるとまで言っている[182]。しかし数学的諸学科についてアルクインは、教会典礼に即応して、四科を数意学、暦の算定法に限定したアングロ・サクソンの修道院的教養の枠内にとどまっている。ただ、アルクインの四科には、教会的視点に加えて、カールをはじめカロリング期知識人の、とくに天文学に対する知的好奇心を反映している点が注目される。

こうして見ると、ヨークの修道院的教養のなかで育成されたアルクインは、受けた修道院教育の範囲を超えて伝統的、本来的な自由学芸を指向しながらも、これに新たな方向づけを与えている。かれの知的方向が明確に打ち出されるのは、彼がカロリングの人々の政治、社会における知的・宗教的需要に目覚めてからである。かれは、ギリシア、ラテンの知的世界の外で育ったカロリングの若者たちに「正しいラテン語」からはじめて、伝統的な自由学芸を習得させようとして、かれが以前から親しんでいたとりわけ簡便なカッシオドルスの『聖・俗学教範』、イシドルスの『語源誌』の内容を初心者向けに再編しつつ、従来の聖書注解という目的を維持する一方、一般的、世俗的用途に向けることによって先賢の自由学芸論に新たな展開を与えている。その意味で、アルクインの三学は中世教養史に重大な一時期を画する「カロリング・ルネサンス」の入り口に立ち、それに続く他の「ルネサンス」への道を開くものであった[183]。

第四章　ラバヌス・マウルスによる自由学芸
――『聖職者の教育』を中心に――

はじめに

アルクインが「カロリング・ルネサンス」の立役者であったとは言っても、かれは種を蒔いたにすぎず、芽生えた苗を育成し開花させていったのは次世代の多くの弟子たちであり、その代表者のひとりが、これから取り上げるラバヌス・マウルスである。

実際ラバヌスは、師アルクインがカール大帝の宮廷、トゥールの修道院で教授し勧告したことをゲルマニアその他に普及させることによって、多少の語弊はあるが、「ゲルマニア第一の教師」（primarius praeceptor Germaniae）と呼ばれるに至っている。かれは、アルクインと同じくギリシア語の知識は乏しく、その読書はラテン語文献に限られていたとはいえ、アルクイン以上に多くの教父たちの著作を読み、かれらの教えを蒐集し伝達することによって、ゲルマニアだけでなくフランク王国全体に多大な影響を与えた。

したがって、自由学芸の歴史的研究を進めるわれわれとしては、アルクインの自由学芸に次いで当然ラバヌスの自由学芸論に興味をそそられる。結論から先に言うと、ラバヌスは師アルクインが継承してきた自由学芸の古典的、体系的学習はさほど重視せず、むしろ実践的、実用的な要素の学習を強調し、こうして中世の自由学芸に新たな発展と同時に制約をもたらしたと言える。以下、代表的著作と目され、またかれの最終的な学問観を示す『聖職者の教育』(De institutione clericorum)を中心にかれの自由学芸観を見ることにしたい。

I ラバヌス・マウルスの生涯

まず、ラバヌスによる自由学芸観の背景として、かれの生涯と著作を取り上げることにしよう。ラバヌス・マウルス(Rabanus(あるいは Hrabanus)Maurus 七八〇/八一—八五六)は、七八〇年ごろマインツの貴族の家庭に生まれ、七八八年ごろ、両親(父 Waluram, 母 Waltra)によって「修道者になるべく予定されたもの」(puer oblatus)としてフルダの修道院に預けられた[1]。

フルダの修道院は、ザンクト・ガレン(七二〇年頃創設)、ライヘナウ(七二四年創設)とともにゲルマニア王国における三大修道院のひとつで、その起源には、アングロ・サクソン出身の宣教者ボニファティウス(Bonifatius, 本名 Winfrid(Winfrith)六七二頃—七五四)によるゲルマニア伝道がある。チューリンゲン、バイエルン、フリースラント、ヘッセンに宣教したかれは、宣教地の教会を組織し改編するなかで、キリスト教宣教および開拓の拠点となる修道院の必要性を痛感し、その建設を同郷の弟子ストルミウス(Strumius あるいは Sturmus 七七九年没)に委ねた。ストルミウスは七四四年、ブルコニア(Burchonia あるいは Burchovia, 今日の Hersfeld の近く)の森のなかに庵を建て、七人の修友とともに修道生活に入ったが、ザクセン人の迫害に悩まされ、七四七年、カルロマン(Carloman)が寄進したフルダ河畔の土地に正規の修道院を建設し、「ベネディクト会則」をもとに本格的な修道生活を始めた。七五一年、この修道院はザカリアス教皇によって司教裁治権免除の特権を与えられて教皇直属の修道院として独自の発展を遂げ、さらに、宣教に殉じたボニファティウスの聖遺骸を安置することによって主要な巡礼地となり、地方の宗教生活の中心となった。また王侯、貴族たちの援助、寄進などを得て知的、宗教的、物的にますます栄え、七七九年、創設者ストルミウスが他界したころは、近郊の子修道院を含めて四〇〇名の修道者を擁する大修道院を形成していた。(2)

ストルミウスの跡を継いで第二代修道院長に就任したのは、バウグルフス（Baugulfus 八〇二年に退任）であるが、かれの名前は、七八七年のカール大帝の『学問の振興』（De litteris colendis）によって歴史学者にはよく知られている。この回章は、聖職者、修道者また世俗の指導者たちに対し、民衆の啓蒙に役立つだけの宗教的教養の修得を勧告するもので、帝国の司教、修道院長に配布されたが、バウフルフスあての写本だけが残っている。なおカール大帝は、二年後の七八九年の回章『一般訓戒』（Admonitio generalis）をもって各修道院に学校の設置を求め、これを受けて、八〇二年のアーヘンの宗教会議はその学習課程を提示している。(3) 要するに、当時の大方の修道院がそうであったが、フルダの修道院は、創立当初からラバヌス・マウルスの時代をとおしてゲルマニアにおける宗教生活、開拓事業の中心であっただけでなく、とくにキリスト教伝道と伝道者育成の知的中心でもあった。フルダ修道院のこうした特徴は、ラバヌス・マウルスの霊的、知的活動を理解するうえで重要である。

フルダの修道院で初歩教育を受けたラバヌスは、「自由学芸を学ぶため」つまり教養教育を受けるため、修友ハット（Hatto 綽名は Bonosus）とともに、すでにトゥールの修道院に引退し「修道者のための公の学校を主宰していた」アルクインのもとに送られた。(4) 一説によると、ラバヌスはそれ以前にカールの宮廷学校に学んだこともあったと言われるが、疑わしい。(5) それはとにかく、かれの遊学と、さきの回章に見られるようなカール大帝の文教政策とは無関係ではなかろう。

ラバヌスのトゥール遊学については、だれがかれを送ったのか、その期間はどれぐらいであったのか、かれの生年そのものが未確定であるため断定はむずかしい。遊学期間をもっとも長く伝えるのは、かれの生年を七七八年とするラバヌスの伝記作者トリテミウス（Trithemius）である。それによると、ラバヌスは一八歳から六年間トゥールに遊学したと言われるが、この数字はラバヌス自身の年譜や周辺の出来事の数字と合致せず、この説をとるものはいない。その他、バウグルフスが送ったのであろうと言うものもいる。しかしバウグルフスの院長職の末期には修道院内に紛争があり（八〇一―八〇二年）、そうした権威の行使は困難であったとも思われる。今日では、第三代の修道院長ラトガリウス（Rathgarius 在任八〇二―八一七年）が送ったという説が有力である。しかしその場合も、ラバヌスの遊学期間が短すぎるとして（八〇四年にはフルダに帰着しているので）、またこの修道院長が知的活動よりも建築狂であったことを指摘し、異を唱えるものもいる。しかし知的、宗教的活動を軽視しがちであったラトガリウスも、修道院長就任当初は教育にも熱心だったようで、カンディドゥスを宮廷学校に送ってアインハルトのもとで学芸を学ばせ、またモデストゥスにはクレメンス・スコトゥス（Clemens Scotus）から文法学を学ばせたほか、留学後のラバヌスをフルダの学頭に任命している。これらのことから考えて、ラトガリウスによる派遣の方がより真実に近いかもしれない[6]。その場合、ラバヌスのトゥール留学の期間は、八〇二年から一年余、最大二年であったと思われる。八〇四年に死去するアルクインは、それ以前にかれのもとを離れフルダの学頭として活動しつつあったラバヌスに対し、励ましの書簡を送っているからである[7]。

ラバヌスによると、アルクインは神のみことば、道徳の規則、知恵にいたるすべてのことを教え、一方ラバヌス自身は、「師が口ずから教えたことは、何であれ聞き漏らすまいとして羊皮紙の断片に書きとめ」、のちフルダでの教授に利用した。かれは心からアルクインを慕い、「かつて師アルビヌス〔アルクイン〕が教えてくれたことをわたしは心に留め、わたしのすべての著作がこれを証明している」と述べている。[8] 一方、アルクインもまたラバヌスに惹かれ、西方修道制の父ベネディクトの愛弟子マウルス（Maurus）の名前を綽名としてかれに与えたほどである。たしかに、ラバヌスに対するアルクインの指導は短期間ではあったが、両者の知的情熱、師弟愛は格別で、ラバヌスの知的、霊的活動に決定的な影響を与えている。トゥールにおけるラバヌスについて、伝記作者トリテミウスは称賛と誇張を込めて、つぎのように述べている。「かれは、教師たちが自由学芸と呼ぶ七つの学芸を修得し、聖・俗の伝統によるすべての知識において、かれの右に出るものはなかった。実際、かれは、文法学、修辞学、論理学、算術、幾何学、詩学、音楽、天文学、占星術、自然学、形而上学、哲学、神学に造詣が深かった」。[9]

フルダに戻ったラバヌスは、修道院長ラトガリウスによって修道院学校の教師に任命され、すでに八〇四年には活動を開始している。ラトガリウスがかれに求めたのは、「修道者たちの学校を指導し、アルビヌスから学んだ教授法をフルダでもそのまま使用する」ことであった。[10] 伝記作者トリテミウスは、ラバヌスの教授内容について、つぎのように伝えている。「ラバヌスは、聖・俗の生徒たちの年齢、才能に応じて、あるものには文法学を、あるものには修辞学、あるものにはより高度な聖・俗の哲学の書を、各自の望みに応じて惜しみなく教えた……かれは、生徒として迎えたすべてのものに、韻文のほかに歌唱を、また必要に応じた書き方を教えた」と言い、[11] さらに、「かれ〔ラバヌス〕は世俗の学問を聖書の奉仕に振り向けた……そのため、かれらを文法学、弁証論、修辞学、算術、幾何学、天文学、音楽、詩学に精通させ、こうして準備されたかれらを聖書の学問へと導いた」と伝えている。[12]

しかしラトガリウスはのち、カロリング期の建築熱に浮かれて修道者たちの教養よりも修道院と付属施設の建築に熱中し、その結果、学識ある修道者たちは修道院長の態度に反抗し、逃亡したものもあったという。ラバヌスも、教授や著述に用いる貴重な抜粋集、注釈集を取り上げられた。また、修道者たちの疾病などもあって（八〇七年の熱病では、修道者の数は四〇〇名から一五〇名に減じたとも言われる）、かれは学頭任命から数年後には教授を中断しなければならず、学校そのものが存亡の危機に瀕したようである。[13]

この知的危機は、アーヘンの宗教会議（八一七年）が修道者たちの訴えを容れてラトガリウスを退任させ、アイギリス（**Eigil, Aeigil, Aegil** 在任八一八―八二二年）が修道院長に就任することによって収拾され、同時に、学頭ラバヌスの教授、著述活動も再開された。このころフルダでは、学生の数に応じて学校の規模も拡大され、トリテミウスによると、「かれ〔ラバヌス〕は、ゲルマン人のなかで最初に、修道者のための公の学校を開設し、修道者だけでなく多くの世俗の生活を送る人々も、そこで学んだ」という。[14]

ラバヌスはフルダの修道院学校にトゥールの伝統を持ち込み、これを手本にフルダの学校を組織した。こうして、伝記作者トリテミウスによると、フルダでは、教師たちのなかから選ばれた少なくとも一二人の修道者が教師団を構成し、かれらは、「長老」（**seniores**）という名称のもとに修道院長の顧問の役割も果たした。さらに「主任」（**principalis**）と呼ばれるもうひとりの一三番目の教師がいて、生徒たちの学習課程を教師たちに指示し、教師たちは、修道院長のつぎにこの「主任」に対して服従の義務があった。[15]

さらに知的活動に必須の図書室も、各地から蔵書を取り寄せることにより、また写字室の活発な活動によって充実していった。なおフルダの写字室の入り口には、写字に際しての心構え、態度をしるしたトゥールの写字室と同じ碑文が掲げられていたという。[16]

フルダの学校は、ラバヌスが学頭、修道院長であったころ最盛期を迎えた。各地の修道院長たちは修道者をフルダに送って学頭として教育してもらい、それぞれの学校を開設しあるいは活発にしていった。こうしてフルダ近隣の修道院は、フルダ出身の教師たちを迎えて新たな知的中心となっている（当時は、俗人が修道院学校で教えることはなく、各修道院の間で修道者の教師を融通しあった）。

後代、著名になったラバヌスのおもな弟子たちをあげると、ヴィッセンブルクの詩人オトフリート、東フランキア出身のフルダの修道者でフルダとライヘナウの学頭になったワラフリド・ストラボ（のちライヘナウの修道院長になり、詩文学、聖人伝作者、歴史、典礼、聖書注解書など多様に知的活動を展開した）、同じく東フランキア出身の修道者でヒルスザウゲの学頭になったヒルドゥルフ、マインツの大司教カロルス、ザクセン出身のフルダの修道者でヒルデスハイムの司教になったアルフレド、ハルバーシュタットの司教ハイモン、ザクセン出身のフルダの修道者でリジューの司教になったフレクルフ、初期中世の代表的な知識人オーセールのヘリク、ヴィエンヌのアドを育成したフェリエールの修道院長ルプス（人文主義を標榜する教養人で、文法学、聖書、神学に秀で、王や有力者の顧問を務め、また多くの弟子を育てた）、フルダの学頭カンディドゥス、ヒルスザウゲの修道院長ルートベルトなどがいる。その他ザクセン出身のゴデスカルクス（Godescalcus, Gottschalk あるいは Godescalc 八六八―八七〇頃没）は、幼児期に奉献されたフルダの修道院を去ろうとして、親による奉献と成人後の子どもの自由意志とをめぐって、ラバヌスと激しい神学論争を戦わすことになる。かれはその宗教上の学識、詩才から見て、カロリング期教養を代表するひとりであることはたしかである。その他、学問の才能に恵まれないものもフルダに来て、写字、美術、装飾を学んだ(17)。

こうした隆盛のなか、アイギリスの死後、ラバヌスは修道院長に選出された（八二二年）。修道院長になったかれは、修道院の知的、霊的生活の充実に努め、領地の取得、教会の建築、聖遺物の収集などにより修道院資産の拡大を図った。また、かれの執筆活動の資料にもなる多数の写本を集め、写字室の活動を活発にした。それは八二四年から八三六年の修道院関係の文書などから明らかで、この頃、フルダの修道院は知的、霊的に最盛期を迎えている。

フルダの修道院および学校の隆盛は、ルートヴィヒ敬虔王（Ludwig der Fromme 在位八一四—八四〇）による文教政策に呼応するものであった。というのも、ルートヴィヒはアニアヌのベネディクト（Benedictus Anianensis 七五〇頃—八二一）の勧告のもとに、八一三年から八一八年にかけて数次の全国集会をアーヘンに招集して教会改革をめざし、学校の開設を求め、これに応えて、八二二年アッティニーに集まった司教たちは、司教座教会のそばに学校を開設することを約束し、大規模な司教区ではその他の場所にも開設することにしている。とはいえ当時の知的状況下での学校開設は容易なことではなく、王は八二五年、司教たちに約束の履行を迫っている[18]。こうした王の政策にラバヌスが無関心であったとは考えられない。かれは、高名な学究者としてまた王国屈指の大修道院の院長として聖・俗の権力者と文通があり、顧問の役割を果たしていたからである。

八四二年、一部の修道者の不満もあってラバヌスは修道院長の座を退いた。その真因は明確にはしがたいが、政治的要因が大きかったようである。かれは政治活動には一線を画しつつも、つねに王国の統一と平和を願い、ルートヴィッヒ敬虔王と王子たちとの争いでは（八二九—八三五年）つねに王を支持した。王の死後（八四〇年）、ラバヌスはやはり王国の統一を願ってロタール一世（Lothar I 在位八四〇—八四三）の側につき、ロタールとルートヴィヒ・ドイツ王（Ludwig der Deutsche 在位八四三—八七六）との争いでは前者を支持したが、これが勝者の不興を買ったようである。つまりロタールがフォントノワの戦いで兄弟たちに敗れたあと（八四一年）、ラバヌスはおそらく新体制と妥協するのを好まず、またほかにとるべき方策もなく、フルダに近いペテルスベルク

（Petersberg）の修道院に隠退した。しかし、かつての学友ハットがかれの後を継いで修道院長になったこともあってフルダの修道院とは交流を保ち、閑暇を利用して一連の書を著した。そのうちもっとも著名な書が『事物の本性』（De rerum naturis）である。[19]

しかし、静寂な時期は長くは続かなかった。ラバヌスは、フランクの君主、聖職者、民衆の推挙によってマインツの大司教に任命されたからである（八四七年）。そこには、この高名な碩学とよりを戻そうと願うルートヴィヒ・ドイツ王の働きかけが大きかったようである。ラバヌスは、自分の性向に向かないこの役目を不承々々、引き受け、先にあげた主著のひとつ『事物の本性』をルートヴィヒ・ドイツ王に贈り、誤りがあれば修正してくれるよう依頼している。[20] 宗教的にはもちろん政治的にも影響力の強いこの大司教職において、ラバヌスは、三つの宗教会議（八四七、八四八、八五二年）を開催している。かれは俗権と協調しつつ、デーン人によって破壊されたハンブルク、ブレーメンの司教座をめぐる混乱を鎮め、ゲルマニアにおけるキリスト教の伸展に努めると同時に、より北方（シュワーベンなど）で活躍するキリスト教伝道者を支援し、かれらに自他の著作を送って激励している。こうして大司教ラバヌスは、師アルクインと同じく、王侯、聖職者たちから持ち込まれる政治的、宗教的、知的問題に対し、書簡、著作、説教をもって応え、まさに「ゲルマニアの教師」としての役割を果たしたのであった。

Ⅱ　ラバヌス・マウルスの著作

教師、神学者、大修道院長、大司教の重責にあったラバヌスの著作は膨大で、全体を取り上げることは不可能に近く、また正銘性に疑義のある著作も若干ある。ここでは、大方の論者がするように、ラバヌスの直弟子のルドルフスの『ラバヌス伝』(Vita Rabani)とルネサンス期のトリテミウスのそれにおける著作のリスト、また『ラテン教父著作集』(Patrologia latina 以下 PL と略記)をもとに、自由学芸と関連をもつ主要な著作だけを取り上げることにしよう(正銘性に疑義のあるものは除いて)[21]。

まず文法学に関連する著作をあげると、ラバヌスは八四二年、学校教育の提要として『文法学』(De arte grammatica)を刊行している。本書は、まったく伝統的な文法学の内容をもつもので、主としてプリスキアヌス(Priscianus Caesariensis 六世紀初頭)の『文法学教範』(Institutiones grammaticae)の内容を取り入れ(そのため『プリスキアヌス文典抜粋』(Excerptio de arte grammatica Prisciani, PL 111, 613-670)という異名をもつ)、音声(vox)、文字(littera)、音節(syllaba)、名詞(nomen)、代名詞(pronomen)、動詞(verbum)、副詞(adverbium)、分詞(participium)、接続詞(conjunctio)を説明し、さいごに、ドナトゥス(A. Donatus 四世紀中頃)の『大文典』(Ars major)の抜粋(PL 111, 670-678)をもって名詞の性、数、語形変容、不規則動詞、韻律を説明している。その他、イシドルス(Isidorus Hispalensis 五六〇頃—六三六)の『語源誌』(Etymologiae)、ディオメデス(Diomedes)の『文法学』(Ars grammatica)(四世紀末)、ベダ(Beda Venerabilis 六七二—七三五)の『韻律論』(De metrica ratione)、さらに、古代末期の文法学教師たちの書からも若干取り入れている。文法学の諸要素は、『事物の本性』(別名『宇宙について』(De universo))にも散見される[22]。

同じく文法学に関連する著作として『聖十字架の礼賛』(De laudibus sanctae Crucis 八一〇年)がある。本書は、教職にようやく慣れてきたラバヌスが、学習方法を尋ねる弟子カンディドゥスに対し、読書と同時に「何か有用なもの」(aliquid utilitatis)を書くように勧め、その実例として著したもので、修友ハットに献呈されている。第一巻は詩文と画像とを組み合わせた二八個の四角形の図表と、韻文と散文によるそれぞれの解説からなり、第二巻は散文形式による第一巻の説明である。かれが資料として用いているのは、第一巻ではオプタティアヌス・ポルフィリウス（Optatianus Porfyrius　四世紀）の『形象詩』（Carmina figura）で、第二巻では、アクイタニアのプロスペル（Prosper Aquitanus　五世紀前半）の『風刺詩』（Epigrammata）とセドゥリウス（Sedulius　五世紀前半）の『復活祭の詩』（Paschale carmen）である(23)。

つぎに、修辞学に関連する著作としては『ホミリア集』（Homiliae）がある。ラバヌスは、この表題のもとに、かなり異なる二つの著作を著している（すべてがラバヌスのものか疑問もあり、他方、ラバヌスのすべてのホミリアが現存しているとも言えないが）。第一集（七〇篇）は、マインツの大司教ハイストゥルフス（Haistulfus　八二六年没）のために折にふれて書かれ献呈されたものを、ラバヌスの指示に従ってハイストゥルフス自身が編集したものである。これは説教の全文ではなく、草案（schedulae）にすぎない。その内容は、主要な大祝日を中心に典礼年の種々の祝日とその神秘を説明し、また若干の徳と悪習を取り扱っている。なおラバヌスはここで、『聖職者の教育』で取り扱う説教の原理をいくつか応用している。第二集（一六三篇）は、晩年の八五五年頃、ロータリンギア王ロタール二世（在位八五五―八六九）の要請に応えて作成したもので、毎週、日曜日、水曜日、金曜日のミサ中に朗読される福音書と書簡の章句を取り扱っている。それは三部に分かれ、刊行されているのは第二部だけである（第一部は未刊、第三部は所在不明）。かれはのちこれに、諸聖人の祝日と聖十字架発見の祝日の説教を付加している。概してラバヌスの『ホリミア集』は、教父たちの著作とくにアウグスティヌス、大グレゴリウスおよびベダのホミリアを引用し編纂したもので、教父たちのそれと同様、説教だけでなく個人的な霊的読書にも用いられている(24)。

つぎに弁証論関係では、ゴデスカルクスの主張をめぐる論争の書がある。この問題に関連して、ラバヌスは二書を著している。まず、『子どもの奉献について』(De oblatione puerorum) がある。本書は、ラバヌスが修道院長職についた当初の著作で、幼くして両親によりフルダ修道院に奉献されたゴデスカルクスが、長ずるに及び、人間としての自由意志とザクセンにおける家族の権利をたてに、修道誓願からの解放を求めたことに反論する書である。ここでラバヌスは、教会法あるいは修道会則よりもむしろ神学、宗教、道徳の視点から、両親による奉献は子どもの意志とは無関係に有効であること、自由人が修道生活に入ることは人間性を低下させるどころかむしろ向上させると主張する。かれの論証は、中世の大方の学者たちがしたように、聖書と教父たちの著作から取り出した多くの文章を、かれなりに組み合わせたものである[25]。もうひとつの書は、『救霊予定について』(De praedestinatione) である。ここでラバヌスは、ゴデスカルクスが北イタリアで広めた「救霊予定説」に対し、救霊の予知と予定における神の恩恵と人間の自由意志との関係を論ずるアウグスティヌスの『聖徒の予定』(De praedestinatione sanctorum)、『堅忍の賜』(De dono perseverantiae) をもとに反論している。かれはまた、聖書、アウグスティヌスの書のほか、アクイタニアのプロスペル (Prosper Aquitanus 三九〇頃—四五五以降) の『ルフィヌスへの手紙——恩恵と自由意志について』(Epistula ad Rufinum de gratia et libero arbitrio) も多用している[26]。

つぎに、数学的諸学科に関する代表的な著作として『算定法』(De computo) がある。これは八二〇年、アイルランド人とも言われる修道者マルカリウス (Marcarius) の質問に答える形式で書かれたもので、そこには、質疑応答の教授方法をとった師アルクインの影響を見ることもできる。本書でも、かれは先賢の書の抜粋を多用しているが、その中心的資料となっているのはベダの『時代区分』(De ratione temporum) で、それを補うものとしてイシドルスの『語源誌』、ボエティウスの『算術教程』を用いている。本書の目的は、復活祭の日付の算定法を確立することにある。かれは数の種類と意味、「指による数の表示」（loquela digitorum）の説明からはじめて、時間を示すための用語、時間の区分、天体、星とくに月、昼と夜の長さ、月の周期、閏年について述べ、そして、年代の確定と計算について小ディオニシウス（Dionysius Exiguus 六世紀）が提唱し、ベダ以降、西方において普及しつつあった算定法つまりキリスト降誕を基点とする年代表記法を勧めている。(27)

つぎに、自由学芸全体に関連する書として『事物の本性』がある。先述したように、ラバヌスが本書を著したのはフルダの修道院長職を辞任し、ペテルスベルク修道院の一室に引退中のことであった。かれは、かつてフルダでともに学びハルバーシュタットの司教に就任した学友ハイモン（Haymon）の求めに応じて、聖書注解の手引書として本書を書き、またルートヴィヒ・ドイツ王にも同じ書を献呈している。(28)

本書は、書籍の乏しい地方で活躍する司教や熱心な霊的学究者向けに書かれた一種の百科全書で、内容の大部分はイシドルスの『語源誌』の引用である。したがって、かれが描く世界もカロリング期のそれではなくイシドルスとそれ以前のもので、その知識は、刊行される以前にすでに時代遅れであった。とはいえ、『事物の本性』は『語源誌』を超える視野に立っている。イシドルスが直接目標として、語源をもとに事物の本性を把握させ知識の収集を図ったのに対し、ラバヌスはハイモンとその配下の聖職者たちに対し、聖書の理解と説教のための予備知識を提供しようとしている。かれによると、聖職を正しく果たそうと思う司牧者は、広範な基礎知識はもちろん事物に隠された意味、事物において働く神の超自然的秩序をも知らなければならない。(29) ラバヌスが、『事物の本性』において「事物の本性とことばの特徴（それは、イシドルスの分野である）だけでなく、さらに、同じ事物の神秘的な意味」(30) をも取り扱うのはそのためである。こうしてかれは、事物はその字義だけでなく寓意的解釈をもって説明されるべきであるとして、イシドルスのほかにヒエロニムス、アウグスティヌス、大グレゴリウスの諸書を引用し、またラバヌス自身の聖書注解書も引用している[31]。

こうした寓意的解釈の導入が聖書注解への準備であったことは明らかで、かれはルートヴィヒ・ドイツ王への献辞のなかでそれを明言している。それはまた、本書の区分、内容の配列、著述様式全体にも見られる。一例をあげると、ラバヌスは、本書の二二章という数（イシドルスの『語源誌』は二〇章）を、ヒエロニムスが採用した旧約聖書の書の数二二と関連づけている[32]。また内容の配列においても、イシドルスの『語源誌』が百科全書的知識の基礎となる自由学芸から始めるのに対して、ラバヌスは、「最高の善にして真理であるわれわれの造物主」を冒頭におき、これに全内容を秩序づけている[33]。こうして見ると、ラバヌスの『事物の本性』は、『語源誌』の単なる引き写しではなく、むしろ聖職者、キリスト教徒の知的育成への応用であると言える。とすれば、『事物の本性』はカロリング期のもっとも重要な著作のひとつであり中世人の趣味に合致したはずであるが、予期されたほどの影響を与えなかったようである。中世末期にはまだその写本は存在していたが、しかしその数は『語源誌』には及ばない[34]。

さいごに、ラバヌスが知的活動において最大の努力と時間をかけたのは聖書注解であり、また最大の影響を後世に残したのも聖書注解書であった。ルドルフス、トリテミウスふたりの伝記作者によると、かれは聖書のほとんど全書の注解書を著したとされる。たしかに、かれは聖書の大部分の書について注解書を書いているが、しかし聖書全部の書を注解したとは思われない。その写本が伝わっていないからである。もちろん写本が散逸したと言えなくもないが、しかし一度、存在した写本が痕跡も残さずに消滅したとも考えられない。

残存する写本をもとに検討して見ると、かれは、旧約聖書では「モーセ五書」と、「ヨシュア記」、「士師記」、またその付録として「ルツ記」を注解し、さらに「サムエル記」上下、「列王記」上下、「歴代誌」上下、「エズラ記」、「ユデイト記」、「エステル記」、「ヨブ記」、「詩編」、「箴言」、「トビト記」、「知恵の書」、「シラ書（集会の書）」、「コヘレトのことば（伝道の書）」、「マカバイ記Ⅰ・Ⅱ」前後書、「イザヤ書」、「ダニエル書」、一二小預言書、「エゼキエル書」、「エレミア書」を注解している（以上の注解書のなかには、写本はあっても現代版では未刊のものもある）。

新約聖書では、まず、ラバヌスがマインツの大司教ハイストゥルフスに献呈した『マタイによる福音書注解』（**Commentarium in Matthaeum**. 八巻、八二一年）がある。これは、注解書としては処女作であるが、多くの人々に高く評価され、以後、新・旧約聖書の他の注解書を著す契機になった。かれはまた、「聖パウロの書簡」（「ヘブライ人への手紙」を含む）の注解を書き、ボルムスの司教サムエルに献呈している。さらに、未刊ではあるが、「ヨハネによる福音書」、「使徒言行録」、「黙示録」の注解書も著している。

ラバヌスは、これまでの教父たちと違って、典礼、教育において多用される「詩編」の注解にそれほど注目していないようであるが、聖書における詩文についてはきわめて実際的、実践的注解を加え、ロタール一世のためにミサの朗読書を注解したほか、ルートヴィヒ・ドイツ王のために聖務の「讃課」（**Laudes**）にある聖書の歌を注解し、さらにかれの依頼で、新約聖書の「わが魂、主を崇め」（**Magnificat**.「ルカによる福音書」一、四七—五五）と、「今こそ、僕を行かしめよ」（**Nunc dimittis**.「同書」二、二九—三五）という讃歌を注釈している。その他、『朝課における讃歌の注解』（**Commentaria in cantica quae ad matutinas laudes dicuntur**）も書いている。[35]

なお、聖書注解書においてラバヌスは、教父とくにアウグスティヌス、ヒエロニムス、アンブロシウス、大グレゴリウス、ベダの注解書から抜粋したものを自分のことばでつなぎつつ、独自の視点から編纂している。さらにかれは、ほとんどすべての注解書に序文あるいは献呈の書簡を付記し、そのなかで、注解書を依頼した人々の知的、霊的需要にあわせ、聖書の原義的意味、寓意的意味のどれかに強調点をおいた、と断っている。たとえばロタールに対しては、「創世記」の最初の部分の字義（secundum litterae sensus）を説明し、また「モーセ五書」の注解書では、字義的および種々の寓意的意味を求めるフレクルフ（Freculf）に対しては、とくに寓意的解釈に強調点をおいている。ここには、教師としてのラバヌスの行き届いた配慮がうかがわれる。[36]

Ⅲ　ラバヌス・マウルスによる自由学芸

ラバヌスが自由学芸全体をそれとして取り上げるのは、フルダの学頭に復職後著した『聖職者の教育』（De institutione clericorum. 八一九年）においてである。本書は、修道院長アイギリスの求めに応じて執筆され、フルダの修道院を訪れたマインツの大司教ハイストゥルフスに献呈されている。ラバヌスは序文のなかで、執筆の動機についてつぎのように述べている。「わたしは修友たちの質問に対し、とくに聖なる位階にたずさわる修友たちが、自分の聖務について、また神の教会においてもっともふさわしく遵守されるべき種々の規則についてしばしば持ち出すいろいろな質問に対し、時と場所が許すかぎり、あるものにはことば、あるものには書き物をもって、教父たちの権威と書をもとに答えてきた。しかしかれらを十分に満足させることはできず、かれらはこれらの説明を一書にまとめるよう絶えず願い、強制さえした[37]」。

このように『聖職者の教育』は、当時の聖職者の問題意識をもとに教会の制度、典礼といった広範な内容にわたっているが、根本的には聖職者の教育のために執筆され、かれらが修得すべき基礎教養として自由学芸を取り上げている。したがって本書は、中世における聖職者の提要としてまた当時の教育の需要と水準を示す史料として注目され、少なくとも一二世紀のグレゴリウス改革まで西方のキリスト教世界に重大な影響を及ぼし、多数の写本が作成されている。[38] ただ、本書において自由学芸が聖職者固有の知的活動（聖書注解と説教）の基礎教養として強調されることにより、自由学芸は聖職者の独占的教養とみなされ、俗人が積極的に教養教育に参加する機会はますます希薄になり、また聖職者自身も『聖職者の教育』にあるレベルの簡便な知識に満足し、より高度な自由学芸の学習に取り組む知的選良の数が限定されていったことは否めない。

本書は三巻から成る。第一巻（三三章）は、唯一、公の教会（一）、教会における三つの身分（一般信徒、修道者、聖職者）（二）、三つの司教職（首都座司教、大司教、司教）（五）、聖職の八つの位階（四、六—一二）、各聖職位階への条件（三、一三）、祭服（一四—一二三）、秘跡（二四）、洗礼（二五—三〇）、聖体（三一、三三）を取り扱い、第二巻（五八章）は、聖務日課（一—九）、種々の祈り（一〇—一六）、断食（一七—二七）、贖罪（二八—三〇）、年間の祝日（三一—四六）、聖歌と朗読（四七—五二）、聖書とその著者（五三、五四）、祝福（五五）、信経、信仰、異端（五六—五八）を取り扱い、第三巻（三九章）は、聖職者に必要な知識（一）、聖書とその注解（二—一四）、聖書注解の基礎教養（自由学芸一五—二六）、聖職者の修徳（二七）、説教の必要性とその方法（二八—三九）を取り扱う。

ラバヌスは自由学芸の説明において、主としてアウグスティヌス、カッシオドルス、イシドルス、アルクインに依拠しているが、なかでもカッシオドルスの自由学芸論を重視し多用する。かれは自由学芸論の冒頭から、カッシオドルスの『聖・俗学教範』（Institutiones divinarum et saecularium litterarum）（以下、『教範』と略記）をもとに、かれと同じく、文法学、修辞学、弁証論、算術、幾何学、音楽、天文学の順に七つの学科を列挙する。ただ、カッシオドルスその他の先賢による七という数の意味、「自由学芸」（artes liberales）の語意についてはなにもふれず、すぐに各科の説明に入る。そこには、自由学芸を学問体系として取り扱った先賢とは異なり、むしろ聖職

者のもつべき実践的教養としてその実用性を重視する態度がうかがわれる。(39)

一三　学

(1) 文法学

文法学についてラバヌスは、まずカッシオドルスの語源的定義を逐語的に取り入れ、「文法学は、そのことばの発する音が示すように、文字（gramma）からその名称を得ている」と定義する。(40) しかしカッシオドルスがしたように、文字の起源、数についての説明は省略し、すぐに実質的定義に移る。

文法学の定義においてラバヌスは、基本的には古代文法学を継承するカッシオドルスの定義に依拠しつつも、それに新たな要素を加えている。カッシオドルスによると、文法学は「有名な詩人や著作家から集められた、上手に話すための知識」である。(41) これに対してラバヌスは、定義の前半において、かれ自身のことばで「文法学は、詩人と歴史家〔の著作〕を注解する」と述べているが、(42) ここには、学習内容に関する知識（実際、古代の文法学においては、審美的評価とともに、次段階の修辞学に向けて文章力、表現力、百科全書的知識が重視された）よりも、学習内容の解説が重視され、文法学が聖書注解へと向かうことが暗示されている。それは、文法学に関する後続の説明において言い回しや文彩の説明を重視していること、また、文法学の短い説明を「われわれの教え（教義）に変えていく」と結論する表現にも示唆されている。(43)

さらにカッシオドルスは、古代文法学と同じく、「上手に話すこと」（pulchre loqui）を目的としてあげ、文法学と修辞学との結びつきを強調している。ここでかれが「話す」というのは、「洗練された演説」（elimata locutio）

であり、また、「誤りない散文と韻文による言い方」（dictio prosalis metricaque）つまり演説と同じく人々を魅了する文書、文学作品のことである。[44] これに対してラバヌスは、定義の後半で、カッシオドルスではなく師アルクインの定義をもとに、「正しく話し、書くための」（recte loquendi et scribendi）知識、術知、方法であるとくりかえしているが、それは、『聖職者の教育』全体の内容から見て、聖書注解によって得られた神の教えを伝える説教（修辞学）と、それに伴う文書作成術、口述術を意味している。[45] 実際、聖書注解と説教、この二つは『聖職者の教育』第三巻全体で取り扱われる内容であり、聖職者の専門知識を支配するものである。このような意味を込めてラバヌスは、カッシオドルス、イシドルスの表現を借りて、「文法学は自由学芸諸学科の起源であり、基礎である」と述べている。[46] なおこの表現は、ラバヌスの場合、文法学の重要性、実用性を示すと同時に、当時の人々のラテン語、ラテン文法学に関する知識の浅薄さを自覚させるものであるという解釈もある。[47]

ラバヌスによる文法学学習はその内容においても、自由学芸の新たな指向をよく示している。かれは聖職者に必要な学習内容として、文法学のいくつかの要素を列挙する。聖職者はまず、音声（vox）、文字（littera）、音節（syllaba）を学んだあと、それをもとに、脚韻（pes）、抑揚（accentus）、句読（positura）を判別（discretio）することを学び、さらに、品詞（partes orationis）、文彩（schema）による修飾（decor）、言い回し（tropos）、語源（etymologia）、正書法（orthographia）を学ぶことが望ましい。しかしここでは、各項目の説明はなく、ただ学習の必要性、有用性を強調するだけである（ラバヌスによる文法学学習の実際については、かれが後年（八四二年）著した『プリスキアヌス文典抜粋』と『ドナトゥス文典語彙集』をもとに推定すると、カッシオドルスのそれにまさるとも劣らない）。そのあとかれは、聖書をもって文法学学習の正当性を例証し、さらにアウグスティヌスの『キリスト教の教え』を引用する。それによると、「聖書には、いくつかの言い回しにあたる名称さえ見出される。

寓意、謎かけ歌、比喩などがそれである……これらすべてのことを知ることは、聖書における多義的な意味を理解するうえで必要である」[48]。かれはまた自分のことばで、聖書記者による文法学の利用を指摘し、聖職者による文法学学習の正当性を立証しようとしている。それによると、聖書には文彩、言い回しが多用され、またヨセフス（Josephus 三七—一〇〇頃）やオリゲネス（A. Origenes 一八五／八六—二五四／四五）が指摘したように、「申命記」、「イザヤ書」、ソロモンやヨブの詩文には文法学で学ぶような韻律も見られる。多くの福音書記者たちも文法学の要素を用いて書いている。だからこそ、ユヴェンクス（Juvencus 三三〇頃）、セドゥリウス（Sedulius 四五〇頃）、アラトル（Arator 五五〇頃没）、アルキムス（Alchimus）、クレメンス（Clemens）、パウリヌス（Paulinus）、フォルトゥナトゥス（Fortunatus 五三〇頃—六〇〇頃）などのキリスト教徒も、聖書における用法にならい、作詩した。ただしラバヌス自身のことばによると、キリスト教徒は異教徒の詩文を模倣あるいは利用する場合、かつて神が、異教徒の女性を妻にしようと望むイスラエル人に対し、まずかの女の髪をおろし、爪を切ることを命じたことを思い起こし（「申命記」二一・一一—一三参照）、詩文における異教的要素は排除しなければならない。また信仰の弱い兄弟たちの躓きにも配慮しなければならない[49]。

さいごに、他の諸学科の説明では先賢からの引用がほとんどであるが、文法学では逆に、大半がラバヌス自身のことばであることにも示されているように、ラバヌスによる文法学は自由学芸諸学科のうちもっとも大きな変化を遂げる学科である。

(2) 修辞学

ラバヌスは修辞学の説明においてもカッシオドルスに依拠しているが、しかしカッシオドルスと先賢たちが必ず前置きする語源的説明は省略して、冒頭からすぐに実質的定義を取り上げる。それによると、「修辞学は世俗の学問の教師たちが教えるとおり、市民的諸問題において上手に語る知識である」[50]。この定義においてラバヌスは、カッシオドルス、イシドルス、アルクインと同じく、キケロの言う「市民的諸問題」(questiones civiles. あるいは政治的諸問題)という修辞学の伝統的、古典的内容を示す表現を用いている。しかしラバヌスが学ばせようとする修辞学は、キケロが言うような世俗的事柄を取り扱うのではなく、教会が教え実行させる事柄と深くかかわっている。つまり「神の掟の雄弁家つまり説教者が明晰かつ正確に語ること、また適切かつ優雅なことばで書き取らせることはすべて、この術知の熟知にかかっている」[51]。ここには、「市民的諸問題」という表現の意味転換と、それに伴う古代修辞学から中世の説教術への転換が行われている。たしかに、古典的自由学芸を保持、伝達しようとするカッシオドルスやイシドルスのいう「市民的諸問題」はキケロと同じ意味をもっているとはいえ、すでにラバヌスの師アルクインにおいて意味転換の兆しが認められた。アルクインの修辞学論においてかれと対話するカール大帝は、政教一体の帝国をめざし、かれが裁く「市民的諸問題」とは、古代のような世俗的市民、国家の諸問題ではなく、キリスト教的社会、キリスト教徒の抱える諸問題である。まして、ラバヌスの『聖職者の教育』の読者は、修道者、司教、司祭といった聖職者であり、かれらが裁くはずのものは中世のキリスト教徒である。したがって、「市民的諸問題」とはキリスト教的公的諸問題、換言すると、直接、間接に人々の魂の救いに関する諸問題を指している。言うまでもないが、中世におけるキリスト教的諸問題は、キリスト教徒が関与する世俗的諸問題を排除するものではなくむしろそれを含みつつキリスト教的視点から解決していくのである。そして聖職者が宗教的諸問題の解決の原理(教義)と具体策(倫理)を教示するのは、説教によってである。こうしてラバヌスは、古代修辞学をもっぱらキリスト教的説教へとその目的を転換させ、とくに一二、三世紀に隆盛期を迎える説教術に道をつけたのである。[52]

なお、こうした転換の背景にはアウグスティヌスの『キリスト教の教え』の思想がある。実際ラバヌスは、自分のことばで修辞学の定義を説明したあと、古代修辞学の学習内容には一切ふれず、むしろアウグスティヌスの『キリスト教の教え』を逐語的に引用して弁論術の説教への応用の妥当性をあげてその利用を勧める。それによると、修辞学は本来、人を上手に説得する術であり、真実と虚偽、いずれの説得にも利用することができる。虚偽を主張するものが修辞学を用いて聴衆を説得しているとき、真実を伝えようと思うものがなんの専門的術知もなく、手を拱いていいはずがない。神のことばを伝えるためにこそ、修辞学は用いられるべきである。[53]

つぎにラバヌスは、やはりアウグスティヌスの『キリスト教の教え』を引用して、修辞学の原理や規則を学習し、訓練に励むように勧める。修辞学を「完全に」(**pleniter**) 学ぶとはいっても、古代の学校におけるような教育内容をすべて学ぶ必要はない。すでにローマの有名な弁論家たちが言っているように、この修辞学はすべての人が、わずかな期間に修得できるものではなく、また、いい年をして、しかも聖務に多忙なものが学ぶほどのものでもない。神のみことばの伝達に関心があり、また能力のある若者だけが学べばよい。「〔雄弁術は〕俊敏な才能と熱意さえあるならば、弁論術の規則を学ぶよりも、雄弁家の書いたものを読んだり雄弁家の話を聞くことにより、はるかに容易に身につくからである[54]」。また聖書(アウグスティヌスも聖書に独自の雄弁があることを確信している)はもちろん、教会著述家たちの書による学習もある。聖書を読むものは、その内容に注目しながら、同時に聖書のもつ雄弁術を身につけ、また、「敬虔と信仰の規則に従って書いたり口述したり、話したりする訓練をもって修得する[55]」。

さいごにラバヌスは、修辞学の詳細な説明は『聖職者の教育』のさいごに取り扱う「説教」(第二八―三九章)

において詳述すると断り、そこで弁論の三つの目標をそれぞれ適合する三つの文体を取り上げるが[56]、ここでも、修辞学の説教術への転換が明示されている。

（3）弁証論

弁証論についても、ラバヌスは冒頭から実質的定義を与える。それは、師アルクインの定義を逐語的に引き写したもので、「弁証論は、探求し、定義し、論議することによって、真偽の判別を可能にする理性的な学問である[57]」。この定義においてラバヌスが強調するのは、弁証論の二つの主要素つまり「真偽の判別」という目的と、「探求、定義、論議」という方法である。そして、この二要素を自分のことばで、つぎのように具体的に説明する。「この学問において、理性は自分を論証の対象として捉え、自分が何であるか、何を欲しているのか、何を見ているのかを明らかにする。この学問によってはじめて、人は、知ることとは何であるかを知り、学識あるものになろうと欲するだけでなく、その能力をもつようになる。弁証論において推論しつつ、われわれは何であるのか、善をなすとは何か、なされた善とは何か、創造主とは何か、被造物とは何かを理解し、この学問をもってわれわれは何が結論であるのか、何がそうでないのか、事物の本性に反するものは何か、討議中の問題について、真実なものは何か、真実らしきものは何か、まったく誤っているものは何か、それについて議論し、発見する。この学問によってわれわれは、探求における明敏さ、定義における真実さ、説明における賢明さを身につける……[58]」。要するに、この弁証論によって、われわれはすべての学問の対象を究極的な視点から究明してその真実性を確認し、また他の諸学のめざす真理の確立を最終的に可能にする。だからこそ、歴代の教師、哲学者たちは、弁証論は「学問のなかの学問であり、教えることを教え、学ぶことを教える」と言うのである[59]。

とするならば、ラバヌスが自分のことばで主張するように、人々を最高の真理、神に導き、またその道を示す聖職者は、当然、「このもっともすぐれた学芸」（haec ars nobilissima）を知らねばならず、また絶えざる「学習」（meditationes）をもって、その法則つまり真偽を判別するための方法を修得しなければならない。こうしてはじめて、人々を教導する聖職者は、異端者たちのごまかし（versutia）を見分け、かれらの主張（dicta）を論破することができる。(60)

ラバヌスは、この方法の具体例として三段論法をあげる。そこでかれは、アウグスティヌスの『キリスト教の教え』を大幅にしかも逐語的に引き写して、内容の曖昧さ、ことばの装飾による詭弁の例をあげ、真偽の例証を説明する。かれはまず、真実の推論を真似ながら違った結論に導く詭弁、また必要以上に装飾された話し方による詭弁をあげる。さらに、キリストの復活とわれわれの復活との関連を推論する聖パウロのことばを例に（「コリントの信徒への手紙Ⅰ」一五―一六章）、正しい命題にもとづく正しい結論が存在するだけでなく、誤った命題にもとづく論理的に正しい結論も存在すると警告する。「死者の復活はなかった」という命題から、「キリストもよみがえらなかった」という、論理的には正しいがしかし誤った結論が導き出されうる。推論の正しさだけなら、教会の外にある世俗の学校でも容易に学ぶことができる。しかし真実の推論の前提となる命題は、聖書にのみ見出すことができる。(61)

こうして見ると、弁証論は真理を探る合理的手段であるとはいえ、それは、ことばの連結（推論 connexio）によって必然的に真理を創り出すのではなく、神が前もって示された真理を探すにすぎない。そして神が真理をおかれたのは理性と聖書のなかであり、弁証論は聖書に託された神の英知を発見する手段であり、基礎教養である。

二　四　科

ラバヌスによる数学的諸学科（mathematicae disciplinae）の説明は、カッシオドルスの『教範』と、それをほとんど逐語的に取り入れたイシドルスの『語源誌』をもとにしている。それによると、数学的諸学科は、ラテン語では、「理論的学問」（doctrinalis（theoretica 思索的）scientia）とも呼びうるもので、「抽象された量」（abstracta quantitas）を取り扱う。「抽象された量」とは、知性によって質料（materia）から、あるいは偶（par）、奇（impar）といった偶有的なもの（accidentes）から分離され、推論においてのみ取り扱われる量のことである。[62] このように、数学的諸学科に共通の特徴をあげたあと、ラバヌスは諸学科の分類として、カッシオドルスおよびイシドルスによる諸学科の数と順序に従って、算術、幾何学、音楽、天文学をあげる。

(1) 算　術

ラバヌスは、カッシオドルスのことばをそのまま取り入れて、「算術はそれ自体で数えられる量を取り扱う学科である」と定義する。[63] かれは珍しく、これにイシドルスによる語源的説明を加え、ギリシア人は数を ἀριθμόσ（ラテン語では numerus）と呼び、そこから「数の学科」（disciplina numerorum）という名称が来ると説明する。[64]

この語源的説明は、他の諸学科に対する算術の優位性、基本的性格に注目させ、その学習の重要性を強調するのに役立っている。音楽、幾何学、天文学は算術を必要とするが、算術はそれらの学科を必要とせず、そのため、世俗の学者たちは算術を数学的諸学科の第一に位置づけたのである。[65]

つぎにかれは、カッシオドルスによる算術の起源を取り上げる。ヘブライ人ヨセフスの伝えるところによると、アブラハムが最初に算術と天文学をエジプト人に伝え、それをもとにエジプト人が他の諸学科を発展させた。このように、異教徒に起源をもつ算術ではあるが、キリスト教徒はこれを忌避してはならない。教父たちはこれらの諸学科の学習を勧めたし、われわれはこれらの諸学科をとおして肉的な事柄（carnales res）から引き離され、心でのみ捉えうるものへと導かれるからである。ここには、ラバヌス（カッシオドルスに依拠する）による自由学芸の聖書注解への位置づけが見られる(66)。

そのあとかれは、ピュタゴラス以来、聖、俗の学者たちが取り上げ、とくに教父たちによって聖書注解に多用されてきた数意学（arithmologia）について、『キリスト教の教え』をもとに種々の数を例にあげて長々と説明し(67)、さいごに結論として、算術学習の有用性、必要性（百科全書的基礎知識の収集）について、かれ自身のことばでつぎのように述べる。「したがって聖書の知識を得ようと望むものは、この学芸〔算術〕を熱心に学ぶ必要がある。それを学んだあと、かれらは聖書における神秘的な数を容易に理解できるようになる(68)」。

（2）幾何学

ここでもラバヌスは、冒頭からカッシオドルスの説明を逐語的に引用する。それによると、「幾何学は、図形の思弁的記述であり、哲学者たちによる可視的な例証である(69)」。世俗の哲学者（知者）たちは幾何学の優位性を示そうとして、幾何学の起源はユピテルが自分の作品において幾何学的方法（図形）を用いたことにあるとしたが、ラバヌス（つまりカッシオドルス）は、幾何学の起源をむしろ神による宇宙の創造におく。被造物を今日も存在させている聖なる神性（sancta divinitas つまり造物主、カッシオドルスでは Sancta Trinitas「聖なる三位一体」と言われている）は、それらにさまざまな外見（species）や形態を与えるときに幾何学を用いた。また「かれ〔神〕は、天体の周行を崇むべき力によって配置し、動かされる天体は決められた軌道を巡るようにし、他の固定された天体をその座に位置づけた」[70]。ここには、宇宙に繰り広げられる神のみわざの完全さ、調和、美を映し出すという幾何学の神秘的役割が言われている。

そのあとラバヌスは、やはりカッシオドルスの幾何学を引用しつつ、「土地の測量」（dimensio terrae）というラテン語の語源的説明（これは、もちろんギリシア語語源のラテン語訳であるが）のあと、科学的ともいうべき幾何学の起源を取り上げる。それによると、一般に言われているとおり幾何学はエジプト人が土地の分割に種々の図形を用いたことにはじまり、またヴァロによると、土地の境界の画定と、それをもとにした月、太陽までの距離の測定、一年の期間の確定といった大地全体の包括的な計測を信頼のおける説明によって伝えたことにはじまる[71]。

さいごにラバヌスは、自分のことばで、幾何学の結論として「この学科は、幕屋や神殿の建設において用いられ、線、円、球、半球、四角形その他の図形が配置されている。したがって、これらすべてを知ることは霊的理解に努めるものに少なからず助けとなるであろう」と結んでいる[72]。こうしてかれは、幾何学の内容についてはなにもふれず、ただ幾何学の語源と起源に関する説明をもって幾何学の実用性を強調し、幾何学のもつ神秘的価値と聖書注解への応用を示唆するだけである。

（3）音　楽

つぎにラバヌスは音楽について説明し、カッシオドルスの『教範』をもとに音楽の定義からはじめる。それによると、「音楽は数について論ずる学問で、その数は音のなかに見出され、二倍、三倍、四倍などのように、他の数との関係において言われる」[73]。

かれは音楽を構成する諸要素については何もふれず、すぐに自分のことばで教会における音楽の有用性を強調する。音楽はきわめて有用な学科で、これを欠くものは教会の聖務をふさわしく果たすことはできない。朗読においてきちんと読まれるもの、教会において甘美に歌われるものはすべて、この学科の知識をもってあらかじめ調節された（temperatus）ものである。したがってわれわれは、教会において聖書を朗読しあるいは「詩編」を歌うとき、この学科の知識をもとに読み歌うべきであり、こうしてはじめて、神に対する奉仕を正しく（rite）果たすことができる。

つぎに、かれはふたたびカッシオドルスの『教範』を引用して、音楽のもつその他の有用性を指摘する。それによると、われわれの体が健全さを保ち、またわれわれの行為が正しいとき、そこには音楽的律動（リズム）がある。また宇宙全体も音楽をとおして構築され運行されている[74]。そしてこうした仕組みはすべて、造物主の意志によるものである。

またかれは、聖書注解における音楽の有用性をあげる。かれが引用するアウグスティヌスの『キリスト教の教え』によると、音楽はキリスト教にも深く浸透しており、音楽の知識を欠くものは教えの理解に支障を来たし、理解することも少ない。たとえばプサルテリウムとキタラの相違について、プサルテリウムの一〇本の弦のもつ意味について、神殿の建築に要した四六年という数についてなど。こうして見ると、「数と音楽は、聖書の大抵の箇所において尊重されていることが分かる」[75]。だからこそラバヌスは神話、迷信における音楽の悪用に警戒させながらも[76]、アウグスティヌスの権威をもって音楽の受容と善用を勧める。かれは、「善良で真実なキリスト教徒はだれでも、どんなところで真理に出会うとしても、それは主のものであることを悟るべきである」というアウグスティヌスのことばをもとに[77]、再度、聖書注解における音楽の利用を勧め、音楽に関する説明を終わる。

(4)天文学

天文学についてラバヌスは、その有用性から説明をはじめる。「天文学は、ある人たちが言うように、宗教心のあるものには適切な論証となり、好奇心をもつものには大いなる悩みの種となる[78]」。かれによると、天文学はわれわれの感覚を明晰、明敏にし、魂を天にまで高めて上方（天全体）の仕組みを探求しうるものにし、その大いなる秘密の解明に取り組ませる。

そのあとかれは、カッシオドルスの説明をもとに天文学の語源的定義をあげる。「天文学は天体の法則〔に関する学科〕であると言われ、そこに語源がある[79]」。この法則は神の制定によるものであり、聖書にある天変地異が示すように、神の意志によって変化することもあると述べて、カッシオドルスと同じく、宇宙の法則と神の意志の関連を強調する。つぎに、やはりカッシオドルスをもとに天文学の実質的定義をあげる。「天文学は……天体の軌道すべての形状を観察し、星相互の、また星の大地〔地球〕に対する常態を探求能力のある理性によって考察する学問である[80]」。

そして天文学の伝統的諸要素の説明に代えて、自分のことばで天文学（**astronomia**）と占星術（**astrologia**）との区別を取り扱う。かれは、天文学と占星術は「ひとつの学科に属する[81]」と断りながら、イシドルスの『語源誌』を引用して、天文学と占星術の間には若干の相違があると指摘する。イシドルスによると、天文学は天の運動、天体の出現、没入（**obitus**）、運動（**motus**）を含み、そのため天文学という名前がある。これに対して占星術は、一部は自然的で、一部は迷信的である。自然的 astrologia は、太陽、月あるいは天体の運行、時に関するある諸問題（quaestiones）について探究するもので、これは天文学と異ならない。迷信的 astrologia は、占い師たち（mathematici）が取り扱うもので、かれらは星をもとに未来を占い、天の一二の星座（signa coeli duodecim）を動物や人間の肢体に当てはめ、星の運行をもって人間の誕生や生活（mores）を予言しようとする。[82] なお、このような説明には、古来、アウグスティヌスはもちろん中世に至るまでの人々が、互換的意味を含む astronomia, astrologia という用語を用いることによって概念の混乱をもたらしたのに対し、ラバヌスは両語を明確に使い分けることによって中世人の啓蒙を図ろうとしている。[83]

さいごに、ラバヌスは自分のことばで天文学の典礼への応用を説明する。かれによると、聖職者は太陽、月、星の運行（cursus）にもとづく確実な推測と、確かな論証にもとづく算定をもって過去の運行を正しく知り、また未来の時間をまじめに推測することによって、復活祭の始まり（exordium）の期日と、すべての大祝日、祝祭の確実な期日を知り、神の民にそれを指示できるようになる。[84]

こうして見ると、ラバヌスは天文学の内容そのものについてはほとんどふれない。天文学そのものの学習は、すでに終了したかあるいはこれから取り組むものとして前提とされているのかもしれない。かれが強調したいのは、まず聖書注解、霊的瞑想、典礼における天文学の有用性であり、人々の迷信を絶滅するための天文学と占星術との明確な区別である。

Ⅳ　ラバヌス・マウルスによる自由学芸の応用

以上、ラバヌスの『聖職者の教育』における七自由学芸を、順を追って見てきた。では、古来、基礎教養として位置づけられてきた自由学芸は、ラバヌスの場合、どのような役割を果たすのか、その検討に移りたい。これまで述べてきたように、ラバヌスは自由学芸各科の定義をあげ、各科の内容についても若干説明しているとはいえ、しかしかれが強調しているのは実用性である。

そのことはすでに、『聖職者の教育』第三巻の書き出しに明示されている。そこでかれは、「いとも聖なる位階にある聖職者は……豊かな知識と正しい生活、完全な教養を身に付けることがまことにふさわしい」と述べ[85]、「豊かな知識、完全な教養」について、つぎのように説明する。それは、「聖書の知識、歴史の純粋な真理、比喩的話法、神秘的な事柄の意味、すべての学問の有用性、誠実な行動による正しい生活、説教における優雅さ、教えを説明する際の賢慮、多様な病に対する種々の薬剤の知識[86]」である。これらの知識のうち、かれが自由学芸と関連づけて取り上げているのは、『聖職者の教育』第三巻の大半をもって説明する、聖書に関する知識とそれを人々に伝えるための説教の術知であり、その点、かれはアウグスティヌスの教えを継承し復活させている[87]。

一　聖書と自由学芸

聖書とは、人々の救いに関する神の知恵を聖霊をとおして伝達する「書物の器」（vasa scripturae）であり、人は聖書を知ることによって、生活の基準を示す賢慮(prudentia)の基礎を学び、保持し、完成することができる。したがって、人々を指導する聖職者が聖書に精通しているのは当然のことであり、かれらは、無学者が無学者を案内することのないように、また羊が滅びの淵に転落することのないように、聖書の学習に励まなければならない[88]。そのため聖職者は、正典とされる聖書全体を読み、それを理解すべきである。その正典とは、ラバヌスが引用するアウグスティヌスによると、「すべてのカトリック教会によって認められた聖書……多くのより権威ある諸教会によってそれ〔正典〕として認められている聖書」のことで、ラバヌスによると、旧約聖書四五、新約聖書二七、合計七二書である[89]。

(1) 聖書の朗誦と自由学芸

では、聖書に関する知識とはなにか。それはまず、聖書の読み方を知ることである。ここで言われる聖書の読み方とは、聖職者または信徒による個人的読書ではなく、典礼において、特定の聖職者が民衆に対して行う公的朗誦のことである。ラバヌスは『聖職者の教育』第一巻の聖職位階に関する説明のなかで、典礼における聖書の朗読者として「読師」(lector)をあげ、イシドルスの『語源誌』における語源をもとに、その役割を説明する。それによると、「読師」(lector)は、「読む」(legere)に由来し、人々に聞かせるために読む。読師の位階の起源と類型(forma)は旧約の預言者にあり、そのため、かれらは「告知者」(pronunciator)とも呼ばれ、「神のみことばを宣言するものである[90]」。なお、典礼における聖書の朗誦は助祭の務めでもあり、読師について言われたことは助祭にも当てはまる[91]。

実際、典礼における公式の朗誦は、ラバヌスが引用するイシドルスによると、教父たちがユダヤ人から引き継いだものである。ユダヤ人は、祖先伝来の制度に従い、一定の日に、会堂において律法と預言書を朗誦していた。朗誦は、神のみことばを民衆に聞かせる最大の手段であり、人々は、聖書の朗誦を聞くことによって神をよく知るようになり、その祈りはより豊かなものになる。キリストは、接待に取り紛れるマルタよりもご自分のそばに座りそのことばに聞き入ったマリアを褒めている（「ルカによる福音書」一〇・三九―四二参照）[92]。したがって「読師」は、まず「教えと書〔聖書〕を修得しことばの意味と知識を完全に身に付けていなければならない。それは、はっきりと、分かりやすく読むことによって、聞く人の心を啓発しうるためである[93]」。

一方ラバヌスは、聖務日課、祝祭、祈り、歌唱など典礼の諸要素を取り扱うなかで、聖書朗誦の具体的な仕方を取り上げる。それによると、朗誦の任務をもつ助祭は、会衆に対し、聖書のことばが歌われあるいは朗誦される間、沈黙を守り、朗誦される内容に心を集中させるように命じなければならない。これは文脈から考えて、朗誦に耳を傾ける人は単に受身的に聞くのではなく、朗誦するものとともに読むという意味があり、またそうした態度をとるように勧告している。

朗誦の聖務を、ふさわしく、規定どおりに果たそうと欲するものは、朗誦される文章の意味をよく理解し、文章がどこまで続きどこで終わるのか、文章の区切りをよく弁え、朗誦の効果を減ずることのないように注意すべきである。ここで文法学の知識が必要であることは言うまでもない。また朗誦者は、聖書の文章に込められている、単なる注意、怒り、悲しみ、叱責、勧告、憐憫、問いかけなどの心情を識別し、それに合せて声を使い分けることによって人々の理解を助け、かれらを行動へと駆り立てることができる。ここには弁論における所作が暗示されている[94]。

つぎに朗誦者は、多義に解されうるあいまいな箇所については、語、文章の区切り方によく注意し、分からないときは、信仰の規則に従うか、話の前後関係によって判断すべきである。それでもなお明確にしえない場合については、ラバヌスはアウグスティヌスの『キリスト教の教え』を引用して、つぎのように勧める。疑問文については、最初に通常疑問文（percontatio）として、つぎに修辞的疑問文（interrogatio）として受けとめるべきである。そのどちらにすべきか、両者の相違に注意すべきである。通常疑問文にはさまざまな答えがあるが、修辞的疑問文には、否か然りのどちらかしかない。したがって、朗誦の内容を検討したうえで、どちらが妥当か、決めるべきである。そのためには、先にラバヌスがあげた修辞学における文体の学習と、弁証論における論議の訓練が有用であり、ときには必要である。[95] そして朗誦法のさいごに、ラバヌスは師アルクインの『修辞学』から雄弁術における所作（pronunciatio）を取り入れ、朗誦における声の高低、抑揚、唇の動き、発声の仕方、読むときの姿勢について述べ、厚かましい傲岸な態度ではなく、重々しい態度をとり、弱々しい声ではなく、力強い声で朗誦するように勧める。[96]

また朗誦者は、アクセント（抑揚）を知らなければならない、アクセントによって意味を異にすることばが少なくないからである。ラバヌスは説明のさいごに、かれ自身のことばで、「これらのことは、文法学教師から学ぶべきである」と述べて、朗誦と文法学との関連を指摘する。[97]

（2）聖書注解

聖職にたずさわるものはまた、神のみことばを人々に教えうるだけの聖書の理解と知識が必要である。ところで、聖書は人々に向けられた神のみことばであるとはいっても、その理解にはかなりの困難が伴う。学習者自身の能力もさることながら、聖書自体も難解である。

聖書の難解さは，聖書そのものの成立にはじまる。たしかに，ことばはわれわれの考えを表示する主要な手段であるが，しかし話されたことばは急速に過ぎ去り，持続しない。そこで，ことばの記号として文字が案出され，神のみことばも聖書という形式をとることになった[98]。神のみことばは，まず最初の人たちのことばで書かれ，人々の救いの望みに応えるため種々の言語に翻訳された。正典は，キリストの十字架の上部に記されていたヘブライ，ギリシア，ラテンの三言語で書かれたが，それはすべての地に住む人々が，同一の理解をもつようにするためであった。しかしこうした記号，言語も，人類の不和という罪のために全民族に共通のものとなることはできず，聖書の難解さは依然として残された[99]。

こうした自分のことばによる前置きのあと，ラバヌスは聖書注解について述べるのであるが，それは，ほぼ全面的にアウグスティヌスの『キリスト教の教え』の引き写しで，かれ自身の考えは皆無に近い。かれはまず，古代の文法学が古典の注釈に先立って求め，またアウグスティヌスも取り上げた本文の修正（correctio）にふれ，聖書の正典を見分けるための基準をあげたあと，聖書注解を取り扱う。

それによると，聖書には原義的記号（**verba propria**. 本来の語意）の未知のほかに，多義的な記号（**signa ambigua** 転義的記号―種々の意味に解釈可能なことば）の未知という障害があり，聖書の理解を困難にしている[100]。したがって聖書注解においては，まず，ことばや言い回しの原義的記号に関する明確な知識が必要である。そのためには外国語（**lingua aliena**）つまりその国のことばを学ぶか，その国の人にたずねるようにすること，あるいは多数の訳を比較照合することが考えられる。たとえばラテン語における未知の記号は，ラテン語の書を読み聞くことによって，また記憶にある語や言い回しと比較することによって理解するようになる。

しかし原義的記号の本格的解明には，文法学の教養が必要である。文法学の知識をもとに，まず語や文章の区切り、発音を正すべきである。また文法学的教養の枠を超える場合、聖書のより明確な箇所や教会による信仰の基準に照らして見るとよい[101]。以上のことについてアウグスティヌスを引用したあと、ラバヌスはかれ自身のことばで、つぎのような実用的な結論を付記している。原義的記号に精通しようと思うものは、「文法学教師と修辞学教師から少なからず学ぶべきことがある[102]」。たしかにわれわれは、文法学によって言語や種々の文彩を学び、修辞学によって言い回しにおける文章の表現法、文章の配置などを学ぶことによって、原義的記号の意味を確定できるようになる。

つぎに、転義的（比喩的）記号の未知についても、ラバヌスはアウグスティヌスの『キリスト教の教え』を長々と引用する。それによると、転義的記号の未知はまず言語知識の欠如から来る。たとえばヘブライ語の固有名詞を知ることによって、多くの転義的表現の意味がはっきりする。また、転義的表現（言い回し）（figuratae locutiones）の未知は事物の知識の欠如から来ることもある。その対策としてラバヌスは、『キリスト教の教え』を引用して、動物、鉱物、植物その他の事物の本性を知り、また神の働きを手伝う医学（medicina）、農業、航海術など、何かを製作する学芸を経験することによって、過去から未来を推定することができるという[103]。こうした言語と事物の知識は、古来の文法学学習においては古典の解釈のなかで修得したが、ラバヌスは、先述した『事物の本性』の著述をもって、これらの基礎知識を提供しようとしたのである。

またラバヌス（つまりアウグスティヌス）によると、「数に関する無知と音楽に関する事物の未知は、聖書のなかで転義的、神秘的に言われている多くのことを理解困難にする[104]」。ここでかれが言おうとしているのは、算術論と音楽論において説明された数意学の有用性であり、幾何学、天文学の説明において強調された天地万物の秩序と神の知恵の働きに関する知識である。

では、「言い回し」が字義的か転義的かを見分ける方法はなにか。その原理として、ラバヌスはアウグスティヌスのことばを借りて、つぎのように説明する。神のみことばとして述べられていても、信仰や倫理と無関係な場合、それは転義的表現として見るべきである。また、神や聖徒たちの性格、言行について、粗暴で残忍なことが明瞭に書かれている場合、それも転義的な意味に理解すべきである[105]。こうしたアウグスティヌスによる具体的な判断基準を見ると、ラバヌスが弁証論の説明であげた具体的な表現が、聖書注解のための訓練でもあったことがわかる。かれによると、「〔弁証論において〕われわれは、善を行うとはなにか、造物主とはなにか、被造物とはなにかを知り、弁証論によってわれわれは、真理を探究し、偽りを把握する」からである[106]。

二　説教と自由学芸

自由学芸が基礎教養としての役割を果たす、聖職者の第二の職務は説教である。説教は従来、使徒の後継者である司教の独占であったが、西方ではキリスト教徒の数が漸増するにつれ、アウグスティヌス以降、小教区ではたらく司祭にもその任務が与えられるようになっていく。しかし西ローマ帝国滅亡に伴う教育制度の衰退とともに、聖職者の知的、道徳的水準は低下の一途をたどり、その向上は緊急な課題であった[107]。ラバヌスの師アルクインが直接、間接に関与したとされるカール大帝の種々の教育令も、配下の司教、修道院長に対し、民衆の教化のための説教と説教者の知的、道徳的教育の組織化（学校の設置など）を求めるものであった。ラバヌスの『聖職者の教育』も聖職者、説教者の知的育成を目指したものであり、カロリング文教政策の延長線上にある。実際かれが『聖職者の教育』において聖書注解について詳述したのも、『聖職者の教育』の「むすび」において取り扱う説教に、その内容を提示するためであった。かれがアウグスティヌスのことばを借りて言うところによると、説教者は「聖書を解釈し教えるものである」[108]。

ラバヌスは、司教、司祭に共通の語源をもとに、説教の重要性を強調する。かれによると、司教（episcopus）と司祭（presbyter）は、「聖なるものを与える」（sacrum dans）「祭司」（sacerdos）と呼ばれるが、その「聖なるもの」とは、神の子としての生命を与える洗礼、キリストの体と血を分配する聖体、神のみことばを伝達する説教の三つである。ここで説教が、キリスト教の根源的秘跡である洗礼、聖体と同列におかれていることは注目に値する。つまり説教は、単に洗礼、聖体の秘跡の拝受を準備するだけではない。説教におけることばそのものが神のみことばであり、人々を神の子に変える「聖なるもの」である。なお、ラバヌス（実はイシドルスの引用）は、原始教会において助祭ステファヌスも説教したことを指摘している（『使徒言行録』八、四〇参照）[109]。

ラバヌスによる説教の内容は、神の教えの神秘的あるいは教義的要素ではなく、むしろ道徳的、倫理的なものである。かれはアウグスティヌスの『キリスト教の教え』を引き写し、説教は、聖書の教えを説き聞かせることによって正しい信仰を保たせ、誤謬を正し、善いことを教え、悪いことを捨てさせると言う。要するに、説教の目的は、「〔神に〕背いたものを真理〔神〕と和解させ、怠惰なものを奮起させ、何をなすべきか、何を期待すべきかを知らないものにそれを知らせる」ことにある[110]。

つぎにかれは説教の方法について、キケロ（といってもキケロを引用するアウグスティヌス）をもとに、真の説教に不可欠な二つの要素をあげる。説教には雄弁と知恵が必要であり、どちらかといえば、説教の内容における知恵を重視すべきである。「この雄弁術〔説教〕という仕事を始める人は……雄弁に話すことができないにしても、知恵をもって論じたり話したりできる人でなければならない。さらにその人が雄弁に話すことができるならば、聴衆にいっそう役に立つ」[111]。そして、「聖書において進歩すればするほど、多かれ少なかれ、知恵をもって語るようになる」[112]。つまり説教において伝えるべき知恵と聖書の学習とは比例している。

すでに、聖書学習を優先的に説明したラバヌスは、説教の部においては、もっぱら雄弁に話すための修辞学学習を取り扱い、やはりアウグスティヌスのことばを引用して、つぎのように言う。説教に雄弁術が必要であるとはいえ、いまさら弁論教師についてそれを学ぶ必要はない。それは、金と暇のあるもののすることである。とは言いながら、ふたりの考えは多少異なっている。アウグスティヌスは、かれの『告白』（Confessiones）に見られるように、かれ自身、教師として教えたこともある古代弁論学校の教授内容を、お上品な「おしゃべり」、「ことばによるまやかし」として非難し、説教者たちがかつて弁論学校で学んだ雄弁術に影響され、繁文縟礼に流れたり人々の拍手喝采を求めるのを非難する[113]。これに対してラバヌスは、カール大帝の文教政策に見られるように、学校教育復興の途上にある中世の人々に向かって、古代そのままの弁論学校ではなく、新時代に即した学校教育をめざすべきことを示唆し、その提要として『聖職者の教育』を提供しているのである。そこには、デカダン期の異教的弁論学校から聖職者対象の中世のキリスト教的学校への推移が認められる。

ところで、雄弁と知恵とをもって語ったのは聖書記者、教会著述家たち（ecclesiastici viri）で、かれらほど知恵のあるものはいないし、かれらほど雄弁なものもいない。そのためラバヌスは、アウグスティヌスのことばを借りて聖書記者、教会著述家を説教者の模範としてあげ、その著作のなかに雄弁術の諸要素が摂取され利用されていることに注目させ、新たなキリスト教的雄弁術とその学習方法を発見させようとしている。かれはアウグスティヌスのことばを引用して、つぎのように言う。「雄弁に話すことはできないが、知恵をもって話さなければならない人にとり、聖書のことばを憶えておくことはきわめて必要である。たしかに人は、自分がことばにおいて貧しいことを知れば知るほど、聖書のことばによっていっそう富んだものとなるべきである。そこには、自分のことばで述べることを聖書のことばをもって確かめるという利点もある」[114]。古代の雄弁家は古典文学を引用し、文体の流麗さ、内容の豊かさをもって人々を魅了したが、キリスト教の説教者は、古典文学に代えて聖書を用いるべきである[115]。とはいえ、それは聖書のことばを機械的に説教に織り込み、鸚鵡返しに繰り返せというのではない。それは読書と変わらない。むしろ説教者は、聖書の学習と基礎教養をもって聖書のことばをいわば自家薬籠中のものとして語るべきである。

聖書をもって聖書について語るとはいっても、時として聖書に見られるような曖昧さをまねてはならない。聖書記者たちは、読者の精神を鍛錬するため、学習意欲を引き出すため、あるいは奥義（mysteria）の誤解（早とちり）を防ぐため、有益で救いに役立つような曖昧さをもって語った。しかし「かれら〔説教者〕は、何を話すにしても、何よりもまず、分からせるように努め、できるだけ明晰な話し方で語るべきである」[116]。そのため説教者は、聴衆の理解力と知的、霊的需要に合わせて語るべきである。「いかに雄弁を傾けて明晰に話しても、聴衆の力量によってはまったく分からなかったり、ほとんど分からない内容もある。こういう内容は、稀に伝えなくてはならないこともあるが、決して聴衆の耳に入れてはならない」[117]。さらにラバヌスは、聴衆に合わせた話し方について、大グレゴリウスの『司牧規定』（Regula pastoralis）の引用をもって具体的に指導する。それによると、説教者は、男女、夫婦、貧富、年齢、出自、身分（自由人か奴隷）、知能、教養、思考、行動、気質、性格など、三五項目にわたる聴衆の相違を列挙し、それぞれが意識的、無意識的に求めている内容について、またそれぞれに適した話し方で教えなければならない。同じひとつのことば、話でも、聴く人によってはまったく相反する結果をもたらしかねないからである[118]。

とくにかれは、説教者の虚栄、衒学的態度を非難し、民衆の知的水準こそ説教の規範であるべきであるとさとす。そのため一般の民衆に教えるには、よりやさしい話し方をすること、教えを伝えないようなことばはすべて避けること、ラテン文法の正確さよりも日常生活の慣習に従うこと、学者のように話すよりも、無学なものが普通話すように話すこと、民衆にわかりやすいことばがあるならば、文法上、正しくないものでもそれを選ぶべきである[119]。

分かりやすいことばを使用するとは言っても、説教本来の目標全体を忘れてはならない。ラバヌスが引用する『キリスト教の教え』によると、「ある雄弁家〔キケロ〕が言ったように、またそれが真実であるが、雄弁家たるものは、教えるため、魅了するため、説得するために語るべきである[120]」。つまり説教者は、神のみことばを「教え」(docere)、それに魅力を感じさせて「魅了し」(delectare)、それにもとづいて行動するように「説得する」(flectare) という三つの目標をめざして話すべきである。かれは、聴衆に「隠されていることを明らかにすることにより、別言すると、聴衆の知らないこと、気づいていないことを知らせることにより「教え」、真実が明らかになるとき、聴衆はそれに惹かれ、快さを憶えて「魅了」され、熱心に耳を傾ける。とはいえ、単に教えあるいは魅了するためだけに語るのではない、説得し行動に移らせるために語るのであり、ここに説教の最大かつ最終の目標がある[121]。

キケロは、この三つの目標に三つの文体を関連づけた。「小さい事柄を平淡体で教え、中間の事柄を中庸体で魅了し、大きい事柄を荘重体で説得するように語る人は、雄弁家であろう[122]」。しかし、ラバヌスはアウグスティヌスのことばを借りて、教会の説教において取り扱われるものは永遠の救いに関することで、すべて重大な事柄に属することに注目させる。そのあとラバヌスは、やはりアウグスティヌスを引用しつつ[123]、使徒たちによる三種の文体の用法をあげて自分の主張を例証しようとする。ここでも、ラバヌス（実は、アウグスティヌス）の本意は、使徒たちによる単なる例証としてあげるのではなく、むしろ使徒たちによる古代修辞学の具体的かつ詳細な摂取を示すことにある[124]。

V　聖学への自由学芸応用の原理

以上、聖職者の知的活動における自由学芸の役割について検討してきたが、ラバヌスはどのような原理のもとに、聖書注解というキリスト教的知的活動と異教的起源をもつ自由学芸とを調和させ、体系化しようと考えていたのであろうか。それは、『聖職者の教育』第三巻第二章に、かれ自身のことばで総括的に述べられている。かれによると、「世俗の知者の諸書に見られる真なるものと知恵あるものは、真理と知恵〔神〕以外のものに帰すべきではない。なぜならこれらの真理と知恵は、それを含む書の著者によって初めて決定されたものではなく、永遠〔のお方・神〕に由来するものを、すべてのものの教師にして照明者たる真理と知恵〔神〕がかれらの探求を許すかぎりにおいて発見したものだからである。それゆえ、異教徒の書において有用なものとして、また聖書において救済的なものとして見出されるものはすべて、われわれが真理と知恵の完全な認識に到達し最高の善〔神〕を識別し保持するという、ひとつの目的に向けられるべきである[125]」。つまり聖書の学習において自由学芸の利用が必要であり許容されるのは、すでにアウグスティヌスが『キリスト教の教え』において述べているように、両者が同じ神的起源に発し、同じ神的目的をめざすからである。

ラバヌスがアウグスティヌスの引用をもって説明するところによると、異教徒の間で実践されている学問には二種類ある。ひとつは人間が制定したものを取り扱い、もうひとつはすでに以前から行われているもの、あるいは神の制定によるものを取り扱う。人間が制定したもののなかには、迷信に属するものとそうでないものとがある。迷信に属するものとしては、偶像として拝むために創られたものあるいは神として拝まれる被造物の一部、あるいは悪魔との間に結ばれた約束や占いによる予知、あるいは詩人たちが取り上げる魔術などがある。具体的に言うと、腸卜、護符、神楽（remedia）、呪文、呪術の種々の行為などのほか、占星術がそうである。ここには、民衆の迷信になやまされた指導者ラバヌスの格別な気持ちが込められている[126]。

一方、人間の制定によるもので、迷信には属さないものがある。たとえば性別や身分の違いを示すための衣服、尺貫法、貨幣の価値などがそうであり、「こういう人間が考え出したもので生活の必要に役立つものをキリスト者は決して排除してはならない。むしろ十分な注意をもって記憶にとどめるべきである[127]」。

さいごにかれは自分のことばで、人間の制定による有用な学問、制度、慣習に加えて、人間が恣意的に定めた文彩（litterarum figurae）もこれに属するという。しかしこれは万民に共通のものではなく、あるものはヘブライ人、あるものはギリシア人、あるものはラテン人が制定し保持している。その他の民族も恣意的に制定した文字と、それをもとにした種々の学問をもっている[128]。

つぎに、神が制定したもので、人間がこれを探求して発見し、伝達してきた学問もある。そのあるものは身体の感覚によるものであり、あるものは魂の分野に属する。感覚によって捉えられるものは、それが語られるとそれを信じ、説明されるとそれを意識（理解）し、それが立証されると推論する。こうして学問が成り立つ[129]。そのなかで、聖書注解あるいは聖職者の教養に役立つ学問をあげるとすれば、歴史がある。文法学における歴史の重要性については、古代文法学校の「解説」（enarratio）における歴史を想起してもらいたい。「歴史と呼ばれるものは、過ぎ去った時の秩序について教えることはすべて、たとえ教会のそとで、児童〔初歩〕教育において学ばれるものでも、聖書の理解に役立つ[130]」。たしかに、歴史が語る史実は人間が制定したものではなく、時の秩序を創造し導かれる神の意志によるものであり、世界に対する神の介入、神ご自身への万物の秩序づけを物語ってくれる[131]。また文法学の説明において述べたように、場所（地誌）や、動物、樹木、草木、鉱物その他の物質に関する叙述、また神の働きを手伝う医学、農業、航海術も、聖書の注解、聖書にある諸問題の解決に役立つが、それらはみな、造物主のみわざを語るものであり、人はそれを修得し実践することによって、神のみわざを延長していく[132]。

一方、精神の理性に属する学問もあり、聖書に属するあらゆる問題の解決に大いに役立つ。討論の学問（弁証論）は、善悪の判別を基本とするが、そこでは、存在するすべてのものの起源と目的をつねに視野において判断する。こうして弁証論は修辞学とともに、理解された聖書の内容を吟味し、秩序づけ、合理化して、理性に定着させる[133]。

また、数の学問は聖書の寓意的解釈に有用であるが、これも人間が考え出したものではなく、むしろ探求し発見したものである。数の法則は、それ自体として考察されようと、幾何学や音楽、その他の運動の測定（天文学）に応用されようと、そこには不変の法則があり、神の知恵による秩序が支配している。われわれは、これらの数の学問に通じ、物体の形象から人間精神の理解にまで到達したとしても、物知り的知識の段階にとどまらず、この世界全体が神に由来することを知り、世界全体を神への賛美と愛に向かわせる知者となるべきである[134]。またラバヌスによると、天文学は聖書の理解に必要な知識を与えてくれるが、それは天体の運動の秩序正しさからわかるように神の知恵と意志によって決定されたものであり、人はそれを探り出すことによってその思考を天上の神へと向かわせる。[135]

ラバヌスはこうした原則を受け入れさせるため、アウグスティヌスの書を引用し、その権威を援用する。もともと独自の発展を遂げてきたキリスト教と自由学芸は、キリスト教が古代文化の世界に浸透するに及び、両者の間に宗教的、文化的軋轢を生じ、相互に排除する動きがあった。古代の学校で異教的自由学芸を修得した初期の教父たちのなかには、異教文化を批判し排除しようとするものもあったが、大半は、その利点、特徴を見て取り、キリスト教の理解と伝道の手段として摂取した。古代修辞学校で教鞭をとったこともあるアウグスティヌスは、キリスト教思想の体系的、論理的組織化を進めるなかで、かれ以前の教父たちによる自由学芸のキリスト教への摂取とその理由を体系的に理論化し、古代の異教的教養とキリスト教との間に調和、秩序を確立したのであった。こうしたアウグスティヌスの知的活動をよく示すのが、『神の国』と、ラバヌスが『聖職者の教育』において多用した『キリスト教の教え』である。アウグスティヌスは、『キリスト教の教え』において「出エジプト記」（三・二二と一二・三五。神の礼拝のため、エジプト人の財宝を奪い取ったイスラエルの態度を正当化する）をもとに、また教父たちの用例をあげて、究極的起源と目的における自由学芸と聖書との同一性を指摘し、聖書注解における自由学芸の有用性と合法性を述べた。[136] これは、ラバヌスが自由学芸のキリスト教化の最大の論拠としてあげるもので、その点、ラバヌスは、文字通りアウグスティヌスの自由学芸観を継承している。

ここで注目したいのは、ラバヌスが単にアウグスティヌスの結論だけを引用するのでなく、あえてアウグスティヌスの『キリスト教の教え』の長すぎるほどの引用をもって、自由学芸のキリスト教化の過程あるいは知的訓練を再現しようとしていることである。自由学芸各科はキリスト教化されたとはいえ、その語源の説明に示唆されているように、異教的起源をもつ「異教徒の教え」（doctrinae gentilium）であることは明らかで、[137] ラバヌスは、カロリング期の文教政策に刺激され新たな知的形成に取り組む知識人がアウグスティヌスによるキリスト教化の原理を再吟味し、学問観の転換過程をたどることによって独自の知的態度を確立しうるよう仕向けているのである。

おわりに

以上、『聖職者の教育』におけるラバヌスの自由学芸について検討してきたが、さいごに、かれの自由学芸論は、他の自由学芸論に比べてどのような価値をもつのか、また中世においてどのような役割を果したのか、それらの点にふれておきたい。

まず、概してラバヌスの著作全体について言えることであるが、かれの著作の内容は、そのほとんどが先賢の著作の引用から成り立っている。そのため、かれは剽窃者にすぎないと非難されてきた。[138] ラバヌス自身もこのことを意識し、『聖職者の教育』の序文において、「わたしは先賢〔教父〕の権威と表現に従って……すべてにわたって先賢の権威に頼り、かれらの足跡〔業績〕をたどった」と断っている。[139] そして主要な権威として、カルタゴのキプリアヌス（C. T. Cyprianus 二〇〇頃―二五八）、ポワティエのヒラリウス（Hilarius 三一〇頃―三六七）、アンブロシウス（Ambrosius 三三三頃―三九七）、ヒエロニムス（S. E. Hieronymus 三四九／五〇―四一九／二〇）、大グレゴリウス（Gregorius Magnus 五四〇頃―六〇四）、ヨハネス・クリュソストモス（J. Chrysostomos 三五四頃―四〇七）、ダマスス教皇（Damasus I 在位三六六―三八四）をあげている。

しかしこうした引用は、ラバヌスだけでなく、多少とも中世全体における一般的学風であったといえる。たとえばラバヌス以前、また同時代の知識人、学頭たちも、その著作の内容と権威を確保するため聖書あるいは六世紀までの教父たちの書を寄せ集め、一一世紀以前の神学者も、自分の主張を補強すると思われる聖書あるいは教父たちの章句を併記している。

一方、ラバヌスによる引用を積極的に評価することもできる。ラバヌスの著作は、一著者、一著書の縮約というよりも、かれ以前の、何人かの、あるいはいくつかの著作を読者の需要にあわせて組み合わせている。こうしてかれは、キリスト教関係の書が中心ではあるが、ラテン古代末期からそれまでの知的遺産を収集し提示する教養の伝達者、仲介者としての役割を果たしている。一例をあげると、かれは、リジューに着任したばかりの司教フレクルフのために、多くの引用からなる『創世記注解』（Commentaria in Genesin）を書いたが（八一九年頃）、これは、無知な民衆を指導するための書籍ももたない司教の求めに応じ、主要な引用をもって書籍に代えるためであった。(140)

こうした引用にあたってラバヌスは、引用する資料の権威と正銘性を明確にするため、本文あるいは余白に、引用文の著者の頭文字を記入することによって（自分の文章にはマウルスの頭文字Ｍを記した）、引用する資料の出所を明らかにし、読者および写字者の誤解を避けようとしている。かれはまた、自分の注解書を公衆に読み聞かせるものに対し、それぞれの注釈がだれのものか区別して明言するように求め、かれ自身それを実践したのであった。(141)ただこうした記号は、写字者が見落としたりあるいは省略したりして、写字を重ねるなかで姿を消していったということは容易に想像される。

以上、ラバヌスの著作全体について述べたことは、もちろん『聖職者の教育』について、またそこに含まれる自由学芸論についても言える。

しかしかれの自由学芸論には、それに加えていくつかの特徴が認められる。まず、かれが自由学芸論に関する権威として引用しているのは、アウグスティヌス、カッシオドルス、イシドルスそしてアルクインの書が中心である。換言すると、ラバヌスが自由学芸論に関する権威として認めているのは、中世ラテン世界のキリスト教的著者たち（アウグスティヌスはかれらの原点である）であり、古代の伝統的な自由学芸論者ではない。かれらはギリシア・ローマ文化の残照のなかで活躍し、一応、自由学芸の根源に遡及する態度を見せながらも、その軸足はむしろそのキリスト教への適用におかれている。とくに、ラバヌスの師アルクインは先賢の自由学芸観を継承しながらより幅広くキリスト教世界の種々の需要に適応させようとし、こうした師の態度をいっそう明確に発展させたのがラバヌスの自由学芸観であった。

それは、かれの自由学芸論の独特な説明形式によく示されている。かれの自由学芸の説明は、三段階からなる。まず第一に、カッシオドルス（の引用がもっとも多い）、イシドルス（つぎに多い）、そしてアルクイン（弁証論の定義だけ）による各科の定義を引用し、それに若干の内容的要素を加えたあと、第二に、ラバヌス自身のことばで最小限の各科の要素を総括し、同時に、キリスト教的応用に方向づける。そして第三に、（ほとんどいつもアウグスティヌスの書の引用をもって）、聖書注解、典礼、説教における各科の利用を権威づけ、各科の説明を終わっている。この第一と第三の引用をつなぐ、短いラバヌス自身のことばはかれの自由学芸観を要約するもので、ここにかれによる自由学芸論の独創性がある。

こうしたラバヌスの自由学芸観は、図らずも、自由学芸の実学的要素をいっそう強調するものとして受け止められていく。以後、哲学的、文学的基礎教養としての自由学芸は、あきらかに実践的、具体的用途への方向づけが強化されている。それは、とくに「三学」の文法学、修辞学、弁証論において際立っている。次世代に入り、人口の増加、都市の興隆、また通商貿易の普及、拡大に伴い、また教会活動の活発化とあいまって、古代自由学芸における文学学習をめざした文法学は、以後、ますます聖書注解のほか書簡術へと発展し、市民的諸問題の解決に寄与した修辞学、弁証論は、キリスト教的教義を教えるための説教術のほか、法学の発展をもたらし、さらに聖・俗の文書作成術を発展させていく(142)。

第二部　キリスト教教育の展開

第五章　西欧中世における貴族の教育

――オルレアンのヨナスの『信徒の教育』を中心に――

はじめに

「カロリング・ルネサンス」における教育は、直接的には聖職者、修道者の知的向上をめざし、かれらをとおして一般信徒の教化を図るというものであった。では一般信徒は、どのような形で、どのような内容の教育を受けたのであろうか。それを明確にするためには、一般信徒とは言っても、社会的身分から、また教育のための余暇、手段から見て、貴族と民衆とに分けて検討する必要がある。労働に明け暮れ、余暇など持ち合わせない民衆は、せいぜい毎日曜日のミサのなかで、もっぱら宗教的教育を受けた（本書第七章参照）。一方貴族の場合、まず家庭内教育を受け、その後、宮廷あるいは司教座教会付属学校、修道院学校で聖職者、修道者の指導のもとに、知的、宗教的教育を受けた。こうした貴族の組織的教育については、先にも少しふれたが（本書第三章参照）、本章では、学校教育を離れたあとの貴族は、どのようにしてその教育を続けていったのか、中世においてとくに注目された「鑑」（speculum）による教育を取り上げたい(1)。

本章では、数ある「鑑」のなかでも、オルレアンの司教ヨナスが同市の貴族マトフレドのために著した『信徒の教育』（De institutione laicali）を中心に検討したい。多くの歴史研究者は、そこに含まれる風俗誌的な内容に注目し、中世の道徳的、宗教的、社会的実態を描写する史料として取り扱うことで満足している。たしかに「かがみ」（鏡あるいは鑑）の機能は容姿を映し出すことにあり、ヨナスも各章の論題を述べたあとすぐに、これに対する人々の意見、態度を描写する。そのため、『信徒の教育』を風俗誌的に読むことはもちろん可能である。

しかしこうした解釈は、著者の本来的意図を無視したものとは言わないまでも、少なくともかれの意図からずれている。ヨナスの真意は、当時の人々の考えや生活態度の伝達にあるのではなく、かれらにその間違いを指摘し、真のキリスト者としての生き方を教示することにある。教育について論じる場合、教育の現状を知るだけでは不十分で、むしろそれを是正する適切な理念とその実現方法の提示こそ肝要である。それは、現代の教育に対するわれわれの態度を振り返って見ても明らかである。今日の教育の現状を認識し確認するだけでは、それを現在経験しているわれわれには大した意味はない。教育の現状報告は、現状打開の糸口を探るために他ならない。こうした理解をもとにわれわれは、ヨナスが『信徒の教育』において当時の人々の生活態度の改善に向けて、どのような理想を描いているのか、その究明にあたりたい。

一方、『信徒の教育』のもつ教育的役割を認めるものでも、なかには、これは聖職者によるお決まりの教訓書であるとして、それほど興味を示さないものもいる。たしかにヨナスの『信徒の教育』も、他の「鑑」と同じくキリスト教的徳目を取り扱う。しかし『信徒の教育』を手にとって読むものは、すぐに、本書が単に徳目を並べ立てるだけの道徳書、教訓書でないことに気づくであろう。ヨナスは『信徒の教育』において、キリスト者の一生を取り扱う。しかもその一生とは、キリストによる人類の救いの歴史（人祖の創造から世界の終末まで）を、キリスト教の秘跡を受けることによって各自のなかに再現していく過程であり、生活上のその結論としてはじめて徳目が列挙されている。したがって、ヨナスの著述の意図に沿うとすれば、われわれは、なぜこれらの諸徳を実践すべきか、その原理を示す人生観にこそ注目すべきである。しかもその人生観は、年齢や身分ではなく、人間をキリスト者として誕生させ成人させていく秘跡の秩序に立って理解すべきである。これがまさに、本章において明らかにしたい特徴である。

I　ヨナスの著作

一　ヨナス

オルレアンのヨナス（Jonas Aurelianensis 七八〇年以前―八四一／四三）は、「カロリング・ルネサンス」を担う顕著な知識人のひとりであるが、オルレアンの司教に就任する以前のかれについてはほとんどなにもわからない。ヨナスがルートヴィヒ敬虔王（Ludwig der Fromme. 七七八―八四〇）とそのおもだった顧問たち――かれらはみな、カール大帝の没後アクイタニアから来た――と親交があったことから見て、かれは生涯の前半をこの地方で過ごしたとも考えられる。人によっては、かれはおそらく七八〇年以前にアクイタニアに生まれ、かなり早くからルートヴィヒ王（かれは七八一年以降アクイタニア王であった）の宮廷に仕えていたと推測するものもいる。実際かれは、ルートヴィヒ王の信任が厚く、一時は王子ピピン一世（Pippin I 八三八没）（アクイタニア王）の傅師（praeceptor）に任ぜられていた。要するに、ヨナスはスペインのすぐれた知的環境のなかで生まれ育ったようである。たとえばトレドの司教エリパンドゥス（Elipandus 七一七―八〇八）が唱えた「キリスト養子説」は、その正統性をめぐってスペインの聖職者たちの間で、またカール大帝と顧問の聖職者たちとの間で長期にわたって論争され、ついに七九四年のフランクフルトの宗教会議で決着がつけられたが、このことは、スペインにおける知的関心の高さを示すと同時に、ヨナスがのち一役買うことになるフランク王国とスペインとの知的交流を示す一例である。(2)

ヨナスが歴史家に注目されるのは、かれがテオドゥルフ(Theodulphus 七五〇頃—八二一)の後任としてオルレアンの司教に就任してからである。テオドゥルフはスペイン出身の西ゴート人であったが、カール大帝に請われて、イタリア人パウルス・ディアコヌス(Paulus Diaconus 七二〇／三〇—七九七)、イギリス人アルクインらとともに「初期カロリング・ルネサンス」の主役のひとりとなった人物である。かれがルートヴィヒ敬虔王に謀反を起こしたイタリア王ベルナルドゥスの陰謀に連座したかどで追放されたあと、ヨナスはルートヴィヒ敬虔王の好意によって、オルレアンの司教になっている(八一八年)。というのも、エルモルドによると、八一八年七月、ブルターニュに赴くルートヴィヒ王を迎えたのはヨナスであったからである。

ヨナスは王の支援のもとに、とくに教会の司牧に熱心であった。かれは、管区内のメスミン修道院(S. Mesmin あるいは Memiers, Memorius)を俗人の欲望と司教たちの越権行為から守り、修道者たちによる修道院長選出を保証している(八二五年)。かれはまた、政教両面に絡む当時の宗教会議においても重要な役割を果たしている。教皇とビザンツ皇帝とを不和に陥れていた聖画像破壊論争を解決するため、ルートヴィヒ王は八二五年、パリに宗教会議を招集したが、そこで主役を演じたのはメッスのアマラリウス(Amalarius 七七五頃—八五〇頃)、リジューのフレクルフ(Freculphus 八五〇頃没)、そしてオルレアンのヨナスであった。会議後、ヨナスはサンスの司教とともに、会議の文書をローマに運ぶ役目を受け持っている。ふたりは、ルートヴィヒの命令のもとに、会議の資料として集成された膨大な文献からその要約を作り、聖画像破壊主義に反対するフランク教会の主張の正統性についてその確実な証拠を示そうとした。残念ながら、この旅行について詳細な史料はなにも残されていないが、しかしこうしたかれらの努力のかいあって、八四三年、聖画像崇敬をめぐる東西教会の対立が解け和解が成立したのであった。なおヨナスは、多くの司教たちがルートヴィヒ敬虔王に背反するなかで王を支持し、八三五年のティオンヴィル（Thionville）の宗教会議——王子たちに父王への反抗を教唆したかどでエッボをランスの司教座から降ろし、また数人の司教たちを追放した——において重要な役割を演じている。一方、ヨナスが八三七年のアーヘンの宗教会議に参加したのか、確たる証拠はない。また『教会財産の略奪を禁ず』（De rebus ecclesiasticis non invadendis）の編纂にいかなる役割を果たしたかも不明であるが、しかしそれを校訂したことはたしかである。ヨナスは、八四二ないし八四三年に死去したようである。八四三年九月のジェルミニー（Germigny）の宗教会議には、かれの後継者としてアギウス（Agius）が出席しているからである。(3)

二　ヨナスの著作

つぎに、ヨナスの活動と思想を伝えるかれ自身の主要な著作をあげると、まず、『聖フ（ク）ベルトゥス伝』（Historia translationis Sancti Hucberti 八二五年）がある。八二五年、聖フ（ク）ベルトゥスの聖遺骸の一部がリエージュからアンダンジュ（Andange）の修道院に移送されたのを記念して、ワクタンドゥス（Wactandus）司教はヨナスの文才を見込んで『聖フ（ク）ベルトゥス伝』の校訂を求めた。その初版本は、八世紀にかなり粗野なラテン語で書かれ、ヨナスのころの知識人の好みに合わなかったからである。ヨナスは、それまでの内容に聖遺物移送の経緯を書き加え、種々、説明しているが、そこにはすでに、のちの『王の教育』（De institutione regia）に

おいて展開される聖職位階、身分制に関するかれの持論が垣間見られる。(4)

ヨナスが八二五年のパリの宗教会議で、聖画像崇敬の確立に向けて活躍したことは先に述べたが、この聖画像破壊論争はその後も尾を引き、トリノの司教クラウドゥス（Claudus 在職八一七／一八―八二七頃）は『護教論』（Apologeticum）をもって聖画像破壊論を擁護した。これに対して、ルートヴィヒ敬虔王は『護教論』の抜粋をヨナスに送り、その反駁を依頼した。ヨナスは、たぶん一時、放置したあと、八四〇年になってはじめて、カール禿頭王（Karl II del Kahle 八二三―七七）に献呈する形で『聖画像の崇敬』（De cultu imaginum）を公刊している。(5)

その他ヨナスが、アーヘンの宗教会議で討論された教会財産の保持問題について、『教会財産の略奪を禁ず』の校訂にたずさわったことも先述したが、この書は、イスラエルの分捕り品を横取りしたアカンの罪と石殺しの刑を例にあげて（「ヨシュア記」七・一、一六―二六参照）、教会財産の簒奪者たちを非難するものであった。さらに、ヨナスの詩才にもふれておこう。当時の大多数の司教たちと同様、ヨナスは詩作にも長け、メスミンの修道者ベルトルドによると、秀でていた。作品としては、ピピンあての書簡の末尾にある数行の詩と、ルートヴィヒ敬虔王をたたえる頌歌だけが残っている。(6)

かれの著作のなかで後代もっとも重宝されたのは、『王の教育』と『信徒の教育』の二書である。これらの書はいずれも「鑑」の類いで、その内容には重複する部分もある。まず『王の教育』（より正確には、『ピピン王へのヨナスの勧告』（Admonitio Jonae ad Pippinum regem））は、おそらく八三一年秋（八二九年から八三〇年にかけてルートヴィヒ王と王子たちが帝国の分割、帝位継承をめぐって争ったあと）、君主の「鑑」として、かつて傅師を務めたアクイタニアのピピン一世に書き与えたものである。ヨナスはそこで、聖書、教父の著作といった豊富な資料を駆使して、「カロリング・ルネサンス期」における宗教と政治との関連、司教と王との関係――やや過度な表現ではあるが、「政治的アウグスティヌス主義」の名称で呼ばれている――について論じている。視点を代えて言うならば、本書はカロリング期の聖職者による、もっともよく練られた政治論である。そこでとくに注意を引くのは王権に対する聖職者の優位性で、かれは旧約聖書の「申命記」をもとに、王に助言する司教は神の意志の仲介者、伝達者であり、その権威は王のうえにあると論じている。(7)

Ⅱ 『信徒の教育』

一 執筆依頼者マトフレド

ヨナスの著作で注目される第二の書は、『王の教育』より早い八二〇年頃、オルレアンの伯マトフレド（Mathfredus）の求めに応じて書かれた『信徒の教育』である。(8) マトフレド伯がどのような人物であったのか、詳細は不明であるが、かれが、ルートヴィヒ敬虔王の晩年を彩る領土と帝位をめぐる王家の争いに一役買ったことはたしかである。周知のように、ルートヴィヒ敬虔王の第二の后ユディト（Judith）は、ベルナルドゥス（ドゥオダの夫。本書第六章参照）との間にできたとされるカール（のちのカール禿頭王）にも、第一の后ヘルメンガルドの三人の王子（その中心は長子ロタール）とともに、帝国の領土と帝位を継がせようとした。ユディトは、愛人ベルナルドゥスと、「敬虔王」とも「お人よし」とも言われた夫ルートヴィヒを味方につけていた。これに対しカールの出自を口実に、かれによる領土、帝位の継承に反対したのが、ロタールの最高顧問であったワラ（Wala 八一九年以降）とその一派であり、そのなかにマトフレドがいた。さらにこの反対派のなかにはロタールの義父でトゥールの伯ヒューグ（Hugues）、ロタールのふたりの弟ピピンとルートヴィヒ、ゲロルド（Gerold）家とそれを代表するヒルドゥイン（Hilduin）、そしてオルレアンの司教ヨナスがいた。

こうした政治的背景のなかで、マトフレドとトゥールのヒューグは、アクイタニアを回教徒から守るために派遣されたベルナルドゥスの援助を命じられた。しかしマトフレドは政敵ベルナルドゥスに加担するのを拒み、時を稼いで任務に赴かず、裏切りのかどで死刑を宣告された（八二六年）。かれはワラの執り成しで一命は取り留めたものの、その地位と財産を失った。マトフレドは一旦は敗北しながらも、アクイタニアのピピンの指揮のもとヒューグと力を合わせてユディトを追放し、カールを修道院に閉じ込め（八二七年）、カールによる領土と帝位の継承を阻止した。しかし最終的には、ヴェルダン条約（八四三年）によってユディトの野心は貫かれ、マトフレドらの反対運動は失敗に終わった。その後マトフレドはニータルトによると、ヒューグらと仲間割れをしている。要するに、マトフレドはルートヴィヒ敬虔王父子間の争いのなかで波瀾万丈の生涯をおくった人物である。[9]

マトフレドの家庭については、なにもわからない。かれの知的レベルについてもほとんど推測の域を出ないが、かれが「鑑」つまり座右の書を願望したこと、また貴族の多くがラテン語を解さなくなっていた時代に、ラテン語の書を贈られたことから見て、知的関心の高かったことがうかがえる。少なくとも、『信徒の教育』における若干の暗示から、かれは当時のおもだった貴族と同じく個人的蔵書をもつ愛書家であったと思われる。[10]

二　『信徒の教育』の構成

こうした人物にヨナスはどのような書を書き与えたのであろうか。まず本書の構成について言うと、本書は三巻に分かれている。第一巻と第三巻は、キリスト者全体に共通する六つの人生過程を取り上げ、第二巻は、全二九章のうち最初の一六章で大部分の俗人が関係する結婚生活を取り扱っている。つまり『信徒の教育』は、人類の起源ないし個人の一生の初めから説き起こし、人生の終末ないし最後の審判で終わり、その中間あるいは中心に結婚生活を組み込んでいる。

各巻は章に細分され、各章はたいてい、章の内容に関する当時の人々の考えや態度、疑問や誤謬を設問の形で取り上げることからはじまる。これは、読者のかかえる問題点を浮き彫りにし、また著者の視点を明確にすると同時に、中世における人々の考えと行動を具体的に明示している。そのあとヨナスは各章の本論において、大体において旧約聖書、新約聖書の順に聖書のことばを引用しつつ簡単な注釈を加え、さらに古代教父たちの聖書注解と教えを付加することによって自分の主張を権威づけ、さいごに、章全体を要約する形で独自の実践的結論を書き加える。なおかれはこの結論をもって次章の内容を予想させ、各章間の理論的連係を図っている。

『信徒の教育』において、ヨナスが自分のことばで語る部分はそれほど多くはない。むしろかれは、当時の著者たちがしたように多くの資料に語らせる。かれは、本書の冒頭でつぎのように述べている。「この著作に取り掛かるにあたってわたしは、自分にまったく欠けている雄弁術に頼るよりも、神の啓示によって公示され、聖なる教父たちが見事に練り上げた金言を、本書において結び合わせようと思った。したがってわたしは、神の雄弁〔つまり聖書〕と聖なる教父たちのことばを探し、いわばあちこちの牧場からいろいろな草花を採取して篭に集め、あなたおよびそれを善しとする人々の熱心さに応えて、この小注解書を作成しようとした(11)」。

では、どのような文献を利用したのか。ミーニュ（Migne）版の『ラテン教父著作集』（Patrologia latina）の『信徒の教育』に明確に注記されている聖書、教父の著作あるいは説教、その他、ヨナスが多用している資料をあげると、大体、つぎのようになる。新約聖書では、「福音書」は「マタイによる福音書」（一〇〇回）、「ルカによる福音書」（三七回）、「ヨハネによる福音書」（二二回）、「手紙」では聖パウロの「コリントの信徒への手紙I」（四〇回）、「ローマの信徒への手紙」（二二回）、その他「使徒言行録」（一一回）などを中心に新約聖書全体で約三五五回、旧約聖書では、「箴言」（五九回）、「詩編」（五五回）、「シラ書（集会の書）」（四八回）、「イザヤ書」（二五回）、「創世記」（一五回）、「ヨブ記」（一五回）、「トビト記」（一一回）などを中心に全部で約三一三回、また教父の著作では、アウグスティヌス（A. Augustinus 三五四―四三〇）の『エンキリディオン』（Enchiridion）（二〇回）、『主の山上のことば』（De sermone Domini in monte）（一八回）、『結婚の善』（De bono conjugali）（一八回）などを中心に約一一七回、つぎに大グレゴリウス（Gregorius Magnus 五四〇―六〇四）の『ヨブ記講解』（Moralia in Job）（二四回）、『司牧規定』（Regula pastoralis）（一〇回）など計五九回、ヒエロニムス（S. E. Hieronymus 三四〇／五〇―四一九）の著作では、『マタイによる福音書注解』（二一回）をはじめ計四六回、イシドルス（Isidorus Hispalensis 五六〇頃―六三六）の著作では、『命題集』（Sententiae）（二二回）、『教会の役務』（De ecclesiasticis officiis）、『語源誌』（Etymologiae）、『同義語』（Synonyma）など計三二回、その他ベダ、プロスペル、オリゲネス、ヨハネス・クリュソストモス、キプリアヌス、アルルのカエサリウス、ラクタンティウス、エウセビウス、ソゾメノス、インノンケンティウス教皇、そしてアルクインなどの引用がある。

こうして見ると、ヨナスの書は先賢の書の寄せ集めという印象を受けるが、実は、九世紀の神学、教会法の著作のほとんどが、聖書、教会法、教父たちの書を抜粋し集成したものである。この頃の著述家や、宗教会議に参集した司教たちは、教義や教会規定を確立するにあたって聖書、教父、教会法の引用を数多く並べ立てることにより自分の文章、文書に権威をもたせていたのである。つまりかれらは同じ性質、同じ種類の引用を重ねることによって普遍的権威、全体的合意を示そうとしている。しかも、これらの文献はほとんど字句どおりに引用され、ヨナスの書というより文献の集成という印象を与えるが、こうした古代キリスト教文献の伝達は、後代の学問の復興に一役買うことになる。

三　『信徒の教育』の内容

ヨナスは『信徒の教育』の内容について、その冒頭でつぎのように言う。「わたしはあなたの熱意あふれる書簡を受け取ったが、それはわたしに、夫婦の絆をもって結ばれているあなたおよび他の者が、いかにして神によみせられるか、その生き方について、速やかにかつ手短かに書かせる気持ちを起こさせた……それは、いわば鑑に映すようにして、あなたが本書のなかにつねに自分を眺め、どうすれば誠実な夫婦生活を送ることができるか、本書を頻繁に読むことによって、それを学びうるようにしたいからである[12]」。このように、ヨナスが『信徒の教育』を著したのは、直接には、結婚生活を送る人々のための「鑑」つまり生活の規範を提示するためであった。ただ、それはまた、より広くすべてのキリスト教徒の活き方を示すものでもある。

ヨナスは、キリスト者マトフレドの人生を人類全体の「救いの歴史」のなかに位置づけて示す。ここに、ヨナスの教育理念の原点がある。かれは第一巻第一章の冒頭において、つぎのように言明する。「神が感嘆すべき仕方で、土のちりから創造し、楽園の至福のなかにおかれた最初の親は……自分が神の掟の違反者になっただけでなく、その罪を媒体として生まれたわれわれにも罪の害と正当な断罪の罰を注ぎ込んだ[13]」。ヨナスは「詩編」、「ローマの信徒への手紙」、「創世記」をもとに、すべての人は人祖の罪が伝達された結果、罪の状態にあり、その罰を受ける身であることを説明したあと、つぎのように結論する。「人類が縛られていた同じ原罪は、神と人との同じ仲保者、人間イエス・キリストによってはじめて赦され取り除かれた……したがって信徒各自は、自分がどこに落ち込んでいたのか、キリストの無償のご好意によってどこから引き出されたかについて熟考し、これほどの解放者、救出者を全心、全霊、全力をあげて愛するように努め、かれに対する愛から決して離れぬよう、むしろ生涯にわたってかれに仕えるようにすべきである」[14]。このように、ヨナスは「救いの歴史」をマトフレドの人生に反映させる。人生とは、各自におけるキリストの救いのわざの実現過程に他ならない。そして、キリストの救いのわざつまりキリストの死と復活を各個人において再現するのは秘跡であり、そのためヨナスは、七つの秘跡の秩序に従い、キリスト者が誕生時に授かる洗礼から人生の終末に授かる「病人の塗油」まで、人生を七段階に分けて説明する[15]。

(1) 洗　礼

ヨナスによると、キリスト者はこの世に生を受けるとほぼ同時に洗礼を授かり、人生をはじめると同時に救いへの第一歩を踏み出す。キリスト者は洗礼において、「古い人」(vetus homo) を脱ぎ捨て、「新しい人」(novus homo) を着て新しい人生を歩み始める。ここで言われる「古い人」とは罪のなかで生活する人のことであり、「新しい人」とはキリストとともに正義、真理、聖化の生活を送る人々のことである[16]。

ヨナスは、聖パウロの書簡 (「ローマの信徒への手紙」六、三) の引用をもってこれを例証し、その注釈をアウグスティヌスの『エンキリディオン』に求める。「これ (ローマの信徒への手紙) によってわれわれは、キリストにおける洗礼がキリストの死の似像 (similitudo) にほかならないこと、また十字架につけられたキリストの死が罪の赦しの似像に他ならないことを理解するのである。こうして、キリストに真の死が起こったようにわれわれに真の罪の赦しが起こるのであり、またかれに真の復活が起こったように、われわれのなかに真の聖化が起こるのである」[17]。そしてつぎのように結論する。「したがってわれわれのなかに人間の古い汚れがなにも残らないように努めよ。キリストは、一部ではなく全部が十字架につけられた。それはわれわれがすべての罪に死に、神に生きるためである。神に生きる人とは、謙遜、聖化、信心をもってキリストの足跡に従う人である」[18]。またヨナスは、権力者マトフレドを念頭においているためか、「新しい人」つまり主キリストを着ていないかぎり、いま、緋の衣服、ビッソ、金銀、宝石で身を飾っていても、神のみ前では無一物で裸であることを知れと言い、「新しい人」の衣服は、無垢、忍耐、寛大さ、寛容、信仰、謙遜、愛、慎み、神を見るのに不可欠な「清らかさ」(**castimonia**) であり、それ以外の徳目は枚挙にいとまがないと言う。

ところで、洗礼の効果を維持するためには、信徒は、つぎの二点に留意すべきである。第一点は、洗礼において神と交わした約束をつねに記憶すべきである。その約束のひとつは、悪魔とそのすべての業(わざ)、すべての栄華を放棄することであり、その手段として、先にあげた諸徳の修得に励まなければならない。この拒否の誓いのあと悪習に走るとすれば、それは捨てたものに立ち返ることになる。もうひとつの約束は、聖父、聖子、聖霊を信じ宣言することで、信徒はこの信仰をもって三位一体のみ名を唱え、洗礼の恵みに値したのである。この三位一体への信仰を受容したあと、棄教(**apostasia**)、不誠実(**infidelitas**) あるいは異端(**haeretica pravitas**) に走ってはならない。ここには、カロリング期のキリスト教会を揺るがしたキリスト養子説が暗示されているようである[19]。

信徒が留意すべき第二の点は、キリストによる洗礼が完全な洗礼であることである。旧約においては種々の洗礼があった。「出エジプト記」におけるモーセの紅海の徒渉と洗者ヨハネによる洗礼は、キリストによる洗礼の象徴にすぎず（「コリントの信徒への手紙Ⅰ」一〇・一―二参照）、完全な洗礼はキリストによってはじめて実現された。このキリストによる洗礼において、洗礼を授けるのは神（聖霊）であり、受洗するものは神の子になるからである。キリスト者は、完全な洗礼を受けた以上、この洗礼によって死んだ〔拒否し、無関係になった〕はずの罪に戻らぬよう、用心する必要がある。一度死んだキリストは再び受難に戻ることは不可能であり、したがって洗礼を繰り返すことはできないからである。そのためヨナスは、第五章において、洗礼を含む七つの赦罪の方法をあげ、受洗後の信徒が取るべき手段を勧めている。その手段とは、洗礼のほかに、殉教、施し、他人の罪を赦すこと、他の罪人を改心させること、愛の実践、長期にわたるきびしい贖罪行為（poenitentia）である。[20]

さらにヨナスは、洗礼の効果を確保する重要な手段として、代父母、両親による教育を取り上げ、子どもの教育の必要性について、つぎのように説明する。教会は当初、前もって教育されたものだけに洗礼を授けたが、キリスト教が社会全体に浸透し、キリスト教徒の両親から生まれる子どもたちが普通である現在、まだ十分に話すことのできない幼児にも洗礼を受けさせると述べ、当時すでに一般化しつつあった幼児洗礼を正当化して、つぎのように言う。「他人〔人祖〕の罪を科せられたものは、他の人〔親、代父母〕によって〔洗礼に〕連れてこられ、かれらの返答〔信仰告白〕によって原始の罪科を赦され、闇の権力から引き出され、主の国に移される」[21]。

したがって、子どもが分別のつく年頃になると、かれらの信仰を代弁した代父母、両親は、細心の配慮をもって信仰と洗礼の神秘を教えなければならない。アウグスティヌスが言うように、聖なる泉から子どもを霊的に（spiritualiter）取り出した代父あるいは代母はだれでも、子ども（代子）の第二の誕生において親、保証人としての役割を引き受けたのであるから、自分自身の救いに励むだけでなく、子どもをも正しい道、救いの道につかせるよう、ことばと模範とをもって善導し（ad meliora provocare）、教育しなければならない。

その教えの内容は、アウグスティヌスなどが勧めるような「主の祈り」、「使徒信経」といった祈りや信仰ではなく、ヨナスの場合、日常生活での徳目が目立つ。代父母は、つねに代子に対して真の愛を尽くし、かれらの悪を諫め、罰しかつ矯正し、また貞節を守らせなければならない。侮辱、呪いのことば、いかがわしいまた卑猥な歌を口にしないように、傲慢、妬み、怒り、憎しみの心を抱かぬように、占い、まじないの文字を使用せず、予言や悪魔の使者を避けさせるべきである。子どもはまた、飢えているものに食べさせ、渇いているものに飲ませ、裸でいるものに着せ、貧者、巡礼者を受け入れ、病人、囚人を慰問し、かれらに必要なものを提供し、平和を保ち、不仲なものに仲直りを勧め、司祭を敬わなければならない。さらに代父母、両親は、子どもに対し、真実のカトリックの信仰を保持するように教え、頻繁に教会に集まり、おしゃべりすることなく、聖なる朗読に注意深く耳を傾けるように指導すべきである。要するに、ここには、当時のキリスト教徒が日常、課せられていた宗教、道徳の要点があげられている。[22]

さいごにヨナスは、「これらすべてのこと、また同じようなことをあなたたちの男女の子どもたちに勧めるようにするならば、あなたたちは、かれらとともに永遠の至福に至るであろう[23]」と結論しているが、それは代父母、代子は救いにおける霊的運命共同体（中世において顕著である）を形成することを自覚させようとするものである。[24]

（2）堅　信

ヨナスは第二に、今日、堅信（Confirmatio）と呼ばれている秘跡をあげる。ヨナスはこれを「按手」（manus impositio）と呼び、洗礼の説明のなかで取り上げているが、[25]洗礼とは別の秘跡（sacramentum）として考えている。かれは言う。「洗礼の秘跡、主の体と血の秘跡が、司祭の神秘的行為（mysteria）をとおして可視的になり、主によって不可視的に聖なるものとされるように、それと同じく、聖霊の恵みは、按手という司教の行為によって、不可視的に、信徒に与えられる」[26]。ここでかれは、按手と聖香油による受堅者の額への十字架のしるしという司教（司祭ではない）の動作と、それに伴う聖霊の賜物の授与という、秘跡としての三つの本質的要素をあげている[27]。

しかし当時の人々の大半は、この按手を独自の秘跡としてよりも洗礼の秘跡の補足的一部として見、軽視しがちであった。ヨナスによると、高貴な人々のなかには、堅信の恵みをもって自分と自分に関係のある人々の霊的発展を考え、按手の式を早く受けさせようとするものもいるが、それを無視しあるいは遅らせるものもある。さらに低俗な人々（ignobiles）は、無頓着あるいは無知から按手の式を引き伸ばし、あるものは老衰に至るまで按手による聖別（consecratio）を遅らせる。これに対してヨナスは、司教（pontifex）の按手をとおして聖霊のたまものを受けるように励まし勧める。かれは、エフェソの信徒たちが受洗したあとすぐに聖パウロの按手によって聖霊を受けたこと（「使徒言行録」一九・一—六参照）、またサマリアにおけるヨハネとペトロの按手の例（上掲書、八・一四—一七）をあげて、按手の秘跡が原始教会からの伝統であることを強調し、さらにインノケンティウス教皇（Innocentius I 在位四〇一—四一七参照）の「教令」（Decretalia）の参照を勧める[28]。

救いにおける堅信の必要性について、ヨナスはそれ以上の説明はしないが、しかし堅信に関する説明の位置、堅信のもたらす聖霊の働きに関する説明から見て、堅信が洗礼後のキリスト者の発達に不可欠であると考えていることは明らかである。まずヨナスは、堅信の説明を洗礼後の代父母による教育の説明直後においているが、それは、堅信が成人としての分別、理解力、判断力の育成の仕上げであることを意味している。また、キリスト者の成人としての行動に必須の聖霊の賜物（gratiae, dona）、つまり知恵（sapientia）、聡明（intellectus）、賢慮（consilium）、剛毅（fortitudo）、知識（scientia）、孝愛（pietas）、敬畏（timor）の七つを堅信独特の恵みとして指摘している(29)。

堅信が、キリスト者に、成人としての自立の霊的能力をつけさせる秘跡であるとするならば、そこには当然、その自立を準備し支える教育が必要である。そのためヨナスは、堅信の説明（第七章）のすぐあと、再び教育を取り上げる（第八章）。一般に、この第八章の教育は、受洗後の第六章の代父母による教育と同一視されているが、しかし第八章の教育は、内容および教授者の知的レベル（それは劣等感として表明されているが）から見て、より上位のいわば受洗後教育の仕上げと考えるべきであろう。

ヨナスは第八章において、幼児（parvuli）は分別の年齢（intelligibilis aetas）に達したならば、信仰の秘跡、洗礼の神秘、聖霊の七つの賜物について学ばなければならない、と主張する(30)。かれは、アウグスティヌスの教えをもとに、キリストの教会は「救いに関する学問（訓練）の家」（disciplinae salutaris domus）であり、そこでは、永遠の生命に至るための、よい生き方が教えられる。そのため、この「学問の学校」（schola disciplinae）で学ぶものはみな、「最高の師キリスト」（doctor, magister Christus）の教えに謙遜に従わなければならない。そこで教えられる健全な信仰の掟（praecepta）は多数あるが、幼児は明白なことを、大人は難解なことを学ぶようにすべきである。

これに対して、自分の学習能力の無さ、低さ、狭さを嘆くものもあろう。そういう人は、『キリスト教的学問』（De disciplina christiana）におけるアウグスティヌスの教えを聞くがよい。「律法には善良な生活のための……無数の掟が含まれていた。これらの掟をすべて数え上げうるものはほとんどいないであろう。しかし主は、言い訳をしかねない人々のため、あるいは読む暇などないとか、読み方を知らないとか、たやすく理解できないとか、だれも裁きの日にそうした口実を持ち出さないように……読む暇に合わせて短縮し、理解できるように明快にされた」[31]。アウグスティヌスによると、「学問の家において、学ばれることは、神を愛せよ、隣人を愛せよ、神を神として、隣人を自分として愛する」ということであり[32]、これが掟の要点かつ完成であり、一人前のキリスト教徒のなすべきことである。

(3) 悔悛

人生に失敗、過失はつきものである。しかしそれらは、除去困難な悪習になるまえに排除すべきである。そのためヨナスは、第一巻第九章において悔悛の秘跡（poenitentia）を取り上げる。かれによると、洗礼は神の贖い（propitiatio）の恵みをもってわれわれを人祖の罪科（reatus）から解放し、滅びの子であったわれわれを救いの子に変え、他人の子であったわれわれをご自分の養子にされた。しかしわれわれは受洗後も多くの罪を犯し、恵みを失うことが多い。しかし、洗礼は決して繰り返すことはできない。キリストの死と復活は一回かぎりのものである。そのため慈悲深い神は、すぐれた効果をもつもうひとつの救いの秘跡をわれわれに与えられた。これが、悔悛の秘跡である。ヨナスは、聖書と教父たちの教えをもとに、つぎのように勧める。「聖書は多くの証言をもって、われわれが罪を犯したあと直ちに神に立ち返るように、悔悛（poenitentia）をもって神の慈悲による赦しを得られることを保証している。したがって、悔悛という薬を軽く考えてはならない。それを軽視するとき、病はいっそう重くなり、死をもたらすことは明らかである[33]」。

ヨナスによると、poenitentia という語には種々の意味がある。それはまず、日常の贖罪行為、悔悟の心、償いの苦行を示す。Poenitentia はまた、司祭の判断に託されている公的贖罪を示す。ヨナスは第一〇章を特別にこの公的 poenitentia の説明にあてている。その期間、様式（灰を被ること、粗衣を着ること、教会、信徒との交わりの拒絶など）は司祭が決める。キリストが「罪を赦す権能」を与えたのは司祭たち（sacerdotes）だからである。[34]

ヨナスはこうした規定とその実践について、『信徒の教育』（同じく第十章）のなかでも最長の五欄（columnaミーニュ版）をあてているが（ほとんどの章はたいてい二欄）、この冗長さは、当時の教会における贖罪規定の不統一ないし規律の弛緩を暗示していると思われる。ヨナスによると、かつては教父たちと教会法の規定にしたがって公的贖罪が実施され、人々もそれを認め、実行する人のために祈ったが、今日ではまれである。しかし罪をもって公的に教会を傷つけた以上、公的に償うのは当然である。かれは公的贖罪の方法として、われわれの体に必要ではあるが快楽に走らせがちな飲食物の節制、断食、徹夜、祈りその他の、聖なる徳の実践を勧める。[35]

Poenitentia はまた、告白（confessio）と同義に用いられ、さらに、告白によって司祭から課せられる償いを指す。実は、告白は以上述べた poenitentia の諸要素と一体をなし、第二の洗礼としての効果をもつ悔悛（poenitentia）の秘跡を構成している。新約聖書によると、悔い改めたユダヤの人々は洗者ヨハネのもとに来て罪を告白し（「マルコによる福音書」一・五参照）、「使徒言行録」（一九・一八）によると、信仰に入った大勢の人が、自分たちの悪行を告白した。また使徒ヨハネも、自分の罪を公に言い表すなら神は罪を赦すと言い（「ヨハネの手紙Ｉ」一・九参照）、使徒ヤコブは、罪を告白し合い、互いのために祈れ（「ヤコブの手紙」五・一六参照）と勧めている。[36]

告白は、司祭に対して行う。キリストは、「つなぎ、解く権能」（potestas ligandi ac solvendi）つまり罪を赦すか否かの権能をかれらに与えられたからである。人が罪を告白するのは、神から罪の赦しを受け、司祭から生活改善の勧告を聞き、罪に相当する償いを指示してもらうためである。したがって司祭への告白は、形式的なものであってはならない。告白者は、司祭への告白のなかで、罪を犯し怒りを招いた神に祈りつつ、痛悔の心と嘆きの涙をもって赦しを乞わねばならない。なおヨナスは、「重い罪について司祭に告白するのは、教会の慣習である」と述べて[37]、告白が当時（九世紀中葉）すでに、慣習としてひろく行われていたことを教えてくれる。

つぎにヨナスは第一七章において、告白の内容つまり罪とはなにかを具体例をあげて説明し、告白者の良心の糾明を助ける。この糾明では、とくに不浄な思考に注目すべきである。人は行いをもって罪を犯すまえに心で犯すからである。かれは、不浄な話、冗談、ばか騒ぎ、無駄話、また空しい、不浄な思いを例に、内的罪の存在と罪の連帯性について教える。「かれらは、自分が罪を犯したとは決して考えていない。これらの話は、話す本人だけでなく、それを喜んで聞く人にも罪の汚れをもたらす。さらに不浄な思考は、たいてい悪事へと引きずり込む（「マタイによる福音書」一五・一六参照）[38]。

ところで、罪には重大な罪（peccatum lethale）と、軽微な罪（peccatum veniale）がある。司祭に告白する義務があるのは、重大な罪である。ヨナスは第一六章において、日常的な軽い罪は信徒相互に告白すべきであると教える。こうした信徒相互間の告白は、毎日、それを実行する修道者（六世紀のイタリア、アイルランドの修道者たちは、司祭以外の霊父に過ちを告白していた）は別として、当時はごくまれにしか実践されていない。しかし信徒同士の告白は聖書の教えるところであり（「シラ書」四・二六、「箴言」一八・一七参照）、とくに「ヤコブの手紙」は「罪を告白し合い、互いのために祈れ」（Confitemini alterutrum peccata vestra et orate pro invicem 五・一六）と明言している。ヨナスは、ベダ（Beda Venerabilis 六七二／三―七三五）による「ヤコブの手紙」の注解を引用して、「この文章は、日常の軽微な罪は互いに同僚（coaequales）に告白し、かれらの日常の祈りによって救われると理解すべきである」と述べている[39]。そしてこれらの聖書のことば、ベダ、ヒエロニムスの書をもとに、つぎのように結論する。われわれは毎日、多くのことについて互いに（alterutrum）告白し、祈り、施し、謙遜、心からの痛悔をもって、それらを清めるべきである。ここには、贖罪（poenitentia）における信徒全体の連帯性が指摘され、その視点から見た信徒同士の告白は、罪に対する連帯的な防衛でもある。大グレゴリウスの『司牧規定』によると、「隣人の悪を見ながら、口を閉ざして黙するものは、傷を見ながら薬を使おうとしない人に似ている。かれは毒を消すことを拒んだのであり、死の張本人である」[40]。これをもとにヨナスは、悔悛の秘跡全体について、こう警告する。愛情や恐れからあるいは賄賂のために、致命的罪を暴くことを避けるものは……罪人と同じである。またひとりだけが罪を犯したとしても、他の者が沈黙し矯正しないことによって、罪のもたらす危険はみなに及ぶ[41]。

ヨナスは、第一八章において告白の秘密にふれる。たしかに、ひそかな告白をもって司祭に打ち明け、相応の償いを果たした罪は決して公にすべきではない。また司祭は、罪の赦しと償いの決定においては断固たる態度をとらねばならない。遠慮したり、見返りを期待してはならない[42]。

(4) 結　婚

秘跡のうち一般信徒に固有の秘跡としては、結婚（ヨナスは conjugium, matrimonium, nuptiae, concubitus などの語を用いる）がある。ヨナスは『信徒の教育』の第一巻、第三巻においてすべての信徒に共通の秘跡を取り上げ、第二巻の大半（二九章のうち第一章から第一六章）では、夫婦生活を送るものを対象に結婚の秘跡と子どもの教育を取り扱う。

ヨナスはまず、結婚は「神が〔最初の〕人間を〔男女に〕創造したことによって制定された」と言明し[43]、その根拠として「創世記」（二・二五、一・二七）、「箴言」（一九・一四）、（「マタイによる福音書」一九・六）などをあげる。結婚が男女両性の創造に起源をもつということは、ふたつの結婚観を生み出す。ひとつは、結婚は教会あるいはキリストによって制定されたものではなく、いわば自然発生的な男女関係にすぎないとする見解で、当時のある俗人は、これをもとに、人間の恣意による夫婦生活、夫婦間の自由な交わりを主張した。ヨナスによると、新郎新婦がミサのなかで祝福を受ける（教会における結婚式）という伝統が希薄になったのはそのためである。この自然発生説に対して、ヨナスは神による結婚の制定を強調し、結婚に関する一切の規定の根源に神の権威をおく。神による結婚の制定は、神が最初の人間の結合（copula）を祝福したことに示され、現在この祝福は、聖なるローマ教会の教会法に従ってミサ中に司祭によって与えられるという。しかし現実は、ヨナスが示唆するところによると、九世紀の俗権も教会も、まだ教会法による結婚を一般化するには至っていないようである[44]。

結婚観の相違は、とくに結婚の善つまり目的において顕著になる。ヨナスは、古代のテルトゥリアヌス（Q. S. F. Tertullianus 一六〇頃―二二二以後）がしたように、結婚を罪悪あるいは必要悪とするのではなく、善として見ている。かれは、「最高に善である神が創造したものはすべて、きわめて善い（「創世記」一・三一参照）……そうした善は無数で、そのひとつが結婚（conjugium）である[45]」ということばで、結婚の説明をはじめる。結婚の善とはなにか。ヨナスは聖書と教父たちの著作をもって、結婚の目的にその善を見出す。アウグスティヌスによると、「神はある善をそれ自体のために与え（知恵、救い、友愛がそれである）、ある善は他の善に必要なものとして与え……結婚、夫婦の交わりは友愛のために必要であり、この友愛による結合〔結婚〕は人類の繁殖にとって善である[46]」。換言すると、結婚つまり男女の結合（copulatio）の「本来的善」（naturale bonum）は、子どもを産むことにある。したがって夫婦の交わりあるいは結婚の行使において、子どもの出産ではなく欲情の満足だけをめざすものは、この善を「獣のように」（bestialiter）悪用することになる。たしかに夫婦の交わりには快感、快楽が伴う。これについてアウグスティヌスは、夫婦の交わりは快楽のためにあるのではなく、「人間の健康のために食物があるように、人類の救いのために夫婦の交わりがある。双方とも、肉的快楽なしにはありえない。しかし節制をもって自然的用途に即したものであれば、それは淫乱ではありえない」[47]と説明する。そして、これがヨナスの主張でもある。

これに対し、結婚の自然発生的立場をとるものはつぎのように抗弁する。妻とは合法的に結ばれており、望みのままに妻と交わるとしても罪を犯すことにはならない。また、生殖器は知恵の神が男女の夫婦の交わりのために造ったものであり、情欲のままにそれを利用したとしても罪を犯すことにはならない。これに対してヨナスは答える。神は生殖器だけでなく、体の他の肢体も造った。それは善を行うためで、悪を行うためではない。善い神が造ったすべての肢体（生殖器を含む）は各人の恣意によってではなく、神が定めた秩序に沿い、神の意志に従って用いなければならない[48]。

こうしてヨナスは、妊娠中の妻との夫婦の交わりを控えること[49]、生理中の妻とは決して交わってはならないことを細かく説明し、これは、伝統的な慣習であると指摘する[50]。夫婦の交わりが子どもの出産をめざすだけのものであるとすれば、こうした制約は当然のことである。またかれは、アウグスティヌスの説教をもとに、日曜、祝日、降誕祭前の四〇日間、復活祭前の四〇日間と復活祭後の一週間、聖霊降臨祭後の一週間など、一定期間の夫婦の交わりを禁じているが、これらの規制は、性の快楽に対する禁欲主義、また、性を不浄視する思想から来ている。その一部はモーセの律法の繰り返しであり――ヨナスは「レビ記」（一五・一九参照）、「エゼキエル書」（一八・一六参照）をもとに、生理中の夫婦の交わりを禁じた。ここには、浄、不浄とくに排泄に関するユダヤ的考え方がある――他はキリスト教会に特有のものである。かれによると、妻との夫婦の交わりのあと教会に入って主の祭壇に近づいたり、聖体を拝受してはならない。沐浴したあと、清らかな体と心をもって教会に入り、聖体を拝受すべきである[51]。

結婚の起源に関する見解の相違は、結婚の不解消性、一夫一婦性、夫婦間の誠実さにも影響を与える。まず結婚の不解消性についてヨナスは、有名な「マタイによる福音書」一九・九におけるキリストのことばをもとに、姦通（fornicatio）の場合は別として、妻を離縁してはならず、むしろ忍耐すべきであると説く[52]。ヨナスによると、人々が離婚するのは、すでに結婚の動機、配偶者の選択において間違っているからである。ある男性にとって魅力ある女性とは、家柄（genus）、頭の良さ（prudentia）、財産（divitiae）、美貌（pulchritudo）といった自然的、可変的な四つの要素を兼ね備えた女性で、こうした女性を結婚相手に選ぶ。そして妻がそのどれかを失うと、すぐに離婚したがる。むしろ「夫たるものは、聖書が教えるように、妻の外的美貌や肉体的魅力を決してかの女の内的かつ貞節な愛以上に評価すべきではない。妻には、富や美だけでなく、むしろ恥じらい、誠実な徳をこそ求めるべきである[53]」。

ヨナスはまた、他の章の二倍の紙数を割いて、夫婦間の忠誠、誠実さ（fides）に注目させ、一夫一婦性を強調する。それは、結婚における夫婦の幸福、結婚の目的を達成するため、また離婚の危機を回避するためにも不可欠である。かれは、聖パウロの書簡（「コリントの信徒への手紙I」七・三―五参照）をもとに、夫は妻に対してその務めを果たし、妻も夫に対してその務めを果たすように勧め、またアウグスティヌスの教えとして、互いの弱さから許されざる性交に走らぬよう互いに身を委ねることを勧め、つぎのように結論する。「わたしは、主の恵みに従おうとしている夫たちにとくに勧める。姦通を犯すな。娼婦と交わるものは、かの女とひとつの体になる。また妻たちにこうした離婚の口実を与えるな……妻に許されないことは夫にも許されない[54]」。

結婚における誠実さを保持するためには、夫婦間に親密な愛がなければならない。ヨナスによると、人がより脆い器を大切にするように、夫は貞節な愛をもって妻を愛さなければならない。一方、妻に対しては夫への服従を勧める。かれは、「夫が妻に従うよりも、妻が夫に従う方が自然の秩序であることは疑いない」というアウグスティヌスのことばを[55]、聖書にもとづくものとして（「コロサイの信徒への手紙」三、一八、「ペトロの手紙Ⅰ」三、六参照）伝えている。

結婚における忠誠を守るためには、結婚前の純潔が必要である。ヨナスは、結婚論のはじめにアウグスティヌスの説教を引用して、「妻をめとろうとするあなたたちは、自分を妻のためにとっておけ。あなたたちが妻に望むとおりの状態を、妻もまたあなたたちのなかに見出すようにせよ。純潔な妻をめとろうとしない若者はいない……けがれのない女を求めるなら、あなたたちがけがれのないものであれ[56]」と主張し、結婚前の男女の純潔を求める。かれによると、あるものは情欲に負けて、あるものは地上的栄誉にかられて、結婚まで保つべき童貞を失い、また神が最初の人間の結合をよみした祝福、つまりミサ中の結婚式で与えられる神の祝福を失う。この祝福を受けない結婚は当初から必要な神の恵みを欠き、不幸な結婚に終わるおそれがある。またこうした結婚から生まれた男子は、両親とも自由人の身分であるとはいえ、悲しむべきことであるが、合法的結婚から生まれた兄弟たちと世俗法の認定（**censura**）に従って遺産を継承することはできず、家庭内の争乱の原因をつくることになると言う。ここには、ユディトの子カール（のちの禿頭王）の相続をめぐる、カロリング家の騒動が暗示されている[57]。

こうして見ると、ヨナスによる結婚の説明は、贖罪規定書のように、性道徳だけをしかも否定的に取り上げるのではなく、聖書、教父たちの教えをもとに一応の結婚論を展開し、それまで修道制における童貞性、処女性を称賛するあまり軽視されがちであった結婚生活の復権を図っている。

a　子どもの教育

結婚の目的が子どもを産むことにあるとするならば、出産を完成させる子どもの育成、教育は夫婦にとって当然の義務である。そのためヨナスは、第二巻第一四章において子ども（liberi）の教育について述べる。それによると、両親は子どもたちに神に対する畏敬、純潔な生活、両親に対する尊敬を教えなければならない。かれはまた、子どもの教育における根本的な態度について忠告を与える。それによると、親は、子どもたちを肉よりも霊によって愛し、世間の法よりも天の法に従って生活することを教え、地上のものより天上のものを憧れるように仕向けなければならない[58]。さらにかれは教育内容の要約として、「申命記」（六・六）を引用する。「わたしが命じるこれらのことばを心に留め、子どもたちに繰り返し教え、家に座っているときも歩くときも、寝ているときも起きているときも、これを語り聞かせるようにせよ」。かれの注釈によると、『これらのことば』とは、神が子どもたちに教えよと命じられた戒めと掟と法である[59]」。

ヨナスによると、旧約のヨブは子どもたちの教育において、ただ行いとことばをもって外的に完全なものに育てようとしただけでなく、犠牲（いけにえ）の奉献をもってかれらの心をも清めようとした。ヨブはまた、旅に出た子どもたちを聖化したと言われているが、大グレゴリウスによると、これは眼前にいる子どもだけでなく、親もとを遠く離れて暮らす子どもにも配慮を欠いてはならぬことを明示している。またヨブが子どもたちのために犠牲を捧げたことは、親は子どもの眼前にはいなくともどれほどの配慮を払っているかを示し、同時に、内心を見通し内心から人を形成しうる神に対し、子どもの心身の聖化を祈ったことを意味している[60]。

一方、ヨナスが示す教育方法にはきびしさが目立つ。かれは、「シラ書」（七・二三）を引用して、「子どもがいれば、かれらをきびしくしつけよ。幼いときからきびしくしつけよ」と言い、また、子どもや若者は望みのあるうちに諭すべきであり、たとえ鞭打っても死ぬことはない、鞭打てば、かれらの魂を黄泉から救うことになる（「箴言」一九・一八、二三・一三―一四参照）と言う。他方、かれは新約聖書を引用して、子どもを怒らせるな（「エフェソの信徒への手紙」六・四参照）、主がしつけ諭されるように育てよ（in doctrina et correctione Domini）、父親たちは子どもをいらだたせてはならない、いじけるといけないから（「コロサイの信徒への手紙」三・二一参照）とも言う。(61)

そして、旧約、新約聖書の教えのまとめとして、子どもに対する両親の愛情はいかにあるべきか、アンブロシウスのことばを借りてつぎのように言う。往々にして、父親の愛は節度を欠くとき子どもにとって害になる。過度の寛大さは罪を犯させ、一人を偏愛することは子ども同士の兄弟愛（amor germanitatis）から引き離すことになる。兄弟たちの愛に支えられてはじめて子どもは成長する。(62)

子どもを甘いことばだけで励ますものがいるが、祭司エリの轍を踏んではならない。エリはことばだけで罰しの子どもを鞭で矯正することを控えたために、子どもたちは神の道から外れた。大多数の親は、難しい年頃（coercere）、鞭打つ（ferire）ことを怠っている。子どもたちが分別のつく年頃になり悪に走りはじめるとき、親ははじめて処罰し悪から遠ざからせようとする。しかしそれは容易なことではない。かれらの罪は、幼いときに罰することを怠った親に帰せられるべきであり、そこには疑問の余地はない。(63)

またヨナスは第二巻第一五章において、「子どもは親に当然の尊敬を捧げなければならない」と命じているが、(64)これは、単に親子関係のあり方を示すだけでなく、子どもの教育の重要な要素を示している。ヨナスは、旧約聖書でもとくに「出エジプト記」、「箴言」をもとに両親に対する尊敬を勧め、それらの教えの要約として、新約聖書の「エフェソの信徒への手紙」（六・一―二）をあげ、「子どもたちは、主に結ばれているものとして両親に従え。これは正しいことである。『父と母をうやまえ』、これは〔救いの〕約束に伴う最初の掟である。そうすれば、あなたは幸福になり、地上で長く生きることができる」、と聖パウロの教えを繰り返す[65]。

要するに、ヨナスによる親子関係を規定するものはモーセの十戒の第四戒であり、かれはこの第四戒に関する教父たちの注解を引用し、日常生活において起こりうる両親への尊敬と神への愛との対立について、両者に対する愛の秩序を教える。子どもは神のつぎに、親を愛すべきである。もし神に対する愛と親に対する愛が問題になり、両方を同時に果たしえないならば、神に対する愛を優先すべきである。「あなたの父を敬え」(「出エジプト記」二〇・一二参照)とあるが、それには親が子どもを真の父(神)から引き離さないという条件が付せられている。つまり親子の血のつながりも、神による創造を前提としている。

そこでかれは、カロリング家の人々の態度を暗示して、両親に不敬を働くことはすべてのものの創造主にして真の父である神に不正をなすことであり、両親への侮辱をふさわしい償いをもって補わないかぎり神は決して罰せずにはおかず、両親への尊敬を払おうとしないものはきわめて罪深いもので、人間としての尊厳(dignitas humana)に欠けていると非難する。

さいごに、かれは現実的な教訓を与える。聖書による両親への尊敬は、義理的な挨拶だけでなく、施し、贈り物にまで及ぶべきである。ヒエロニムスによると、「主は、子どもたちが両親の衰弱、年齢、欠乏に配慮し、生活必需品を提供することによって両親を敬うように命じている」[66]。

b　家政(家僕の指導)　つぎにヨナスは第一六章において、「家政」(原文どおりに言うと、「自分の家庭における司牧の役務」(in domibus suis pastorale ministerium))の義務に注目させる。夫婦は、「自分の家僕」(subjecta sibi domus)に対しどれほどの配慮と世話を払うべきか、ソロモンの「箴言」(二七・二三参照)をもとに示す。それによると、夫婦は配下の人々の生活態度に気を配り、正しく指導し、破滅に陥ることのないようにしなければならない。そのためには、聡明な心と知識、見識をもつ必要がある。大グレゴリウスも言うように、「頭〔家長〕が弱くなると肢体〔家僕〕も無力になり、また、肢体が弱くなると頭も弱くなる。あるいは弱さに近い状態になることは必定である」(67)。具体的に言うと、夫婦は、家僕に対し生活の便利さ（commodum）よりも魂に益すること（lucrum）を求め、貪欲に地上の利得（quaestus）を求めるよりもかれらの救いに配慮し、かれらについて、いつか神に精算書を差し出さねばならないことを忘れてはならない。

尊者ベダは、夫婦による家政を司教、司祭、助祭、修道院長の役務と比較している。「自分の小さな家を守るすべての信徒は、自分の家族に心をこめた配慮をするかぎりにおいて牧者と呼ばれ、それは正しい……あなたたち一人ひとりは、個人的、私的に生きていると思ってもやはり牧者の務めを与えられており、霊的群れを養い、夜間かれらを監視し、もし世俗的考えに溺れているなら正しい指導（moderamen）をもってかれらを治め、聖書による天来の牧草をもって養い、不潔の霊の罠から素早く守らねばならない(68)」。

さいごにヨナスは、他人の指導をまえにして躊躇する夫婦の姿を思い浮かべる。「わたしは人に忠告するだけの知力も、人を励ますだけの能力もない」。これに対してヨナスは答える。できるだけのことを示せ。たしかに、人によって知識の多少、能力の大小の違いはある。あるものは真理の教え（doctrina）に満たされ聞く人の精神を酔わせるが、あるものは感じてもうまくことばに表すことができない。教えの知恵をもって知識を示し論理的に納得させえないならば、少なくとも神の寛大さを示すに足りるだけのよいことばを、あなたの隣人たちにかけるようにすべきである(69)。

(5) 聖　体（ミサ）

キリスト教徒にとって、日常的なしかも最大の秘跡は聖体（ミサ）である。ミサは、救いのわざの頂点であるキリストの死と復活による犠牲の再現であり、キリスト教的生活の中核をなす。そのため信徒は、日曜、祝日ごとにミサに参加する。この秘跡についてヨナスは、あまりに日常的なものと考えたのか、体系的、論理的には取り扱っていない。むしろ第一巻第一三章と第二巻第一八章で、ミサ中の祈り、朗読、聖体拝受における信徒の取るべき態度について述べ、こうしてミサを部分的に、分散した形で取り上げている。

かれは、第一巻第一一章では祈るために頻繁に教会に集まるべきこと、第一二章では熱心かつ頻繁な祈りがキリスト教的生活にいかに有効かつ必要であるかを説明する。この二章で取り扱う祈りは、祈り全般について述べたもので、任意的、個人的な祈りだけでなくミサにおける祈りも含んでいる。そして第一三章では、ミサということばこそ用いないが、しかしそれを念頭において、教会での祈り、聖書の朗読に対する信徒の態度を取り上げる。まず祈りについてかれは、ベダのことばを借りて教会内での信徒の態度を描写する。多くのものは、教会に入っても、清く率直な祈りを神に捧げようとはしない。かれらは、口では祈りのことばを唱えても心は他所にあり、祈りの果実を得ることはできない。神の家は、こうした許されざる行為の家ではなくむしろ祈りの家である（「ルカによる福音書」一九・四六参照）[70]。

また信徒は、（ミサ中の聖書の）朗読に耳を傾けなければならない。聖書の朗読はキリストによる救いのことばの宣言であり、信徒の信仰を養う。これほど重要な聖書の朗読であるが、オリゲネスのことばを借りてヨナスが言うところによると、信徒のなかには、聖なる朗読に耳を傾けるよりも教会の片隅にたむろして世間話（confabulationes）に夢中になっているものがいるかと思うと、朗読を聞いてもその内容について考えることも反省もせず、すぐに出ていくものもいる。またヨナスは、アウグスティヌスの権威を借りてつぎのように言う。信徒のあるものは、教会に来て、祈るよりも互いに言い争い、あるものは猥談にふける。むしろかれらは、聖書の朗読に注意深く耳を傾け（Sacras Scripturas patienter audire）、信心深くそれを受けとめるべきである。[71]

つぎにかれは、第二巻第一八章において、ミサの本質的要素のひとつである聖体の拝受とその準備を取り扱う。かれはまず、当時の大部分の人々の態度を非難する。ヨナスによると、あるものはうやうやしくかつ有益に、あるものは無分別かつ不相応に、聖体を拝受している。またかなりの人が、罪を犯し、司祭の判断によって聖体拝受を拒否されている。そして多くのものが、無頓着からあるいは怠慢からこの秘跡から遠ざかり、ほとんど一年に大祝日の三日しか聖体を拝受しない。[72]

聖体は「分別をもって」（discrete）拝受すべきであり、そのためには聖体の本質と拝受の準備に関する十分な知識が必要である。ヨナスによると、聖体は、「すべての人の救いのための贖いと、われわれの信仰の神秘が成立する主の至聖なる体と血」[73]であり、大グレゴリウスが『ヨブ記講解』（Moralia in Job）において述べているとおり、「キリストの受難の秘跡を贖いのために口で拝受するときは、精神を集中させ、その模倣を考えるべきである」[74]。つまり聖体拝受により拝受者のなかにキリストの贖いのわざが続行され、キリスト者の生命の発達、救いの完成がもたらされる。キリストの肉を食べ血を飲むものはキリストに留まり、キリストもまたかれに留まり（「ヨハネによる福音書」六・五七参照）、また聖パウロによると、キリストの肉を食べ血を飲むものは永遠の生命を得、最後の日にキリストとともに復活するからである（「コリントの信徒への手紙Ⅰ」一〇・一六参照）。これに対して、「ふさわしくないままで、主のパンを食べたりその杯から飲んだりするものは、主の体と血に対して罪を犯すことになる」（「コリントの信徒への手紙Ｉ」一一・二七）[75]。

こうした聖体拝受の意義をふまえてヨナスは実際的結論として、イシドルスの『教会の役務』をもとに、信徒は重大な罪を犯していないかぎり、「日用の糧をお与えください」（「マタイによる福音書」六・一一）という主のことばに従って毎日の聖体拝受を望むべきであり、もし重大な罪があるならば、まずそれを告白したあと拝受すべきであると述べ、清い心と体をもって自分の贖いの賜物（munus つまり聖体）を、「しばしばかつふさわしく」（frequenter et discrete）拝受しうるような生活を勧める[76]。

このように、聖体（ミサ）に関するヨナスの説明には、他の秘跡に比べて、教会内外における信徒の行状の描写と、その批難、対症法的な勧告が目立つ。かれはここで、聖体に関する教えをまとめるよりも、分散的に、換言すると、日常的な宗教的行為として生活のなかに織り込もうとしているようである。あるいは日曜日ごとに信徒の態度を目のあたりにする司牧者の心情が、ごく自然に吐露されているのかもしれない。

（6）叙階

中世の社会は神中心、教会中心の社会であり、ヨナスも『信徒の教育』の随所で聖職者と信徒との関係にふれている。しかし一般信徒マトフレドあてに書いているためか、かれは叙階の秘跡そのものは取り上げず、むしろその結果としての聖職者に対する態度を取り扱う（とくに第二巻第二〇、二一章）。

一般に中世社会について考えるとき、われわれは、一般信徒に君臨し支配する特権的階層としての聖職者を予想しがちである。しかしそうしたことは司教、修道院長といった上級聖職者の場合で、ヨナスによると、司祭のなかには富と世間の栄誉とは無縁で、俗人に侮られるものもいた。とくに田舎では、地主は使用人のなかから目ぼしいものを司教に推薦して、領地内の教会の聖職者にしていた。その場合、かれは司祭になってもやはり使用人のままで、地主は従来どおりの仕事を強制し、かれを見下し軽蔑した。一方、懶惰な、世俗的暮らしをする司教、悪い俗人と変わらぬような生活を送る司祭もいた。他方、司祭を尊敬するとはいっても、神に仕えるものとしてよりも司祭のもつ富と栄誉（地位）のためにかれらを尊敬するものもいた。また表面的、形式的に司祭として認めても、実際には司祭の聖務を認めず、その指導を拒否するもの（とくに権力者）もいた(77)。当時の聖職者とくに司祭の知的レベルはきわめて低く、司教たちは信徒に対し、まともな読み方さえ知らない司祭たちの朗読を嘲笑せず、むしろ朗読の内容に注目するように勧めている。

一方、聖職者たちに対する侮蔑の態度は、信徒たちの傲慢と、司祭職に関する無知から来ることもあった。そのためヨナスは、司祭とは、聖職者とはなにか、司祭職の起源と尊厳、役割を想起させる。司祭は、神と人との仲介者として神から選定されたもので、その身分（ordo）は神と人との間に位置する。司祭とは、「主と民との間の仲介者であり、主に対する愛と敬畏から神に仕えるものである(78)」。さらにヒエロニムスのヘリオドルスあての書簡によると、司祭は、「キリストの聖なる体を口〔ことば〕で作る使徒たちの位階（gradus）に属し、かれらをとおしてわれわれはキリスト者であり、かれらは天の国の鍵をもち、裁きの日のまえに〔われわれを〕裁く（「マタイによる福音書」一六・一八参照）。さらに、ヨハネス・クリュソストモスによると、「体が必然的に頭に結ばれているように、教会は司祭に、民はかしらに、若枝は根に、子どもは父に、弟子は師に結ばれている(79)」。つまり司祭は、キリスト者として成長していくキリスト者に対し霊的生命を与え、教え、指導する役割をもつ。

では、信徒は司祭に対してどのような態度をとるべきか。それは、現在の大部分の信徒とは逆の態度を取るべきである。信徒は、司祭の人柄や富に左右されることなく、かれが代理として仕えるお方（神）に対する愛と畏敬をもってかれを敬い、これに従うべきである。アウグスティヌスによると、司祭は神から特別に選ばれその代理者として立てられたのであるから、司祭に対する軽蔑は神に対する軽蔑であることを知らねばならない。したがって信徒は、「惰弱に生きる何人かの司祭のために、正しく行動するものを軽んずべきではない。正しく生きる司祭に対しては、かれらを尊敬するだけでなく、見倣うべきである。悪行を重ねる司祭に対しては、かれがもつキリストの役務は尊重すべきではあるが、かれを模倣してはならない（「マタイによる福音書」一三・三参照）。またある信徒たちがしているように、司祭を世俗の裁判に委ねてはならない。聖職者は、キリストから権能を託されたものであり、人を裁きこそすれ人から裁かれるものではない。いなかる仕方であれ、司祭に不敬を働くことは、かれらが仕えるキリストに不敬を働くことになる（「ルカによる福音書」一〇・一六参照）。[80]

さいごに、ヨナスはマトフレド伯および当時の権力者を暗示しつつ、つぎのように勧告する。「司祭を敬い、これに従うにあたって、テオドシウス皇帝を見倣うべきである。かれはどれほど謙遜に、また恭しく、アンブロシウスの戒め、叱責、破門に服したことか。かれは、自分が帯びている帝権は、アンブロシウスが僕、代理者として仕えているお方の権能に依存することを知っていたのである。このことは歴史書に記されている」。[81]

付言すると、ヨナスは第一九章において、かなり広範にわたって信徒の十分の一税（de decimis）について述べ、そのなかで司祭の扶養を取り上げている。ヨナスは、ヒエロニムスが旧約聖書をもとに、「聖職者は、祭壇をもとに生きる」[82]と述べたのを引き継いで、つぎのように言う。「今日、少なからぬ数のバシリカが必要なものを欠き、崩壊の危険にさらされ、そこでキリストの体と血をふさわしく提供することは不可能なほどである。異教徒、不信仰者はこれらのバシリカを眺め、キリスト教徒の名前を冒瀆して言う。『これが、キリスト教徒が神とキリストのために建てたものだ』と。こうして主のみ名はあなたがたを通して、異邦人の間で冒瀆される」

（「ローマの信徒への手紙」二・二四参照）[83]。

（7）病人の塗油

さいごにヨナスは、第三巻第一三、一四章において、世界の終末を背景に、各人の人生の終末と神の裁きを取り上げ、そのための準備として「病人の塗油」（Unctio infirmorum）の秘跡について述べる[84]。かれは、「わたしが病んでいたとき、わたしを見舞ってくれた」（「マタイによる福音書」二五・三六）というキリストのことばをもとに、病人の見舞いとかれらへの心遣いを勧める。当時の人々は一般に、病気を移されはしないかと恐れ、病人の見舞いを避けた。たとえ見舞うとしても、有力者、金持は自分と同等の身分のものを見舞い、またかれらの見舞いだけを受け入れ、貧者が有力者を見舞うこともほとんどなかった。ヨナスによると、これは差別（acceptio personarum）である。すべての人は「本性（conditione naturae）において平等（aequalis）であり」、みな同じように（aequaliter）病むはずであり、みなが同様に見舞い、見舞われるべきである[85]。

病人を見舞う目的はなにか。見舞い客は、病人が神の鞭（flagella）（病気）に不満をもつ代わりにむしろ自分の罪のために与えられた鞭を甘んじて受け、創造主に感謝するように勧め励ますべきである。しかし病人を見舞う最大の目的は「病人の塗油」を勧めることであり、これが、ヨナスが主張したい中心テーマである。かれによると、人々のなかには、だれかが病気すると男女の占い師、魔術師（divinus, divinatrix）を呼び、どんな機会に罹病したのか、この病気は治るものか否か、たずねるものもいた。ヨナスはこれに反対し、むしろ「マルコによる福音書」（六・一三参照）、とくに使徒ヤコブの「そしてかれら〔教会の長老あるいは司祭〕は、主のみ名において病人に塗油し、祈る」（「ヤコブの手紙」五・一四）という聖書の教え、またそれにもとづく教会の伝承に従って、病人自身あるいはその親、親族は教会の長老〔司祭〕（presbyteri ecclesiae）を家に招き、「聖油」（oleum sanctificatum）を病人に塗ってもらうように勧告する。

「病人の塗油」の効果についてヨナスは、尊者ベダによる『ヤコブの手紙の注解』をもとに、病人は「聖油」をもって長老から塗油され、祈ってもらうことによって癒される」と言い、さらに、教皇インノケンティウス（Innocentius I 在位四〇一―四一七）の書簡（教令）に依拠して、「もし病人が罪のなかにあるなら、赦される」というヤコブの手紙」（五・一五）のことばをくり返す。体の死は魂の死と、体の癒しは魂の癒しと相関関係にあるからである（「コリントの信徒への手紙Ⅰ」一一・三〇参照）。ただ、罪のなかにある病人は、それを教会の長老に告白し、また心の底から罪を悔いてこれを放棄し、償おうと努めなければならない。さいごにヨナスは、無知あるいは無関心から病人の塗油から遠ざかっているものに対し、司祭――あるいは一般信徒のだれか（omnes christiani）――から、聖なる油を病人に塗ってもらい、体だけでなく魂にも役立つ薬を主キリストに祈り求めるように勧める。[86]

そのあとかれは、死者の埋葬、世の終わりにおける死者の復活、神の裁きを取り上げ、神に選ばれた人々の永遠の報酬の説明をもって、人生いかに生きるべきか、その勧告を終わる。そして、『信徒の教育』における内容を、つぎのように要約して本書を閉じる。「われわれは、キリスト〔ととも〕に再生するために生まれ、同じ主キリストとともに、終わりなく永遠に生きるために再生するのである」。[87] ここにはまさに、キリスト者の一生は、秘跡の拝受をもってまたその結果としての諸徳の実践をもって、キリストの「救いのわざ」を体現するというヨナスの教えが集約されている。

おわりに

以上、オルレアンのヨナスの『信徒の教育』を中心に、かれが提示した信徒の生き方を検討してきた。たしかに、『信徒の教育』の各章の冒頭には、当時のキリスト教徒の生活が風俗誌的に描かれることもある。しかしこうした描写は、キリスト教徒に理想的人生を提示するための現状認識、出発点にすぎない。ヨナスの書はあくまで「鑑」であり、そこでかれは、本書の執筆依頼者マトフレドの誕生から死までの一生を、人類の創造から世界の終末までの歴史、別言すると最初の人間の堕罪とその結果人類全体に及ぶ原罪、それを贖うキリストの死と復活という「救いの歴史」に重ね合せ、このキリストによる人類の救いはキリストの死と復活を再現する秘跡によって各人のものとなるというキリスト教教義に照らして導こうとしている。つまり秘跡による人生観、これがヨナスの『信徒の教育』のまことの視点であり、ここに本書の特徴があると言える。

では、なぜヨナスはこうした視点に立ったのか。そのひとつのわけは八、九世紀のカロリング帝国における典礼改革にあることは言うまでもないが（本書第七章参照）、ここでとくに指摘しておきたいのは、「一二世紀ルネサンス」に結実する「カロリング・ルネサンス」、とりわけヨナスの生きた九世紀における神学の発展である。実際、ヨナスの『信徒の教育』は、当時の学問とくに秘跡神学の発展を反映している。顕著な例だけにとどめるが、洗礼においてはすでに幼児洗礼が一般化し、そのよって立つ理論として、罪および恵みにおける連帯性というアウグスティヌスの理論が定着している。また堅信は、大人の受洗が普通であった古代では洗礼と同時に授けられたが、カロリング期における幼児洗礼の普及とともに、大人を対象とする独立した秘跡として取り扱われつつある。さらに結婚は、まずフィレンツェの公会議（一四三九―四五）に秘跡として宣言され、トリエント公会議（一五六三年）において第七の秘跡として確認されるが、ヨナスは『信徒の教育』において、結婚について「秘跡」（sacramentum）という語を使用し、また結婚を人類発展の自然的営みあるいは情欲のはけ口という消極的な薬としてだけでなく（一二世紀の神学者のなかにも、結婚は厳密な意味での恩恵を与えるものではなく、「情欲への対策」（in remedium）と考える学者さえいた）、「恩恵をもたらすしるし」（res sacramenti）として考えている。さらに病人の塗油（終油 Extrema unctio という名称は一二世紀に出現する）が、秘跡としての形式、効果を明らかにし普及していくのもこのカロリング期においてである。それは尊者ベダにはじまり、インノケンティウス一世教皇、ヨナスその他において継承され、アーヘンの宗教会議（八三六年）、パヴィアの宗教会議（八五〇年）をとおして秘跡として定着していく(88)。

また学問の隆盛は、ヨナスと同時代の著名な学者たちの存在によって裏づけられる。実際九世紀には、先にあげたヨナスの前任者テオドゥルフのほか、コルビの大修道院長パスカシウス・ラドベルトゥス（Paschasius Radbertus 七八五頃―八六〇頃）、アルクインの弟子でフルダの修道院長、マインツの大司教となり、ドイツを学術の中心に仕立てていくラバヌス・マウルス（Rabanus Maurus 七八〇頃―八五六）、ランスの大司教で二重救霊予定説に反対したヒンクマール（Hincmar 八〇六頃―八八二）、聖体論、救霊予定説で活躍したラトラムヌス（Ratramnus 八六八年以降没）、「カロリング・ルネサンス」の代表的神学者で、カール二世（禿頭王）の宮廷学校で神学、哲学を教えたヨハネス・スコトゥス・エリウゲナ（Johannes Scotus Eriugena 八一〇頃―八七七頃）がいて、三位一体論、聖体論、救霊予定、聖画像崇敬論などをめぐって、広範にわたる神学論争を展開した。ヨナスが、これらの論争に深く関与したことは先述したとおりである。こうして見ると、ヨナスの『信徒の教育』は、その背景にあるかれの神学的活動と本書における教父たちの教えの復活（引用）から見て、まさに、「カロリング・ルネサンス」を創出した書のひとつであると言える。(89)

第六章　西欧中世における家臣の教育

――ドゥオダの『鑑』を中心に――

はじめに

前章では中世の聖職者による「鑑」を取り上げたが、本章では、中世の一母親による「鑑」に注目したい。聖職者による「鑑」は多数あるが、在俗の母親がその子に書き与えたものはドゥオダの『鑑』(Manuale) だけである。われわれはこの書をとおして、カロリング期の貴族の母親が、宮廷に出仕する子どもの教育についてどのような理念と方法を考えていたのか、その究明にあたりたい。と同時に、そこに示される中世における女性の教養にも注目したい(1)。

I　ドゥオダの『鑑』

一　ドゥオダ

はじめに、『鑑』の著者ドゥオダ (Dhuoda) はどのような人物であったのか。カロリング期の年代記作者たちは、ドゥオダの夫セプティマニアのベルナルドゥス (Bernardus) は幾度か取り上げているが、かの女自身については一言もふれない。われわれが頼れる史料はかの女の『鑑』だけであるが、そこでも期待するほどの答えを見出すことは難しい。

ドゥオダの出自については、かの女がセプティマニア（ガリア南西部）のユゼス（Uzes）で生涯を終えたことから、そこにかの女の実家があったと主張した歴史学者もいた。それによると、ドゥオダはセプティマニアの西ゴート系の貴族の娘であったということになる。[2] しかしこの説に全面的に賛成するわけにはいかない。ドゥオダ（かの女の『鑑』では、Dhuoda となっている）という名前は、メロビング、カロリング期のガリア南部では一回だけカタルーニャの許可状（diploma）に Doda の形で現れるのに対し、ガリア北部では、Dodda, Doda, Duda, Duoda など多様な綴りで四世紀から九世紀にかけて頻出する。したがってドゥオダは、むしろガリア北部出身のゲルマン系の女性であったというのが妥当であろう。他方、ドゥオダが貴族でしかも名門の出であったことは確かなようで、かの女自身、その親族は「いわば有力者」（quasi potentes）であったと控え目に述べている。[3] かの女は、カロリング帝国の多くの貴族がそうであったように、おそらくカロリング朝の同盟者の家系に属していたのではなかろうか。史料不足から十分な確認は不可能であるが、しかし『鑑』における貴族社会への言及とくにかの女の結婚から、こうした推測が成り立つ。

『鑑』の序言によると、ドゥオダは八二四年六月二九日、アーヘンの宮廷聖堂においてベルナルドゥスと結婚した（M. praefatio）。この結婚によって、かの女はカロリングの貴族社会の変動に深くかかわることになる。かの女の夫ベルナルドゥスの父ヘロナのウィルヘルムス（Wilhelmus Gellona 七四一以前—八一二）は、母方から言うとカール・マルテルの孫で、カール大帝とはいとこであった。このウィルヘルムスはトゥールの公、セプティマニアの侯で、アラビア人のスペイン侵攻を食い止め、その功績によってスペイン辺境伯に任ぜられ（八〇一年）、さいごは、ヘロナの修道院長（八〇六年以降）として世を去り、聖人として慕われた。こうした聖・俗にわたる先祖の偉業は、ドゥオダの書における論拠のひとつになっている。(4)

したがって、ドゥオダの夫ベルナルドゥスはルートヴィヒ敬虔王（Ludwig der Fromme 西ローマ皇帝　在位八一四—八四〇）と親族関係にあった（ルートヴィヒはベルナルドゥスの代父であったとも言われる）。父の後を継いでバルセロナ伯（八二〇年以降）であったベルナルドゥスは、結婚後まもなく、セプティマニアとスペイン辺境領の統治を委ねられ、イスラム教徒の侵攻からスペインを守り、その功績によってアーヘンの宮廷宝物係（camerarius）に任命されている（八二七年）。かれは、ルートヴィヒ敬虔王の王子たちの謀反に際しては王を支持したが、その後のカール禿頭王（**Karl II**（**der Kahle**）西ローマ皇帝　在位八七五—八七七）対ロタール（**Lothar I** 西ローマ皇帝　在位八四〇—八五五）とその同盟者アクイタニアのピピン二世（**Pippin II** 八六四没）との紛争においてはピピン二世を支持したが、八四一年カール禿頭王と和解し、さらに、当時の歴史の内幕を伝えるニータルト（**Nithard** 七九〇—八四三）によると、この和解を固めるため、人質として長子ウィルヘルムスをかれに「委ねた（**commendatus**）」。これが、人質であったか否かについてはなお議論もあるが、実質的にはそうであった。(5)

一方ドゥオダは、夫ベルナルドゥスを「主君」（**domnus et senior**）と呼んでこれに敬服し、領地、辺境地における種々の任務を助け、その活動資金を賄うため、キリスト教徒だけでなくユダヤ人からも借金したほどである（**M. 10, 4**）。ドゥオダはベルナルドゥスとの結婚からふたりの男児を得た。八二六年に生まれた長子ウィルヘルムス——祖父聖ウィルヘルムスに因んで命名された——はいま述べたように、一五歳でカール禿頭王に「委ねられ」、父ベルナルドゥスとともにカール禿頭王の宮廷に出仕した。さらに八四一年には、父親と同名の次男ベルナルドゥスが生まれたが、かれは洗礼以前に（したがって、ドゥオダはその名前を知らない）、アクイタニアにいた父ベルナルドゥスの命によりかれのもとに移された。たぶんこのことは、ウィルヘルムスの「託身（人質）」（commendatio）と無関係ではなかろう。長男をカール禿頭王に奪われたベルナルドゥスは、次男を手元において理想どおりに育て、家族の将来をこれに託そうとしたのではなかろうか。夫の心中を察したドゥオダは、長子ウィルヘルムスに『鑑』を送って家臣としての理想像を示すと同時に、弟が読み書きのできる年齢に達したならば、かれにも読ませるように求めたのであった（M. 1, 7）。

『鑑』を執筆したころのドゥオダは、子どもの年齢から推測しておそらく四〇歳前後であったと思われるが、その後どうなったかはわからない。夫ベルナルドゥスが裏切りのかどでカール禿頭王に訴えられ、八四四年、王命により処刑されたとき、かの女はおそらくまだ存命中であった。長男ウィルヘルムスは、父親と同じくアクイタニアのピピン二世に加担し、八四五年、かれからボルドーの公領を得たが、八四八年、スペイン辺境領を手に入れようとしてバルセロナを占領し、翌年捕えられ斬首された。その弟ベルナルドゥスも、波乱万丈の生涯を送った。もしかれが、クリュニーの創立者ウィルヘルムス敬虔公の父、著名なベルナルドゥス・プランタヴェルス（Bernardus Plantavelus）であるとするならば。[6] ドゥオダは、夫ベルナルドゥスの要求に応じてユゼスに居を定め、夫と別居したまま、たぶん四〇歳代で生涯を終えたようである。

二　ドゥオダの『鑑』

すでに少しはふれたが、ドゥオダはいかなる事情のもとに『鑑』を著したのだろうか。巻末に明記されているところによると、かの女はルートヴィッヒ敬虔王の没後二年目の聖アンドレアの祝日つまり八四一年一一月三〇日（八二六年生まれのウィルヘルムスは、当時一五歳であった）に筆を取り、二年後の「聖母の御潔め」の祝日つまり八四三年の二月二日に擱筆したのであった（M. 11, 2）。先にも述べたように、当時のカロリング家では、貴族や王子たちが王に反抗し、果ては王子同士が相争い、貴族で、王家と血のつながりのあったドゥオダの家族もその渦中にあった。ドゥオダの『鑑』は、こうした時代の混乱と不安を反映している。ドゥオダは、長男を人質にとられ、生まれたばかりの次男とも引き離され、孤独と不安のなかにある母親の気持を、つぎのように打ち明けている。「むすこウィルヘルムスよ、世間の大部分の母親が子どもたちとともに幸福に暮らしているのに、わたしドゥオダはお前から遠く引き離されていることを思うとき、不安にかられ、お前に援助の手をさしのべたい一心から、手本として読んでもらうため、わたしの名においてこの小著を書く」[7]。

かの女の言う「不安」には、種々の意味がある。それは、子どもと生別した母親の寂しさのほか、かの女自身の健康問題もある。かの女はしばしば体の弱さを嘆き、かの女亡き後の借金の返済を遺言し、自分の墓碑銘を作成し、死後の祈りとミサを依頼している（M. 10, 3-4）。しかしドゥオダの最大の「不安」の種は、宮廷に仕えるウィルヘルムスであった。法治をめざしながらも人脈に頼り、しかも権謀術数をめぐらし骨肉相争う当時のカロリング宮廷において、生活経験の浅いウィルヘルムスはいかに身を処するのか、それを思う母親の気持は察するに余りある。先に述べたような夫ベルナルドゥス、長男ウィルヘルムスの相次ぐ不運な最期を思うとき、ドゥオダの心配は単なる杞憂ではなかったことがわかる。もちろんかの女の心労のうらには、夫ベルナルドゥスと同じく、子どもたちの立身出世をもって家系の安泰を願う貴族の一母親の切なる願望もあったことは、以下に検討する『鑑』の内容から明らかである。

つぎに本書の性格について。本書はまず、「提要」（manuale＝手本、教科書）である。かの女によると、manuale の語源となる manus（手）は、神の権能、聖子（キリスト）の権能、聖子自身を意味する。要するに、聖書による manus は、三位一体の神の聖なる働き（operatio）、権能（potestas）を示し、そこから、信ずる者を救いに導く贖いのわざ（redemptio）をさす（「ダニエル書」七・一四、「詩編」一四四・七など参照）。ドゥオダはまた、教父たちの説明をもとに、manuale の語尾、-ale について、三つの意味をあげる。ひとつは、scopos つまり目標（destinatio）、ひとつは perfectio の意味での consummatio（成就）、ひとつは senito（あるいは senio, senium と読むべきか）つまり finitio（完成、仕上げを意味する）。また複数形の、-alia は、夜を終わらせ、時の光（lux horarum）を告げる光の軍使、使節（preco et lucis nuncius）を意味する。したがって manuale という語は「無知の終わり」、あるいは未来の光をまえもって告げる使節とも解される（M. Incipit）。

本書は、「提要」（manuale）であると同時に「鑑」（speculum）でもあり、真の教育書である。ドゥオダは序文において、つぎのように言う。「女性のなかには、夫の気に入られようという世間的な意向のもとに自分の顔を鏡（speculum）に映し、汚れを拭き取ってきれいにするものもいるが、それと同じく、お前は、世間に住み世俗的活動の渦中にあっても、いわば鑑（speculum）として……この小著を、わたしの小著をしばしば読むことを怠らないように」。さらに、「お前の蔵書が増えていくとしても、このわたしを思い起こしてしばしば読むのを喜びとしてもらいたい。そして、全能の神のお助けのもとに、それを理解し役立てて欲しい。お前は、この書のなかに、お前が知りたいことはなんでも見出すであろう」と述べて、本書の教育的価値を強調している[8]。そのためドゥオダの『鑑』は、明確な筋書のもとに体系的に編纂され、いわば座右の書としての便利さが考えられている。かの女は、全体を一一章に分け、各章は短いもので二項目、長いもので一七項目に細分して読み易くし、さらに、全体のはじめに、各項目のタイトルを目次形式で列挙して、読者による検索を容易にしている。

つぎに「鑑」としての本書の特徴をあげておこう。たしかに、「鑑」を書いたのはドゥオダが最初ではない。「鑑」という文学形態の歴史は古く、どの文明においても、父が子に、王が後継者に与える教訓の形で、あるいは「作法書」として存在し、それは古代エジプト、ヘブライ人にまでさかのぼる。[9] ドゥオダが多用する聖書そのものが「鑑」であった。カロリングの聖職者も古来の伝統を取り入れ、多くの『鑑』を書いている。こうした伝統に連なるドゥオダの『鑑』であるが、本書は、ほとんど無名の一母親の手になるという点に、最大の特徴がある。かの女はこのことを強く意識し、つぎのように述べている。「むすこよ、お前は、有用なことを教えてくれる多くの教師をもつことになるだろうが、しかしかれらは、母であるわたしが子であるお前にしているような仕方で、また熱意をもって、教えてくれることはないであろう」[10]。かの女は抽象的、理論的な教育論を展開するのではなく、むしろ母親としての愛情を込め、神中心の宗教的論拠だけでなく名門貴族としての誇りと家族の絆に訴えて、種々の教訓を与える。さらに本書は、ドゥオダ自身の人柄とくにその教養を示すいわば「自伝」でもあり、同時に、長子ウィルヘルムスの生い立ちに関する母ドゥオダの思い出、家族の死者への追憶の書であり、巻末にあるドゥオダ自作の墓碑銘が暗示するように、死を予見する病母の遺訓の書でもある（M. 10, 6）。

本章では、こうしたドゥオダの視点に立って『鑑』の内容を分析し、ドゥオダの教育理念と方法とを確かめるのであるが、まず断っておきたいのは、ドゥオダの『鑑』の内容がきわめて限定されていることである。ドゥオダの子ウィルヘルムスがめざす家臣（あるいは騎士）は、一般に、宗教、武道、作法、若干の知的教養をもつものとされたが、ドゥオダが『鑑』において取り上げるのは、騎士としての作法とくに対人関係である。たしかに、臣従関係によって成り立つ封建制において人々が身につけておくべき最大の教養、作法は、社会的、宗教的秩序にもとづく対人関係であり、ドゥオダによる内容の選択はきわめて妥当であるといえる。われわれはこうした限界をふまえたうえで、まずドゥオダが提唱する理想的奉仕のあり方について、つぎに、それを遂行するための自己形成の方法について検討することにしよう。

Ⅱ　家臣教育の理念　奉仕

一　奉仕の基本原理　神への信仰

ドゥオダの長子ウィルヘルムスはカール禿頭王の家臣であり、その本分は奉仕にある。そのためかの女は、まず第一章において、奉仕の原理として、唯一の神への信仰をあげる。神は、不変、不滅、全知、全能にしてすべての存在するものに遍在し、すべてのものの存在、活動の原理であり、天上、地上の全権能、全被造物は神に秩序づけられている。この事実の認識と受容つまり神への信仰が、人間の全行動の基本原理である（「詩編」五三・三、九七・九など参照）。（M. 1, 1-7）。

神に関するかの女の説明は、聖書、それも人とともに住む神を説く新約聖書よりも神の超越性を強調する旧約聖書に依拠し、しかも論理的説明よりも教えの項目の列挙に徹している。かの女はまた、アウグスティヌスの『ヨハネによる福音書講解』（Tractatus in Joannis Evangelium）をもとに、いかにも中世人らしく語源的説明を重視し、ギリシア語（θεός）、ラテン語（Deus）による神という語の綴りを取り上げ、この語自体がすべての知識、すべての創造のわざの要約、全体であり、集大成であると説明する。

ドゥオダはまた、三位一体（Trinitas）に対する信仰を教示する。かの女によると、三位一体の神秘は旧約聖書において予告され、ウィルヘルムスが参加する教会典礼もこのキリスト教最大の神秘をもとに組織されている。かの女は三位一体の説明において、アウグスティヌスの『神の国』（De civitate Dei）をもとに聖父、聖子、聖霊をあげ、Trinitas Unitas, Unitas Trinitas と繰り返し、神性における三位の同一性を強調する。「三位は同一の神性、同一の栄光、同一の永遠性をもつ」。しかしアウグスティヌスが試みているような、神学的説明には一切、ふれない。それがドゥオダ母子の知的レベルを超えることは明らかで、かの女はただ、ヒラリウスの『三位一体論』（De Trinitate）、「詩編」、聖パウロの書簡を引用して、三位の各位に対する神としての信仰と賛美を勧めるだけである。そしてさいごに、正統信仰の教父たちの書を読むように勧める。（M. 2, 1）。

ドゥオダは神の超越性を強調するあまり、三位のひとつ神の子キリスト（Jhesus）についてはほとんど語らず、ただ三位一体の第二のペルソナとしてまた贖い主として指摘するに留めている。その点かの女は、キリストの人間性を過度に強調し、その神性、ペルソナを軽視した養子説に陥ることを恐れた当時の人々に通じるところがある。同じく反養子説の結果であろうか、七世紀以降、東方から伝わり普及しつつあったキリストの母マリアに対する信心についても、ほとんどふれない（M. 11, 2）[11]。

一方、聖霊について、かの女は徳と悪習について述べる第四章において、完徳（人間の完成）と七つの至福に導く聖霊の働きつまり賜物について詳述する。それによると、人はその人間性（forma humanitatis）を完成し、救いを全うするためには、神が聖霊をとおして与える「助け」を必要とする。ドゥオダにとって聖霊は、キリスト以上に重要な役割を果たす。しかしかの女は、三位一体における聖霊の神秘についてはなにも言わない。かの女は神学者ではない。カール大帝が、聖霊の発出（processio）についてビザンツの教会と論争し、アーヘンの宗教会議（八〇九年）において信経のなかに filioque（「また聖子から」）という語を挿入させ、聖父と聖子からの聖霊の発出（三位の、神性における同一性を強調する）を宣言させたことにはまったく無関心なようである（M. 4. 4）。さいごにドゥオダは、神を信じる者の基本的態度として、信、望、愛の対神徳をあげ、とくに愛の優越性を説く。そして具体的、実践的勧告として、愛による神との一致とそれにもとづく家族の一致、和合を願い、またすべての対人関係、奉仕のあり方について説明する（M. 2, 2-4）。

二　奉仕の対象

（1）父親と親族

家臣（あるいは人質）の立場にある若者にとり、主君への奉仕こそ第一の義務であると考えるのが普通であるが、これに反してドゥオダは、神に対する態度のすぐあとに父親に対する奉仕を取り上げる。かの女が言うには、「たしかに人々の目から見ると、現世において皇帝の尊厳と権力はすぐれている。そのため人々の慣習として、まず第一に王あるいは皇帝の事績や名前が尊ばれている。かれらは尊敬され、その権威は高貴な出自にもとづいている……しかしわたしのつたない考え、また神ご自身によると、まずお前はお前を生んだものに対して、お前が生きているかぎり、格別の、忠実かつ誠実な臣従を怠ってはならない……」[12]。つまりウィルヘルムスはまず神に、つぎに父親、そして主君に奉仕しなければならない。

ドゥオダは、主君よりも父親を優先する理由として、かれがこの世に生を受け現在の地位にあるのは父親のおかげであることを意識させる。かの女は普通、父親について pater（父親）という語を用いるが、ここではとくに、genitor（生みの親）、あるいは ille qui te prolem habuit（お前を生んだもの）という語や表現を用いて、生命の授受における父子関係を強調している。この父子関係こそ、神が人間を関係づけた第一の秩序であり人間間の奉仕の第一の原理である。かの女はまた、domnus（主君）という語を用い、家族を治めるのは父親であり、子どもが社会的地位、政治的権力、物的財産を保持しているのは、父親のおかげであることを示そうとする（M. 3,）。

そして父親への奉仕を、つぎのように具体的に勧める。すべてにおいて父親を畏れ、愛し、忠実に仕えること、重要なことはかれの意見をたずね、これに従うこと、また老年に達した父を支え、かりそめにも父親を軽蔑したりすることなく、そのような大罪を心に思うことさえあってはならない。ドゥオダは旧約聖書から例をあげて説明を補う。それによると、父親エリの命令に背いたふたりのむすこは自分たちの身の破滅とイスラエルの敗北を招き（「サムエル記上」四・一〇―一一）、父親ダビデに謀反を起こしたアブサロムは非業の死を遂げた（「サムエル記下」一八・一五）。かの女はまた、父ルートヴィヒ敬虔王に対する王子たちの反抗を暗示して、「今でもある人々は謀反を起こし、破滅、不幸をみずから招き、相互に憎しみを抱くに至っている」と警告している（M. 3. 1）。

一方ドゥオダは、とくに旧約聖書における太祖ノアからヨセフまでの例をもって、かれらが神から祝福され、富と土地、恵み、多くの子孫を与えられたのは、父親に対する尊敬、従順のためであったと説明する。たとえばセム、ヤフェトは多くの子孫と富をえ、カム、イサクは多くの財産、よき妻、子どもたちの群がる家庭に恵まれ、またヤコブは多くの危険と災難をのがれ、多くの祝福をえ、イスラエルの祖となった。またその子ヨセフは、エジプトの宰相となった、など（「創世記」六章―五〇章参照）。さいごにキリストの例をあげ、かれは両親に従い、それによって神によみせられ、恵みと知恵においても成長したと教える（「ルカによる福音書」二・五一―五二参照）（M. 3, 3）。ここでドゥオダは、奉仕に対する神の賞罰を取り上げることによって、すべての奉仕の原理が神による秩序にあることに注目させようとしている。

かの女はまた、父親に対する孝養を超自然的分野にまで及ぼし、つぎのように勧める。「わたしは、お前が父親のためにしばしば、かつ熱心に祈るように勧め、励ます。また、教会のすべての人の祈りをも乞うようにせよ。それは神が、生涯にわたって、かれ〔父親〕にすべての人と平和と一致を保たせてくださるためである〔当時のベルナルドゥスの政治的苦境を暗示する〕。またかれが、強靱かつ堅忍不抜の魂をもってすべてに打ち勝ち、償いや施し、寛大さを実践し、この世の生命の終わりに天の王国に至りうるよう祈らなければならない」[13]。

さらに、ウィルヘルムスは父親の親族の死者のためにも祈らなければならない。かれらは正しい仕方で遺産を残してくれたからである。父親が財産の一部をウィルヘルムスに渡すと決めたのならなおのこと、先祖が報いを受けるように、熱心に祈らなければならない。ウィルヘルムスはまた、叔父で代父であるティエリのためにも祈らなければならない。生前のかれは、「主君」(Domnus Teodericus) と呼ばれたほどの人物で、すべてにおいてウィルヘルムスの教育者 (nutritor) かつ友人 (amator) であったばかりでなく、あたかも自分の長子に対するようにウィルヘルムスに遺産 (封土) を残してくれたからである (M. 8, 14-15)。

こうして見ると、父親に対するウィルヘルムスの孝養は、単に個人的視点から思考されているのではない。そこには、中世の封建制度における父子関係、中世独特の大家族制度あるいは家系全体が視野におかれている。つまり父親に対する奉仕、孝養は、子ども自身にも善をもたらすと言うとき、それは単に、個人に対する宗教的、精神的報酬だけを指摘しているのではなく、「家系」の存続、「家産」の相続と永続をも示唆しているのである。

さいごにドゥオダは、母親である自分については、父親によく仕える人は家族全部に平和な暮らしをもたらすと言い、また「父親に従うものは母を安心させる」(「シラ書」三・六) という聖句をもって、簡潔に暗示するだけである (M. 3, 1)。

(2)　主　君

つぎにドゥオダは、主君（domnus, senior）に対する奉仕を取り上げる。主君への奉仕は、当時の社会の基底をなす封建制の本質にかかわる。しかし、生身の主君に対する奉仕は容易ではない。ウィルヘルムスが仕えるカール禿頭王は、父王、兄弟、果ては実子カルロマンを相手に、次々と紛争を引き起こした。ドゥオダの勧告は、これらの紛争を考慮に入れて聞くべきで、かの女はつぎのように指示する。「お前が主君として仕えているカール〔禿頭王〕は、お前の生涯のはじめから、また青春の盛りを通して奉仕すべき主君として、神とお前の父ベルナルドゥスが選んだお方であり、かれは、どこから見ても〔血筋や結婚〕、有力かつ高貴な出自をもっていることに留意すべきである[14]」。

ここで注目すべき点は、王への臣従の動機である。父王ルートヴィヒに逆らう野心満々のカール禿頭王に奉仕するわけは、かれの高貴な出自、とくに神と父ベルナルドゥスによる決定にある。その根拠としてドゥオダは、「神に由来しない権威はなく、権威に逆らうものは神の定めに背く」（「ローマの信徒への手紙」一三・一―二）という聖パウロの教えをあげる。そして、王に対する奉仕のあり方をつぎのように説明する。「王の目にふれるところにおいてだけでなく、お前の魂をあげて、心身両面に関することにおいてかれに仕え、すべてにおいて非の打ち所のない真実かつ有用な誠実（fides）を尽くせ[15]」。

主君に対する家臣の奉仕は、「誠実誓約」（juramentum fidelitatis）に従って、「誠実」（fides, fidelitas）を尽くすことにあった。ドゥオダはこの「誠実」を強調し、主君に対するウィルヘルムスの態度について、いつも「誠実」（fides）、「誠実な」（fidelis）、「誠実に」（fideliter）という修飾語を付している。かの女は太祖アブラハムに多くの子孫と富とをもたらしたアブラハムの僕の信仰と誠実、従順を例にあげ（「創世紀」二四章参照）、またウィルヘルムスの家系の栄誉にかけて、王への「誠実」を求める。ウィルヘルムスは、忠実に仕え反抗など考えもしなかった先祖と同様、正直に、最大の配慮をもって、積極的に仕えなければならない。そうすれば、「かれ自身出世し、従者たち（famulantes）も幸せになる」[16]。

この「誠実」は、具体的には「助力」（auxilium）と「助言」（consilium）に大別された。「助力」は、軍務とそれに伴う軍備全般を含むものであった。家臣の武の要素を取り上げないドゥオダは、「助力」による奉仕は servitium（奉仕）、servire（仕える）という広義の奉仕のなかに含めて考えているようで、それとしては取り上げない[17]。

一方「助言」については、「助力」の三倍強の紙幅をその説明にあてている。「助言」によって家臣は、主君の政治、法治に関与した。まず家臣は、宮廷において主君の評議会（その成員の大半は、司教、修道院長であった）に参加する義務があった。九世紀中葉の王の顧問たちは政治活動において決定的な役割を演じ、当時の文書には「助言」や助言者に関する叙述が随所に見られる。カール大帝自身、行動を起こすまえに必ず家臣の「助言」を求めた。ただその後継者たちはかれほどの個性はもたず、しばしば助言者の意見に左右され、それが種々の紛争を誘発したのであった。

ドゥオダはウィルヘルムスに対し、王に助言すると同時に、自分もまた「助言」を受ける必要を説き、この両面から勧告を与えている。「もし神が、いつか有力者たちに交じって評議会に列するにふさわしいまでにお前を成長させてくださったならば、お前は、なにを、いつ、だれに、またどのように、ふさわしくかつ適切に進言するかを慎重に考慮せよ。そのためには、体においても魂においてもお前を忠実なものに育成しようとする人々の意見に従って行動せよ」と勧めている[18]。

「助言」の対象にはまた、主君に持ち込まれる裁判も含まれていた。したがってウィルヘルムスは、時宜を弁えた賢明さ、判断力、とくに知恵（sapientia）を身につけていなければならない。そのため交友関係に注意し、悪友を避け、かれらの意見に耳を傾けることなく、善良な友と交わるべきである。悪友は、怒りと妬みによって行動し、滅びへと誘う。ウィルヘルムスはまた、神に知恵を祈り求め、老人だけでなく神を愛し知恵を学ぶ若者をも見習うべきである。人はすでに若年において、老人の知恵を学びはじめているのであるから（「シラ書」二五・五参照）、子どもにも学ぶべきである。サムエルやダニエルはまだ子どもであったにもかかわらず、老人を裁き、また王たちの強力な助言者でもあった（M, 3, 4-10）。

さらにかの女は、主君の家族に対する態度についても言及する。宮廷に仕えるウィルヘルムスは、王だけでなく王の親族、近親者（parentes atque propinqui）――王権との結び付きが血筋によるにせよ、結婚によるにせよ――に対しても、畏敬、愛、尊敬、親しみ、献身と忠誠を尽くし、かれらに有用なすべてのことにおいて、適切な奉仕を心身をあげて忠実に提供しなければならない。ドゥオダは、旧約の王とその一族を取り上げる「サムエル記上下」、「列王記上下」の読書を勧め、とくに、王サウルに仕えたダビデがサウルの子ヨナタンと結んだ、生死にわたる深い友情を模範として示す（M. 33, 8）。

ウィルヘルムスが王家一族の男女に仕える動機は、王に対する奉仕のそれと同じである。カール禿頭王がいかなる人物であれ、その敵対者がいかに多かろうとも、かれは神が王として立て、ウィルヘルムスの父親が主君として選んだものであり、かれに背くことは許されない。同様に、王家一族もまた神から選ばれ、王権と密接に結ばれている。だからこそドゥオダは、ルートヴィヒ敬虔王に対する王子たちの、また王子間の争いを暗示しつつ、王家に対する奉仕の内容をつぎのように説明する。ウィルヘルムスは王国、王家における平和を祈求し、かれらを一致和合させるように努め、かれらが現世においては成功を収め、世界と諸民族を制覇しかつ保護し導き、また聖なる教会を真の宗教として信奉し保護するように祈るべきである。かれらが現世において栄え、よい最期を遂げ、家族共ども神の国に入りうるようにすることによって、かれらに仕えるウィルヘルムスも同じ報酬を神から与えられる。つまり真の奉仕とは、奉仕するものと奉仕されるものとをひとつの運命共同体に創り上げる。

(3) 有力者その他

さらにウィルヘルムスは、有力者とその助言者(optimates ducum et consiliarii illorum)のほか、宮廷の顕職にある人々と親しく交わり、愛情と献身を尽くさなければならない。またかれらの模範にならうべきである。要人の集まる宮廷では幅広い交際があり、謙遜、愛徳、貞潔、忍耐、寛容、節制、賢明、善の追求など、そこから学ぶべきことも多い(M. 3, 9)。

ドゥオダはまた、有力者に関する説明のほぼ八倍の紙数をもって(一二〇行に対する一六五行)、年長者、とくに年少者(majores et minores)に対する態度について述べる。年長者が年少者の模範になるのは当然のことであるが、逆に、年少者も年長者の模範たりうる。天地のあらゆる善をもたらす神(キリスト)ご自身、もっとも卑しい奴隷の姿を取られたことを忘れてはならない(「フィリピの信徒への手紙」二・七参照)。またキリストは、とくに、小さい者について、「子どもたちをわたしのところに来させよ。天の国はこのような者たちのものである」(「マルコによる福音書」一〇・一四)と言われた。換言すると、年長者、同僚、年少者はすべて、キリストにおいて一致しており(adhaerentes in Christo)、またキリストは、ご自分の誕生、苦難、復活をもって、大きい者も小さい者もみな、その功徳に応じてみ国に迎え入れ、永遠の栄光にあずからせようとしているのである(M. 3, 10)。

このように、神は年齢の多寡とは無関係に、各自の善行、努力に応じて恵みを与え、決して依古贔屓（acceptatio personarum）をしない。したがって、年長者であれ年少者であれ、われわれは「互いに重荷を負い」（「ガラテヤの信徒への手紙」六・二）、「強い者は、強くない者の弱さを担い」（「ローマの信徒への手紙」一五・一）、「かれらの欠乏を補うべきである」（「コリントの信徒への手紙Ⅱ」八・一四）。ドゥオダは、ことばを換えてつぎのように説明する。愛されたいならば、まず愛せよ。ひとつの愛をもってすべての人を愛せよ。そうすれば、お前もみなに愛される。さらにかの女は、ドナトゥス（A. Donatus 四世紀中頃）の『小文典』（Ars minor）をもとに、「わたしはお前を愛し」（amo te）、「わたしはお前から愛される」（amor a te）が、そこで作用するのは同じひとつの愛（amor）であると、説明する。また自然から例を引き、鹿は川を渡るとき角で互いに支え合い、ぶどうの木は他の樹木に絡まって成長すると言う。また原始教会では、使徒たちとその模倣者たちは「みなひとつになってすべての物を共有にし、おのおのの必要に応じてみながそれを分け合い……かれらはみな、心をひとつにしていた」（「使徒言行録」二・四四、四六）。このように、年長者、年少者、同僚にもことばと行いをもって仕えるべきであり、年長者、年少者、同僚が互いに愛し、助け、支え合うとき、各自は成長すると強調する（M, 3, 10）。

（4）聖　職　者

宮廷にはまた、王の顧問（consiliarius）、巡察使（missus）、教師として奉仕する司教（司教が政治の舞台に多数見られるようになるのは、とくにルートヴィヒの即位以降である）、修道院長のほか、ミサその他の典礼に奉仕する下級の聖職者が多数いた[19]。

ドゥオダは、司祭、司教について一章を割いて説明する。ウィルヘルムスは心から神を畏れ、その司祭たちを愛し敬まわなければならない。司祭は神に召された人だからである。司祭は、神への奉仕のために選ばれたもの、聖なる位階に叙任された役務者（ministri）であり、神とわれわれとの仲介者である。かの女は、中世において多用された語源的説明をもって、司祭職に対する理解を深めさせようとする。Sacerdos（司祭）は、sanctificare（聖化する）、consecrare（聖別する）から来ている。かれらは聖なる神を人々に示し、かれのもとに導くものであり、その意味で、司祭は神の役務者（minister Dei）、人々を養う牧者（pastor）でもある。さらに司祭はpresbyter（長老）とも呼ばれる。司祭は他の者よりも先に（prae, ante, antecellit）、つまりより上にいるからである。その意味で司祭は祭壇の近くに位置し、神に至る道でもある。またかの女は、episcopus（司教、監督者）についても、ギリシア語の語源をもとに説明する。それによると、epiは super（の上に）を示し、scoposは intuitio（眼差し）、destinatio（方向づけ）を意味する。つまり司教は、われわれの向かうべき神とその国とを示し、われわれはこれに従わねばならない。司教はまた、pontifex（大祭司、架橋者）とも呼ばれる。われわれはいわば橋（pons）を渡るようにして、かれらをとおして罪の世界から神の恵みと救いの国に入るからである（M. 3, 11）。

一方、自分の子どもに司教座あるいは修道院長職を継がせることは、そこからあがる物的利益はもちろん、中世社会における教会人の地位から見ても、貴族ならだれもが抱く夢であった。こうして政治と聖職とは結合し聖職者の堕落をもたらしたが、ウィルヘルムスは、こうした不相応な司祭に対し、どのような態度をとるべきか。これについてドゥオダは、早まった判断を戒め、かれらの内部、心を知っておられる神に委ねるように勧める。ウィルヘルムスはむしろ有徳な司祭に注目すべきである。かれらを尊敬し、その教えやことばをよく聞き、瞑想し、記憶に留め、かれらを適切な助言者、相談相手として尊重すべきである。またかれらを介して貧者に金銭、食事を恵むようにしなければならない（M, 3, 11）。

Ⅲ　家臣教育の方法

一　修　徳

以上、家臣による理想的奉仕について検討してきたが、こうした奉仕を完遂するには、全活動を神と人とに集中させる「人としての完成」（perfectus homo）が求められる。ドゥオダは、その手段として、自己形成をめざす修徳、神の援助を求める祈り、『鑑』の資料となった諸書の読書、この三つをあげる。

「人としての完成」にはまず、種々の悪に立ち向かい、徳を修める普段の努力が必要である。ドゥオダはイシドルス（Isidorus Hispalensis　五六〇―六三六）の『語源誌』（Etymologiae）をもとに、現世における悪の姿を描く。「創世記」にあるように、悪は、悪魔の誘いから始まった。かの女によると、いまも世間には、善人の仮面をつけて悪事を働くものがいる。かれらは罠を仕掛け障害を設けて、自分と同じ悪に陥れようとする。ドゥオダは、聖書のことばに託して当時の社会における混乱、争いを指摘し、警戒を促す。「今日、多くの者の間に争い（luctamen）がある。わたしはお前とお前の同僚にそれがふりかかるのではないかと恐れている」。聖書に言われているとおり、「今は悪い時代であり」（「エフェソの信徒への手紙」五・一六）、「偽預言者が現れている」（「マタイによる福音書」二四、二四）。「その時、人々は自分自身を愛し、欲深く、金銭を愛し、粗暴な振舞いをし、不従順で、神よりも世間の気に入ろうとする」（「テモテへの手紙Ⅱ」三・二―四）。そしていま王家では、血を血で洗いつつある。ウィルヘルムスは、これらの悪人、不正直者、卑怯者、傲慢な者を警戒し、避けなければならない（M, 4, 1-3）。

悪習に対しては反対の徳（contraria contrariis）を涵養すること、これが、ドゥオダが勧める修徳の原理である。かの女は霊性の書とくに当時の多くの『鑑』にならい、まず傲慢を取り上げる。傲慢は、すべての混乱、諸悪の根源であり、ペスト（pestis）である。ウィルヘルムスは傲慢に対し、謙遜の徳を積むべきである。神は傲慢な者を斥け、謙遜な者に恵みを与える。実際、謙遜こそは偉大かつ崇高な徳であり、謙遜な者の間にこそ王国が必要とする真の平和がある（M, 4, 5）。

また、当時の宮廷生活に付きもので若者の陥りがちな姦淫、淫乱に打ち勝つためには、貞潔の徳を修めるべきである。そのためには淫売婦を遠ざけること、悪魔の囁きに逆らい、これと戦い、祈りをもって神に頼り、不潔な思い、不摂生からの解放を求め、思考、感覚において慎しみをもつこと。またウィルヘルムスは節制、禁欲（continentia）を実践する一方、聖書による瞑想（lectio divina）、祈りに励まなければならない。貞潔は天使的生活のなかにこそある。さらに、童貞（virginitas）を保ち、結婚における純潔を守らなければならない。悪習に打ち勝つためには、許されていることも犠牲にする必要がある（M. 4, 6）。ここでドゥオダが話しかけているのは結婚生活に入るはずの俗人ウィルヘルムスであるが、しかしかれに求める徳目とその完全さは修道者のそれである。

つぎに、血気にはやりがちな若者には忍耐が必要である。怒りは心の平和を乱し、心を曇らせ、正義の遂行を不可能にし、種々の悪習を生み出す。人は心の平静さを保つとき神と出会い、その使命を全うしうる。モーセは、必ずしも温順ではなかった六〇万の民を引率しつつ、怒ることなく、心は平静に保ち、謙遜に振る舞い、すべての人に信頼され（「民数記」一二・二、七 参照）（M, 4, 7）、神も、かれの願いをすべて聞き入れられた（「出エジプト記」三二・一四参照）。まさに、平和を実現するものは神の子と呼ばれ、柔和な人々は地を引き継ぐ（「マタイによる福音書」五・五、九参照）。

したがって宮廷におけるウィルヘルムスは、やさしさ、正義、聖性をもって仕えなければならない。対人関係において、とくに若者は過失を犯しがちである。もし仲違いしたならばすぐに和解し、損害を与えたならば全面的に弁償しなければならない。心と行いにおいて非を認め、福音書に出てくる徴税人のように、改悛の情をもって神に告白し（「ルカによる福音書」一八・一三参照）、再出発を期して、いっそう神のご加護を祈るべきである（M. 5, 2）。

王、主君、司教その他、人の上に立つ者は、聖・俗のいかんを問わず、自分の罪、不徳をもって堕落することによりあるいは下々の不正を黙認することによって、その下にある人々を不幸にしがちである。したがって、神と人に仕えかつ仕えられる立場にあるウィルヘルムスは、正義を愛し、ことば、行い、裁きにおいて正義を貫かなければならない。神は正しいお方で、正義をよみされる。そして神のすべての掟に従うこと、ここに正義がある（M, 4, 8）。

この正義にまさるものがある。それは、憐れみ（**misericordia**）と寛大さ（**mansuetudo**）である（「ヤコブの手紙」二・一三参照）。ウィルヘルムスは、貧者、困窮者に対して寛大でなければならない。「しつこく物乞いをする貧者のことばに耳を傾け——他人から善いものを無償で受けたものが、できるかぎり自分のものを無償で他人に与えることは正しい——もっとも小さいものを見かけたならば、物的援助をもってかれらを支え助けなければならない。飢えているもの、渇いているもの、裸のもの、孤児、旅人、異国人、寡婦、また幼い子どもたち、抑圧されているもの、その他、困窮しているすべての人に兄弟としての同情をもつようにせよ[20]」。われわれ自身、地上をさまよう者、避難民、巡礼者であることを自覚すべきである（「申命記」一〇・一九参照）（M. 4, 8）。

また長い人生においては、肉的な人も霊的な人もみな、同様に、苦難(tribulationes)、悲しみ、試練(angustiae)に相次いで見舞われる。肉的な人は滅ぶべき善のためにそれを悲しみ、霊的な人はそれによって天上の善を失うことを恐れ悲しむ。ウィルヘルムスは、善の障害となる悲しみは排除しなければならないが、善を促進する悲しみは甘受すべきである。一方、苦難においては忍耐をもってこれに耐え、神によりすがって祈ること。神は必ず聞き入れてくださる(「詩編」一一八・五参照)。迫害においては心を静かに保つこと。義のために迫害されるとき、キリストとともにそれを甘受し耐え忍ぶこと。また敵対、逆境においては、同じ体験をしたヨブ、トビトのように、神に全幅の信頼を寄せること。いつか、神は喜びを与えてくださる。病気(病身のドゥオダは自分の経験をもとに詳述する)、苦しみには、一通りの受けとめ方がある。「神は愛する者を鍛え、子として受け入れる者をみな鞭打つ」(「ヘブライ人への手紙」一二・六)。また、「現在の苦しみは、将来わたしたちに現れるはずの栄光に比べると、取るに足りないとわたしは思う」(「ローマの信徒への手紙」八・一八)。人生において「すべては空しく」(「コヘレトの言葉」一・二)、夢のようなものである。この空しさ、儚さ、試練のなかにあって唯一頼るべきお方は、多くの実をもたらす真のぶどうの木キリストであり、すべての真の枝、実を結ぶ枝はこのキリストにつながっていなければならない。試練に関する章を閉じるにあたってドゥオダは、神から受けたすべての善について感謝し、すべてにおいて神をたたえるように勧める。われわれに起こるすべてのことは神の恵みであり、神のみもとに導くはずだからである(M. 5, 1; 5, 3-8)。

以上の説明からも明らかであるが、俗世、宮廷における「人間性の完成」は至難のわざで、人間の努力だけではまったくおぼつかない。修徳を完成させるのは神ご自身の働きであり、ドゥオダによると、聖霊の賜物(働き)

である。神は霊であり、神に仕えるには霊と真理が必要である（「ヨハネによる福音」四・二四参照）。聖霊の七つの賜物に導かれる魂にとって、人を完成に導くキリストの掟は苦痛ではなく、恵みと徳をもたらす快いものに変わる。ドゥオダは、聖霊の七つの賜物の働きをそれぞれつぎのように説明する。知恵（sapientia）の賜物は神の書、聖書の瞑想によって得られ、神はこれによって神の国への正しい道を歩ませる。聡明（intellectus）の賜物によって人は神の掟の内容を知り、それを忠実に、正しく守ることができる。賢慮（consilium）の賜物によって人は順境、逆境双方において自分の義務を果たすことができる。剛毅（fortitudo）の賜物によって悪習に勝ち、雄々しく徳の道を進み、知識（scientia）の賜物によって悪との戦いにおいて神への全幅の信頼を与えられる。孝愛（pietas）の賜物によってわれわれは兄弟に同情し、かれらをもてなし、貧しい者、苦しむ者を慰めることができる。敬畏（timor）の賜物をもって人は父親、主君、有力者、年長者、同僚、年少者すべてに対し、反抗、反発することなく交わり、奉仕し、またかれらから悪に引き込まれることもない。さいごにドゥオダは、古来の数意学の知識をもとに、これまで述べた諸徳を「詩編」の一句ずつに要約して、一五の徳目にまとめる。この一五とは、ドゥオダが各所で用いる数意学によると、これまで述べた七つの聖霊の賜物と八つの至福の和であり、「人間性の完成」を意味する（M. 4, 4; 6, 1-2）。

二　祈　り

ドゥオダは家臣ウィルヘルムスの理想像を描くごとに、ほとんど口癖のように、必ず神への祈りを勧める。かの女は、イシドルスの『語源誌』をもとに、祈り（oratio）は「口頭による訴え」（oris ratio）であると説明したあと、ベネディクトの『会則』をもとに祈りにおける心情を取り上げる。祈るときは、尊大に大声でわめき立てて要求するのではなく、短く、適切かつ清純なことばで、心を込め、謙遜に心静かに祈るべきである（M. 2, 3）。祈りの内容はなにか。本来、祈りは願いごとの希求であるまえに、神に対する依存と敬虔、神への志向を表明する人間の基本的な態度である。だからこそ、神と人とに奉仕しようと思うものはまず、真の祈りを必要とする。ドゥオダは、祈りの内容をつぎのように要約する。「憐れみと慈悲の神、正義と慈しみの神、寛大にして真実なる神よ、あなたが創造し、あなたの血をもって贖われたあなたの被造物を憐れんでください。わたしを憐れみ、あなたの正義の道を歩ませてください。わたしがあなたを信じ、愛し、畏れ、賛美し、感謝しうるよう、また正しい信仰と善良な意志とをもってすべての業において善を行い、完徳に達しうるよう、わたしに記憶と理解力をお与えください。わたしの主なる神よ。アーメン」[21]。キリスト教徒の家臣にとって祈りは神に対する奉仕そのものであり、換言すると、神に「仕える人」はまた神に「祈る人」でなければならない。

では、いつ、どのように祈るべきか。教会にいる時はもちろん、機会あるごとに昼も夜も、また仕事中も、要するに、つねに祈らなければならない。ドゥオダは、カロリング期に流布していた「祈りの小本」（Libelli precum）から例を取り出して、具体的に示す。まず就寝時には、その日一日、守護してくれた神に感謝し、夜間の保護を願う。そして十字架のしるしを額と寝床の上にしるす。起床時には、一日の仕事、訴訟、判決における神の援助を祈り求める。そして身支度をしたあと、「時課を唱えなければならない」（comple officium）。ここには、中世の「祈る人」、修道者の模倣がある。また出掛ける際にも、自分の小道を正しく歩むことができるよう、中傷、誹謗、不正に負けることなく善の道を歩み、真理と正義の神によみせられることだけを行い、一日を終わることができるように祈る。そして夕方には、一日中の神のご加護と恵みを感謝し、神を賛美する。その他、生活の節目ごとにふさわしい「射祷」（jaculatoria）を唱え、それに「栄光誦」（Gloria）と「主の祈り」（Oratio dominica）

を加え、祈りの終わりに十字架のしるしをする。十字架は、われわれの贖いと救いをもたらすキリストの死と復活を示す（M. 3, 4）。

ウィルヘルムスは、自分のためだけに祈るのではない。ドゥオダは、奉仕の対象となる人々について説明したあと、必ず、「かれらのために祈れ」と言い、とくに第八章では祈りの対象と内容をまとめて示す。それによると、ウィルヘルムスは、父親、親族の生者と死者、王と王国の有力者、司教、司祭はじめ教会のすべての位階にあるもの、すべての死者、対立し中傷し合う人々、旅行者、航海者、病人その他あらゆる苦難にある人々、さらに神の聖なる民全部のために祈らなければならない。ここでもドゥオダは、混乱する当時の社会と人々を案じ、具体的に、つぎのような祈りを勧める。「王と王国の有力者のために祈れ。かれらが全教会の信仰をキリストにおいて堅持し、平和裡に地上の王国を治め、天の王国を得ることができるように」。「父親のために祈れ、かれが生涯にわたってすべての人と平和と一致を保ちうるように」。「すべての人のために祈れ。対立し、口論し、中傷し合う人々が、ことばと行いにおいて和合するように、そしてひとつの心、ひとつの口をもって神を賛美するように」など（M. 2, 3-4; 8, 1-17）。要するに、「奉仕する人」はまた祈りをもって奉仕するのである。

ドゥオダは、『鑑』の終章（第一一章）において、いわば付録の形で時課（officia）の唱え方を説明する。かの女は、アルクインのものとされる『詩編の用法』（De usu Psalmorum）をもとに、まず時課に用いられている「詩編」の意味、重要性を強調する。それによると、神は「詩編」を通して預言に秘められている神秘の意味を悟らせ、人々をイエスへと導き、イエスの託身、受難、復活、昇天の意義を理解させる。また悔い改めの恵み（compunctionis gratia）を与え、現世的なことから神的、霊的なものへと導く。これほどの効力をもつ書は「詩編」をおいて他になく、「詩編」は人が手にしうる最良の祈りの書である。そのあとかの女は、七つの各時課のなかで唱えるべき詩を分類して示す。そして時課の終わりには、「感謝の讃歌」（Te Deum）と、「アタナシウスの信経」（Quicumque vult）を唱えるよう指示する（M. 11, 1-2）。こうして、ウィルヘルムスは「祈る人」修道者を手本に、かれらのように「時課」を唱え、祈るのであるが、しかしかれは宮廷人として祈るのであって、決して修道生活そのものを取り入れるわけではない。

さいごに、時課以外の教会典礼とくに秘跡については、ウィルヘルムスの生活になじんだものをいまさら取り上げるまでもないというのか、折に触れて取り扱うだけである。たとえば洗礼については、かれの誕生について語る際にふれ、叙階については聖職者に対する態度の説明のなかで取り上げるだけである。またウィルヘルムスは過失の赦しを得るため、罪を消す「施し」をし、また司祭に罪を告白しなければならない。一般に贖罪規定のきびしかった中世にあって、ここで公私の償いの方法について、特別の章立てがあっても不思議ではない。しかしこの点についてドゥオダは、ごく簡単に、「ひそかに……心から、嘆息と涙をもって、自分の罪を告白すること」と述べているにすぎない。かの女はまた、聖体の秘跡についてもきわめて控え目である。司祭に関する章で、死者の救いのためミサを勧める数行があるだけである。しかしドゥオダによると、ミサにまさる祈りはない（M. 4, 8; 3, 11など）。

三　読　書

ドゥオダはまた、ひとつの内容を説明し終わるごとに、「読みかつ祈れ」（lege, ora）と繰り返し、知的形成に注目させる。修徳も祈りも知識に左右される。では、なにを、どのように読むのか。それは、ドゥオダ自身の教養を推測する上でも、きわめて重要である。ドゥオダはまず、書籍の収集を勧める。ウィルヘルムスはいま所有している蔵書のほかに、より多くの書籍を入手するよう配慮すべきである。中世貴族のなかには愛書家と思われるものも多く、蔵書を家産として遺贈している。ドゥオダは蔵書の遺贈についてはなにもふれていないが、この『鑑』のなかで、自分の読書から得たものを凝縮して提示する一方、『鑑』における引用ないし暗示をもってウィルヘルムスが読むべき書を示唆している。しかし利用した著書の標題をあげるのはきわめてまれである。(22)

（1）俗学の書

ドゥオダの長子ウィルヘルムスは俗人であり、その読書として予想されるのは世俗的な教養書であるが、しかしドゥオダはそれらの書の学習をとくに勧告せず、かといって排除もしない。ただ、自分自身の俗学の教養を披瀝することによって、俗学の書が基礎教養として不可欠であることを示し、これらの書の学習を当然のこととして暗示し促している。

かの女はまず、一般教養の基礎となる文法学の書を手元において執筆したと思われる。かの女は多くの中世人と同じく、ドナトゥスの『大文典』（Ars major）、『小文典』（Ars minor）を多用し、たとえば『小文典』をもとに、amo という基本動詞の能動態 amo と受動態 amor は、amor という名詞を同一の語源とすると説明している。その他、文法学の書としては、「文法学教師」ヴェルギリウス（Vergilius Grammaticus 七世紀）の『文法学概要』（Epitome）や「カロリング・ルネサンス」の柱石であったアルクイン（Alcuin 七三五頃―八〇四）の『文法学』（De grammatica）も利用している。

またギリシア語やラテン語の語源的説明を加える場合には、イシドルスの『語源誌』のほか、当時の知識人も常用した「語彙集」（Glossae）を用いている。たとえば、提要（manuale）、司教（episcopus, pontifex）、司祭

（sacerdos）、祈り（oratio）などの説明において。さらにプリニウス（G. P. S. Plinius 二三、二四―七九）の『博物誌』（Naturalis historia）（少なくともその抜粋）も利用している。

しかし古代文法学の教材であったギリシア・ローマの古典はまったく利用していない。それらの神話的内容あるいは表現が予想される箇所では、聖書の文言をもって代用している。詩人をあげるにしても、プルデンティウス（A. C. Prudentius 三四八―四一〇頃）などキリスト教徒の詩人だけである。ただかの女は、おそらく「語彙集」をもとに、古来、学校教育の教材であったストア派の哲学者カトー（M. P. Cato 前二三四―一四九）の「二行連句」（Distica Catonis）を取り入れている。

ドゥオダは『鑑』の執筆において、当時の教養人と同じく、散文と詩文を混用している。たとえば、『鑑』の巻頭には、かの女がエピグランマ（epigramma）と呼ぶ折句形式の詩があり、巻末には著作の内容を要約する同じ折句形式の詩文が二つある。さらに、アルクイン、ヒンクマール（Hincmar 八〇六頃―八八二）その他の文人をまねて、自分の墓碑銘の詩文も作成している。また、その文体としては、知識人を見習おうとするかのように、畳韻法、贅語法、対照法（対句）を多用し、またギリシア語をもとに新造したりあるいは「語彙集」から取り出した稀出語をちりばめている。そのため、かの女の文章はかなり気取った、翻訳困難な長文となることが多い。なお、三学のなかの修辞学については、キケロのことばらしきものが一回示唆されているだけで、弁証論についてはまったくふれていない。

つぎに、数学的諸学科（理数系の教養）では、ウィルヘルムスの宗教的教養とくに聖書の理解に役立つとして、数意学（arithmologia）による数解釈をあれこれの書から集め、提示している。数意学は、教父たちが数に関するピュタゴラス派の学説を取り入れ聖書注解に利用したものであるが、ドゥオダも『鑑』において、聖書における数の寓意的意味の説明に用いるほか、自分やウィルヘルムスの年齢の意味を解き明かすなど、ウィルヘルムスの知的訓練の手段としても用い、他の学科とは不釣合いなほど多くの行数をその説明にあてている。なお、数意学のよりどころとして、イシドルスの『語源誌』のほか、『数論』（Liber numerorum）も利用している（M. 9, 1-6）。また『鑑』の巻末では、ラバヌス・マウルスの『算定法』（Liber de computo）などを利用して、数を示すための指の折り方に至るまで指算についてくわしく説明している。たしかに、この『鑑』だけでドゥオダの俗学の教養を明確に把握することはできないが、かの女は、われわれが中世の女性について一般にもちがちな印象をはるかに超える高い教養の持ち主であったことは明らかである。

（2）教父たちの書

俗学の書に倍して利用されているのが、ドゥオダが「博士（学者、教師）」（doctores）と呼ぶ教会著述家の書である。もっとも多用しているのは、西方最大の教父アウグスティヌス（Augustinus 三五四―四三〇）の著作で、『エンキリディオン』（De fide, spe, caritate）――この書自体、カロリング期には『鑑』として重宝された――のほか、『神の国』（De civitate Dei）、『詩編注解』（Enarrationes in Psalmos）、『ヨハネによる福音書講解』（Tractatus in Joannis Evangelium）、『福音書記者の一致』（De consensu Evangelistarum）、『ヘプタテウコン』（Qaestiones in Heptateuchun）、『結婚の善』（De bono conjugali）、『クレスコニウスを駁す』（Ad Cresconium grammaticum partis Donati）、さらに『主の山上のことば「」（De sermone Domini in monte）ほかいくつかの説教（Sermo 121, 347）、『音楽論』（De musica）などが暗示されている。つぎに、中世教会の制度、教義の確立に中心的役割を果たした大グレゴリウス（Gregorius Magnus 五四〇頃―六〇四）の書では、中世において『鑑』として利用された

『ヨブ記講解』(Moralia in Job)(一五回も引用)のほか、『司牧規定』(Regula pastoralis)も特別にその標題をあげて多用されている。その他、『福音書講解説教』(Homiliae in Evangelia)、『対話』(Dialogi)の利用も目につく。

ドゥオダはまた、セビリャのイシドルスの著作では、当時、霊性の書として普及していた『同義語』(Synonyma)と一般教養書として重宝されていた『語源誌』を用い、この二書は例外的に書名をあげて引用し、その読書をとくに勧めている。その他、同じイシドルスの『カトリックの信仰についてユダヤ人を駁す』(De fide catholica contra Judaeos)、『命題集』(Sententiae)も示唆している。さらに、ミラノの司教で「四大教会博士」のひとりアンブロシウス(Ambrosius 三三四―三九七)の『信仰について』(De fide ad Gratianum)、『童貞をたたえる詩』(Carmen Virginis)、また、西サクソン王家出身の修道院長アルドヘルム(Aldhelm 六四〇頃―七〇九)の童貞をたたえる『宗教詩集』(De virginitate)、アリウス派と戦ったポワティエのヒラリウス(Hilarius Pictaviensis 三一五頃―三六七)の『三位一体論』(De Trinitate)、「ヴルガタ訳」で有名なヒエロニムス(Hieronymus 三四七―四一九/四二〇)からは、その書簡のほか、「七十人訳」(Septuaginta)のヘブライ語名詞を取り扱う『固有名詞集』(Liber nominum)も利用している。サン・ミイエルの修道院長スマラグドゥス(Smaragdus de Saint-Mihiel 八二五以降死)が修道者のために教父たちの著作から抜粋した『修道者の冠』(Diadema monachorum)、ルートヴィヒ敬虔王に献呈した『王道』(Via regia)、また詩集の一部も利用している。

またドゥオダと同時代の著作としては、アルクインの『三位一体論』(De fide Sanctae Trinitatis)、とくに『徳と悪習』(De virtutibus et vitiis)、『償いの詩編注解』(Expositio in psalmos paenitentiales)、また、「ゲルマニアの教師」と称せられたラバヌス・マウルスの著作では、長年にわたる修道者、聖職者の育成経験をもとに著された『聖職者の教育』(De clericorum institutione)が多用され(本書 第四章参照)、『聖十字架の礼賛』(De laudibus s.

Crucis）が示唆されている。さらにフランク族出身でルートヴィヒ敬虔王に仕え、「カロリング・ルネサンス」の指導者のひとりになったオルレアンのヨナスが貴族マトフレドのために書いた『信徒の教育』（De institutione laicali）が多用され（本書第五章参照）、またかれがピピン王に献呈した『王の教育』（De institutione regia）も利用されている。さらにドゥオダは、修道院長であったアンブロシウス・アウトペルトゥス（Ambrosius Autpert 八世紀初頭―七八一）の『悪習と徳の葛藤』（De conflictu vitiorum et virtutum）、カール大帝の宮廷教師であったアクイレイアのパウリヌス（Paulinus Aquileia 七二六／七三〇―八〇二／八〇三）が辺境伯フリウルのヘリクのため『鑑』として著した『勧告書』（Liber exhortationis）、「カロリング・ルネサンス」最大の学者のひとりで、多くの人と文通のあったフェリエールのルプス（Servatus Lupus 八一〇／八一四―八六二）の書簡、カロリング後期を代表し男女の修道者のための著作も多いパスカシウス・ラドベルトゥス（Paschasius Radbertus 七八五頃―八六〇頃）の『マタイによる福音書注解』（Expositio in Evangelium Matthaei）、『聖アデラルドゥス伝』（Vita Sancti Adelardi）も用いている。

その他ドゥオダは、西方修道会則の源泉となったベネディクト（Benedictus de Nursia 四八〇頃―五四七／五五〇）の『会則』（Regula）のいくつかのくだり、若干の殉教録、砂漠の教父たちの金言集も知っていた。さらにかの女は、著者名をあげずに、キリスト教的道徳を説くプルデンティウスの『日ごとの歌』（Cathemerinon）の詩句をそのまま引用している。また、メロビング期の詩人たちの書のほか、西ゴート王家出身でトレドの大司教であったエウゲニウス（Eugenius toletanus 六五七年没）の『詩文集』（Carmina）、中世における最大の異端のひとつペラギウス主義を反駁したクラウディアヌス・マメルトゥス（Claudianus Mamertus 四七四年没）の『霊魂様態論』（De statu animae）や『父祖のことば』（Collationes patrum）、さらに、いかにも中世的作品であるオーセールのヘリク（Heric d'Auxerre 八四一―八七六／七七）の『聖ゲルマヌスの奇跡』（Miracula sancti Germani）も利用している。

以上、ドゥオダの『鑑』に利用されている教父その他の教会著述家の著作を網羅的にあげたが、もちろん、かの女がこれらすべての書を所有し読んでいたわけではない。またそうした学習を勧めているのでもない。イシドルスの『語源誌』のような「語彙集」やその他の小著は手元において適宜参照するとしても、アウグスティヌス（たとえば『神の国』）、大グレゴリウス（たとえば『司牧規定』）の著作は手に余る。それらの大著作については、信仰、道徳に関する著名な文章を収集した「詞華撰」（florilegium）があり、ドゥオダは、当時の大部分の知識人がしたようにこれらの選集を用い、ウィルヘルムスにもこうした方式による学習を勧めている[23]。

（3）聖書

ドゥオダが『鑑』の執筆においてもっとも多用しているのは聖書である。リシェ（P. Riché）による『鑑』の注釈をもとに概算してみると、旧約聖書は約四四七回、新約聖書は約二一六回、引用ないし示唆されている。そのわけを、ドゥオダはつぎのように説明する。「お前は聖なる読書をとおして、祈りにおいて言うべきこと、行動において避けるべきこと、用心すべきこと、追求すべきこと、その他あらゆる機会になにをなすべきかを見出す。そこにすべてが明示されている[24]」。

しかし引用の頻度は、聖書の各書によって異なる。旧約聖書について主な箇所をあげると、モーセの五書では、「創世記」が太祖たちの言行を中心に三〇回、「出エジプト記」が神とイスラエル民族に対するモーセの態度を中心に一一回、「レビ記」が三回、「民数記」が八回、用いられている。つぎに歴史書では、サウルやダビデなどイスラエルの王の言行とその子どもたちの態度について、「ヨシュア記」が一回、「サムエル記上」が五回、「サムエル記下」が一三回、「列王記上」が五回、「列王記下」が二回用いられ、その他、イスラエルの歴史に関する書では、「歴代誌上」が一回、「歴代誌下」が一回、「トビト記」が三回、「ユディト記」が一回、「エステル記」が三回、「マカバイ記Ⅰ」が四回、「マカバイ記Ⅱ」が二回、利用されている。つぎに、人々に規範を示す知恵文学の書では、「ヨブ記」が二九回、「詩編」が一九八回、「箴言」が一五回、「コヘレトの言葉」が八回、「雅歌」が三回、「知恵の書」が一一回、「シラ書」が三〇回、出てくる。さらにイスラエルの民の言行を批判する預言書では、「イザヤ書」、「エレミア書」、「哀歌」、「エゼキエル書」、「ダニエル書」、「ホセア書」、「ミカヤ書」、「ハガイ書」、「ゼカリヤ書」、「マラキ書」が計六〇回、引用ないし示唆されている。

もっとも頻度が高いのは「詩編」であるが、それは、カロリング期の霊性および典礼における「詩編」の重要性、また子どもの読み書き学習の手本が「詩編」であったことを知るものには容易に納得がいく。さらに、ドゥオダによると「詩編」には神の意志がすべて啓示されている。神の掟、神の勧めのことば、神の裁きを知るためには、種々の本を読みあさる必要はない。生涯、「詩編」を読み黙想し、そこから学ぶべきである。新約、旧約のすべての書がそこに含まれているからである（M. 11, 1）。

新約聖書では、福音書は「マタイによる福音書」が四六回、「ヨハネによる福音書」が二九回、「ルカによる福音書」が二四回、「マルコによる福音書」が六回、つぎに「使徒言行録」が七回、「黙示録」が一三回、聖パウロの手紙では、「ローマの信徒への手紙」など、ほとんどすべての手紙が計七七回利用され、その他ヤコブ、ペトロ、ヨハネの手紙（第二）も利用されている。新約聖書でもっとも多用されているのは福音書である。これはおもにキリストの言行を引用ないし暗示するもので、一見したところ、徳目の羅列という印象を与えるが、誤解を避けるため、つぎにドゥオダによる聖書の多用の理由と用法について検討したい。

まず聖書の多用の理由について。ドゥオダの『鑑』の最大の資料は聖書である。さきに述べた『鑑』の内容からも明らかであるが、本書の根幹は聖書のことばの組み合わせから成る、と言っても過言ではない。ドゥオダの『鑑』がキリスト教徒による教育書である以上、聖書が重視されるのは当然で、その点、説明を要しない。しかしドゥオダによる聖書の多用には、ひとつの歴史的理由がある。それは、「カロリング・ルネサンス」における聖書の推奨である。かの女は、「カロリング・ルネサンス」のさなかに生き執筆したが、この「ルネサンス」は、一三世紀から一六世紀における「ルネサンス」のような古典文芸の復興ではなく、むしろキリスト教の基礎をなす聖書および典礼書の確立と、その解釈のための基礎教養（自由学芸）の復興であった。法治をめざしながらも人脈に頼らざるをえなかったカロリング朝は、帝国統一の精神的、文化的紐帯としてキリスト教会を選び、キリスト教の純粋性と統一を念じて、その原典である聖書と典礼書の校訂と普及、学習を図ったのであった。実際、カロリング文教政策の基本指針を示すカール大帝の『一般訓戒』（Admonitio generalis）は、帝国各地から持ち込まれる聖書、典礼の写本が教会に混乱と分裂をもたらしつつあることを戒め、正統な統一された写本を確立し、その普及と学習を勧告したものであった。それに続く『学問の振興』（De litteris colendis）は、聖書の正しい理解とそれに必要な基礎知識（自由学芸）の修得を求めている。こうしたカロリング朝による聖書中心のキリスト教観と聖書学習重視の教育政策が、当時の著述家に影響を与えないはずはない（本書第三章参照）。ただし、ドゥオダがどのような版を用いたのか、かの女による聖書の引用はしばしば不正確で、その確定は困難である。おそらく、九世紀中葉、カロリングの聖書運動を受けてアルクインが校訂し、宮廷に近い人々の間にかなり普及した「ヴルガタ訳」を用いたのであろう。しかし『鑑』には、「古ラテン訳」（Vetus Latina, Itala）その他の訳文も散見される。

つぎに、ドゥオダによる聖書の用法について。かの女による聖書の利用はきわめて自由で、各書の書名はあげずに「聖書」（Scriptura sacra）と総称するか、「ある人」（quidam）、「雄弁家」（orator 教師、説教師と訳すべきか）あるいは「聖なる父祖」（sancti patres）のことばとして聖書の文言を引用ないし示唆している。かの女は、一般に中世の著述家あるいは説教師がするように、聖書の語あるいは表現を自分の記憶を頼りに、ごく自然に、しかしこじつけなど種々の誤用を交えて、自分の文章、文脈のなかに組み込んでいく。いわば聖書の内容、ことばを自家薬籠中のものとし、必要に応じて意のままに記憶から引き出している。ここには、ドゥオダのキリスト教的教養の深さ、高さがもっともよく現れている。

どうすれば、聖書の教えと文言を自分の血肉にすることができるのか。それを理解するためには、読書の略史をたどる必要がある。古代と同じく中世においても、人々は通常、今日のように目だけで読むのではなく、声に出し耳で聞きながら読んだ。そこでは、legere（読む）は同時に、audire（聴く）でもあった。しかしこうした読書は、修道生活においては、tacite legere（声を立てずに読む）あるいは legere in silentio（黙読する）（アウグスティヌス）、あるいは legere sibi（自分のためだけに読むベネディクトの『会則』）となり、legere＝lectio（読書）はしだいに meditari＝meditatio（瞑想）へと変化していく(25)。

この meditari（瞑想する）は、単なる cogitare（考える）、considerare（考察する）とは異なる。Meditari は、読んでいる文章のそれぞれの語の内容を探り、既知の類似する語あるいは概念を連結して、文章全体の意味を把握していくことである。中世人がごく自然に、語の類似ということだけを頼りに、相互に関連する内容を引用したり示唆しえたわけはここにある。

しかも読書における思考を重視し、語の内容の吟味と理解をめざすということは、語の意味する内容の実現を願望し、それに向けて自分を訓練し適応させることにつながる。こうして、読む内容は徐々に自分の思考、行動、血肉のなかに組み込み同化され、つまり記憶されていく。もちろん、すべての観想が自動的にこうした結果を生じるわけではない。聖書を神の啓示の書として受けとめ、そこに自分の救いがかかっていることを信じるものだけがなしうることである。(26)

さらに聖書の用法について。よく耳にすることは、中世の人々は聖書を救いの啓示書としてよりも教訓書として用い、教義的内容よりも道徳的内容を重視し、徳目の提示に利用したという批判である。たしかに、そうした聖書の用法もあった。ドゥオダも、聖書を徳目の提示、修徳の勧めに聖書を利用しているように見える。たとえば旧約の人物をあげるにしても、その個々の行為の善悪に注目しがちなように見える。しかし、これはなにも中世に限ったことではない。現代の説教、道徳的著作においても多々、見受けられる。

しかし、聖書にもとづく徳目の提示、奨励を取り扱う場合、われわれはまず聖書による徳目とはなにか、その吟味と説明に注目すべきである。中世修道院文化史の泰斗ルクレール（J. Leclercq）によると、中世の人々は、聖書の文言について、相互に不可分な二通りの解釈をしていた。ひとつは字義的解釈（exégèse littérale）である。それは、語を字義どおりに解釈し理解することで、それによると、聖書の徳目は世俗の書における徳目と似たような意味をもつ。「似たような意味」と言ったのは、聖書における字義は、つぎの神秘的解釈（exégèse mystique 神による救いの語りかけ）と一体となってはじめてその十全な意味をもちうるからである。(27) こうして見ると、ドゥオダが徳目の列挙と説明に聖書のことばを用いたのは、聖書の権威をもって修徳の義務を強調するだけでなく、それと同時にまたそれ以上に、修徳を動機づける神による救いの招きを示したかったからであると言えば言いすぎであろうか。しかしこうした推測は、聖書を啓示の書として信じたかの女の信仰者としての基本的心情から浸み出ている。

むすびに代えて

以上、ドゥオダの『鑑』をとおして中世における家臣教育について検討してきたが、さいごに、かの女による家臣教育の特徴と意義、またかの女自身の教養についてふれておきたい。

まず教育理念の点から見ると、かの女は、教育史の通説となっている文武両道に長けた家臣の理想像のうち、文それも宗教的、道徳的側面に終始している。そのわけは母親ドゥオダが分相応の教育・指導を意識しているということのほかに、最大の理由は、ドゥオダによる教育が、カール大帝以降のカロリングの宮廷および当代の文化・教養において中心的役割を果たした聖職者（修道者）の教育理念を反映していることにある。このことは、かの女が教育方法として勧告した修徳、祈り、読書にも明らかである。修徳にその一例を求めると、宮廷サークルでの人との交わり（conversationes）のなかで、とくに年少者からの学習が重視されているが、ここには明らかに、子どもの純粋さ、小ささのなかに神による恵みの最大の条件を見ようとした修道者、聖職者の教えの影響が見て取れる。また、ドゥオダが勧める時課が修道者、聖職者の祈りであることは言うまでもない。さらに、かの女がウィルヘルムスに勧めた書籍にも聖職者の影響が明らかである。その大部分は聖書で、俗学の書に比してはるかに教父、教会著述家の著作が多い。

しかし教育における宗教的、道徳的要素の強調は中世教育史全体に共通のもので、ドゥオダ固有のものではない。ドゥオダの教育の特徴はむしろ、それが貴族の母親による、俗人のための教育論であるという点にある。ドゥオダによる教育の理念や方法は、修道者や聖職者の教育と共通の要素をもちそれを反映しているとはいえ、かの女がめざしているのは聖職者、修道者の育成ではなく、俗人貴族の理想像の提示である。ドゥオダは、母としてまた貴族の家系の一員として、ウィルヘルムスの魂の救いだけでなく、栄誉ある家系の継承者としての立身出世を念願している。このことは、ウィルヘルムスの奉仕の動機として神中心の宗教的論拠だけでなく家族の絆が強調され、また奉仕の対象も王あるいは父親といった個人的水準においてだけでなく、中世の封建制度における父子関係、また中世独特の大家族制度あるいは家系全体が視野におかれていることでも明らかである。父親に対する奉仕、孝養は、父親だけでなく子ども自身にも影響をもたらすと言うとき、ドゥオダは単に、善行に伴う宗教的、物的報酬を指摘しているだけでなく、「家系」および「家産」の安泰と繁栄を示唆しているのである。

要するに、巷間に吹聴されるように、中世の教育は、修道者や聖職者の独占ではない。俗人——少なくとも貴族階級——もまた、修道者、聖職者の教育に類する教育をもって、しかし独自の理想像を追い求め、俗人としての現世における繁栄、来世における至福を得ようとしているのである。したがって、ドゥオダが提示する教育を一言で評するとすれば、それは、聖に依存する形をとりながら、聖と俗の調和・併存をめざす教育と言うべきであろう(28)。

さいごに、中世貴族の女性ドゥオダの教養についてふれておこう。それについては、まずかの女がどこで、だれに学んだのか知りたいところであるが、それはまったく不明である(29)。したがってわれわれとしては、かの女が『鑑』の執筆に用い、またその子に勧めた聖・俗の書から推察するしかないが、あえてそれをまとめて見ると、つぎのように言えるであろう。

まず世俗的（基礎）教養について。一般に中世における基礎教養は、自由学芸という古来の学問体系に準じて考えられているが、その枠組に従うと、「三学」のうち、ドゥオダがもっとも詳しいと思われるのは、文法学だけである。かの女は、中世における文法学学習の基本的教範と目されていたドナトゥスの『文典』、またカロリング期のアルクインの『文法学』を所有し、それらをもとに名詞の変化、動詞の活用を説明し、文法学的知識の片鱗を覗かせている。また文法学における解説に必須の百科全書的知識についてはプリニウスの『博物誌』を利用し、とくに語源的説明にはイシドルスの『語源誌』を多用している。

その他、ドゥオダは詩作にも長けている(30)。詩作は、中世の知識人が文学的才能を発揮する場で、聖・俗の文人たちの交流の手段でもあり、ドゥオダは、『鑑』の書き出しや本文のなかで、とくに巻末においてモノグラム的な詩文を長く書き連ねている。その作詩の傾向は、かの女が唯一名指して取り上げるプルデンティウスのそれのように宗教的、個人的日常生活を歌うもので、古典詩人はまったく無視されている。なお、「三学」のその他の学科つまり修辞学についてはほとんどふれず、弁証論はまったく取り上げていない。

また数学的諸学科では、まず、ドゥオダが自分の結婚記念日、子どもの誕生日などの年月日の記述に正確さを期していることが目につく。また、中世全体において行われた指算については、子どもに教授するかのように詳しく説明している。しかしかの女がもっとも留意しているのは、数意学である。それは、聖書の理解を助ける知識として勧告するばかりでなく、かの女と子どもの年齢の意味を推測するという、半ば占い的な数遊びにも利用されている。なおその他の幾何学、音楽、天文学についてはなにもふれていない。

つぎに、ドゥオダが世俗的教養以上に重視しているのが、宗教的教養である。このことは、かの女が聖職者、修道者中心の社会に生まれ育ち、いままた、躊躇することなくかれらの生活態度をその子に提示していることからも明らかである。

つまりかの女の世界観、人生観の根源、すべての価値判断の基準は、絶対的な唯一、三位の神である。すべては、神に発し、神に向かう。かの女が子どもに求める禁欲的徳の実践も、神による秩序の遵守に他ならず、また子どもが自覚しておくべき貴族社会の一員としての義務、気品ある行動もすべて神の定めを体得していくことに他ならない。

こうした宗教的教養を教示するのは、聖書という神自身の啓示である。したがってドゥオダの教養が依拠する最大の書は聖書であり、かの女の『鑑』の最高、最大の資料も聖書である。かの女は、「ヴルガタ訳聖書」の主要な書を所有していたと思われる。子どもに対する勧告から推察すると、かの女は聖書に日夜親しみ、その主要な文言をまさに自分の血肉とし、聖書の書面に頼らずとも、思想の関連をつてに記憶から聖書の文言を取り出し、自分の文体に合わせて自由に文中にちりばめ、ふたつの文体はごく自然に溶け合っている。

こうした聖書の利用と、その意味とをかの女が学んだのは、自分の聖書の読書と瞑想のほかに、とくに教父たちの注解書その他からであった。かの女は、とくにアウグスティヌスの書を利用し、その他、アンブロシウス、ヒエロニムス、イシドルスなどの書のほか、アルクインなどカロリング期の学者の書も参照している。このことは、かの女が子どもに勧めたように、かの女自身、たえず書籍の収集に配慮していたことを物語っている。しかし、利用した教父たちの書を全部所有していたとは考えられない。利用したほとんどの著作は、書籍の少ない中世においてそうであったように、いわゆる「詞華撰」(florilegium)として所有していたものと思われる。こうして見ると、ドゥオダがどれほどの蔵書があったのか知りたいところであるが、かの女は、若干の貴族のように、その子に蔵書を遺贈した形跡はなく、また、かの女が夫をたすけるために、借金をしたと告白していることから見て、少なくとも『鑑』の執筆前後には経済的に不如意であったと思われ、蔵書もそれほど多くはなかったと言えるかもしれない。[31]

さいごに、ドゥオダの教養を推測させるものに、かの女が著述に用いている言語がある。ドゥオダの『鑑』における言語については、それ相当の検討が必要であるが、ここでは以後の研究に期待して、『鑑』を翻訳し注釈したリシェの意見を祖述しておくことにしよう。かれによると、ドゥオダと同時代の人々がロマンス語（**lingua romana**）を話していたことは確からしい。当時の言語状況は、かの女の『鑑』（八四一年ないし八四三年に執筆）と同時期に発せられた「ストラスブールの誓約」（八四二年）から窺うことができる。この「誓約」の際、ルートヴィヒ・ドイツ王は、カール禿頭王の軍隊をまえにロマンス語で演説したが、カールは、同じことをルードヴィヒの軍隊にフランク語で演説した。つまり当時のゲルマン社会においては俗語が通常語で、ラテン語は教養人のための書きことばとして知識人の著述、また文書や行政の専門語であったということである。

ドゥオダもラテン語を用いて『鑑』を書いているが、しかし、概して正確なラテン語を使用したカロリング期の聖職者たち、またアインハルト、ニータルトといった宮廷の俗人のラテン語に比べて、かの女のラテン語はやや劣る。それでも、かの女のラテン語は、メロビング期（たとえばトゥールのグレゴリウス）のそれよりも正確である。あるいは、言おうとすることを正確に表現しようと努力していると言うべきかもしれない。たしかにドゥオダは、聖書や教父たちの著作に通じていて、その恩恵を多分に受けている。そのためか、著述においては、ラテン文法本来の古典的な用語、表現法との合致、整合性に苦労している。こうしてドゥオダのラテン語には、語の種々の変容（数、性、格による名詞、形容詞の変化などにおいて）のほか、動詞の人称、叙法による変化、能動態と受動態の混同、さらに構文法にも若干の変化が見られる。そのため、かの女の文章の大意は容易に把握できるとしても、時として用語、文体は曖昧で、厳密な理解は困難なことが多々ある。しかしこれらは、四世紀以降のラテン語の変化を考慮するならば、とくに取り立てて言うほどのことでもない。ただ「古典的」なものにより近かった「カロリング・ルネサンス」におけるいわゆる古典主義者のラテン語と比較するとき、聖・俗にわたる広範な教養を背景にもつドゥオダのラテン語は、中世におけるラテン語の変容の一道程を示すものとして注目に値する。(32)

第七章　カロリング期における民衆の宗教教育

はじめに

今日の欧州連合（ＥＵ）がその最初の枠組みを見せるのはカロリング帝国においてであると言われるが、そのカロリング帝国の成立に重要な役割を果たしたのがキリスト教会であった。実際、カロリング世界の統一は、王、皇帝の絶対的な権力だけによるものでも、民族の同一性に依拠するものでもなかった。王位そのものが、カール大帝後の王位継承問題において露呈されるように、継承によって分散するはずのものであった。また、ゲルマン諸部族の入り混じった当時のヨーロッパは、種々の言語、法、慣習の錯綜する多元的な世界であった。そのため、東ローマに対抗して古代西ローマ帝国の再現を夢見るカロリング朝は、救いの普遍性を標榜しゲルマン諸部族を教導するキリスト教会の統合力に注目し、ローマ・カトリックの組織と信仰を帝国統一の精神的要素として導入し普及させようとしたのである。こうして、八世紀半ば以降、帝国の歴史はその大部分において、フランクにおけるキリスト教会の歴史と一体をなしている。八〇〇年の教皇レオ三世によるカールの戴冠以来、歴代の教皇は皇帝に王冠を授け、政権と教権はいっそう密接に結ばれ、君主は教会を指導し、司教は国家の統治に介入した。教会と帝国がそれぞれの主導権を回復したのは、九世紀後半から末に起こる帝国の崩壊によってである。こうした背景のもとに、カロリングの種々の文教政策がとられていくのである。

ところで、政治と宗教とを柱とするカロリングの文教政策については、多くの研究がなされてきた。ただその大半が、文教政策の政治的側面は強調しても宗教的側面はさほど重視していない。しかしキリスト教はあくまで、民衆を含むすべての人の救いを目的としている。カロリング朝は、この教会本来の目的にどのように対処したのであろうか。換言すると、帝国の統一という政治色の強い文教政策は、民衆の教育、宗教生活にどのような影響を与えたのであろうか。本章では、カール大帝の文教政策を中心に、その政治、行政の面よりも、教会とくに民衆の宗教教育の視点に立ち、とくに民衆の宗教教育の実際を見ることによって、カロリングの文教政策の一端に光をあてたい。[1]

I　カロリング朝における民衆教育の意識

一　王・司祭としての皇帝

カール大帝（Carolus Magnus　フランク王　在位七六八―八一四、西ローマ皇帝　在位八〇〇―八一四）による文教政策の全貌を探るには、まず、かれが最高の政治的権力者としてだけでなく、教会の協力者としての使命感をもっていたこと、それも政治に直接関与するかぎりの教会の位階・行政組織に関与するだけでなく、民衆の救霊という純粋に宗教的な使命感をも共有していたことに注目すべきである。

こうしたカールの意識は、先王たちから受け継いだものである。すでに七五一年、宮宰ピピン三世（短躯王

Pippin der Kurze 在位七一四―七六八）が王権を奪取し、翌年ボニファティウス（Bonifatius 六七二頃―七五四）によってカロリング王家初代の王として塗油されて以来、カロリング朝歴代の王は特別の使命に向けて神から選出されたという意識をもち、教会の振興に熱心であった。こうした意識は、カール大帝においていっそう鮮明である。かれは、七八九年の『一般訓戒』（Admonitio generalis）の序文において、自分を旧約のヨシュア王（Yehosua 前七五〇頃―八三五頃）にたとえ、ヨシュアがユダヤ選民を真のヤーヴェの礼拝に引き戻そうと努めたことを特記して（「列王記下」二二、二三章参照）、民衆の教化における自分の使命を公言している[2]。それはまた、旧約聖書（中世において多用される）における政治的、宗教的指導者としてのダビデ王（David 前一一世紀）の使命を想起させるものであり、実際カールは宮廷人の間ではダビデと呼ばれ、カール自身それを容認していた[3]。

さらに、相次ぐ教皇職継承争いのなかでレオ三世教皇（Leo III 在位七九五―八一六）が襲撃され、またコンスタンティノープルでの宮廷改革により皇后イレネ（Irene 在位七九七―八〇二）が全権力を把握したあと、カールは皇帝として戴冠したのであるが、そこには、政治のみならず宗教における実権掌握の好機到来という判断が働いている。この間の事情をアルクイン（Alcuin 七三五頃―八〇四）は、つぎのように回顧している。「われらの主イエス・キリストはあなたを民の支配者とされたが、王としてのあなたの尊厳は、権勢において他のふたり〔レオ三世、イレネ女帝〕のそれにまさり、あなたの英知をまえに他のふたりのそれは影を潜める。キリストの教会が期待するのはあなただけであり、キリストの教会はあなたひとりに救いを期待し、あなたは犯罪を罰し、迷う者を導き、虐げられた者を慰め、善人を支える[4]」。ここには、カールの皇帝権がこれと対峙する東ローマのそれと同じく、政教両面の具体策にまで及ぶことが示唆されている。

こうして、七八九年から八〇二年にかけて発布された多数の勅令、回章、とくに司教、司祭、修道者に向けられた八二カ条からなる『一般訓戒』には教会法が採録され、またカールによる巡察使（missi）も、一般に、ひとりの聖職者とひとりの俗人で構成され、その活動範囲は教会行政の区分に従うものであった。ここには、明らかに政治と宗教の意図的混在がある。このことはまた、かれの文教政策を代表する『一般訓戒』、『学問の振興』（De litteris colendis）、『一般書簡』（Epistola generalis）の内容と、それらを反映する宗教会議、司教区会議、司教教書などに歴然としている。フランスの中世史家アルファン（L. Halphen）は、カールの文教政策における宗教的諸要素を要約して、つぎのように説明している。「教会の規律、修道院の霊的生活、聖職者の募集と教育のみならず、信徒の宗教教育、信徒の熱心な聖務への参加、聖体拝受、日曜、祝日における休息の順守、典礼、秘跡とくに洗礼について、さらに教義においてさえ、皇帝の注意を引かないもの、かれの日常活動の対象にならないものはなかった」[5]。

二　民衆の宗教教育と典礼改革

では、カールは民衆教育のためどのような手段を用いたのか。まず考えられるのは学校網であるが、しかし西ローマ帝国の滅亡とともに、そのすぐれた学校網も漸次、衰退し、カロリング以前にほとんど消滅していた。聖職者育成の分野では、古代の学校の衰退に伴い、司教座教会付属学校あるいは修道院学校が開設され発達していったが、それに見合うような一般民衆のための学校教育は組織されなかった。たしかに六世紀以降、ガリアでは民衆を相手にする司祭学校も開かれたが、それも一時的、局地的なものであった。たとえば、五二九年のヴェゾン（Vaison）の司教区会議は、子どもたちに世俗的初歩教育と基礎的宗教教育をほどこすため、農村の司祭による学校の開設が決定され、そこで学ぶ子どもたちのなかには世俗にもどるはずのものも含まれていた[6]。この種の学校は、カエサリウス（Caesarius Arelatensis 四七〇頃―五四三）の司牧活動の影響もあってガリア地方に広まったようであるが、メロビングの闇の中で衰退していった。

その後に来たカール大帝は、聖職者、修道者の育成をもって民衆の教化をめざしつつも、同時に、直接的に民衆の教育に腐心している。こうしてマインツの宗教会議（八一三年）は、両親に対し、子どもを修道院あるいは司祭のもとにおくってカトリックの信仰（「使徒信経」）と「主の祈り」を学ばせ、学んだことを他のものにも教えさせようとした。その場合、子どもにはラテン語かあるいは自分たちのことばで覚えさせ、教育の効果をねらっている[7]。さらに、オルレアンのテオドゥルフ（Thodulf）は司教令をもって、司祭たちに対し「ヴィッラやヴィクスごとに（per villas et vicos）学校の開設を求め、信徒が文字を学ばせるため子どもを司祭に委ねる場合、かれはそれを拒否したり、報酬を求めたりしてはならず、報酬を受けるにしても両親がささげるささいな贈り物に限られるべきであるとしている[8]。さらに、九世紀末、かれの後継者のひとりワルテリウス（Walterius）もすべての司祭に対し、学校を開き宗教教育を与えるように命じているが、同時にかれは、「可能ならば」（si possibilitas illi est）と付記して、学校開設の困難さを示唆している[9]。

このような学校開設の試みがあったとはいえ、今日の学校教育を考えてはならない。学校とは言っても、それは司祭の指導する一種のグループ（scola にはこの意味もある）学習で、しかも以上の諸規定から推察されるように、民衆のなかでも経済的、知的に恵まれた子どもたちに限られていたと思われる。したがって、文字、書籍に無縁な民衆一般の教育と言えば、それはやはり、かれらの視聴覚に訴える教会の建物とそれを飾る聖画像、とくにそれらを背景に執り行われる典礼（liturgia 教会における正式かつ公式の礼拝儀式）によるものであった。

では、カロリング期にはどのような典礼が行われ、またそれに対してカロリング朝はどのような態度をとったのか。西方の各地方では、カロリング以前から地方固有の典礼が行われていた。初期のフランク王国では、キリスト教を伝えたアイルランド人やアングロ・サクソン人が持ち込んだローマ典礼が浸透し、それは七世紀中葉以来、典礼書の筆写により普及する一方であった。また「カロリング・ルネサンス」に最多の人材を送り込んだイタリア（とくにミラノやアクイレイア）ではアンブロシウス典礼が行われ、それにはローマ式典礼とは異なる要素が多々含まれていた。スペインでは、アラブ支配地域の教会あるいは北西のキリスト教王国においては西ゴート式典礼が固持されていた。つまりフランクにおけるいわゆるガリア式典礼は、フランク王権の確立と吸引力により各地方の典礼から影響を受け、北から南にかけてかなり多様な要素を含んでいたということである。しかもこれらの典礼は書籍よりも口頭あるいは実践によって伝達されるものも多く、たとえ書籍によるとしても、それが破損したり間違って筆写されたため、混乱の度は増す一方であった。さら、先述したような学校教育の欠落の結果、聖職者の教養が衰退したこと、また典礼用語のラテン語そのものが文法的繁雑さを嫌われ急速に俗語（lingua rustica）へと変化しつつあったことは、典礼の混乱にいっそう拍車をかけた。

これに対してピピンはローマ式典礼を軸に典礼の刷新と統一を図り、カール大帝もその路線を継承した。カールは、先にあげた『一般訓戒』の第八〇条において、すべての聖職者に対し、「敬虔な追憶をもって思い出される余の父ピピン王が使徒座の同意と聖なる神の教会との平和的一致をもって決定したように、ガリア式典礼を廃止し、ローマ聖歌〔典礼〕を全面的にまた正しく利用するように」命じ[10]、そのために必要な教養の修得をつぎのように勧めている。「〔司祭たちは〕奴隷階層の子どもだけでなく、自由人の子どもをも自分のもとに集め、仲間に加えよ。そして、子どもたちが読み方を学ぶための学校を開設せよ。またそれぞれの修道院や司教館において、詩編、記号、歌唱、暦の算定法、文法書、カトリック〔教会〕の書物を正しく校訂せよ……。なお、福音書、詩編集、ミサ典書を筆写する必要がある場合、年齢の点でも十分に成熟したものが、細心の注意をもって筆写するようにされたい[11]」。

またカールは、大グレゴリウス教皇（Gregorius Magnus 在位五九〇―六〇四）以降の付加項目を除去した純粋なローマ式秘跡書（sacramentarium）を求め、これに応えて、七八八年ごろハドリアヌス教皇（Hadrianus I 在位七七二―七九五）は『ハドリアヌム』（Hadrianum）と通称される書をかれに送っている。この書は、ローマ教皇固有の儀式を含むもので、「カロリング・ルネサンス」の立役者アルクインは、それを解説し補完した。かれは『ハドリアヌム』を底本に、八世紀の『ゲラシウス秘跡書』（Sacramentarium Gelasianum）を用いて、『ハドリアヌム』に欠けていた種々の祝日のミサ、祝別式を導入し、さらに、賢明にも、多くのガリアの慣習をも取り入れている。この『アルクインの補筆によるハドリアヌム』は、カロリング帝国における典礼の統一と刷新に決定的な役割を果たした。この書は、宮廷の図書室に納められ、九世紀には全帝国において筆写され普及していった。カールは司教たちに対し、これをもとに典礼書（codices liturgici）を新規に作成させ、また使用中のものを校訂するように命じ、王みずから必要な書籍を提供したのであった[12]。

カールによる典礼刷新は、ローマ式典礼（ordo romanus）とガリア式典礼との単なる置換に過ぎなかったと速断してはならない。この刷新は、ローマ式典礼を全面的かつ無分別に取り入れたのではなく、ローマ・フランク混合の典礼を創出したのであった。カールがローマ式典礼を重視した理由として、一般には、政治的影響力を保つための教皇座との一致、王国の統一を図る手段としての典礼の画一化のほか、政治的、宗教的ライバルであったビザンツの影響力の排除などがあげられるが、これに加えて、ガリア式典礼における迷信、異教の残滓の排除をあげるべきである。またガリア式典礼の諸要素の温存は、この典礼と不可分の民族的要素を挿入することにより一般大衆への教育的効果を狙ったものと言うべきであり、これは、ボニファティウスによるゲルマニア伝道以来の伝統的手段でもあった。

Ⅱ　洗礼による民衆の宗教教育

一　洗礼の改革

一般大衆に宗教教育を与える最初の典礼は、キリスト教徒としての誕生をもたらす洗礼である。洗礼にはキリストへの信仰が前提となるが、西方におけるこの信仰の学習は、ローマのヒッポリトゥス（Hippolytus Romanus 一七〇年頃—二三五／二三六）の『使徒伝承』（Traditio Apostolica）から知られるように、三世紀頃からキリスト教入信者の漸増に伴いひとつの制度として組織され、「洗礼志願期」（catechumenatus）と呼ばれた。この期間は、教えの基本的要素の学習と同時に禁欲的修行を伴う一種の修練期であった。そしてこの三年間の「洗礼志願期」のあと、洗礼志願者は受洗直前の準備をし、宗教的知識と修徳両面にわたる試験（scrutinum）を経てはじめて、洗礼を授けられた。そして洗礼後もなお、一週間は説教、訓話などをもってかれら独自の教育を受けた。(13)

しかし四世紀以降、ローマによるキリスト教公認の結果、社会がキリスト教化されるにつれ、キリスト教的信仰を学習する機会は常時、提供されるようになった。そのため受洗前の教育期間は短縮され、教育内容も、象徴的な形式で洗礼儀式のなかに組み込まれていく。こうして古来、「洗礼志願期」の三年間に配分されていた名前の登録、祓魔式、エッフェタ（epheta 感覚器官の象徴的解放）、胸と肩への塗油、悪魔の拒絶、「使徒信経」（Credo）や「主の祈り」（Pater）の暗唱などは、洗礼式のなかで執り行われるようになった。一方、悪魔とその悪業からの離脱の宣言、神、キリスト、教会への信仰を表明する質疑応答、「使徒信経」や「主の祈り」の暗誦は、通常、ラテン語で行われたが、そのラテン語は俗語の発達に伴い、しばしば授洗者（minister 聖職者）あるいは受洗者（俗人）の無知によって歪曲されていった。その他ゲルマニアのある地方では、洗礼用の水にぶどう酒を混ぜたり、洗礼の定句（verborum forma）にしても三位一体のみ名の代わりにキリストの名前だけを唱えたり、あるいはババリアの一聖職者のように Baptizo te in nomine Patria（祖国の意、正しくは、Patris）et Filia（娘の意、正しくは Filii）et Spiritu Sancto（奪格、正しくは属格の Spiritus Sancti）と唱えたり、あるいは按手だけで済ませたりした。(14)

要するに、ゲルマン社会がキリスト教を受け入れ、とくにフランクの初代王クロヴィス（Clovis 在位四八一―五一一）の受洗（四九六年）と家臣および大衆の集団受洗により、キリスト教が民族の宗教としての足場を固める一方、メロビング治下のフランク王国建設の混乱のなかで、西方キリスト教の伝達手段であったラテン文化は衰退し、洗礼の授与と教育を担当するはずの聖職者の知的レベルも低下の一途をたどり、洗礼前後の教育は言うまでもなく、洗礼そのものの本質的形態、秘跡としての洗礼の成立さえ危ぶまれるほどになったと言うことである。

こうした混乱と劣化への対策として、七九六年のドナウ河岸での宗教会議は洗礼の有効性の必要条件として、「司祭が聖別した洗礼水を用い、三位一体の名において、受洗の証人となる既洗者のまえで聖職者から受洗し、こうして人は聖なる教会に入る」と決議している。(15) 一方カール大帝は、八一〇年頃、帝国のすべての管区大司教に対し、各管区内における洗礼の様式とその意味について質問書を送った。この文書は、洗礼の授与者の知的、道徳的資格を正す目的をもっていたが、実は、混乱を増幅させたのみであった。というのは、この文書はアルクインが六世紀のローマの助祭ヨハネの書簡に依拠して作成したもので、そこには、古代の洗礼儀式にもとづく質問事項が細かく数え上げられていたからである。そのため司教たちは、皇帝（つまりアルクイン）の文書にあった内容を忠実に繰り返すことにより、典礼を新時代の状況、知的レベルに適応させる代わりに、古代のローマ式典礼に拘泥することになった。[16]

ところで、カール大帝の質問書は、洗礼における諸儀式（ritus）を列挙したあと、「洗礼のこれらすべての儀式は、年少で、まだなにも理解しない幼児においても施行される」と付記しているが、それは、大人の洗礼において衰退しつつあった洗礼の教育的要素が幼児洗礼において重視されていったことを示唆している。

二　幼児洗礼の奨励

実際、カロリング期における洗礼の対象は、大人よりも幼児が主であった。先述したように、受洗前の教育が洗礼儀式中の一要素として圧縮され組み込まれたのも、それらの教育を受容不可能な幼児の受洗にその一因があったのである。

カール大帝は、ローマ・カトリックに反抗する地方に対しては聖戦をもって洗礼を強要したが、カロリング帝国はザクセン地方の順化をさいごにキリスト教国となり、洗礼もキリスト者から生まれた幼児の洗礼が中心となっていった。カールはこの傾向を定着させるため、ザクセンの幼児は生後一年以内に受洗させるように命じ、それに違反したものには、身分に応じて罰金を課することにした。[17]また相次ぐ天災、飢饉、伝染病などによる幼児死亡率が高く、成長後の受洗は望むべくもなかったことも、幼児洗礼を普及させる一因であった。しかし八一一年のカールの質問書への答申によると、親たち（とくに貴族）のなかには普通、誕生後すぐには受洗させず、急病など緊急の場合は別として、古来の伝統によって大人の受洗日とされていた復活祭、聖霊降臨祭の前夜など、人々が集まる荘厳な機会を選ぶものもいた。[18]

カロリング期における幼児洗礼の普及には、王命という外的要因のほかに、幼児洗礼に関する神学思想の発展があったことも忘れてはならない。もともと幼児洗礼の歴史については、キプリアヌスの伝えるカルタゴの宗教会議（四一八年）の議決をもとに、幼児洗礼は五世紀以降にはじまるという学者もいるが、すでにヒッポリトゥスは、キリスト教家族の幼児の洗礼を当然のことと考えている。ただ、五世紀以降それが一般化しつつあったことはたしかである。[19]

それは、アウグスティヌス（**A. Augustinus** 三五四—四三〇）による原罪と幼児洗礼に関する神学的説明が、広く理解されるようになっていったからである。かれは、アダムの罪科は幼児を含むすべての子孫に及ぶという原罪の普遍性を教え、そこから「洗礼なしに救いなし」という帰結をもとに受洗の必要性を強調する一方、幼児は原罪を継承しながら、原罪の赦しに不可欠なキリストへの信仰を自分の意志、ことばで表明しえないという矛盾にひとつの解決を示してくれた。それによると、洗礼における行為になんら個人的同意を与ええない幼児に代わって、救いのために呼び集められた人々の集団であるキリスト教共同体（教会）は、両親、代父母の意志、ことばをとおして幼児のもつべき信仰を表明しうること、換言すると、「他人の信仰」（**fides aliena**）が幼児の信仰を表明し、保証すると言うのである。[20]

アウグスティヌスによる説明は、尊者ベダ（**Beda Venerabilis** 六七三頃—七三五）によって継承され、さらにその弟子アルクインをとおしてカロリングの聖職者たちの態度を決定づけたのであった。[21]かれらは、大人の受洗の条件と、幼児洗礼のそれとを区別した。「大人は、年齢に達しながら信じないなら、受洗しても家畜、鉱物と同じくむだである。しかし幼児の場合、かれらに代わって答える者の信仰の名において、罪の赦しを得る」[22]。またトリアーの司教アマラリウス（Amalarius 七七五頃―八五〇／五三）は、「幼児は、年齢からいって、神への回心と信仰を理解できないとはいえ、われわれはアウグスティヌスの書簡にあるとおり、かれらは回心の秘跡によって主に回心すると信じる」と述べている[23]。

そしてオルレアンの司教ヨナス（Jonas 七八〇頃―八四三）は、幼児洗礼を万人に認知させる社会的理由として、「現在はキリストの名は至るところで力強く宣言され、また子どもたちはキリスト教徒の親から生まれるので、躊躇することなく、かれらに洗礼の恵を受けさせねばならない」と述べ、「他人の信仰」による洗礼の正当性を説明する神学的理由として、「幼児はまだ話すことができないにせよ、他人の罪を負わされているかれらが他人の手で運ばれ、誕生によって引き継いだ原罪から他人の答えによって解放され、こうして闇の権力から引き離され、主の国に入ることはまったく正当なことである」と説明している[24]。こうして見ると、大人の洗礼から幼児洗礼への移行においてもっとも重要であったのは、幼児に代わって信仰宣言を行い、洗礼後の子どもの宗教教育に携わる代父母の役割であった。

三　代父母による宗教教育

この代父母（代父 compater, patronus, patrinus、代母 commater, patrona, patrina）について、ラバヌス・マウルスの弟子ワラフリド・ストラボ（Walafrid Strabo 九世紀）は、幼児洗礼におけるかれらの役割を重視するあまり、代父母は幼児洗礼特有のものであるとしたが、実は、すでに三世紀以前から、代父母は受洗者の信仰、道徳の保証人、また後見人として大人の洗礼においても不可欠であった。しかし代父母の役割が幼児洗礼において、いっそう重視されていったことはたしかである(25)。

幼児洗礼における代父母は、まず洗礼式において、自己表明の不可能な幼児に代わって悪魔とその業(わざ)を拒絶することを宣言し、一切の罪とその機会を避けることを約束すると同時に、キリスト教共同体の代表者として、教会に加入する幼児の信仰表明を代行し、幼児の意志を先取りして洗礼を希望した。また代父母は洗水（あるいは浸水）のあと、洗礼槽から出る受洗者を受け取るのであるが、カロリング期の神学者たちによると、この動作は、代父母固有の役割を象徴している。それは、代父母が、幼児の名において公言した約束の保証人であり連帯責任者であること、換言すると、受洗者の信仰、道徳について、キリスト教的教育の責任を受諾することを意味していた。ワラフリド・ストラボは代父を霊的父親と見なし(26)、またカロリング期の教会では、ビザンツ教会の影響もあって、代父母と幼児は、自然的親子関係に準ずる立場にあるものとして、八世紀以降、両者の結婚は認められなくなっている(27)。

以上の説明から自明のことであるが、代父母になるものは、信仰の基本的内容に通じ、洗礼の効力とその結果について、また幼児に代わって約束し保証した内容について、相応の理解をしていなければならなかった。少なくとも、キリスト教信仰を要約する「使徒信経」とキリスト教的生活の要点を示す「主の祈り」の暗誦を求められた。カール大帝も、代父母になるものに対してふたつの祈りの暗誦を求め、それができないものには、即座に、代父母になることを拒んだ。このふたつの祈りはキリスト教の信仰、道徳を要約する文言であると同時に、キリスト教会という神秘的団体への加入を示す徽章、合言葉（symbolum）であったからである。それはまた、宣誓による臣従関係を重視するカロリング帝国において、主君の信仰を受諾し、帝国の一員となることを表明するものでもあった[28]。

したがって破門されたもの、公的罪人は、少なくとも規定された贖罪を果たし教会と和解するまで、代父母にはなりえなかった。また修道者は、代子の世話をするほどの外的自由をもたないところから、この重責を引き受けぬよう求められた。代父母は、子どもが分別のつく年頃に達したならば、これに洗礼時の約束を想起させ、子どもの生涯にわたって信仰・道徳に関する教師の役割を果たした。代父母による教育についてオルレアンのヨナスは、アウグスティヌスを引用しつつ、代父母は代子を愛情をもって慈しみ、矯正し、叱責することによって、結婚まで純潔を守り、冒瀆や呪いを避け、淫猥な歌、傲慢、妬み、怒り、憎しみを忌み嫌うよう、教え諭すべきであると述べている[29]。

このように、カロリングの聖・俗の権威者は、代父母に子どものキリスト教的教育を託したのであるが、しかし世俗的一般教養はもちろん最低の宗教的知識さえ不十分な社会にあって、どれほどのキリスト教徒がこの務めを満足に果たしえたであろうか。かれらが実際に取りうる日常的な手段としては、その代子を毎日曜日のミサに同伴し、聖職者の説教を聞かせることであった。

Ⅲ　説教（ミサ）による民衆の宗教教育

一　説教（ミサ）の実態

実際、カロリング期の民衆がもっとも頻繁に参加する典礼と言えば、それは、毎日曜日、大祝日の聖体の秘跡つまりミサであった。では、民衆はどのようにしてミサに参加していたのだろうか。本来、「共同体的」であるはずのミサにおいて、司祭と信徒は、祭の執行者と観客という形に二分され、両者の間隔は、場所的かつ心理的に漸次、拡大されつつあった。信徒の席（といっても椅子はなく直立したまま）と祭壇との間は柵で仕切られ、またローマ式典礼の導入後は聖歌隊が祭壇と信徒との間に位置するようになった。さらに聖歌隊の活動により、民衆は、祈り、歌をもって積極的に参加する代わりに、むしろ聴衆、観衆としてますます受身的な態度を取るようになっていった。(30) こうした民衆の態度の変化は、カロリング期における種々の「祈りの互助会」（societas precum）など個人的信心の繁盛に伴う個人的ミサの増加と、そこにおける参加者の無視ないし軽視と無関係ではない。(31)

こうした状況にあって、民衆がミサに精神を集中させ、そこで行われる神秘（キリストの死と復活の記念）に注目する代わりに、ミサの間中、互いに一週間の情報交換に励んだのも当然のことであった。ただでさえ神秘的、密儀的性格をもつミサのなかで、民衆がいくらかでも理解しうるものがあるとしたら、それはミサの前半における聖書の朗誦と説教であった。ミサの前半は、本来、民衆に対する教育的要素が中心で、かつて洗礼志願者が参加を許されていたのもそのためである。しかしミサ中の聖書のことばは普通、ラテン語で読まれあるいは朗誦されたので、結局、民衆が直接に理解できる教育的手段として残るのは、俗語化されつつあった説教であった。

では、その説教の実態はどのようなものであったのだろうか。カロリングの王国では、文教政策の強力な推進にもかかわらず説教者の教養は千差万別で、説教の実態も司教区や小教区によって大きく異なっていた。説教を怠るものも多く、説教するとしてもそれぞれ自分の教養レベルに応じた仕方で説教したからである。一例をあげると、七四二年、司教クロデガング（Chrodegang　七一二―七六六）が『司教座教会参事会の規則』（Regula canonicorum）を著しメッスの聖職組織の再編に取り組んだころ、メッスは霊的にも物的にも荒廃状態にあり、日曜日の説教もなおざりにされていた。かれは、聖職者の怠慢の結果、民衆が洗礼、堅信、悔悛、説教の機会を奪われ、その救霊も危険にさらされることのないように警告したあと、一年を通じて月二回の説教を命じた。毎日曜日と祝日における規則的な説教が望ましいのは明らかであったが、それは説教者（この場合は参事会会員）にとってあまりに重荷であった。この控え目な要請は、説教がいかになおざりにされていたかを物語っている。「カロリング・ルネサンス」の立役者のひとりが司牧した中心都市メッスがそうであったというなら、他は推して知るべしである。(32)

説教の実践は、説教者の使命感によっても左右される。キリストが説教の使命を与えたのは十二使徒とその後継者の司教であり、司教職と説教とは不可分である。アルクインも、ザルツブルクの大司教アルノ（Arno 在職七四六―八二一）に向かって、司教は使徒の後継者として、みずから説教すべきであると諭している。ところが当時の司教のおもだったものは、カロリング帝国の行政官、宮廷人であり、そのなかには政治的用件に心を奪われ、信徒の教育、説教の需要には無関心なものもいた。(33)

さらに司教たちのなかには、説教の実践はなおざりにしつつもその権利だけは固持し、かれらの助手ともいうべき司祭たちに説教を許そうとしないものもいた。実際、五世紀までの司教たちは使徒の後継者としての特権をたてにとり、助祭や司祭が典礼において聖書あるいは教父たちの説教（ホミリア）を朗読することは認めても、司祭自身が説教することは許さなかった。たしかに、古代教会ではミサを執り行うのは司教であり、したがってミサの主要な部分をなす説教も司教が行うのが普通で、また当然のことであった。一方オリゲネス、ローマのヒッポリトゥス、ヒエロニムス、ヨハネス・クリュソストモスなどによる「ホミリア」の存在から推察して、司祭も説教していたようである[34]。四世紀の東方では、ミサに参加した司祭たちは、読まれた聖書の箇所について次々に説教し、さいごに司教が説教した[35]。しかしアレクサンドリアでは、アリウス（Arius 二五〇頃―三三六　）の異端をめぐる論争のころから、司祭には説教が禁じられていたようである[36]。五世紀のヒッポの『聖アウグスティヌスの生涯』によると、北アフリカにおいても禁止されている。その後、司祭による説教は、ローマ、イタリア、かれは司祭でありながら、ラテン語の苦手な老司教（ヴァレリウス）の求めに応じて説教したが、これは、「アフリカ教会の方式と慣習に反することであった」という[37]。他方、同時代のヒエロニムスは、教父の説教を読む権能をもつ助祭に対し説教を拒否することの矛盾を突いている[38]。

しかし教会が都会から田舎へと拡張されていくにつれて、司教による説教だけでは民衆の宗教教育は覚束なくなる。ガリアでは、アルルのカエサリウスの求めに応じて、ヴェゾンの宗教会議（五二九年）は、都会、田舎双方において説教する権能を司祭にも認めている。なお、司祭が病気などで説教できない場合、助祭が教父たちの「ホミリア」を読むこともできた[39]。こうした伝統を踏まえて、アルクインは七八九年、カールあての書簡のなかで、ヒエロニムスの書簡における論旨の正当性を指摘し、王権をもって、民衆の教育に有害な司教による説教の独占を排除するように求めている[40]。

これに対してカールは、『一般訓戒』において司教、とくに司祭による説教を繰り返し勧告している。第六一条では、司教、司祭たちが「カトリックの信仰を熱心に学習し、民衆全部に説教するように」命じ[41]、第七〇条では、司教に対し小教区の司祭たちの典礼、信仰を監督し、とくに司祭がすべてのものに説教できるよう配慮すべきことを命じている。さらに、第八二条でははっきりと、司教は小教区の司祭がそれぞれの教会で民衆に説教するように監督すべきであると勧告している[42]。つまりカールはここで、司教たちが司祭にも説教を許しかつ義務づけ、その実践を監督すること、と同時に司祭に対し、聖・俗学の教養を修得し信仰の正統性を確保することによって説教の内容、方法を身につけるように求めている。

二　説教の内容

では説教者はなににもとづいて、なにを教えたのだろうか。中世の説教についてよく指摘され、また実際に目につくのは道徳的主題による説教の多いことである。こうした傾向は、中世全体にわたって変わらず、カロリング後期の代表的神学者とも言うべきラバヌス・マウルス（Rabanus Maurus 七八〇／一－八五六）もこの路線を引継ぎ、その『聖職者の教育』の最終章において大グレゴリウスの『司牧規定』（Regula pastoralis）を引き写し、説教の内容として悪習と修徳をあげている。かれは、大グレゴリウスの勧告（説教は、聴衆の身分、生活に合わせた内容であるべきである）に従い、一般大衆の知的レベルとその関心を考慮して、日常の道徳的生活に関連する事項をまとめている。つまり神が定めた身分という秩序に合わせて、権力者、為政者には正義と慈悲を、若者には従順を、年長者には信頼を、そしてすべてのものに正義、神と隣人への愛、貞潔、善意、施しの精神など、キリスト者としての生き方を教えるように勧めている。(43)

そうした道徳的説教において、聴衆は、聖書よりもむしろ文化的、民族的に親近感をおぼえる「聖人伝」に特別に興味を示した。かれらは、説教者が聖人たちの「伝記」から例をあげて語るとき、熱心に聴き入った。司祭も聖書をもとに説教するよりも、ある聖人がどのようにして悪の勢力と悪魔の罠に打ち勝ったか、その説明に気力を注いだ。なおこうした「聖人伝」の利用は、オルレアンのテオドゥルフが指摘しているように、たいてい聖書に関する聖職者の無知と関係があったことは明らかである。しかし説教における「聖人伝」の利用を誇張してはならない。それはまだそれほど普及せず、祝日や巡礼の日の説教に限られていた。司教たちは、起源も不確かなこれらの文学作品を警戒していたようである。(44)

一方カロリング期の説教全体が、道徳律をもって民衆を追いたて拘束するような内容をもっていたわけではない。カールが『一般訓戒』において強調した説教内容を見落としてはならない。かれは説教すべき内容として、『一般訓戒』の第六一条では「カトリックの信仰」（fides catholica）と「神の掟」（praeceptum, lex）をあげ、第七〇条では「各自〔民衆と司祭〕が神になにを願うべきか」（ut quisque sciat quid petat a Deo）を教え、また典礼への参加を指導するように求めている。そして最終章の八二条では、「聖書にもとづいて」（secundum Scripturas）、「正統な教え」（canonica）を述べるという説教内容のいわば基準を示したあと、説教の小提要かと思われるほどの精密な内容をスケマの形で取り上げている。それは、まずいわば信ずべきこととして三位一体の奥義、神の属性、神による創造、神の子キリストの托身、死と復活、昇天による救いのわざ、世の終わりにおける裁き主としてのキリストの再臨、人間の復活とキリストによる最終的な裁きによる永遠の栄光と劫罰をあげているが、これは説教内容全体の約四分の二を占めている（『一般訓戒』、第三二条も参照）。

つぎに、スケマ全体の四分の一の行数をもって、いわば避けるべきこと、永遠の劫罰に値する人間の罪として、「肉のわざ」（opera carnis）つまり姦淫、淫乱、暴飲暴食など、また偶像崇拝、異端、異説、また殺人、争い、口論、怒り、妬みなどをあげ、残りの四分の一の行数をもって、いわば修得すべき諸徳として、諸徳の根源ともいうべき神と隣人に対する愛（dilectio）と、その実際的表現ともいうべき謙遜、忍耐、貞潔、節制、寛容さ、憐憫、施し、罪の告白をあげている。そしてさいごに、「説教者に平安、従うものに恩恵、われわれの主イエス・キリストに栄光あれ」と結んでいる。[45]

われわれは、カールが道徳的内容に劣らずあるいはそれ以上に、教理的、思想的内容を強調していることに注目すべきである。それを理解するためには、かれが『一般訓戒』の冒頭において、教会による救霊の使命を自分のものとしたことのほかに、かれがキリスト教会と手を組んだわけは、教会の普遍性、統一性に帝国の精神的、宗教的紐帯としての機能を見ていたことを忘れてはならない。つまりかれが、キリスト教会の信仰、思想の教授とその浸透、統一をめざすのは当然のことであった。しかもカロリング期には、政治的にカロリング帝国と覇権を競う東方教会あるいは東ローマ帝国との間に、キリスト教信仰の根源とも言うべき三位一体つまり聖霊の発出（Filioque）について、またカールがあれほど統一に腐心したキリスト教典礼について、聖画像の崇敬をめぐる論争があったことも忘れてはならない。

こうしたカールの意向を汲んだフランクフルトの宗教会議（七九四年）は、三位一体への信仰、「主の祈り」、「使徒信経」について説教するように求めている。それによると、説教者は、すべての信徒が「使徒信経」、「主の祈り」の内容について理解を深め、それを暗記するようになるまで説教しなければならない。[46] オルレアンの司教テオドゥルフは、八〇九年の『司祭に対する勧告』（Capitula de presbyteris admonendis）において、老若男女、すべての俗人がこれらの祈りを司祭のまえで暗誦するように命じ、司教たちは、各地の宗教会議において規定としてこれを取り入れている。[47] それに加えてかれは、「聖書を知っている説教者は聖書について説教し、聖書を知らないものは、少なくとも民衆が熟知しておくべきことつまり『悪から遠ざかり、善をなし、平和を求めること……』を教えなければならない」と述べているが、[48] しかし現実には、聖書にもとづく信仰、祈り、とくに道徳が説教の内容であった。

説教の内容でさいごに指摘しておきたいことは、説教において提示される俗人キリスト教徒の理想である。以上の説明からも明らかなように、『一般訓戒』の指示にもかかわらず、民衆教育の実際の内容は教理よりも道徳、それも積極的徳目よりも消極的、実践すべきことよりも避けるべきことの方が大半であった。しかも、世俗に暮らしながら世俗を逃避せざるをえないような理想は、世俗から離脱し神のことに専念する修道者の理想を思わせる。説教にたずさわるほとんどの司祭とくに司教は修道者で、かれらは自分たちの理想をいわば小型化しあるいは多少とも妥協的な形で俗人に示したにすぎない。修道者、聖職者から見た俗人は、人間的弱さと妥協し、妻をめとり、財を蓄える、一等低い人々と見なされていたからである。宗教的に階層化された中世社会において、説教者が民衆に対し、世俗において生きる俗人固有のキリスト教的理想像を示しえなかったとしても不思議ではない。また矛盾とは言わないまでも、きわめて実行困難なキリスト教的生活を強いられた民衆が、その教育の実をあげることはきわめて困難なことであったと言えよう(49)。

三　説教の方法

さいごに、当時の説教者はどのような方法を用いたのであろうか。ここでとくに注目されるのは、説教の言語と「ホミリア集」(homiliare) である。まず言語について。教養人の貴族を相手にしていた五、六世紀の説教者のなかには、古代の雄弁家に劣らぬ修辞法を用いて説教し、聴衆の拍手喝采を誘うものもあった。しかし貴族の教養が低下し、とくに教会が民衆の教化を重視する段になると、説教者も方法を変える必要がある。先にあげたクロデガングは、信徒の年齢、性別、身分に留意すべきことはもちろん、とくにかれらの理解する言語を使用するように命じている。ヴェズル（Vesoul）の写本にある司教区規定第一二条には、司祭による日曜日の説教の内容と方法が詳述されているが、それによると、「教会において公に説教する司祭は、民衆が理解しないようなことばで教えてはならない」[50]。またリヨンの司教アゴバルド（Agobard 七七九年以前―八四〇）は、かれの司教区内では聴衆の反応から推測して、俗語で説教するものがいたことを示唆している。[51] 説教の言語について明確に指摘しているのは、アルクインの弟子ラバヌス・マウルス（Rabanus Maurus 七八〇頃―八五六）である。かれは民衆に対する説教の仕方について、つぎのように勧めている。「民衆に対しては、率直に話すべきである……。教えるものは、教えを伝えないようなことばはすべて避けなければならない。もしそうした話し方に代えて、別に正しいと言えるものがあれば、むしろそれを選ぶべきである。しかし、そのようなことばが存在しないか、思い付かない場合、内容をよく表明し理解させるものであるならば、それほど正確なことばでなくとも、それを用いるがよい」[52]。さいごに、俗語による説教が普及したとはいえ、概して、ラテン文化が早くから浸透しガロ・ロマンの貴族が長く生き延びたガリア南部では、ラテン化のおそかったガリア北部よりもラテン語の勢力が強かった。[53]
なお、俗語による大衆の宗教教育は、俗語による知識人の文学教育とは無関係ではないことも付記しておきたい。[54]

先のラバヌス・マウルスの勧告は、聖職者（説教者）の基礎教養として修辞学を取り上げるなかで述べられたもので、そこには、学問、行政におけるラテン語・レトリックと民衆教育における俗語・レトリックとの乖離が明示されている。当時すでに、抗しがたいほどにラテン語が衰退し俗語が普及していたということである。実際、カロリング帝国内では種々の俗語が用いられていた。一方、帝国内に住む諸民族間の交流、教会や帝国の行政には文書や行政の用語であるラテン語の使用が普通であったが、ラテン語と俗語の双方を用いる場合（メッスのクロデガングの例）もあった。そのため、ラテン語には種々の俗語の要素が混入し、カール大帝は、従来、教会の行政や典礼に使用されてきたラテン語を純粋なことばに戻そうと努めたが（本書第三章参照）、それはむしろ、ラテン語とロマンス諸語との乖離をいよいよ明白にし促進したのであった。八一三年のトゥールの宗教会議は、「司教たちは、説教の内容を人々に理解させるため、粗野なローマのことば（rustica romana lingua ロマンス語）あるいはチュートン語（theotisca）に通訳しなければならない」[55]と規定している。カール大帝自身も、ラテン語の再興を期する一方で、ゲルマン語に一定の基準をもたせるため文法書の著述を手がけ、また八〇〇年頃には、ゲルマンの古い歌を収集させ、俗語による文学の振興と、ひいては民衆向けの宗教教育に手を貸している。

説教の方法で特記すべきもうひとつの点は、「ホミリア集」の利用である。説教を課されたすべての説教者とくに田舎の司祭が、必要な知識と能弁を持ち合わせていたわけではない。先述したように、司教が説教を独占しようとしたのも、司祭たちの能力不足が理由のひとつであったことは容易に推測される。クロデガングは説教者（司教座教会参事会会員）に試験を課したが、これも説教者としての適性を確認するためであった[56]。

こうした欠陥に対応するため、自分で説教を作成しえないものはより学のあるものに書いてもらい、それを読み上げていた。またあるものは、これがより多数派であったが、「ホミリア集」に頼った。「ホミリア」（homilia）とは、公式の場で朗読される聖書について、談話あるいは説教の形でなされる注釈のことである。もともと原始教会がユダヤ人会堂の慣習を取り入れたもので、キリスト自身、シナゴーグで旧約聖書を手渡され、その一節を読み、それについて注釈を加えたし（「ルカによる福音書」四、一六―二〇参照）、聖パウロとバルナバもアレクサンドリアで同様にしている（「使徒言行録」一三、一五以下参照）。それが、初代教会のユスティヌス、イレナエウス、オリゲネスなどへ受け継がれ、とくにアンブロシウス、ヒエロニムス、アウグスティヌスにおいて多数、見受けられた。こうした注釈あるいは講解を、ギリシア人は「ホミリア」（ὁμιλία）と呼び、ラテン人は、tractus, sermoと呼んでいる。そして歴代の教会は、説教のため、あるいは典礼における朗読、個人の霊的読書のために、一年の日曜、祝日の順に合わせて集成し、こうした動きは、「秘跡書」と同じく五世紀以降盛んになっていったが、これが「ホミリア集」である。[57]

ガリアでは、すでにアルルのカエサリウスが、配下の司教、司祭たちに自分の「ホミリア」を送り、同時に、自分の「ホミリア」に加えてアンブロシウス、ヒエロニムス、とくにアウグスティヌスの「ホミリア」を集めて編纂し、流布させた。[58]以後、「ホミリア集」は、歴代の教会において多用されて来たが、とくに知的水準の低かったカロリングの聖職者たちにとり、最高の道具であった。例をあげると、カールは、説教者の教範とすべき「ホミリア集」の編纂をパウルス・ディアコヌス（Paulus Diaconus 七二〇頃―七八〇）に依頼したが、それは、全体から見ると、ミサ中の書簡よりもむしろ福音に関する教父たちの説明を寄せ集めひとつの詞華選となっている。またラバヌス・マウルスは、ケルンの大司教アイストゥルフ（Aistulphus 在職八一四―八二六）の求めに応じて『民衆への説教』（Ad praedicandum populo）という「ホミリア集」を編集したが、そこでかれは、アルルのカエサリウス（Caesarius 四六九年頃―五四二）から大部分をとり、それにアウグスティヌス、大グレゴリウス、ベダの「ホミリア」を加え、その他、種々の聖人伝から取り入れている。[59]

なお「ホミリア集」は、単に説教の代用としての役割をもつだけでなく、説教者による教えの歪曲を予防するのに役立った。カール大帝は『一般訓戒』において、司祭は聖書にもとづいて正しいことを説教すべきであり、自分の好みに従い、新奇なこと、宗教規定に反することを創作したり話したりしてはならないと戒め、聖書にもとづいて教えるように求めたが、「ホミリア」はまさにこの条件を満たすものであった。[60]

たしかに、「ホミリア集」はカロリング期固有のものではないが、しかし当時の信心、説教の必要からそれが大量に生産され普及していたことはたしかで、八世紀と九世紀の「ホミリア集」の写本が数百点、現存する。司教、司祭はみな、蔵書のなかに「ホミリア集」をもっていなければならず、ヒンクマール（Hincmar 八〇六―八八二）は、司教区内の司祭たちに、大グレゴリウスの福音書説教（ホミリア）を四〇編は所有するように勧めたと言われる。(61) 無教養に近い一般の司祭が聖書注解の名著をどれだけ収集し利用できたか大いに疑問ではあるが。

Ⅳ　聖画像による民衆の宗教教育

一　聖画像破壊論争

典礼の通常の場は教会の建物であり、キリスト教徒は金銀、財宝を投げ出して、これを装飾してきた。したがって教会には建築の美、壮大さもあるが、ここで注目したいのは教会内部の装飾とくに聖画像である。(62) 聖画像は、古来、知識人にとっては神とその救いのわざの記念として、民衆には「無言の説教」として重宝される一方、偶像崇拝を恐れるユダヤ、イスラムの影響のもとに、神人キリストの神性の否定につながるとしてこれに反対するものもいた。こうした相反する実践と非難は、それがカロリング期において東西を二分する政治的、宗教的大論争に発展し、聖像画に対するカロリング教会の態度を決定づけただけに、ここでその略史にふれておこう。(63)

聖画像の問題は、政治的、経済的、宗教的諸問題を背景に、アジアの一部の司教たちが聖画像は偶像崇拝につながるとして、聖画像を排斥したことによって顕在化した（七二六年以降）。皇帝レオ三世（Leo Ⅲ 在位七一七―

七四二）はかれらを支持して聖画像禁止令を公布し、歴代の皇帝もその路線を継承し宗教会議などをもってその徹底化を図った。

一方ビザンツとの間に、聖画像問題を含む多くの神学的、政治的問題を抱えていた教皇パウルス一世（Paulus I 在位七五七―七六七）は、その決着をつけるため、まだ明確な態度を示さずにいた西方の実力者フランクを味方に引き入れようとした。そのため、七六七年の復活祭に、ジャンティー（Gentilly）の王宮で司教区会議（synode）が開催され、東西の教会間に懸案となっていた「三位一体（キリスト養子説と聖霊の発出（filioque）の問題）」と、「キリストと聖人たちの聖画像の問題」について、フランクとビザンツの神学者の間で論争が戦わされた。その委細については不明であるが、ただ、フランクの聖職者のうち少なくとも若干のものは、ビザンツの聖画像破壊説に惹かれていたようである。というのは、七六九年のラテランの宗教会議では、聖画像破壊説を断罪するまでにはいくつもの会合（sessions）を重ねる必要があったし、実際、フランクの司教たちが断罪を決定したのは、東方における聖画像破壊説に反対するパウロ一世教皇あてのエルサレムの総司教の書簡に接し、東方でも聖画像破壊説に反対するものがいることを知ってからであった。

一方、ビザンツ皇帝コンスタンティヌス六世（Constantinus VI 在位七八〇―七九七）の母后で摂政のイレネ（Irene 七五二―八〇三）は、それまでのビザンツ権力との訣別を明らかにするため、聖画像禁止令を撤回し、みずから帝位についてからは聖画像崇敬を推進し、七八七年、この問題に終止符を打つため、ハドリアヌス一世教皇（Hadrinus I 在位七七二―七九五）に宗教会議の開催を告げ、それは、同年九月、第二ニケア宗教会議として開催された。そして翌十月、二二のカノンが教皇に届けられ、教皇はそれをカール大帝に送っている。このカノンでは、聖画像崇敬の意味と正当性が強調され、聖画像に対しては *λατρεία*（礼拝）ではなく *προσκύνησις*（崇敬）

を捧げるとしていたが、不幸にして、西方教会ではギリシア学者は少なく、後者の語を本来の意味の「崇敬」（**veneratio**）ではなく、「礼拝」（**adoratio**）と誤解した。(64)

こうした誤解に立ってカール大帝はこのカノンに応えるため、オルレアンの司教テオドゥルフに命じていわゆる『カールの書』（**Libri Carolini**）を書かせ、聖画像の礼拝は罪であり、聖画像を神聖化し、これに献香することは冒瀆であると、当然の批難を加えた。かれによると、聖画像は装飾的価値はあるが宗教的価値はない。これを宗教的教授に利用するならば、それを宗教的画像として特定し、その内容を説明する「説明文」（**titulus**）を付けるべきである。(65)

なお、カールは七九四年、フランクフルトの宗教会議の開催を決定し、正式に、いわゆる「聖画像の礼拝」（ギリシア語の **proskunesis** を誤解したまま）を断罪し、その決定を伝える使節を教皇に送ったが、ハドリアヌス一世は、フランクの司教たちの論理に対してニケア宗教会議の決定を擁護しようとした。かれの後継者レオ三世（**Leo III**　在位七九五―八一六）は、カールに帝冠を与えたが（八〇〇年）、これは、従来の宗教上の紛争に加えて東西間に重大な政治的紛糾をもたらし、東西両教会の分裂は決定的となった。それらの諸問題が決着したのは八一二年のことで、その二年後カールは死去し、ビザンツではレオ五世皇帝（**Leo V**　在位八一三―八二〇）が聖画像破壊政策を復興させた。

その後、かれの後継者ミカエル二世（**Michael II**　在位八二〇―八二九）は、教皇との和解を求めてフランクの仲介を依頼した。カール大帝の後継者ルートヴィヒ敬虔王（**Ludwig I**　在位八一四―八四〇）は、父王の思想を継承していたが、教皇エウゲニウス二世（**Eugenius II**　在位八二四―八二七）を説得できず、八二五年、パリに宗教会議を招集した。そこで活躍したのは、メッスのアマラリウス（**Amalarius**　七七五頃―八五〇／八五三）、オルレアンのヨナス（Jonas）、リジューのフレクルフ（Freculphe 八五〇頃没）であった。これらフランクの神学者たちは、聖画像は宗教的儀式の対象とすべきではないとしながらも、聖画像は「知識人にとっては敬虔な愛の記念であり、無知なものにとっては愛を学ぶ手段である」として、聖画像のもつ教育的価値には注目している。(66) その後ルートヴィヒは、その治世の混乱から聖画像問題にかかわる余裕もなく、一方、東方ではルートヴィヒの死から三年後の八四三年、ミカエル三世（Michael III 八四二―八六六）の母后にして摂政であったテオドラは、総司教メトドゥスとともに宗教的儀式への聖画像の導入を決定し、以後、ビザンツと教皇は和解した。

二　聖画像による宗教教育

奇異に思われるかもしれないが、東西間の聖画像論争は、西方カロリングの典礼に対し予想されるような影響は与えていない。聖画像に対する西方教会の態度は、つねに不変であった。規模の大小にかかわらず、カロリングの教会は多種多様な絵画をもって飾られ、それには、キリスト、マリア、使徒、聖人、君主、恩人（教会の寄進者）などの人物画があり、古代の西方キリスト教世界と同じくカロリング帝国全体においても崇敬され、宗教教育に利用されていた。(67)

ワラフリド・ストラボ（Walafrid Strabo 八〇八／〇九―八四九）は、聖書の朗読はもちろん、説教を聴いても信心を起こしえないような無学なものも、キリストの受難や奇跡の絵を見て感動し深く帰依するようになると言い、「したがって、聖画像は所有しまた愛用すべきであり、聖画像に対する不敬は、その原型となっているものに対する侮辱になる……。一方、過度の崇敬をもって信仰の健全さを傷つけることのないように、また物体的なものに対する度外れの尊敬が霊的な内容の観想を妨げることのないように」と注意を促している。(68) またオルレアンのヨナスは、聖画像も聖遺物も認めようとしなかったイタリアのクラウドゥス（Claudus）に反対して、聖画像のもつ教育的価値を認め、聖画像の利用を公的に容認した大グレゴリウスの教えを繰り返している。それによると、アテネで説教した聖パウロは、この都市が偶像に満ち溢れているのを見てもそれを破壊しようとはせず、むしろそれを手がかりに真の神の礼拝に導こうとした。(69)

では、カロリング期にはどのような宗教的絵画があったのか。当時の教会の装飾については、これまで文学をとおして推測され評価されがちであったが、数少ない最近の発見は、詩人による画像の文学的描写を実見によって修正する機会を与えてくれた。一例をあげると、ミュンスターのザンクト・ヨハンネス教会には、九世紀の壁画がほぼ完全な形で残されている。これを描いた絵師は、壁全体に、新・旧約聖書全体を描き出そうとしている。かれは、写本を一枚ずつ並列するような形で八二の真四角の枠を設け、それぞれに聖書の場景を描き分けている。そのうち二〇の枠には旧約聖書の内容が、残りの六二の枠には福音書の内容が描かれ、それぞれの枠は、見る人の心理に強く働きかけることを意図して配置されている。たとえば、教会の出入り口の壁には世界の終末における裁きの場景があり、教会を退出する民衆はこの絵を目にし今後の生活を改めるのであった。また教会内部の正面に目を上げると、そこには昇天するキリストの姿があり典礼に参加するものの心を天上に運ぶのであった。

この壁画に教育的な意図が込められていることは、つぎの諸点にも明らかである。人物の描写では、それがだれかすぐに分かるようにそれぞれの特徴を強調し、場景を描写するにしても、その様式を一定化することによって、たとえその構図が縮小され省略された部分があったとしても、その場景のもつ意味をはっきりと把握できるように描かれている。なお、当時の法的規定や説教では旧約聖書が重視されがちであったのに対して、ミュンスターの壁画は、福音書の主題に重きをおいていることに注目したい。より大胆な言い方をするならば、この教会の絵画は、キリスト中心であると言える。この教会を訪れる信徒は、自然にまた直接に、キリストによる「救いの歴史」の主要な場面を学び、自分の宗教的知識を補うことができたと思われる。

似たような絵画は、カロリングの詩人黒髪のエルモルド（Ermold Niger 九世紀）が伝えるインゲルハイムのバシリカ――ルートヴィヒ敬虔王が宮廷聖堂として用いた――にもあった。そこでは、内陣の左側の壁には旧約聖書――人祖の創造、誘惑、堕罪など――とくに「創世記」、「出エジプト記」から取られた主題が描かれ、右側には、新約聖書から取り出したキリストの生涯の主要な出来事がほとんど網羅されている(70)。

おわりに

以上、カロリングの文教政策における民衆の宗教教育について概観してきた。この文教政策は政教一体の体制のなかで進められたものであるが、それは果たして成功したのであろうか。たしかに、聖・俗の指導者が幾度となく民衆教育に関する指示を繰り返していることから見て、期待したほどの成果が得られなかったことは明らかである。その理由のひとつは、民衆を教育すべき聖職者とくに司祭の知的、道徳的レベルの低さにある。カール大帝は、多くの勅令、回章、巡察使などをもって聖職者の教育を奨励し、各地方の宗教会議、司教区会議もこれを受けてその具体化に努めたが、十分な成果は得られなかった。

民衆教育遅滞の理由は、聖職者による教え自体の内容、視点のずれにもある。民衆教育に携わった修道者、聖職者は、世俗に暮らす俗人に対し俗人固有の理想を考案し提示する代わりに、修道者の生活形態を模写し縮小した理想しか案出しえなかったのである。かれらが俗人のための的確な理想を創出しえなかったことは、近代に至るまで、キリスト教教育に大きく影を落とすことになる。

このように、目立った成果のなかったカロリング期の民衆教育も、その後の歴史の展開に照らしてみると、それなりの過渡的役割を果たしている。そのうち、二点だけを指摘しておきたい。ひとつは、幼児洗礼の普及に伴い、親、代父母――かれらがなんらかの理由で履行不可能な場合は司祭――による教育義務が強調されて来たが、その教育が遅滞するなかで、従来の司教座教会付属学校、修道院学校、司祭学校――いずれも聖職者、修道者の育成を主目的としたが――の伝統を延長し拡大する形で、散発的ではあるが、庶民、民衆を対象とする小教区中心の学校教育が考案されていったことである(71)。

第二の点は、カロリング期の説教のために、古代教父たちの多数の「ホミリア集」が筆写され多用されたことである。説教者たちは「ホミリア集」の利用において、その内容を摂取しただけでなく、古代教父たちが精通し駆使していた古代の修辞学、弁証論を意識しはじめている。これはすでに、アルクインの著作、書簡にも認められるが、とくにラバヌス・マウルスの『聖職者の教育』(De institutione clericorum)をはじめとする次世代の学者たちの著作、説教に強く反映されている。こうしてカロリング期の説教者たちは、「一二世紀ルネッサンス」における修辞学、弁証論の復興への一里塚となったと言えよう。

あとがき

本書は、西欧中世教育史を専攻する著者が大学紀要その他に発表した試論に加筆し、一書にまとめたものである。まとめたとは言っても通史的に総括したものではなく、各章は初出時と同じく独立した形をとり、むしろ一書に集めたと言った方が正しい。著者があえて、未完成とも見えるこの形式で本書を公刊したのは、大方の通史的な研究において大雑把にまとめられがちな自由学芸が、ギリシア・ローマの世界からゲルマン人の社会に移植されることによってどのように変容し、同時に中世の人々にどのような知的変化をもたらしたのか、世代ごとに、それぞれの時代背景のなかで具体的に考察し、ひいては自由学芸が代表する古代文化、教養の変容を浮き彫りにしたいからであった。

中世最初のローマ人カッシオドルスはその自由学芸論において、自由学芸に関する古代の主要な書を列挙しているが、それはまだいくらか学校教育が残存し活躍していたとは言え、すでに古代の自由学芸学習が衰退し、書籍に負うことが多かったことを示している。一方かれは、自由学芸を聖書注解という新時代の需要に結びつけることによって自由学芸の実質的な要素を維持し、知的活動に無縁であったゲルマン世界に自由学芸を移植し、存続させることになった。さらにかれは、自由学芸を聖書注解の基礎教養として修道生活に組織的に導入することによって、中世以降のゲルマン的、キリスト教的世界における自由学芸の市民権を確保したのであった。アルクインなどカロリング期の修道者がカッシオドルスの自由学芸論に絶大な信頼をよせ、それを引用し取り入れたのは、カッシオドルスによる自由学芸学習と修道生活との結合に安心すると同時に、カッシオドルスが列挙する古代の著者を目にすることによって、かれの自由学芸が正真正銘の自由学芸の系譜につながることを知ったからである。

つぎに、かれから一世代あとのイシドルスは、新生の西ゴート王国が政治、宗教、社会、文化において再組織されるなかで、自由学芸を知的文化の基礎として位置づけ、当時の知識人に提示している。たしかにかれの自由学芸論は、カッシオドルスのそれと同じく一応、知的体系は備えつつもその知的水準は低く、専門的というよりむしろ百科全書的な初歩的知識の寄せ集めといった印象があり、古代の自由学芸はイシドルスにおいてゲルマン民族の知的水準にまで衰退したとも言える。しかしかれの『語源誌』は、「メロビングの暗黒」から脱出し新たな知的発展を目指すカロリング知識人の知的水準に適合した書として多用され、「カロリング・ルネサンス」の一出発点となっている。

カール大帝は西欧の著名な知識人を宮廷に集め、また多くの勅書、回章をもって教育の振興を図り、学校の開設を求めたが、それは、聖書を理解し、典礼を正しく執行しうるだけの知識を有する聖職者、修道者を育成し、かれらによる民衆の教化をもって政教一体の帝国の確立をめざすものであった。それを受けて、カロリング期の知識人たちとくにアルクインは、アウグスティヌス、カッシオドルス、イシドルスその他の聖書注解書と基礎教養としての自由学芸を、当時の聖職者の知的水準と需要に合せて取捨選択し、収集したのであった。

一方カールの文教政策は、単に宗教的意図のもとに実施されたものではない。カールがめざしていたのは、民衆の救済と同時に、東ローマ帝国に対抗しうるだけの宗教的、政治的機構を創出することでもあった。かれは古代ローマの法治制度の復活をめざし、そのために必要な基礎教養、専門教育を奨励した。そうしたかれの意図を反映しているのが、文教政策に直接に関与したアルクインの自由学芸観であり、その後継者ラバヌスのそれである。こうしたアルクインの自由学芸観は、カール大帝に対する修辞学、弁証論の教授において顕著である。かれは、為政者カールの知的需要に合わせて、政教両面にわたる問題の把握と解決方法を提示し、こうして本来、修辞学、弁証論が果たしてきた政治的機能の復活を狙っている。またラバヌスは、アウグスティヌス、大グレゴリウスの説教術を引き写しながらも、説教作成を具体的に述べるなかで、従来のことば中心の修辞学を次世代の書簡術、文書作成術へと大きく実用化し、新たな発展を準備している。

こうした知的関心と視点があったからこそ、自由学芸は、カロリング期につづく一〇世紀の「鉄の世紀」においてもそれ以前のメロビング期の水準に陥ることなく、むしろその危機を乗り越え、都市生活、経済生活の活発化とともにそこに新たな知的需要を見て取り、カロリング期が収集し貯えた過去の知的遺産をもとに新たな知的発展をもたらすことができたのである。こうして「カロリング・ルネサンス」は、いわゆる「一二世紀ルネサンス」の先駆となりえたのである。

第一部では、政教一体のカロリング帝国を支えた聖職者、修道者の知的活動という視点から述べたが、第二部では、かれらに教導された信徒の姿を見ることにした。一般の歴史書における大衆の宗教教育は、信徒の住む社会の風俗、生活態度といった負の視点から取り上げられがちであるが、教育学を専攻する著者としては、そうした一般の受け留め方には不満が残る。いかにも、教えるためには学習者の現状を知る必要があるが、それは単なる出発点であり教育内容、方法を規定する一要因にすぎない。教育と言うとき、まず教育者に必要なことは、人間の本性、能力にもとづく教育理念、方法といった正の要素であろう。中世におけるキリスト教的人間観と教育理念をもっともよく示してくれるのはオルレアンのヨナスの教育論である。かれの人間観は、人は秘跡によってキリストに合体し、神の子としての尊厳、能力、適性をもつという崇高なものであるが、しかし実際の生活の場については世俗に生きる信徒の視点が欠如している。信徒にとって本質的な要素である世俗は悪にまみれたもの、そこから脱出すべき罪の機会の多い世界として示され、世俗の善さや長所、救いに必要かつ不可欠な要素としての世俗といった考えは見えにくい。

これに対して、教育理念のなかに世俗的要素を取り入れ、世俗を正当に評価しようとしているのは、ドゥオダの『鑑』である。そこには、世俗に住み、世俗を知り尽くした教養人による世俗中心の人間観が垣間見られる。かの女が育て上げようとする子どもは、はっきりと世俗のなかに位置づけられている。子どもは、自分が生きる世俗的環境つまりその職業、地位、親族関係などを重視し、それに即して成長していくべきである。ただ、実際の生き方となると、それはかの女自身が聖職者、修道者から学んだ生き方つまり教育方法であり、その点、かの女は時代の制約を超えることはできないでいる。

第二部第三章の大衆の宗教教育の方法について言うと、初期中世における民衆の読み書きといった知的教育制度などありえず、したがって視聴覚に訴える教育方法がとくに目につく。しかし典礼における歌唱に一般の信徒はどこまで積極的に参加することができたのか。また聖画像は、教室における掛け図や黒板の役割を果したのであろうが、これも、その説明が必要であることは、歴代の教父、またアルクインのような中世の知識人も指摘してきたことである。

なお宗教教育の内容については、従来、道徳中心であったと言われてきたが、しかし民衆を納得させ確信をもたせるための教理的、理論的内容も提示されていたことを忘れてはならない。それは、ヨナスの教育論、またカール大帝の『一般訓戒』に明らかである。しかし民衆の宗教教育にたずさわる聖職者は、自由学芸でいうなら、せいぜい文法学、修辞学の初歩的修得が精一杯で、宗教的内容の教理的、理論的説明を可能にする弁証論の修得までには至っていない。そのためかれらは、自分とは異なる環境に生きる信徒を理解し、これに適合する理念、方法を創出するまでにいかなかったようである。俗人中心の教育理念、人間観、方法をもつには、少なくとも人間理性の自律性に目覚める「一二世紀ルネサンス」と一三世紀、さらに、「一五、一六世紀ルネサンス」を待たねばならない。「カロリング・ルネサンス」はその準備段階にある。

さいごになったが、出版事業ますます多難なおり、アカデミズムの理念のもとに本書をあえて取り上げ、出版を決意された知泉書館の小山光夫社長に対し、また、原稿の整理、推敲に対応していただいた高野文子氏に心からお礼を申し上げたい。

平成一九年二月

岩村　清太

岩村 清太（いわむら・きよた）

広島大学大学院教育学研究科博士課程後期中退
大東文化大学名誉教授
〔主要著書〕『アウグスティヌスにおける教育』（創文社，2001年）．『教育原理』（共著，共同出版，1982年）．『教育思想史』（第2巻，共著，東洋館出版社，1984年）．『西洋教育史』（共著，福村出版，1994年）
〔主要訳書〕P. リシェ著『ヨーロッパ成立期の学校教育と教養』（知泉書館，2002年），同『中世の生活文化誌』（東洋館出版社，1992年），同『中世における教育・文化』（同上，1988年）．H. -I. マルー著『古代教育文化史』（共訳，岩波書店，1985年）

〔ヨーロッパ中世の自由学芸と教育〕 ISBN978-4-86285-011-9

2007年5月20日 第1刷印刷
2007年5月25日 第1刷発行

著 者 岩 村 清 太
発行者 小 山 光 夫
製 版 野口ビリケン堂

発行所 〒113-0033 東京都文京区本郷1-13-2
電話 03（3814）6161 振替 00120-6-117170
http://www.chisen.co.jp
株式会社 知 泉 書 館

Printed in Japan 印刷・製本／藤原印刷

人 名 索 引

ア 行

アイギリス Eigil 228, 229
アインハルト Einhard 150, 226, 355
アヴィトゥス Avitus 143
アウグスティヌス（ヒッポの）
A. Augustinus Hipponensis v, vi, 5, 6, 10, 15, 18-20, 23, 33, 34, 36-39, 44-46, 62, 66-68, 70-77, 79, 80, 82, 85, 86, 88-90, 93, 96-99, 101-03, 105, 109, 111, 113, 115-22, 126-33, 139, 143, 158, 163, 164, 188, 191, 206-11, 213, 218, 220, 233-35, 237, 239, 241, 244, 246, 250-54, 256-61, 263, 264, 267, 268, 270, 284, 286, 288, 291, 292, 296-99, 305, 308, 311, 322, 323, 343, 346, 349, 354, 367, 368, 370, 379, 390, 391
偽アウグスティヌス Pseudo-Augustinus 80, 87
アウグスティヌス（カンタベリーの）
Augustinus Cantuariensis 140
アウダクス Audax 144
アエルベルト Aelbert 141-45, 147, 153, 183
アガペトゥス教皇 Agapetus 11-14
アカン Akan 280
アギラ Agila 58
アクイラ Aquila 72, 150
アグロエキウス Agroecius 144
アゴバルド Agobard 378
アスクレピアデス Asclepiades 30
アタナシウス Athanasius 143, 340
アタナヒルド Atanagild 56
アダム Adam 63, 367
アタラリック Athalaric 8
アダルハルト Adalhard 149, 155
アダルベルト Adalbert 155
アッティラ Attila 9
アッピウス Appius 75
アド Ado 229
アブサロム Absalom 174, 325
アブラヴィウス Ablavius 9
アブラハム Abraham 47, 107, 248, 327
アプレイウス Apuleius 25, 28, 30, 91
アベル Abel 174
アポロニオス Apollonios 32
アマラスエンタ Amalasuentha 8-10
アマラリウス Amalarius 278, 368, 383
アラトゥス Aratus 116
アラトル Arator 143, 242
アリウス Arius 373
アリストテレス Aristoteles v, 7, 18, 24, 26, 38, 48, 69, 73, 78, 85, 87-89, 115, 116, 119, 121, 126, 143, 157, 173, 188, 190-92
アリピウス Alypius 30
アルキムス Alchimus 242
アルキメデス Arlchimedes 32
アルクイン Alcuin vi, vii, 18, 52, 137-85, 187-97, 200-04, 206-21, 223, 226, 227, 239, 241, 243, 245, 256, 259, 270, 278, 284, 312, 339, 341, 342, 344, 348, 353, 354, 359, 363, 365, 367, 372, 373, 377, 387, 389-92
アルドヘルム Aldhelm 139, 144, 183, 190, 217, 344
アルドリック Aldric 155
アルノ Arn 150, 372
アルノビウス Arnobius 43
アルビヌス Albinus 30, 226, 227
アルファン L. Halphen 360
アルフレド Alfred 229
アンギルベルト Angilbert 149
アントニウス Antonius 149
アンフィオン Amphion 101
アンブロシウス Ambrosius 45, 109, 111, 116, 121, 122, 130, 131, 143, 237, 268, 301, 308, 344, 354, 379
アンブロシウス・アウトペルトゥス
Ambrosius Autpertus 206, 345
アンモニオス・サッカス Ammonios Saccas 18, 48

イサク Isaac 325
イシス Isis 106
イシドルス Isidorus v, vi, 16, 52-63, 65-135, 162, 165, 170, 174-76, 184-89, 191-94, 203, 207, 209, 212, 213, 215, 217, 220, 221, 232, 234, 235, 239, 241, 243, 247, 251, 254, 260, 270, 284, 306, 333, 337, 341, 343, 344, 346, 354, 390
イテリウス Itherius 152, 153
イルデフォンスス Ildefonsus 60
イレナエウス Irenaeus 190, 379
イレネ Irene 359, 382
インノケンティウス一世教皇 Innocentius I 284, 290, 311, 312
ヴァレリウス Valerius 372
ヴァロ M.T. Varro 23, 24, 30, 31, 33, 67, 70, 75, 85, 92, 96, 97, 100, 109, 116, 119-22, 144, 187, 249
ヴァン・ド・ヴィヴァー A. van de Vyver 49
ヴィギリウス教皇 Vigilius 12, 13
ヴィタリアヌス教皇 Vitalianus 139
ヴィッツオ Wizzo 146, 150, 161
ヴィティゲス Witiges 10-12
ウィルヘルムス（ドゥオダの長男） Wilhelmus 317-19, 321, 322, 324, 326-37, 339-43, 346, 351, 352
ウィルヘルムス（ドゥオダの義父） Wilhelmus 316, 317
ヴェルギリウス M. P. Vergilius 88, 104, 116, 120, 121, 143 ,149, 155, 164, 169-71, 202, 208
文法学教師ヴェルギリウス Vergilius Grammaticus 341
エアンバルト一世 Eanbald I 147
エアンバルト二世 Eanbald II 154
エウクレイデス Eukleides 7, 30-32, 91, 98, 99, 116, 119, 124
エウゲニウス一世教皇 Eugenius I 56, 345
エウゲヌウス二世教皇 Eugenius II 383
エウセビウス Eusebius 9, 76, 77, 116, 131, 284
エウタリック Eutharic 9
エウティキウス Eutychius 144
エウティケス Eutyches 144
エウトロピウス Eutropius 56
エグベルト Egbert 138, 140, 141
エセルレッド Ethelred 152
エドゥイン Edwin 140
エフレム Ephraem 11
エリ Eli 301, 325
エリヤ Elijah 93
エリパンドゥス Elipandus 277
エルメネヒルド Ermenegild 57
エルモルド Ermold Niger 278, 386
エンニウス Q. Ennius 72
オヴィディウス P. N. Ovidius 144
オズルフ Osulf 146, 161
オッファ Offa 147, 152, 172
オドアケル Odoacer 13
オトフリート Otfried 229
オドンネル J. J. O' Donnell 35, 36
オプタティアヌス・ポルフィリウス Optatianus Porfyrius 233
オリゲネス A. Origenes 11, 43, 71, 76, 86, 97, 116, 131, 242, 284, 304, 372, 379
オルフェウス Orpheus 30
オロシウス P. Orosius 143

カ　行

カール・マルテル Karl Martel 316
カール大帝 Karl der Grosse vi, vii, 144-54, 171-76, 178, 179, 182, 184, 186, 189, 193-99, 200, 204-07, 210-12, 214, 216 ,217, 219, 223, 225, 243, 259, 261, 277, 278, 281, 299, 316, 323, 328, 345, 348, 351, 355, 357-59, 360-63, 365, 366, 369, 373-76, 378, 380, 382, 383, 390-92
カール禿頭王 Karl der Kahle 280, 281, 299, 312, 317, 318, 322, 327, 329, 355
カイン Cain 101, 174
ガウデンティウス Gaudentius 28, 30, 101
カエサリウス（アルルの） Caesarius

Arelatensis 284, 361, 373, 380
カエサル G. J. Caesar 170
カッシアヌス J. Cassianus 15
カッシオドルス F. M. A. Cassiodorus Senator v, 5-42, 44-53, 55, 65-68, 70-72, 78-81, 84-88, 90-92, 94-97, 99, 100, 102-08, 110-12, 115-24, 126, 128, 131, 132, 144, 158, 162, 163, 170, 173, 175-77, 179, 184-89, 191-94, 203, 207-09, 212, 213, 215, 217-20, 239-43, 247-51, 270, 389, 390
偽カッシオドルス Pseudo-Cassiodorus 99
カトー M. P. Cato Censorinus 342
カドムス Cadmus 19
カペラ Martianus Capella 17, 18, 64, 80, 83, 87, 88, 92, 93, 95, 108, 111, 116, 118, 119, 121, 122, 127, 144, 162, 218
カペル Caper 144
カルロマン Carloman 224, 327
カンディドゥス Candidus 150, 226, 229, 232
キケロ M. T. Cicero 9, 17, 21-23, 26, 37, 73, 78-82, 84-86, 88, 89, 98, 104, 108, 116, 118-20, 123, 124, 126, 128, 129, 134, 143, 169-71, 173, 176, 194, 243, 260, 263, 342
ギセラ Gisela 150, 206
キプリアヌス C. T. Cyprianus 43, 45, 268, 284, 367
キリスト Christus 13, 33, 93, 115, 122, 125, 128, 149, 182, 193, 205, 235, 246, 260, 285, 286, 287, 292, 293, 296, 298, 305, 307, 309-11, 323, 325, 330, 336, 337, 339, 347, 359, 364, 365, 368, 375, 382, 384-86, 392
クインティリアヌス M. F. Quintilianus 22, 54, 68, 74, 78-82, 88, 101, 102, 104, 116, 118, 120, 121, 123, 124, 128-30, 164, 173
クールセル P. Courcelle 49
クセノクラテス Xenokrates 86
クラインクラウツ A. Kleinclausz 154
クラウディアヌス・マメルトゥス Claudianus Mamertus 10, 345
クラウディウス・ドナトゥス Claudius Donatus 114
クラウドゥス Claudus 280, 385
大グレゴリウス教皇 Gregorius I Magnus 58, 59, 63, 72, 103, 117, 118, 130, 143, 163, 206, 218, 219, 233, 235, 237, 262, 268, 284, 295, 300, 303, 305, 343, 346, 363, 374, 380, 384, 391
グレゴリウス（トゥールの）Gregorius Turonensis 355
クレメンス（アレクサンドリアの）Clemens Alexandrinus 29, 43, 76, 100, 148, 242
偽クレメンス Pseudo-Clemens 111, 118
クレメンス・スコトゥス Clemens Scotus 226
クロヴィス Clovis 55, 365
クロデガング Chrodegang 371, 377, 378
グンデマール Gundemar 60
ケオルフリド Ceolfrid 218
ケテグス Cethegus 12, 13
ゲロルド Gerold 281
ケンソリヌス Censorinus 19, 20, 30, 32
ゴデスカルクス Godescalcus 229, 234
コミニアヌス Cominianus 144
ゴルギアス Gorgias 78
コルンバ Columba 150
コンセンティウス Consentius 144

サ 行

サウル Saul 30, 102, 329, 346
サクソ Saxo 161, 167, 169
サケルドス Sacerdos 20, 71, 75
サムエル Samuel 149, 237, 329
サルスティウス C. G. Sallustius 77
シグボルト Sigbold 146
シグルフ Sigulf 146, 155, 171, 206
シセナンド Sisenand 56, 61
シセブート Sisebut 56, 60, 62, 64, 123, 134
シドニウス・アポリナリス Sidonius Apollinaris 54
シンマクス Q. A. Symmachus 202
スヴィンティラ Swinthila 60
スエトニウス T. G. Suetonius 152
スタティウス P. P. Statius 144

ステファヌス Stephanus 43, 260
ストルミウス Strumius 224, 225
スマラグドゥス Smaragdus 344
セヴェルス Severus 56
セドゥリウス C. Sedulius 143, 233, 242
ゼトス Zethos 101
セネカ L. A. Seneca 33, 54, 72, 85
セム Shem 325
セルヴィウス M. H. Servius 71, 74, 96, 104, 105, 109, 110, 113, 114, 121, 144
セルギウス Sergius 144
ソクラテス Sokrates 25
ソゾメノス S. H. Sozomenos 284
ソロモン Solomon 41, 242, 302

タ 行

タキトゥス C. Tacitus 170
ダニエル Daniel 329
ダビデ David 30, 120, 121, 149, 174, 325, 329, 346, 359
ダマスス教皇 Damasus 268
チンダスビント Chindaswinthe 55, 56
ティエリ Thierry 326
小ディオニシウス Dionysius Exiguus 235
ディオメデス Diomedes 75, 103, 144, 163, 164, 232
テイコニウス Tychonius 207
ティロ M. T. Tiro 72
テウディス Theudis 55
テオダハド Theodahad 10
テオドゥルフ Theodulf 147, 278, 312, 361, 374, 376, 383
テオドシウス Theodosius 308
テオドラ Theodora 383
テオドリック Theodoric 7-10, 13, 54, 56
テオドルス Theodorus 139, 217
テルトゥリアヌ Q. S. F. Tertullianus 43, 44, 85, 117, 118, 190, 296
テレンティウス A. P. Terentius 144, 169, 171, 202
ドゥオダ Dhuoda vii, 281, 315-25, 327-329, 331-34, 336-56, 392
トゥッルス・マルケッルス Tullus Marcellus 25, 144
ドゥンガル Dungal 148
ドシテウス Dositheus 193
トティラ Totila 12
ドナトゥス A. Donatus 19, 20, 67, 69-71, 74, 75, 83, 116, 118-20, 144, 161, 162, 165-68, 170, 193, 201, 212, 213, 232, 331, 341, 353
トリテミウス Trithemius 226-228, 232, 236

ナ 行

ニータルト Nithard 282, 317, 355
ニコマコス Nikomachos 28, 91, 92, 94, 95, 100, 103, 119
ノア Noah 9, 325
ノートカー Notker 151, 152, 193

ハ 行

ハイストゥルフス Haistulfus 233, 237, 238
ハイモン Haymon 229, 235
バウグルフス Baugulfus 194, 225, 226
パウリヌス Paulinus 140, 143, 242, 345
パウルス・ディアコヌス Paulus Diaconus 145, 147, 198, 278, 380
(使徒) パウロ Paulus 43, 63, 81, 84, 120, 160, 205, 246, 237, 278, 283, 286, 298, 305, 323, 327, 347, 379, 384
パウルス一世皇帝 Paulus I 381
パウロ一世教皇 Paulus I 382
バシリウス Basilius 33, 34, 143
パスカシウス・ラドベルトゥス Paschasius Radbertus 312, 345
ハット Hatton 225, 231, 232
ハドリアヌス Hadrianus 139, 142, 198, 217, 383
ハドリアヌス一世教皇 Hadrianus I 363, 382
パラエモン R. Palaemon 19
パンテニオス Panthenios 11
ヒエロニムス E. Hieronymus 45, 51, 62, 67,

70, 71, 74, 77, 81, 82, 86, 107, 109, 116-21, 126, 129, 131, 143, 191, 205-08, 235-37, 268, 284, 294, 302, 307, 308, 344, 354, 372, 373, 379
ヒギヌス G. J. Hyginus 109-14, 119, 122, 127
ヒッポナクス Hipponax 76
ヒッポリトゥス Hippolytus 364, 367, 372
ピピン一世 Pippin I 277, 280-82, 362
ピピン二世 Pippin II 317, 318
ピピン三世 Pippin III 198, 199, 358
ヒューグ Hugues 282
ピュタゴラス Pythagoras 7, 27, 28, 68, 91, 93, 101, 102, 116, 119, 121, 127, 213, 248
ヒラリウス Hilarius 45, 143, 268, 323, 344
ヒルドゥイン Hilduin 282
ヒルドゥルフ Hildulf 229
ヒンクマール Hincmar 312, 342, 381
フィロン（アレクサンドリアの） Philo Alexandrinus 76
フーゴ（サン・ヴィクトールの） Hugo de Sancto Victore 52
フェレキュデス Pherekydes 75, 77
フォカス Phocas 19, 20, 144, 162
フォルトゥナティアヌス Fortunatianus 21-23, 75, 78, 81, 83, 173, 183
フォルトゥナトゥス Fortunatus 143, 242
フォンテーヌ J. Fontaine 59, 65, 69, 97, 124, 125
プトレマイオス Ptolemaios 7, 30, 33, 38, 108
ブラウリオ Baraulio 56, 64, 84, 123, 133, 134
プラキドゥス Placidus 109, 110, 122
プラトン Platon v, 11, 18, 37, 84, 86, 89, 96, 98, 115, 119, 127, 134, 157, 159
フランコ Franco 161, 167, 169
プリスキアヌス（カエサリアの） Priscianus Caesariensis 19, 67, 144, 161, 162, 165-68, 170, 193, 201, 212, 213, 232
大プリニウス G. P. S. Plinius 106, 202, 342, 353
プリマシウス Primasius 13
フルゲンティウス G. C. G. Fulgentius 59, 63, 143
プルデンティウス A. C. Prudentius 53, 54, 143, 342, 345, 353
フレクルフ Freculf 229, 238, 269, 278, 384
フレデギス Fredegis 146, 149
プロスペル P. Prosper 9, 143, 233, 234, 284
プロブス Probus 19, 144
フロレンティナ Florentina 58, 59, 63
ベアー R. Beer 35, 49
ベーソン Ch. Beeson 64
ベダ Beda Venerabilis 138-42, 144, 147, 162, 183, 190, 207, 218, 232-35, 237, 284, 294, 303, 304, 310, 312, 367
（使徒）ペトロ Petrus 149, 290, 347
ペトルス（ピサの）Petrus Pistoriensis 147, 150
ペトルス・ロンバルドゥス Petrus Lombardus 63
ベネディクト（ヌルシアの） Benedictus de Nursia 14, 51, 227, 337, 345, 349
ベネディクト（アニアヌの） Benedictus Anianensis 230
ベネディクト・ビスコプ Benedictus Biscop 139, 141, 218
ヘリオドルス Heliodorus 307
ヘリク Heric 229, 345
ベリサリウス Belisarius 12
ベルナルドゥス（ドゥオダの夫） Bernardus 278, 281, 282, 315-19, 326, 327
ベルナルドゥス（ドゥオダの次男） Bernardus 317
ベルナルドゥス・プランタヴェルス Bernardus Plantaverus 318
ヘルマゴラス Hermagoras 78, 80
ヘレヌス Helenus 19
ヘロドトス Herodotos 77
ボエティウス A. M. T. S. Boethius 5, 7, 8, 19, 24-26, 28, 32, 50, 69, 81, 87, 88, 91, 92, 94-97, 107, 116-19, 126, 127, 144, 156, 157, 162, 188, 190, 193, 234
偽ボエティウス Pseudo-Boethius 98
ボニファティウス Bonifatius 140, 224, 225, 359, 364

ホメロス Homeros 76, 83, 116, 134, 149
ホラティウス F. Q. Horatius 120, 144, 169, 171, 202
ポルフィリウス Porphyrius 24, 87, 118, 187
ポンペイウス M. G. Pompeius 64, 74, 75, 116, 144

マ 行

マトフレド Mathfredus 275, 281, 282, 285-87, 306, 308, 311, 345
マリア（キリストの母）Maria 384
マリア（ラザロの姉妹）Maria 255
マリウス・ヴィクトリウス C. Marius Victorinus 12-26, 45, 50, 75, 87, 88, 116, 117, 126, 144, 206
マルカリウス Marcarius 234
マルクルフ Marculf 203
マルタ Martha 255
マルティアリス M. V. Martialis 54
ミーニュ J. P. Migne 283
ミカエル二世 Michael II 383
ミカエル三世 Michael III 384
ムティアヌス Mutianus 28
メトドゥス Methodus 383
メルクリウス Mercurius 105, 110
モーセ Moyses 39, 76, 77, 93, 101, 105, 121, 297, 302, 334, 346
モートランド Maudramnus 205
モデストゥス Modestus 226

ヤ 行

（使徒）ヤコブ Jacob 293, 309, 325, 347
ヤフェト Japhet 325
ユヴェナリス D. J. Juvenalis 74, 106, 169, 171, 202
ユヴェンクス Juvencus 143, 242
ユスティニアヌス Justinianus I 10, 13, 55, 200
ユスティヌス Justinus I 9
ユストゥス Justus 57, 61
ユディト Judith 281, 282, 299
ユニリウス Junilius 13
ユバル Jubal 101, 105
ユピテル Jupiter 31, 41, 101, 248
ヨアンネス（ソールズベリーの）Johannes Salisberiensis 52
ヨシュア Yehosua 33, 359
ヨセフ Joseph 325
ヨセフ スコット Joseph Scot 146
ヨセフス Josephus 27, 43, 47, 76, 107, 242, 248
ヨナス Jonas vii, 275-86, 288-92, 294-312, 345, 368, 392
ヨナタン Jonathan 329
（使徒）ヨハネ Johannes 290, 347
洗者ヨハネ Johannes Baptista 293
ヨハネス・クリュソストモス Johannes Chrysostomos 143, 206, 268, 284, 307, 372
ヨハネス・スコトゥス・エリウゲナ Johannes Scotus Eriugena 214, 312
ヨブ Job 242, 300, 336
ヨルダネス Jordanes 8

ラ 行

ラガナール Raganard 155
ラクタンティウス L. C. F. Lactantius 45, 109, 111, 113, 121, 122, 143, 284
ラトガリウス Ratgarius 226-28
ラバヌス・マウルス Rabanus Maurus vi, 17, 52, 155, 185, 217, 223-41, 243-56, 258-60, 262-65, 267-69, 312, 343, 344, 368, 374, 378, 380, 387, 391
リヴィウス T. T. L. Livius 170
リウトゲル Liutger 146
リキニアヌス Licinianus 56
リクボド Ricbod 150
リクルフ Riculf 149
リシェ P. Riché 141, 346, 355
リシェール Richer 171
リノス Linos 101, 121
リベリウス Liberius 12, 13
ルートヴィヒ・ドイツ王 Ludwich der

Deutsche 230, 231, 235-37, 355
ルートヴィヒ敬虔王 Ludwich der Fromme 146, 230, 277-82, 317, 318, 325, 329, 344, 345, 383, 385
ルカヌス M. A. Lucanus 54, 113, 144
ルクレール J. Leclercq 350
ルクレティウス T.C. Lucretius 170
ルドルフス Rudolfus 232, 236
ルフィヌス Rufinus 97
ルプス Lupus 229, 345
ルル Lull 145, 147
レアンデル Leander 57-60, 63, 130
大レオ教皇 Leo Magnus 143
レオ三世教皇 Leo III 359, 383
レオ一世皇帝 Leo I 381
レオ五世皇帝 Leo V 383
レオビヒルド Leowigild 56, 59
レカレード一世 Reccared I 57
レカレード二世 Reccared II 60
レセスビント Receswinthe 55, 56
ロート F. Lot 117
ロジェ M. Roger 35, 36, 141, 220
ロタール一世 Lothar I 230, 317
ロタール二世 Lothar II 233, 238
ロトルダ Rotrud 150

ワ　行

ワクタンドゥス Wactandus 279
ワラ Wala 281, 282
ワラフリド・ストラボ Wahlafrid Strabo 229, 368, 369, 384
ワルテリウス Walterius 361
ワルドラム Waldramn 155

事 項 索 引

ア 行

カ 行

サ　行

タ　行

ナ　行

ハ　行

マ　行

ヤ　行

ラ　行

ワ　行

文献索引

ア行

『アエネイス』(Aeneis, ヴェルギリウスの)　169, 170
『アエネイス注解』(In Vergilium commentarium ad Aeneida, セルヴィウスの)　104, 105, 109, 113, 114
『悪習と徳の葛藤』(De conflictu vitiorum et virtutum, アンブロシウス・アウトペルトゥスの)　345
『アリストテレスの10の範疇』(Categoriae decem ex Aristotele decerptus, 偽アウグスティヌスの)　87
『アリストテレス範疇論入門』(Isagoge, ポルフィリウスの)　87, 118, 188
『異教徒駁論』(Contra Paganos, アレクサンドリアのクレメンスの)　29
『イシドルス伝』(Vita Isidori, イルデフォンススの)　60
『イシドルスの著作の確認』(Renotatio librorum Isidori, ブラウリオの)　133
『異端論』(De haeresibus, イシドルスの)　63
『一般訓戒』(Admonitio generalis, カール大帝の)　148, 152, 195, 200, 205, 210, 211, 225, 348, 359, 360, 362, 373-77, 380, 392
『一般書簡』(Epistola generalis, カール大帝の)　195, 197, 198, 205, 212, 360
『韻律論』(De metrica ratione, ベダの)　232
『ヴィエンヌの聖デシデリウス伝』(Vita Desiderii Viennensis, イシドルスの)　56
『宇宙の状態について』(De forma mundi, セネカの)　33
『宇宙形状誌』(Cosmographia, プトレマイオスの)　38
『宇宙について』(ラバヌスの『事物の本性』)　232
『エゼキエル書注解』(Commentarium in Ezechielem, 大グレゴリウスの)　72
『円錐曲線論』(Cornica, アポロニオスの)　32
『エンキリディオン』(Enchiridion, アウグスティヌスの)　284, 286, 343
『王道』(Via regia, スマラグドゥスの)　344
『王の教育』(De institutione regia, ヨナスの)　276
『音楽論』(De musica, アウグスティヌスの)　30, 45, 343
『音楽論』(De musica, アルクインの)　192
『音楽入門』(Isagoge, アリピウスの)　30

カ　行

『カール大帝伝』（Vita Caroli Magni, アインハルトの）　197
『カールの命によりアルクインが校訂した朗読文集』（Comes ab Albino ex Caroli imperatoris praecepto emendatus, アルクインの）　199
『カールの書』（Libri Caroli, テオドゥルフの）　383
『会則』（Regula, ベネディクトの）　14,337, 345, 349
『鑑』（Manuale, ドゥオダの）　vii, 315, 316, 318-21, 333, 334, 339, 341-43, 345, 346, 348, 351-55, 392
『学芸論』（Didascalicon, サン・ヴィクトールのフーゴの）　65
『学問の振興』（De litteris colendis, カール大帝の）　148, 194, 199, 202, 204, 207, 211, 225, 348, 360
『仮言的三段論法』（De syllogismis hypotheticis, マリウス・ヴィクトリヌスの）　25
『カトリックの信仰についてユダヤ人を駁す』（De fide catholica contra Judaeos, イシドルスの）　63, 344
『神の国』（De civitate Dei, アウグスティヌスの）　75, 86, 93, 105, 120, 127, 267, 323, 343, 346
『神の怒り』（De ira Dei, ラクタンティウスの）　111
『ガリア戦記』（De bello gallico, カエサルの）　170
『カロルス大帝業績録』（De gestis Caroli Magni, ノートカーの）　151
『勧告書』（Liber exhortationis, アクイレイアのパウリヌスの）　345
『幾何学原論』（Elementa, エウクレイデスの）　32, 91, 98, 99
『幾何学原理』（Principia geometricae disciplinae, 偽カッシオドルスの）　99
『幾何学』（De geometria, ヴァロの）　33
『幾何学』（Ars geometriae, 偽ボエティウスの）　98
『キケロの修辞学注解』（Expositiones in Ciceronis rhetoricam, ヴィクトリヌスの）　22
『規則の書』（Liber regularum, ティコニウスの）　207
『祈祷小本』（Libelli precum, アルクインの）　198
『救霊予定について』（De praedestinatione, アウグスティヌスの）　234
『教範』（Institutiones divinarum et saecularium, カッシオドルスの）　7, 13, 14, 18, 34, 36, 38, 42, 44, 45, 48, 50-52, 65-67, 71, 78, 80, 83, 84, 87, 94, 104, 106, 107, 111, 185, 247, 249, 250　→『聖・俗学教範』
『教会財産の掠奪を禁ず』（De rebus ecclesiasticis non invadendis, ヨナスの）　279, 280
『教会の役務』（De officiis ecclesiasticis, イシドルスの）　63, 71, 105, 125, 284, 306
『キリスト教の教え』（De doctrina christiana, アウグスティヌスの）　6, 33, 37, 39, 46, 72-75, 79, 80, 82, 103, 120-22, 126-29, 131, 132, 139, 163, 191, 211, 241, 244, 246, 248, 250, 256-58, 260, 263, 264,267
『寓意論』（Allegoriae, イシドルスの）　63
『クレスコニウスを駁す』（Ad Cresconium grammaticum partis Donati, アウグスティヌスの）　343
『グレゴリウス秘跡書』（Sacramentum Gregorianum）　198

『グンデマールの勅令』（Decretum Gundemari） 60
『形象詩』（Carmina figura, オプタティアヌス・ポリュフュリオスの） 233
『結婚の善』（De bono conjugali, アウグスティヌスの） 284, 343
『ゲラシウス秘跡書』（Sacramentum Gelasianum） 198, 363
『堅忍の賜物』（De dono perseverantiae, アウグスティヌスの） 234
『語彙集』（Glossarium, プラキドゥスの） 109, 110, 199
『構想論』（De inventione, キケロの） 22, 23, 80, 123, 173, 175, 184
『皇帝伝』（De vita Caesarum, スエトニウスの） 152
『ゴート史』 （De origine, カッシオドルスの） 8
『ゴート史』（Historia Gothorum, イシドルスの） 56, 60, 62
『護教論』（Aplogeticum, クラウドゥスの） 280
『告白』（Confessiones, アウグスティヌスの） 102, 127, 130, 261
『語源誌』（Etymologiae（Origines）, イシドルスの） vi, 53, 61, 62, 64-68, 72, 77, 81, 83, 84, 87, 89, 91, 93, 97, 99, 106, 112-14, 116-19, 122-25, 131-35, 174, 184-86, 221, 232, 234-36, 247, 251, 254, 284, 333, 337, 341, 343, 344, 346, 353, 390
『個人用ミサ典書』（Liber sacramentorum, アルクインの） 198
『ことばとことば、事物と事物の相違』（De differentiis verborum et rerum, イシドルスの） 62
『子どもの奉献について』（De oblatione puerorum, ラバヌスの） 234
『固有名詞集』（Liber nominum, ヒエロニムスの） 344

サ行

『再論』（Retractationes, アウグスティヌスの） 46
『算術入門』（De institutione arithmetica, アリストテレスの書のアプレイウス、ボエティウスによる訳） 28
『算術入門』（Arithmetica introductio, ニコマコスの） 91, 95
『三位一体論』（De Trinitate, ヒラリウスの） 322, 324, 344
『三位一体論』（De Trinitate, アウグスティヌスの） 66, 188
『三位一体論』（De fide sanctae Trinitatis, アルクインの） 189, 344
『算術教程』（De institutione arithmetica, ボエティウスの） 26, 94, 95, 107, 234
『算定法』（De computo, ラバヌスの） 234, 343
『詞華集』（Florilegium） 199
『司教座教会参事会の規則』（Regula canonicorum, クロデガングの） 371
『司祭に対する勧告』（Capitula de presbyteris monendis, テオドゥルフの） 376
『詞姿と言い回し』（De schematibus et tropis, ベダの） 183
『時代区分』（De ratione temporum, ベダの） 234

『使徒伝承』（Traditio Apostolica）　364
『詩文集』（Carmina, エウゲニウスの）　345
『事物の本性』（De rerum natura, ルクレティウスの）　170
『事物の本性』（De natura rerum, イシドルスの）　56, 60, 62, 118
『事物の本性』（De rerum natura, ラバヌスの）　231, 232, 235, 236, 258
『詩編注解』（Enarrationes in Psalmos, アウグスティヌスの）　10, 103, 115, 343
『詩編注解』（Expositio in Psalmos, カッシオドルスの）　10, 21, 38, 47, 122, 218
『詩編の用法』（De Psalmorum usu, アルクインの）　198, 206, 339
『司牧規定』（Regula pastoralis, 大グレゴリウスの）　262, 284, 295, 344, 346, 374
『修辞学』（De rhetorica, アウグスティヌスの）　45
『修辞学』（De rhetorica, 偽アウグスティヌスの）　80
『修辞学』（Ars rhetorica, フォルトゥナティアヌスの）　21-23
『修辞学』（Dialogus de rhetorica et virtutibus, アルクインの）　170, 172, 173, 177, 179,182-86, 189, 190, 194, 203, 209-213, 216, 217, 219, 220, 256
『修辞学と諸徳についての対話』（Dialogus de rhetorica et virtutibus, アルクインの）　172, 173, 179, 216　→アルクインの『修辞学』
『修道会則』（Regula monachorum, イシドルスの）　55, 61, 63, 117
『修道女の教育と世俗の放棄』（De institutione virginum et contemptu mundi レアンデルの）　58
『修道者の冠』（Diadema monachorum, スマラグドゥスの）　344
『主の山上のことば』（De sermone Domini in monte, アウグスティヌスの）　284, 343
『小天文学者』（Minor Astronomus, プトレマイオスの）　33
『小文典』（Ars minor, ドナトゥスの）　331, 341, 351
『書簡集』（Variae, カッシオドルスの）　8, 10, 12, 24, 55, 122, 203, 219
『諸学科』（Disciplinae, ヴァロの）　24, 33
『書式集』（Formulae, マルクルフの）　203
『処女性について』（De virginitate, アルドヘルムの）　218
『信徒の教育』（De institutione laicali, ヨナスの）　vii, 275, 276, 280-83, 285, 293, 295, 306, 310-12, 345
『新・旧約聖書の諸問題』（Quaestiones de Veteri et Novo Testamento, イシドルスの）　63
『新勅法』（Novellae, ユスティニアヌスの）　199
『数論』（De numeris, イシドルスの）　63, 93, 127, 343
『聖アウグスティヌスの生涯』（Vita sancti Augustini, ポシディウスの）　373
『聖アデラルドゥス伝』（Vita sancti Adelardi, パスカシウス・ラドベルトゥスの）　345
『聖ゲルマヌスの奇跡』（Miracula sancti Germani, ヘリクの）346
『聖・俗学教範』（Institutiones divinarum et saecularium litterarum, カッシオドルスの）　v, vi, 5, 6, 11, 15, 16, 35, 49, 65, 120, 123, 175, 184, 208, 218, 220, 239　→『教範』

『聖職者の教育』(De institutione clericorum, ラバヌスの)　vi, 217, 223, 224, 233, 238, 239, 241, 243, 244, 253, 254, 259, 261, 264, 267-69, 344, 374, 387
『聖書注解規範』(Instituta, ユニリウスの)　13
『聖書人名録』(De ortu et obitu patrum, イシドルスの)　63
『聖書人名解説』(De nominibus Legis et Evangeliorum)　63
『正書法』(De orthographia, カッシオドルスの)　14, 72, 122
『正書法』(De orthographia, アルクインの)　163, 200
『聖学教範』(Institutiones divinae, カッシオドルスの)　114, 122　→『聖・俗学教範』
『聖十字架の礼賛』(De laudibus sanctae Crucis, ラバヌスの)　232, 344
『聖徒の予定』(De praedestinatione sanctorum, アウグスティヌスの)　234
『聖フ(ク)ベルトゥス伝』(Historia translationis sancti Hucberti, ヨナスの)　279
『聖画像の崇敬』(De cultu imaginum, ヨナスの)　280
『創世記逐語注解』(De Genesi ad litteram, アウグスティヌスの)　109, 113, 122
『創世記注解』(Interrogationes et responsiones in Genesin, アルクインの)　206
『創世記注解』(Commentaria in Genesin, ラバヌスの)　269
『俗学教範』(Institutiones saeculares, カッシオドルスの)　120, 122, 123　→『聖・俗学教範』

タ　行

『対話』(Collationes, カッシアヌスの)　15, 344
『大文典』(Ars major, ドナトゥスの)　19, 20, 67, 69, 70, 74, 75, 83, 161, 232, 341
『大天文学者』(Major Astronomus, プトレマイオスの)　33
『誕生日について』(De die natali, ケンソリヌスの)　30, 32
『秩序論』(De ordine, アウグスティヌスの)　76, 77, 98, 101, 103, 127, 130
『朝課における讃歌の注解』(Commentarium in cantica quae ad matutinas laudes dicuntur, ラバヌスの)　237
『月の運行と差異、閏年』(De cursu et statu lunae ac bissexto, アルクインの)　344
『償いの詩編注解』(Expositio in Psalmos paenitentiales, アルクインの)　344
『定義論』(De definitionibus, マリウス・ヴィクトリヌスの)　25
『定義の分類』(De divisione definitionum, マリウス・ヴィクトリヌスの)　88
『ティマイオス』(Timaios, プラトンの)　98
『テオドシウス法典』(Codex Theodosianus)　199
『哲学の慰め』(De consolatione Philosophiae, ボエティウスの)　156
『天文学』(De astronomia, ヴァロの)　33
『天文学』(Astronomica, ヒギヌスの)　109, 111, 119
『天地創造講解』(Hexameron, アンブロシウスの)　109
『典礼大全』(Corpus liturgicum, アルクインの)　198

『同義語』(Synonyma, イシドルスの)　62, 284, 344
『童貞を称える詩』(Carmen virginis, アンブロシウスの)　344
『トゥッルスの謎歌』(Aenigmata Tulli, アインハルトの)　218
『徳と悪習』(De virtutibus et vitiis, アルクインの)　344
『ドナトゥス文典注釈』(Commentarium in Artem Donati, ポンペイウスの)　64, 75
『ドナトゥス文典注釈』(Explanatio in Artem Donati, セルヴィウスの)　71
『トピカ』(Topica, キケロの)　26, 73, 88

ナ　行

『七自由学芸』(De septem disciplinis カッシオドルスの)　17
『西ゴート法典』(Lex Romana Visighotorum)　55
『入門』(Isagoge, ポリュフィリオスの)　24, 26, 63, 118, 188
『年代記』(Annales, タキトゥスの)　170
『年代誌』(Chronicon, カッシオドルスの)　9
『年代誌』(Chronicon Eusebii retractatum, ヒエロニムスの)　107, 121
『年代誌』(Chronicon, イシドルスの)　60, 63, 108
『農耕詩』(Georgica, ヴェルギリウスの)　169, 170
『農耕詩注解』(In Vergilium commentarius ad Georgica, セルヴィウスの)　109, 113

ハ　行

『パウラへの書簡』(Epistola ad Paulam, ヒエロニムスの)　120
『博物誌』(Naturalis historia, 大プリニウスの)　106, 342, 353
『ハドリアヌム』(Hadrianum)　363
『範疇論』(Categoriae, アリストテレスの)　24, 26, 87-89, 121, 188
『日ごとの歌』(Cathemerinon, プルデンティウスの)　345
『ピピンとその師アルクインとの対話』(Disputatio Pippini cum Albino scholastico, アルクインの)　213
『ピピン王へのヨナスの勧告』(Admonitio Jonae ad Pippinum regem,　276
『風刺詩』(Saturnae, ユヴェナリスの)　106, 233
『福音書記者の一致』(De consensu Evangelistarum, アウグスティヌスの)　343
『福音書講解説教』(Homiliae in Evangelia, 大グレゴリウスの)　344
『父祖のことば』(Collationes patrum, クラウディウス・マメルトゥスの)　345
『復活祭の詩』(Paschale Carmen, セドゥリウスの)　233
『プリスキアヌス文典抜粋』(Excerptio de arte grammatica Prisciani, ラバヌスの)　232, 241
『文献学とメルクリウスの結婚』(De nuptiis Philologiae et Mercurii, カペラの)　17, 64, 80, 95

『文法学教範（文典）』（Institutiones grammaticae, プリスキアヌスの）　19, 161, 232
『文法学』（Ars grammatica, パラエモンの）　19
『文法学』（De grammatica, アウグスティヌスの）　19, 45
『文法学』（Ars grammatica, ディオメデスの）　103, 353
『文法学』（De grammatica, カッシオドルスの）　20
『文法学』（Grammatica, アルクインの）　155, 156, 158, 160, 161, 163-65, 170-72, 182, 187, 189, 194, 202, 207-09, 212, 213, 215, 219, 341, 353
『文法学』（De arte grammatica, ラバヌスの）　232
『文法学概要』（Epitome, 文法学教師ヴェルギリウスの）　341
『ヘクサメロン』（Homiliae in Hexameron, バシリウスの）　33
『ヘプタテウコン』（Quaestiones in Heptateuchum, アウグスティヌスの）　343
『ヘレンニウス修辞学』（Rhetorica ad Herennium, キケロの）　75
『弁論家の教育』（De institutione oratoria, クインティリアヌスの）　22, 74, 79, 80, 101, 102, 129
『弁証論』（De dialectica, アウグスティヌスの）　45
『弁証論』（De dialectica, アルクインの）　185, 186, 189, 190, 194, 209, 214, 216, 219
『弁論区分』（Partitiones oratoriae, キケロの）　80, 124
『牧歌』（Eclogae, ヴェルギリウスの）　169
『牧歌注解』（In Vergilium commentarius ad Eclogas, セルヴィウスの）　96
『ホミリア集』（Homiliae, ラバヌスの）　233

マ　行

『マタイによる福音書注解』（Commentarius in Evangelium Matthaei, ヒエロニムスの）　284
『マタイによる福音書注解』（Commentarium in Matthaeum, ラバヌスの）　237
『マタイによる福音書注解』（Expositio in Evangelium Matthaei, パスカシウス・ラドベルトゥスの）　345
『民衆への説教』（Ad praedicandum populo, ラバヌスの）　380
『命題論』（Perihermenias, アリストテレスの）　24, 87-89
『命題論』（Perihermenias, アプレイウスの）　25, 26
『命題集』（Sententiae, イシドルスの）　55, 63, 82, 117, 284, 344
『命題集』（Libri sententiarum, ペトルス・ロンバルドゥスの）　63
『名士列伝』（De viris illustribus, イルデフォンススの）　60
『メタロギコン』（Metalogicon, ソールズベリのヨアンネスの）　65
『モーセ五書の注解』（Commentarii in Pentateuchum, ベダの）　190

ヤ　行

『ヤコブの手紙の注解』(In epistolam Jacobi, ベダの)　310
『雄弁家論』(De oratore, キケロの)　21, 78, 80, 86, 108
『ユダヤ古代史』(Antiquitates judaicae, ヨセフスの)　27, 47
『ヨーク教会の司教，王ならびに聖人たちをたたえる』(Versus de Patribus, Regibus et Sanctis Euboricensis Ecclesiae, アルクインの)　141, 143, 145, 171, 182, 190, 192
『ヨナ書注解』(Commentarius in Jonam, ヒエロニムスの)　120
『ヨハネによる福音書講解』(Tractatus in Joannis Evangelium, アウグスティヌスの)　206, 322, 343
『ヨハネによる福音書注解』(Expositio super Johannem, アルクインの)　206
『ヨブ記講解』(Moralia in Job, 大グレゴリウスの)　58, 63, 103, 130, 284, 305, 344

ラ　行

『ラテン教父著作集』(Patrologia latina)　155, 232, 283
『ラバヌス伝』(Vita Rabani, ルドルフスの)　232
『ルフィヌスへの手紙』(Epistula ad Rufinum, プロスペルの)　234
『霊魂論』(De anima, カッシオドルスの)　10
『霊魂様態論』(De statu animae, クラウディアヌス・マメルトゥスの)　10, 345
『ローマ建国史』(Ab Urbe condita libri, リヴィウスの)　170
『ローマ法大全』(Corpus juris, ユスティニアヌスの)　199

ワ　行

『若者を鍛錬するための提言』(Propositiones ad acuendos juvenes, アルクインの)　192
『和声学入門』(Introductio harmonica, エウクレイデスの)　30
『和声学入門』(Isagoge, ガウデンティウスの)　28
『和声学』(Harmonica, プトレマイオスの)　30

注

第1章　カッシオドルスによる自由学芸

1）カッシオドルスに関する研究書として，A. van de Vyver, "Cassiodore et son oeuvre", Speculum VI（1931）, pp.244-92；G. Ludwig, Cassiodor, Frankfurt am Main 1967；L. W. Jones, Introduction to Divine and Human Readings, New York 1969；J. J. O'Donnell, Cassiodorus, Berkley, Calif. 1979と巻末の雑誌論文，また，L. W. Jones, The influence of Cassiodore on mediaeval culture, Speculum XX（1945）, pp.433-42；idem, Further notes concerning Cassiodorus, influence on mediaeval culture, Speculum XXII（1947）, pp.254-55；Franz Brunhölzl, Histoire de la littérature latine du Moyen Age, Louvain-La-Neuve 1990, pp.35-49, 240-43参照.

『聖・俗学教範』（Institutiones divinarum et saecularium（humanarum）litterarum）（以下，『教範』，Instit. と略記．本文中の括弧内にある算用数字は，本書の巻，章，節を示す）のラテン語原文は，R. A. B. Mynors 版（Oxford 1937）を用いた．英訳には L. W. Jones, An introduction to Divine and Human Readings, New York 1969がある．邦訳では，田子多津子訳『綱要』，上智大学中世思想研究所『中世思想原典集成5』平凡社，1993年があり，若干の訳語を見直しつつ，合わせて注も利用させていただいた．ここで，お礼を申し上げたい．ただしそれは，第1巻の聖学は序文，第10章，第29章だけの抄訳，第2巻の俗学は全訳である．

2）カッシオドルスの家は，三代前からイタリアの政界に重要なポストを占める政治家の一族であった．A. van de Vyver, op. cit., p.248参照.

3）テオドリックの教養と文教政策については，P. Riché, Education et culture dans l'Occident barbare, Paris 1962（岩村清太訳『中世における教育・文化』東洋館出版社，1988年，84-85頁）参照.

4）Cassiodorus, Variae, 1, 45, PL 70, 539：Translationibus enim tuis Pythagoras musicus, Ptolemaeus astronomus leguntur ltali. Nicomachus arithmeticus, geometricus Euclides audiuntur Ausoniis. Plato theologus, Aristoteles logicus quirinali voce disceptant. 渡辺義雄訳『哲学の慰め』筑摩書房，1969年，232頁参照.

5）アタラリック王はアラトルの雄弁をたたえて，Comitia domesticorum に叙している．Ibid., 8, 12, 31：PL 70, 744-755. アラトルについては，リシェ著，岩村訳，上掲書，51-53，107頁参照.

6）Cassiodorus, Variae, 9, 21：PL 70, 787-789；A. Chastagnol, Notes sur le salaire des professeurs à Rome, Haut Moyen Age, M. Sot（coord.）, Paris 1990, pp.27-31；C, Lepelley, Une éloge nostalgique de la cité classique dans les Variae de Cassiodore, pp.33-48参照.

7）PL 69, 1251-1296参照.

8） PL 69, 1214-1248参照.

9） Cassiodorus, Variae, PL 70, 421-880. この『書簡集』は12巻からなる．その主要な発信者をあげると，テオドリック大王（第1-5巻），アタラリック（第8-9巻），アマラスエンタ，テオダハド，テオダハドの妻グデリナ，ウィティゲス（第10巻）となる．以上10巻の内容をあげると，書簡346，布告43，勅令3，辞令8で，第10-12巻はカッシオドルス自身の名前で出された書簡52，布告11，勅令5である．J. J. O'Donnell, Cassiodorus, pp.55-102；L. W. Jones, op .cit., pp.8-9参照．一方，この『書簡集』は，王の尚書局から出される文書のつねとして，その大部分が修辞学の規則に従い，その内容には，当時（6世紀）の「物知り的な教養」（eruditio）が多分に含まれている．リシェ著，岩村訳，上掲書，68-69頁参照.

10） Cassiodorus, De anima, PL 70, 1279-1308参照.

11） Cassiodorus, Expositio Psalmorum, PL 70, 9-1056；J. J. O'Donnell, op.cit., pp.131-76；リシェ著，岩村訳『中世における教育・文化』188-89頁参照.

12） Variae, 10, 31, PL 70, 819-820参照.

13） E. Stein, Histoire du Bas-Empire, t. II, Paris, 1949, p.353；東ゴート諸王の教養と文教政策については，J. Moorhaed, Theodoric in Italy, Clarendon Press, Oxford, 1992；リシェ著，岩村訳，上掲書，85-89頁参照.

14） Cassiodorus, Instit.1, praef. 1：Cum studia saecularium litterarum magno desiderio fervere cognoscerem... gravissimo sum, fateor, dolore permotus ut Scripturis divinis magistri publici deessent... nisus sum cum beatissimo Agapito papa urbis Romae ut, sicut apud Alexandriam multo tempore fuisse traditur institutum, nunc etiam in Nisibi civitate Syrorum Hebreis sedulo fertur exponi, collatis expensis in urbe Romana professos doctores scholae potius acciperent Christianae... カッシオドルスによる大学設置構想にいついては，リシェ著，岩村訳，上掲書，156-59頁参照.

15） H.-I. Marrou, Histoire de l'éducation dans l'Antiquité, Paris, 1968（4e éd.）（横尾壮英・飯尾都人・岩村清太訳『古代教育文化史』岩波書店，1985年，390-91頁）参照．ニシビスの学校およびその影響については，H.-I. Marrou, Saint Augustin et la fin de la culture antique, Paris 1968（4e éd.), pp.400-01；Th. Hermann, Die schule von Nisibis in Zeitsch. f. n. Testamentliche Wissenschaft XXV（1926）3参照.

16） Jaffe, Regesta Pontif. Rom.（2a ed. Leipzig 1885), n. 927；Mansi, Conc. IX, 357.（PL 69, 49）；H.-I. Marrou, Nouvelle Histoire de l'Eglise, Paris 1963；上智大学中世思想研究所編訳『キリスト教史』2, 258-62頁参照.

17） J. J. O'Donnell, op. cit., pp.177-222；M. L. W. Laistner, Thought and Letters in Western Europe, London 1957（2d ed.), pp.102-04参照．カッシオドルスの隠退に宗教的動機をあげることと相まって，かれが修道士であったか否かについては議論がある．カッシオドルスはアウグスティヌスにならって，自分の隠退を conversio と呼んでいる．L. W. Jones, An introduction to Divine and Human Readings, N.Y. 1969, pp.23-25；O'Donnell, op. cit., pp.103-30参照.

18） リシェ著，岩村訳『中世における教育･文化』183-91頁参照.

19） L. W. Jones, op. cit., pp.32-40参照.

20） Instit. 1, praef. 1：... ad vicem magistri introductorios vobis libros istos... conficerem. Instit. 1, 23, 2-4；1, 17, 1；1, 19, 13参照.

21） L. W. Jones, op. cit., p.32；van de Vyver, op. cit., pp.271-72；idem, Vivarium, pp.77-79参照.

22） カッシオドルスは俗学について，saeculares litterae, saecularis eruditio, artes ac disciplinae liberales, liberales litterae, saeculares lectiones などの名称を用いている.

23）「詩編」34, 2；119, 164；「出エジプト記」25, 37；「箴言」9, 1；「黙示録」1, 16；2, 1；3, 1など参照.

24） Instit. 2, 2, 17；2, 3, 20；P. Courcelle, Late Latin Writers and their Greek Sources, Harvard Univ. Press 1969, p.340. H. Parker によると,カッシオドルスは Capella をむしろ軽蔑し,『教範』を著すことによってかれの書を排除しようとしたが，反対にそれを中世に喧伝する結果に終わったと言う. The English Historical Review, XIX, July 1890, pp.437, 452-53, 456参照.

25） Instit. 2, 3, 20：... artem esse habitudinem operatricem contingentium, quae se et aliter evenire non possunt. Ibid., 2, 2, 17; 2, 3, 22参照.

Ibid.：Disciplina vero est quae de his agit quae aliter evenire non possunt. こうした両者の区別は，弁証論への序で確認される. Instit. 2, 2, 17参照.

26） J. Fontaine, Isidore de Séville et la culture classique dans l'Espagne wisigothique, Paris 1959, p.52, n.1-2参照.

27） Instit. 2, 2, 17. その他　Instit. 2, praef. 4；2, 2, 17；2, 3, 20参照.

28） Instit. 2, 2, 17；P. Courcelle, op. cit., p.344；P. Rajna, Le denominazioni Trivium e Quadrivium, Studi Medievali, 1928, pp.4-36；H.-I. Marrou, Les arts libéraux dans l'antiquité classique, Arts Libéraux et Philosophie au Moyen Age, Paris-Montréal 1969, pp.12-19参照. アウグスティヌスの自由学芸論全体については，拙著『アウグスティヌスにおける教育』創文社，2001年，299-346頁参照.

29） Varro, De lingua latina, 8, 12, 5参照.

30） Instit. 2, 1, 1：Grammatica vero est peritia pulchre loquendi ex poetis illustribus auctoribusque collecta.

31） フォカス，プロブスはともに文法学者ではあるが，その書名は不明. ケンソリヌスも文法学者で，De die natali（『誕生日について』）が残っている. ドナトゥスには Ars major（『大文典』）と Ars minor（『小文典』）があり，カッシドルスはとくに後者を多用している. アウグスティヌスの De grammatica の正銘性については，Marrou, Saint Augustin et la fin de la culture antique, pp.571-76 参照.

32） Instit. 2, 1, 2 = Donatus, 1, 5, 28 passim 参照.

33） カッシオドルスは，写字は最高の肉体労働（corporeus labor）であると述べているが，しかしその説明においては，むしろ知的活動とみなしている. 筆写することに

よって，修道者は，聖書を繰り返し精読することにより自己を向上させるだけでなく，聖書を人々の間に広め，教えを説くからである．かれの表現によると，「三本の指をもって」，「三位の神のみわざ」を継続していくのである．そのためかれは，写字の専門家の育成をめざし，修道者たちの求めに応じて，93歳の高齢で『正書法』De orthographia）を著したのであった．Instit. I, praef., 9；1, 30, 1-2参照．

34）Instit. 2, 1, 3：Ceterum qui ea voluerit latius pleniusque cognoscere, cum praefatione sua codicem legat, quem de grammatica feci arte conscribi, quatenus diligens lector invenire possit．その他，弁証論についても同様の勧告を与えている．Instit. 2, 3, 12, 18；1, praef. 6参照．

35）O'Donnell, op.cit., pp.159-60. なお P. Riché も，『詩編注解』におけるカッシオドルスは，聖書注解者というより文法学教師，修辞学教師であり，かれの聖書注解はむしろ文法学的訓練であると考えている．リシェ著，岩村訳，上掲書，188-89頁参照．

36）Instit. 2, 2, 1：Ars autem rhetorica est... bene dicendi scientia in civilibus quaestionibus. Ibid. 2, praef., 4参照．

37）Instit. 2, 2, 1：Orator igitur est vir bonus dicendi peritus... in civilibus quaestionibus.

38）Instit. 2, 2, 1：Civiles quaestiones sunt... quae in communem animi conceptionem possunt cadere, id est quas unusquisque potest intelligere, cum de aequo quaeritur et bono. Fortunatianus, Ars rhetorica, 1, 1．Fortunatianus の説明は，Cicero, De inventione, 1, 4-5, Quintilianus, De institutione oratoria, 12, 15, 19, Victorinus, Rhetorica, 1, 5 へと遡る。修辞学と政治との結びつきは，カッシオドルスがアタラリックの命により修辞学教師アラトルに公職に就くことを求めたことにも示されている．Variae , 8, 12参照．

39）Instit. 2 ,2, 2 = Cicero, De inventione, 1, 7（9）参照．

40）Instit. 2, 2, 3 = Fortunatianus, Ars rhetorica, 1, 5；Cicero, De inventione, 1, 4 -5；Quintilianus, Institutio cratoria, 2, 15, 15, 19参照．

41）Cicero, De inventione, 1, 14（17）；1, 14（19）参照．

42）Cicero, Topica 7, 32：Pro Milone, 18, 47；Pro Cluentio, 53, 146；Philippicae 2, 44, 113；De inventione, 1, 42など．

43）Instit. 2, 2, 16 = Fortunatianus, Ars rhetorica, 3, 13-15参照．

44）Variae, 1, 45：PL 70, 539参照．

45）ヴァロの Disciplinae は，今日では散逸したが，Quintilianus, De institutione oratoria, 2, 7では，ゼノンの説明であるとされている．Acad. Queast. 1, 2；De fine, 2, 6参照．

46）Instit., 2, praef. 4：Logica, quae dialectica nuncupatur... disputationibus subtilissimis ac brevibus vera sequestrat a falsis.

47）Instit. 2, 3, 11：Boethius, Commentarii in librum Aristotelis Peri hermenias, c. 2-6参照．

48）Instit. 2, 3, 14：Definitio vero definitionum est oratio brevis uniuscujusque rei naturam a communione divisam propria significatione concludens.

49）Instit. 2, 3, 14：... topica... quae sunt argumentorum sedes, fontes sensuum, et origines dictionum.

50） Instit. 2, 3, 21：Mathematica... scientia est abstractam considerat quantitatem... in sola ratiocinatione tractamus.

51） Instit. 2, 3, 22 = Boethius, De institutione arithmetica, 1, 1参照.

52） Instit. 2, 3, 22 = Josephus, Antiquitates Judaicae, 1, 8, 167-168参照.

53） Instit. 2, 4, 2：Arithmetica vero dicitur eo quod numeris praeest.

54） Instit. 2, 3, 21：Arithmetica est disciplina quantitatis numerabilis secundum se.

55） Instit. 2, 4, 1 = Augustinus, De Trinitate, 3, 9, 16；11, 11, 18；Boethius, De institutione arithmetica, 1, 1 など参照.

56） Instit. 2, 4, 2：Intentio arithmeticae est docere nos naturam abstracti numeri et quae ei accidunt.

57） Instit. 2, 4, 8. その他，Instit. 2, praef., 2-3参照.

58） Instit. 2, 3, 6 = 2, 3, 21：Musica est disciplina quae de numeris loquitur, qui ad aliquid sunt his qui inveniuntur in sonis. Ibid., 2, 5, 4参照.

59） Instit. 2, 5, 2：Musica quippe scientia bene modulandi. Censorinus, De die natali, 10, 3参照.

60） J. Fontaine, Isidore de Séville et la culture classique dans l'Espagne wisigothique, Paris 1959, pp. 423-24参照.

61） Instit. 2, 3, 6：Geometrica est disciplina magnitudinis immobilis et formarum（ibid,. 2, 3, 21；2, 6, 2（= Pseudo-Boethius, Ars geometriae, 1-6；11-13）における定義もまったく同じ).

Instit. 2, 5, 11：Geometria... descriptio contemplativa formarum, documentum etiam visibile philosophorum.

62） Instit. 2, 3, 6：Astronomia est disciplina cursus caelestium siderum, quae figuras contemplatur omnes et habitudines stellarum circa se et circa terram indagabili ratione percurrit.

Instit. 2, 7, 2. Ibid., 2, 3, 21：Astronomia est... disciplina quae cursus caelestium siderum et figuras contemplatur omnes, et habitudines stellarum circa se et circa terram indagabili ratione percurrit.

63） Instit. 2, 7, 4 = Servius, Georgica, 1, 138参照.

64） Instit. 2, 7, 4：... sufficit, quantum in Scripturis sacris legitur. Ibid., 2, concl., 1-3参照.

65） Instit. 2, 7, 4 = Basilius,Hexameron；Augustinus, De doctrina christiana, 2, 19, 29-2, 24, 37参照．天文学と占星術との混同については，H.-I. Marrou, Saint Augustin et la fin de la culture antique, pp.196-97；拙著『アウグスティヌスにおける教育』308-11頁参照.

66） M. Roger, L'enseignement des lettres classiques d'Ausone à Alcuin. Paris 1968（lre éd. 1905）, pp.134-44. また J. J. O'Donnell, op. cit., pp.177-224もこれに近い．M. Rogerに対してはすでに，E. K. Randy, Founders of the Middle Ages, New York 1957（1st ed.1928）, p.248；H. de Lubac, Exégèse médiévale, Paris 1959, I, pp.67-74が，Rogerその他の判断の狭隘さを非難している.

67） R. Beer, Bemerkungen uber den altesten Handschriftenbestand des Klosters Bobbio, Anzeiger der kaiserlichen Akademie der Wissenschaften zu Wien, philologische-historische Klasse, 48（1911）, 11. これに対しては，写本集にもとづく E. A. Lowe の反論がある．Codices Latini Antiquiores, 4（1947）, XXVI-XXVII 参照.

68） Instit.1, 27, 1：... quoniam tam in litteris sacris quam in expositoribus doctissimis multa per schemata, multa per definitiones, multa per artem grammaticam, multa per artem rhetoricam, multa per dialecticam, multa per arithmeticam, multa per musicam, multa per disciplinam geometricam, multa per astronomicam intellegere possumus, non ab re est instituta saecularium magistrorum, artes scilicet ac disciplinas cum suis divisionibus, in sequenti libro paucis attingere... est enim rerum istarum procul dubio, sicut et Patribus nostris visum est, utilis et non refugienda cognitio. Augustinus, De doctrina christiana, 2, 25, 38；2, 25, 40；2, 40, 61参照.

69） Instit. 1, 28, 3：Verumtamen nec illud Patres sanctissimi decreverunt, ut saecularium litterarum studia respuantur, quia non exinde minimum ad sacras Scripturas intellegendas sensus noster instruitur；si tamen... notitia ipsarum rerum sobrie ac rationabiliter inquiratur, non ut in ipsis habeamus spem provectus nostri, sed per ipsa transeuntes desideremus nobis a Patre luminum proficuam salutaremque sapientiam debere concedi. Ibid., 2, 7, 4参照.

70） H.-I. Marrou, op. cit., pp.277-327；拙著『アウグスティヌスにおける教育』312-20頁.

71） Instit. 1, 27, 1：... quando eam in litteris sacris, tamquam in origine generalis perfectaeque sapientiae, ubique reperis esse diffusam. Nam cum ibi reddita fuerint atque monstrata, sensus noster ad intellegendum modis omnibus adjuvatur.

72） 上掲注34）参照.

73） Instit. 1, 15, 1-15；1, 17, 1-1, 23, 4；1, 25, 1 = Augustinus, De doctrina christiana, 2, 15, 22-2, 16, 23；2, 16, 24参照.

74） Augustinus, De doctrina christiana, 2, 36, 54-2, 37, 55. Ibid., 4, 1, 1-4, 30, 63も参照.

75） Instit. 2, 3, 5：Philosophia est divinarum humanarumque rerum, in quantum homini possibile est, probabilis scientia. Augustinus, De doctrina christiana, 2, 31, 48-2, 35, 53参照.

76） Instit. 2, 4, 8：... ut res summae atque omnipotentissimae intellegantur, numerus nobis necessarius invenitur. Instit. 1, 15, 13；2, praef., 3 = Augustinus, De doctrina christiana, 2, 16, 25-26参照.

77） Instit. 2, 7, 4；Augustinus, De dotrina christiana, 2, 29, 46参照.

78） Instit. 2, 3, 21：Scientia est quae abstractam quantitatem... in sola ratiocinatione tractamus. Ibid., 2, praef. 4参照. Ibid., 2, 3, 22：... numquam opinionibus deceptae fallunt et ideo tali nomine nuncupantur, quia necessarias suas regulas servant... sed in vi propria permanentes regulas suas inconvertibili firmitate custodiunt. Has dum frequenti meditatione revolvimus, sensum nostrum acuunt limumque ignorantiae detergunt, et ad illam inspectivam contemplationem, si tamen sanitas mentis arrideat... Ibid., 2, 3, 5参照

79） Ibid., 2, concl. 1：... ordo ipse disciplinarum... animos vel saeculari sapientiae dedit nos disciplinarum exercitatione defecatos a terrenis rebus abduceret, et in superna fabrica laudabiliter collocaret.

80） Instit. 2, praef. 3：Sic arithmetica disciplina magna laude dotata est, quando et rerum opifex Deus dispositiones suas sub numeri, ponderis et mensurae quantitate constituit, sicut ait Salomon：Omnia in numero, mensura et pondere fecisti（Sap. 11, 21）.

81）Instit. 2, 5, 10：Gratissima ergo nimis utilisque cognitio, quae et sensum nostrum ad superna erigit et aures suavi modulatione permulcet.

82）Instit. 2, 5, 11：... sancta Trinitas, creaturis suis, quas hodieque fecit, existere, diversas species formulasque concedit...

83）Tertullianus, De praescriptione haereticorum, 7：Quid ergo Athenis et Hierosolymis？ Quid Academiae et Ecclesiae？ PL 2, 20B.

84）P. de Labriolle, Histoire de la littérature latine chrétienne, Paris 1947（3e éd.）, pp.95-316；マルー著，横尾壮英・飯尾都人・岩村清太訳『古代教育文化史』，382-83頁参照．

85）Augustinus, De doctrina christiana, 2, 40（60）：Philosophi autem qui vocantur, si qua forte vera et fidei nostrae accommodata dixerunt, non solum formidanda non sunt, sed ab eis etiam tanquam injustis possessoribus in usum nostrum vindicanda... non auctoritate propria, sed praecepto Dei... sic doctrinae omnes Gentilium non solum simulata et superstitiosa figmenta gravesque sarcinas supervacanei laboris habent, quae unusquisque nostrum duce Christo de societate Gentilium exiens, debet abominari atque devitare；sed etiam liberales disciplinas usui veritatis aptiores, et quaedam morum praecepta utilissima continent... debet ab eis auferre christianus ad usum justum praedicandi Evangelii. 加藤武訳『キリスト教の教え』，「アウグスティヌス著作集6」教文館，1988年，141頁．

86）Augustinus, De doctrina christiana, 2, 40（60）：... etiam liberales disciplinas usui veritatis aptiores... quod non ipsi instituerunt, sed de quibusdam quasi metallis divinae providentiae, quae ubique infusa est, eruerunt...

87）Augustinus, De doctrina christiana, 2, 7, 10；拙著『アウグスティヌスにおける教育』338-43頁参照．

88）したがって俗学のキリスト教化と，聖学と俗学の一元化はカッシオドルスにではなく（E. R. クルツィウス著，南大路・岸本・中村訳『ヨーロッパ文学とラテン中世』みすず書房，1975, 654-55頁），アウグスティヌスに帰せられるべきである．

89）Augustinus, De doctrina christiana, 2, 39, 58：Ne quid nimis.

90）Augustinus, Retractationes, 1, 6；H.-I. Marrou, Saint Augustin et la fin de la culture antique, pp.570-83参照．またカッシオドルスの自由学芸論が修道者向けであったことについては Instit. 2, 2, 16；2, 3, 5参照．

91）Instit. 1, praef. 6：Quidquid autem in Scripturis divinis de talibus rebus inventum fuerit, praecedenti notitia melius probatur intellegi. Constat enim quasi in origine spiritalis sapientiae rerum istarum indicia fuisse seminata, quae postea doctores saecularium litterarum ad suas regulas prudentissime transtulerunt.

92）Cassiodorus, Expositio in Psalterium, praef. 15：Haec mundanarum artium periti, quos tamen multo posterius ab exordio divinorum librorum exstitisse manifestum est, ad collectiones argumentorum, quae Graeci topica dicunt, et ad artem dialecticam et rhetoricam transtulerunt quod postea gentiles humanae sapientiae aptandum esse putaverunt. PL 70, col. 20. こうした表現は，Augustinus の思想の継承を示している．Instit. 1, praef. 6；上掲注34）参照．

93） Instit. 2, 3, 22：... dicere arithmeticam et astronomiam Abraham primum Aegyptiis tradidisse, unde semina suscipientes, ut sunt homines acerrimi ingenii, excoluisse sibi reliquas latius disciplinas.

94） Instit. 2, 3, 19. ここでかれが「初心者のための参考書」と断り，また「四学」ではギリシア語文献の優位を強調しているのが目立つ．その他，2, praef. 5；2, 1, 1；2, 1, 3；2, 2, 10 など参照．

95） Instit. praef. 1：... anima susciperet aeternam salutem et casto purissimo eloquio fidelium lingua comeretur... per eos discitur... et salus animae et saecularis eruditio provenire monstratur. Dom Jean Leclercq, L'amour des lettres et le désir de Dieu, Paris 1957（神崎忠昭・矢内義顕訳『修道院文化入門』知泉書館，2004年，29頁），上掲注15参照．

96） A. van de Vyver, op. cit., pp.284-92；P. Courcelle, Late Latin Writers and their Greek Sources, Cambridge, Mass. 1969, pp.361-409；L. W. Jones, The influence of Cassiodore on mediaeval culture, Speculum XX（1945）, pp.433-42；idem, Further notes concerning Cassiodorus' influence on mediaeval culture, Speculum XXII（1947），pp.254-55；J. J. Murphy, Rhetoric in the Middle Ages, Berkley, Calif. 1974, pp.64-65参照．

97） Instit. 2, 3, 18-19参照．

98） マルー著，横尾・飯尾・岩村訳，上掲書，395-96頁参照．G. Bardy, Les origines des écoles monastiques en Occident, Mélanges J. de Ghellinck, Paris 1953, pp.293-309参照．

99） リシェ著，岩村訳，上掲書，125-45頁参照．ヴィヴァリウム修道院の学習活動と，その他の東方，西方の修道院における学習活動との比較については，ルクレール著，神崎・矢内訳，上掲書，28-34頁参照．

100） カッシオドルスの修道院における俗学の導入は，かれが肉体労働向きの修道者に対しても，医事，農事に関する著作の読書を求めていることに注目するとき，さして奇異には思われない（Instit. 1, 28, 6；1, 31, 1-2）. L. W. Jones, An introduction to Divine and Human Readings, New York 1969, pp.42-47参照．

101） ヴィヴァリウム修道院の図書館の歴史については，P. Courcelle, op. cit., pp.361-421において詳しく論じられている．

102） G. Paré, A.Brunet, P. Tremblay, La renaissance du XIIe siècle, Les écoles et l'enseignement, Paris-Ottawa 1933；L. W. Jones, The influence of Cassiodore on mediaeval culture, Speculum XX（1945），pp.433-42；Id., Further notes concerning Cassiodore's influence on mediaeval culture, Speculum XXII（1947），pp.254-55参照．

第2章　イシドルスによる自由学芸

1） H.-I. Marrou, Histoire de l'éducation dans l'Antiquité, Paris 1975（7e éd.）（横尾・飯尾・岩村訳『古代教育文化史』岩波書店，1985年，353頁）；L. Génicot, La ligne de faîte du Moyen Age, Tournai 1950（森本芳樹訳『中世の世界』創文社，1976年，65頁）；P. Riché, Education et culture dams l'Occident barbare, Paris 1972（3e éd.）（岩村清太訳『中世における教育・文化』東洋館出版社，1988年，266-84, 291-310, 313-24頁）；Id., Ecole et enseigne-

ment dans le Haut Moyen Age, Paris 1999（3e éd.）（岩村清太訳『ヨーロッパ成立期における学校教育と教養』知泉書館，2002年，260-62, 268-70頁）参照．

2）イシドルス研究に関する参考文献については，T. Ayuso Marazuela, La Vetus Latina Hispana, I, Prolegomenos, Madrid 1953, p.506s；J. Fontaine, Isidore de Séville et la culture classique dans l'Espagne wisigothique, 2 vol. Paris 1959（参考文献は，pp.889-926. その他，J. Fontaine, Tradition et actualité chez Isidore, Variorum Reprint, London 1988にも，イシドルスに関するJ. Fontaineの興味深い研究が多数，収録されている．本章では，J. Fontaineのこれらの研究に大きく依存している）．B. Altaner, Patrologie, 6te Aufl. Freiburg 1960, S. 460f；F. Brunhölzl, Histoire de la littérature latine au Moyen Age, Louvain 1990, pp.78-93, 257-60を参照．

3）リシェ著，岩村訳『中世における教育・文化』62-66, 80-81, 133-34, 150-50, 266-84, 300-01, 304-09, 313-24, 372-79頁参照．

4）Cassiodorus, Variae 5, 35, 39参照．

5）Isidorus, Sententiae 3, 52sとくに56；Regula monachorum 20, 1；Epistola（以下Ep.と略記）ad Leudefredum, 15；J. Fontaine, Isidore de Séville et la culture classique, I, pp.334-35参照．

6）リシェ著，岩村訳，上掲書，268-71頁参照．

7）上掲書，271-72頁参照．

8）上掲書，277-81頁参照．

9）J. Fontaine, op. cit., pp.8-9参照．

10）このように，レアンデルはどちらかと言えば，活動の人であったが，かれの著作はPL 72, 869-898に収録されている．G. Mathon, Léandre, Catholicisme, fasc.28, colonne（以下c.と略記），121-22も参照のこと．

11）イシドルスの生年は，イルデフォンススの『名士列伝』（De viris illustribus）にある『イシドルス伝』をもとに，伝統的に大体560年頃とされている．それを決める唯一の手がかりは，かれが兄レアンデルの死後（599年か），司教に就任した年からの逆算であるが，司教就任の年齢制限に関する教会法規が文書によって30歳から45歳と幅があるため，イシドルスの生年の確定はむずかしい．J. Fontaine, Isidore, Catholicisme, fasc., 23, c. 154-55参照．かれの種々の伝記には伝説的要素が多く含まれているが，Arevalo版（PL）は，それを一切，無視している．

12）J. Fontaine, op. cit., pp. 6-9参照．

13）E. Brehautは, Claudiusあてのイシドルスの書簡にあるMemento communis nostri doctoris Leandriということばをもとに,イシドルスはおそらくセビリャの司教座教会付属学校で学んだと推測している．E. Brehaut, An encyclopedist of the Dark Ages, New-York 1921, p.22参照．

14）Annis fere quadraginta tenens pontificatus honorem. PL 82, 68. PL 96, 202も参照．

15）A. Fliche et V. Martin, Histoire de l'Eglise, 5, pp.236-37参照．

16）Ibid., pp.238-40参照．

17）Mansi, X, 556；Hefele-Leclercq, Histoire des conciles, 1-I, p.256；P. Séjourné, Saint Isidore

de Séville, Paris 1929, p.104；Fliche et Martin, op. cit., pp.238-45参照.

18）J. Fontaine, op. cit., pp. 789-90；S. MacKenna, Paganism and Pagan Survivals in Spain up to the Fall of the Visigothic Kingdom（The Catholic University of America, Studies in Medieval History, New Series, II），Washington 1938, p.589参照.

19）1912年にパリの写本のなかで発見され，A. Anspach が Rheinisches Museum für Philologie, Frankfurt, LXVII（1912）で刊行した Institutionum discplinae（ミュンヘンの写本ではアウグスティヌスのものとされている）について，Ch. H. Beeson, The lnstitutionum discplinae and Pliny the Younger, Classical Philology, Chicago VIII（1913），pp.93-98はこれをイシドルスの著作であるとし，P. Pascal, The lnstitutionum disci-plinae of lsidore of Seville, Traditio, 13（1957），pp.425-31もこれに同意しているが，フォンテーヌ（J. Fontaine, op. cit., p.14）およびリシェはこれを反駁している（リシェ著，岩村訳『中世における教育・文化』277, 323頁）.

20）イシドルスの他の著作については J. Fontaine, op. cit., pp.953-65；A. Fliche et V. Martin, op. cit., pp.242-45；J.Fontaine, Isidore, Catholicisme 8, c, 154-166；M. C. Diaz y Diaz, Index scriptorum latinorum medii aevi hispanorum, 1（Acta Salamancensia, Filosofia y letras, 13-1）Universidad de Salamanca 1958, pp.28-47参照.

イシドルスが当時のスペインに与えた影響について，その全貌を知るにはかれの書簡集が必要であるが，不幸にしてほとんどが散逸してしまった．シセブート王やブラウリオにあてた幾通かの書簡が残っているが（PL 83には少なくとも13通収録されている），それらはイシドルスが西ゴート・スペインの精神的指導者であったことをよく示している.

イシドルスの全著作を完全に近い形で最初に刊行したのは，F. Arevalo で（18世紀末から19世紀初頭にかけて），それは，PL 81-84に収録されている．イシドルスの著作に関する最新の校訂リストについては，M, C, Diazy Diaz, Index scriptorum latinorum medii aevi hispanorum（Acta Salamanticensia, Filosofiay Letras, XIII-1），Universidad de Salamanca 1958, pp.28-47参照.

21）『語源誌』（刊行者 Braulio が用いた標題は，Origines ではなく Etymologiae である）のラテン語原文としては，F. Arevalo, Sancti Isidori Hispalensis episcopi Etymologiarum libri XX（PL 81）のほか，Isidorus Hispalensis, Bishop of Seville, Etymologiae sive Originum libri XX, ed. W. Lindsay, 2vol. Oxford 1911があるが，両者の内容には大差なく，引用の容易さの点も考慮して，本章では，Arevalo版を用いた．なお『語源誌』の抄訳（英訳）としては，E. Brehaut, An Encylopedist of the Dark Ages, New York 1912がある．また，最近のものとして，K. Marshall, Isidore of Seville, Etymologies Book II, Paris 1983がある.

『語源誌』は，20巻からなる（イシドルスは各事項の標題のみを付したが，本書を最初に刊行したブラウリオはそれを巻，章，節に区分した）．各巻の標題（と章数）は，つぎのとおりである．1 文法学（44章），2 修辞学・弁証論（31章），3 算術・幾何・音楽・天文学（71章），4 医学・疾病・医薬（13章），5 法学・年代学（39章）（この巻は，イシドルスの以前の書をもとに，ブラウリオが挿入），6 教会関係の書籍・聖職者の任

務（19章），7 神・天使・信徒の位階（14章），8教会・ユダヤ教・異教・哲学者・詩人（11章），9 言語・種族・王国・軍事・市民・親族関係（7章），10若干の語の起源と配列（1章），11 人間・体の部分・年齢・怪物（4章），12 動物（8章），13 宇宙とその要素（22章），14 世界とその要素（9章），15 建造物・土地（16章），16 岩石・金属（27章），17 農事（11章），18 戦争・遊戯（69章），19 船・建築・衣服（34章），20 食料・家庭用品・農機具（16章）．『語源誌』を最初に刊行した Braulio については Brunholzl, op. cit., pp.79-95, 260-61 参照．

22）Ch. H. Buttimer, Index locorum de Hugonis de Sancto Victore Didascalicon de studio legendi, Washington 1939, p.138；E. R. Curtius, Europäische Literatur und lateinisches Mittelalter, Bern（Francke）1954（南大路振一・岸本通夫・中村善也訳『ヨーロッパ文学とラテン中世』みすず書房，1975年，28頁）；F. X. Eggersdorfer, Der heilige Augustin als Pädagoge …, Strassburger theologische Studien, 8, Freiburg 1907, S. 215f. 参照．

23）Ch. H. Beeson, Isidorstudien, München, 1913, S.83f. ハスキンズによると『語源誌』の編纂から約200年後の850年までに，54の『語源誌』全体の写本と100以上の抜粋の写本がピレネー以北に持ち込まれたという．Ch. H. Haskins, The Renaissance of the Twelfth Century, Cambridge, Mass. 1927（野口洋二訳『十二世紀ルネサンス』創文社，1985年，69頁参照）．リシェは，イシドルスの後代への影響についてごく控えめな判断を下している（リシェ著，岩村訳，上掲書，320-24頁参照）．

24）イシドルスの自由学芸観の研究で代表的なものは，上掲の J. Fontaine, Isidore de Séville et la culture classique dans l'Espagne wisigothique で，これは本稿の執筆にきわめて有用であった．その他，通史的な研究として，M. Roger, L'Enseignement des lettres classiques d'Ausone à Alcuin, Paris 1905；J. Koch, Studien und Texte zur Geistesgeschichte des Mittelalters, Leiden-Köln, 1959；P. Riché, Education et culture dans l'Occident barbare, Paris 1962（3e éd.）；岩村訳，『中世における教育・文化』；D. L.Wagner（ed.), The Seven Liberal Arts in the Middle Ages, Indiana University Press 1983；F. Brunhölzl, Histoire de la littérature latine du Moyen Age, Louvain-La-Neuve をあげておく．

25）Isidorus, Etymologiae（以下 Etym. と略記）1, 2, 1：Disciplinae liberalium artium septem sunt.

26）イシドルスは，文字（litterae）を「普通（communes）文字」と「教養（liberales）文字」に分け，「教養（文字）と言われるのは，書物を著す人だけが，正しく話し，口述する方法を知っているからである」（Liberales, quia eas tantum illi noverunt qui libros conscribunt recteque loquendi dictandique rationem noverunt.）として，liberales を書物と関連づけているが，これはカッシオドルスと同じ意見である（Etym. 1, 4, 2 = Cassiodorus, Institutiones divinarum et saecularium（humanarum）litterarum（以下 Instit. と略記），2, praef. 4）．本（liber）という語の説明は Etym. 6, 13, 1 にもある．

27）Etym. 1, 1, 1-2 = Instit. 2, 3, 20（2.2,17）．Augustinus, De Trinitate 14, 1, 1 参照．イシドルスによると，自由学芸が disciplina と呼ばれるのは，discere（学ぶ）によって得られる scientia を与えるからであり（その他 Augustinus, De ordine 2, 2（16）；2, 2（44）参照），

ars と呼ばれるのは，自由学芸が ars のもつ規定（praecepta）と法則（regulae）を有するからである（Etym. 1, 5, 2：Ars vro dicta est, quod artis praeceptis et regulisque consistit.）．またイシドルスによると，ある人々は，ギリシア人の言う ἀπὸ τῆs ἀρετῆs（ラテン語では，a virtute）に由来するとしている（1, 1, 1）．

28）Etym. 1, 3, 1参照．こうした解釈には，Riché の反論もあるが，これは単に，文字の分類だけに注目したもので無視して差し支えない．リシェ著，岩村訳，上掲書，271頁，注533）参照．

29）J. Fontaine, op. cit., p.57s 参照．

30）Etym. 1, 3, 1：... vis est, ut nobis dicta absentium sine voce loquantur.

31）第一の定義：Etym. 1, 2, 1：Grammatica... loquendi peritia.
第二の定義：Etym. 1, 5, 1：Grammatica est scientia recte loquendi, et origo et fundamentum liberalium litterarum. Instit. 2, 1, 1；Quintilianus, Institutio oratoria 1, 4, 2参照．

32）J. Fontaine, op.cit., p.53s参照．

33）J. Fontaine, op.cit., p.96, n. 2参照．

34）Etym. 1, 7, 1：Nomen dictum est quasi notamen, quod nobis vocabulo suo res notas efficiat.

35）Etym. 1, 9, 1：Verbum dictum, eo quod verberato aere sonat. = Instit. 2, 1, 1.

36）Ibid. Sunt autem mentis verba.

37）Etym. 1, 10, 1：Adverbium dictum est, eo quod verbis accidat. = Instit. 2, 1, 2.

38）Etym. 1, 11, 1：... quod nominis et verbi capiat partes. = Instit. 2, 1, 2.

39）Etym. 1, 11, 1 = Instit. 2, 1, 2参照．

40）Etym. 1, 12, 1：Conjunctio dicta, quod sensus et sententiasque conjungit.

41）Etym. 1, 13, 1：Praepositio dicta quod nominibus praeponatur, et verbis.

42）Etym. 1, 14, 1：Interjectio vocata, quia sermonibus interjecta, id est, interposita, affectum commoti animi exprimit.

43）Etym. 1, 14, 1 = Augustinus, De sermone Domini in monte, 1, 9, 23 = Hieronymus, Commentarius in Evangelium Matthaei, 1, 2, 11参照．

44）Etym. 1, 16, 1 = Instit. 2, 1, 3など参照．

45）Augustinus, De musica 2, 8, 15-2, 14, 26参照．

46）Instit. 1, 15, 12；Isidorus, De ecclesiasticis officiis 2；idem, De lectionibus 2参照．

47）Augustinus, De doctrina christiana 2, 26, 40参照．Gregorius Magnus については Commentarium in Ezechielem, praefatio を，宗教会議については Mansi, t. 9, 978を参照．

48）マルー著，横尾・飯尾・岩村訳，上掲書，334, 500頁参照．

49）Etym. 1, 29, 1：Etymologia est origo vocabulorum, cum vis verbi vel nominis per interpretationem colligitur. イシドルス以前の語源の用法については，F. Brunhölzl, op. cit., pp.80-81参照．

50）Etym. 1, 29, 1-9 = Augustinus, De doctrina christiana 2, 13, 19；2, 26, 40参照．

51）Etym. 1, 32, 1-9；Augustinus, De doctrina christiana 2, 13, 19；2, 26, 40参照．

52）Etym. 1, 32, 1：Appellatus autem barbarismus a barbaris gentibus, dum latinae orationis

integritatem nescirent.

53）Etym. 1, 33, 1：Quintilianus, Institutio oratoria 1, 5, 5；Augustinus, De doctrina christiana 2, 13, 19.

54）たとえば Etym. 1, 36, 21；Augustinus, De civitate Dei 2, 18；Hieronymus, Commentarium in Matthaeum 4, 26, 8を参照.

55）Augustinus, De doctrina christiana 2, 6, 7；4, 6, 9；3, 7, 11；idem, De civitate Dei 11, 18；De Trinitate 15, 9, 15；拙著『アウグスティヌスにおける教育』316-20頁参照.

56）たとえば Etym. 1, 39, 2-3；Augustinus, De ordine 2, 14（40）を参照.

57）クルツィウス著，南大路・岸本・中村訳，上掲書，658頁参照.

58）Etym. 1, 43, 1-2；Instit. 1, 17, 1-3参照.

59）Etym. 1, 44, 4；Historiae sunt res verae, quae factae sunt. Argumenta sunt quae, etsi facta non sunt, fieri tamen possunt. Fabulae vero sunt quae nec facta sunt nec fieri possunt, quia contra naturam sunt.

60）Etym. 2, 1, 1：Rhetorica est bene dicendi scientia, in civilibus quaestionibus eloquentiae copia ad persuadendum justa et bona. Instit. 2, 1, 1参照.

61）Etym. 2, 3, 1：Orator est, igitur vir bonus dicendi peritus. = Instit. 2, 2, 1

62）Etym. 2, 2, 1-2 = Augustinus, De doctrina christiana 4, 28-4, 29, 62. J. J. Murphy, Rhetoric in the Middle Ages, Univ. of California, 6th print. 1990参照.

63）Etym. 2, 4, 1-2；Instit. 2, 2, 3参照.

64）Cicero, De inventione 1, 5, 7；Quintilianus, Institutio oratoria, 3, 4, 12-13；3, 6, 3；3, 8, 6, 15, 22-26参照.

65）Etym. 2, 5, 1-11；2, 6, 1-2；2, 8, 1-2 = Instit. 2, 2；4-6. J. Fontaine, op. cit., p.239参照.

66）Etym. 2, 7, 1-2；Cicero, De inventione 1, 16, 22；idem, De oratore 2, 19, 82；3, 27, 104；Partitiones, 1, 4；1, 24, 34；1, 52, 98；Quintilianus, op. cit., 3, 5, 5；4, 1, 5；4, 2, 31；Instit. 2, 2, 2参照.

67）Etym. 2, 9, 1-18；Instit. 2, 2, 119-16；Cicero, Orator 32, 113-114；Boethius, De differentiis topicis. 1；Hieronymus, Commentarius in Jonam. 2, 5参照.

68）Hieronymus, Ep. 30, 1参照.

69）Etym. 2, 16, 1：... ne profana religiosis, ne inverecunda castis, ne levia gravibus, ne lasciva seriis, ne ridicula tristibus misceantur.

70）Isidorus, Sententia 2, 29, 12；Augustinus, De doctrina christiana 4, 14, 30-31；Hieronymus, Commentarius in epistulam Pauli ad Galatas, 3, 5, praef. 参照

71）Cicero, Oraotr 5, 20；6, 21；Augustinus, De doctrina christiana 4, 17, 34；4, 19, 38；4, 26, 61参照.

72）MacKeon, Rhetoric in the Middle Ages, Speculum, 17（1942）, p.24参照.

73）J.Fontaine, Isidore de Séville et la culture classique dans l'Espagne wisigothique, pp.593-94；616-18参照.

74）Etym. 2, 22, 1：Dialectica est disciplina ad discernendas rerum causas inventa. Ipsa est

philosophiae species, quae logica dicitur, id est, rationalis, definiendi, quaerendi, et disserendi potens. Docet enim in pluribus generibus quaestionum quemadmodum disputando vera et falsa dijudicentur.

75） Instit. 2, praef., 4；Seneca, Ep.ad Lucilium 48, 4s；Augustinus, Contra Petilianum 3, 16, 19；idem, Contra Cresconium 1, 14, 17；J. Fontaine, op. cit., p.618参照.

76） Etym. 2, 22, 1-2 = Instit. 2, 3, 1 = Tertullianus, De praescriptione haereticorum 7, 3-6. J. Fontaine, op. cit., p.617参照.

77） Etym. 2, 23, 1 = Instit. 2, 3, 2：Dialectica et rhetorica est quod in manu hominis pugnus astrictus, et palma distensa, illa verba contrahens, ista distendens. Instit. 2, 3, 1参照.

78） Etym. 2, 24, 3；Augustinus, De civitate Dei 8, 1参照.

79） Etym. 2, 24, 1：Philosophia est rerum humanarum divinarumque cognitio, cum studio bene vivendi conjuncta.

80） Etym. 2, 24, 9：第1の定義：Philosophia est divinarum humanarumque rerum, in quantum homini possibile est, probabilis scientia. = Instit. 2, 3, 5.
第2の定義：Philosophia est ars atrium, et disciplina disciplinarum. =Instit. 2, 3, 5.
第3の定義：Philosophia est meditatio mortis, quod magis convenit Christianis, qui, saeculi ambitione calcata, conversatione disciplinabili, similitudine futurae patriae vivunt. = Instit. 2, 3, 5.

81） キケロの定義については，Cicero, De oratore I, 49, 212；idem, De officio 12, 2, 5；Tusculum 4, 26, 57を，アウグスティヌスの定義については Augustinus, De Trinitate 14, 1, 3；De quantitate animae, 26, 51；H.-I. Marrou, Saint Augustin et la fin de la culture antique, p.387sを参照.

82） Cicero, De oratore 1, 15, 68；J. Fontaine, op. cit., p.609参照.

83） Etym. 2, 24, 3-2, 8, 10-16；Hieronymus, Ep.30, 1；J.Fontaine, op. cit., p.601参照.

84） J. Fontaine, op. cit., pp.622-24参照.

85） Etym. 2, 26, 1, 15；Instit. 2, 3, 9-10参照.

86） Etym. 2, 26, 15：Hoc opus Aristotelis intente legendum est, quoniam, sicut dictum est, quidquid homo loquitur, inter decem praedicamenta habetur. Proficiet etiam ad libros intelligendos, qui sive rhetoribus, sive dialecticis applicantur = Instit. 2. 3, 10.

87） Etym. 2,27, 1-7 = M. Victorinus, Explanationes in rhetoricam M. Tullii Ciceronis, 1, 9；Cassiodorus, Institutiones 2, 3, 18参照.

88） Etym. 2, 28, 1-26；Instit. 2, 3, 12-13参照.

89） Etym. 2, 29, 1-16；Instit. 2, 3, 14参照.

90） Etym. 2, 30, 1-18；Instit. 2, 3, 15；2, 3, 18；J. Fontaine, op. cit., pp.634-38参照.

91） Instit. 2, 3, 15参照.

92） Etym. 2, 31, 1-8；Cicero, Topica, 1, 2；4, 24；11, 49；Boethius, Commentarii in Topicam Ciceronis 1, 4参照.

93）これについてアウグスティヌスは，『告白』のなかでつぎのように回顧している．「10の範疇と称するアリストテレスの……書は，師であったカルタゴの修辞学者やそのほか学者と思われている人々が，それに言及するときは誇りに頬をふくらませ……」山田晶訳『告白』（4, 16, 28），中央公論社，1968年，154頁．

94）Etym. 3, praef., 1 ＝ Instit. 2, 3, 21：Mathematica latine dicitur doctrinalis scientia, quae abstractam considerat quantitatem. Abstracta enim quantitas est, quam intellectu a materia separantes, vel ab aliis accidentibus, ut est, par, impar, vel ab aliis hujusmodi, in sola ratiocinatione tractamus. Instit., 2, praef. 4参照．

95）こうした思想は，イシドルスが三学については ars, 四科については disciplina の語を用いていることにも示唆されている（Etym. 1, 2, 1）．Instit., 2, 2, 17；2, 3, 20, 22参照．

96）イシドルスの序の形式はカッシオドルスによる序の形式を受け継いだものである．Instit. 2, 3, 21参照．

97）数学的諸学科の順序について，イシドルスの態度は一定ではない．Etym. 1, 2, 2とEtym. 3, 1, 1-2では，算術，音楽，幾何学，天文学となっているが，Etym. 2, 24, 4と2, 24, 15；3, praef. では，算術，幾何学，音楽，天文学となっている．こうした順序の相違は，イシドルスが用いた資料の多様性と，その用法における創意を示すものである．J. Fontaine, Isidore de Séville et la culture classique dans l'Espagne wisigothique, p.345参照．

98）第1の定義：Etym. 3, 1, 1：Arithmetica est disciplina numerorum.
第2の定義：Etym. 1, 2, 2：... arithmetica quae continet numerorum causas et divisiones.
第3の定義：Etym. 2, 24, 15：Arithmetica est disciplina quantitatis numerabilis secundun se. = Instit., 2, 3, 21

99）Etym. 3, 2, 1：Numeri disciplinam apud Graecos primum Pythagoram autumant conscripsisse, ac deinde a Nicomacho diffusius esse dispositam, quam apud Latinos primus Apuleius, deinde Boethius transtulerunt. この説明は，ピュタゴラスを除いて，ほぼカッシオドルスによる説明の焼き直しにすぎない．Instit. 2, 4, 7参照．

100）Etym. 3, 2, 1 ＝ Instit. 2, 4, 7. J. Fontaine, op. cit., p.352参照．

101）Etym. 3, 3, 1：Numerus autem est multitudo ex unitatibus constituta. Instit. 2, 4, 2：Numerus est ex monadibus multitudo composita. Boethius, De institutione arithmetica 1, 3参照．

102）Etym. 3, 3, 1... unum semen numeri esse, non numerum. イシドルスの数意学は，かれの『数論』（Liber numerorum PL 83, 179-200）において展開されている．

103）Etym. 3, 3, 4：Dicti autem decem ... eo quod ligent et conjungant infra jacentes numeros. つまり viginti（20）は，decem（10）が bis（2度），triginta（30）は ter（3度），geniti（= gignere 産み出す）= 誕生したものである．こうした説明は90までの数に適応しうると言う．これはおそらくボエティウスから取り入れたものである（Etym. 3, 4 = Boethius, De institutione arithmetica 1, 32）．

104）J. Fontaine, op. cit., pp.357, 846-59参照．

105）Etym. 3, 4, 1：Ratio numeri contemnenda non est；in multis enim sanctarum Scripturarum

locis quantum mysterium habeant elucet. Augustinus, De civitate Dei 11, 30参照.

106） J. Fontaine, op. cit., pp.444-45参照.

107） Etym. 3, 4, 2；Augustinus, De civitate Dei 11, 30；idem, De doctrina christiana 2, 16, 25 参照.

108） Etym. 3, 4, 3：Per numerum siquidem, ne confundamur, instruimur. Tolle numerum rebus omnibus, et omnia pereunt. Adime saeculo computum, et cuncta ignorantia caeca complectitur, nec differri potest a caeteris animalibus qui calculi nescit rationem.

109） Etym. 3, 4, 1；Instit. 2, praef. 3；2, 4, 1, 8参照.

110） Etym. 3, 5, 1-11；Instit. 2, 4, 3-4参照.

111） Etym. 3, 6, 1：Omnis numerus, aut secundum se consideratur, aut ad aliquid.

112） Etym. 3, 6, 1-4；Instit. 2, 4, 5参照.

113） Numeri figurati：numerus linealis, superficialis, circularis, cubus etc. Etym. 3, 7, 1-6；Instit. 2, 4, 6参照.

114） Etym. 3, 8, 1-3；M. Capella, De nuptiis Philologiae et Mercurii 7, 737参照．両者の間には以上の類似点のほかに，media invenire, superare, facere などの専門的な動詞の使用が共通して認められる．

115） Boethius, Institutio arithmetica 1, 1：... nihil enim, quod infinitum est, vel scientia potest colligi vel mente comprehendi...

116） Etym. 3, 9, 1；Augustinus, De civitate Dei 12, 19参照.

117） Instit. 2, 6, 1；Servius, In Vergilium commentarius ad Eclogas 3, 41参照.

118） Etym. 3, 10, 1：Geometriae disciplina primum ab AEgyptii reperta dicitur, quia inundante Nilo, et omnium possessionibus limo obductis, initium terrae dividendae per lineas et mensuras nomen arti dedit. Quae deinde longius acumine sapientum provecta, et mari, et coeli, et aeris spatia metitur. Servius, In Vergilium commentarius ad Eclogas 3, 41 = Instit. 2, 6, 1参照.

119） Rufinus, Origenis commentarius in Genesin 2, 2；Augustinus, Quaestiones in Heptateuchum l, 4；idem, De civitate Dei 15, 27参照.

120） Etym. 3, 10, 2；Instit. 2, 6, 1参照.

121） 第1の定義：Etym. 1, 2, 2：Geometria mensuras et dimensiones complectitur.
第2の定義：Etym. 2, 24, 15：Disciplina magnitudinis immobilis et formarum. Instit. 2, 3, 6；2, 3, 21；2, 6 , 2；Pseudo-Boethius, Ars geometriae 1, 1参照.
第3の定義：Etym. 3, praef., 1：Disciplina magnitudinis formarum

122） Etym. 3, 11, 1-3 ＝ Instit. 2, 6, 2 ＝ Pseudo-Boethius, Ars geometriae 1-6；11-13参照.

123） Etym. 3, 12, 1＝Augustinus, De ordine 1, 2, 3参照.

124） Etym. 3, 12, 7：Sicut autem intra decem omnis est numerus, ita intra circulum omnium figurarum concluditur ambitus.

125） Etym. 3, 13, 1-2 ；（Pseudo）Cassiodorus, Principia geometriae disciplinae definitio 5.

126） J. Fontaine, op. cit., pp.364-66, 405参照.

127） 第1の定義：Etym. 1, 2, 2：Quinta, musica, quae in carminibus cantibusque consistit.

第2の定義：Etym. 2, 24, 15：Musica est disciplina quae de numeris loquitur qui ad aliquid sunt his qui inveniuntur in sonis. = Instit. 2, 3, 21

第3の定義：Etym. 3, praef. 1：Musica est disciplina quae de numeris loquitur qui inveniuntur in sonis.

128） 第4の定義：Etym. 3, 15, 1：Musica est peritia modulationis sono cantuque consistens. Instit. 2, 5, 2参照．

129） J. Fontaine, op. cit., pp.419-20. 言うまでもなくこの定義には，scientia modulandi という伝統的な要素がその根本にあるが，しかしイシドルスの意図は明らかに，実践的，経験的知識としての音楽の説明にある．

130） Etym. 3, 15, 1 = Instit. 2, 5, 1；Clemens Alexandrinus, Protrepticus；Instit. 1, praef. 4；1, 8, 4参照．

131） Etym. 3, 15, 2：Nisi enim ab homine memoria teneantur soni, pereunt, quia scribi non possunt. Augustinus, De ordine 2, 14, 41参照．音楽と記憶との関連について明確な解明を与えることはきわめて困難で，音楽史家たちの意見も分かれている（J. Fontaine, op. cit., p.421, n. 2参照）．とはいえイシドルスが文法学において，記憶のための文字（記号）の必要性を強調したことから考えて（Etym. I, 3, 2），また，学校教育でも用いられたGaudentius や Alypius の『韻律学入門』（Introductio harmonica——そこでは，音楽記号は音楽教育の初歩をなしていた——にまったく言及していないことから見て，こうした推論も成り立つ（カッシオドルスは Alypius の名をあげているが）．

132） Etym. 3, 16, 2：Post quos paulatim directa est praecipue haec disciplina, et aucta multis modis；eratque tam turpe musicam nescire quam litteras. Etym. 3, 16, 3 = Quintilianus, Institutio oratoria 1, 10, 19-20参照．

133） Etym. 3, 17, 1：Itaque sine musica nulla disciplina potest esse perfecta, nihil enim est sine illa.

134） Ibid., Musica movet affectus, provocat in diversum sensum habitus.

135） Etym. 3, 17, 1；Quintilianus, Institutio oratoria 11, 3参照．

136） イシドルスは，アウグスティヌスの『告白』（Confessiones 9, 7, 15）における音楽観を知っている．Isidorus, De ecclesiasticis officiis 1, 5, 2；Augustinus, Confessiones 10, 33, 50参照．

137） Etym. 3, 18, 1-2；Instit. 2, 5, 5参照．

138） Augustinus, De ordine, 2, 1, 39；idem, De doctrina christiana 2, 17, 27；Enarrationes in Psalmos, 150, 7参照．

139） Gregorius Magnus, Moralia in Job, epistola missoria 5参照．

140） Etym. 3, 20, 1；Augustinus, De ordine 14, 39参照．

141） Etym. 3, 20, 3；Instit. 2, 5, 7参照．

142） Etym. 3, 20, 7：... cujus genera in quindecim partibus musici diviserunt. = Instit. 2, 5, 8.

143） Etym. 3, 20, 14：perfecta vox est alta, suavis et clara.

144） Cicero, De oratore 3, 57, 216；Quintilianus, Institutio oratoria 2, 3, 32；2, 3, 41-42；J. Fontaine, op. cit., pp.430-31参照．

145） Etym. 3, 21, 1；Instit. 2, 5, 6参照.

146） Etym. 3, 22, 5：...quia totam vocem implent,vel quod septem motibus sonat coelum.

147） Etym. 3, 22, 3-5；Servius, In Vergilium commentarium ad Aeneida 2, 555；6, 645参照.

148） Etym. 3, 22, 7；Augustinus, De civitate Dei 2, 16, 26；Instit. 2, 5, 3参照.

149） Etym. 3, 22, 8；Cassiodorus, Variae 2, 40, 13；Servius, In Vergilium commentarium ad Georgica 4, 463 参照.

150） たとえば擬音では tintinnabulum（Etym. 3, 22, 13），語呂合わせでは Isis = sistrum（Etym. 3, 22, 12）がある.

151） イシドルスは天文学について，『語源誌』以前に，友人のシセブート王の依頼により「若干の自然現象とその原因の理解をたすけるため」『事物の本性』（De natura rerum）を著した（その縮約･改訂版とも言えるのが，『語源誌』第13巻「宇宙とその要素」（De mundo et partibus）である）．概して，『事物の本性』における天文学はきわめて宗教的な視点から，より正確には，聖書の理解に向けてられているのに対し，『語源誌』のそれはより客観的な視点から考察されている.

152） 第1の定義：Etym. 1, 2, 3：Septima, astronomia quae continet legem astrorum. Instit. 2, 7, 1参照.

153） 第2の定義：Etym. 2, 24, 15：Astronomia est disciplina quae cursus coelestium siderumque figuras contemplatur omnes, et habitudines stellarum circa se et circa terram indagabili ratione percurrit. Instit. 2, 7, 2参照.

第3の定義：Etym. 3, praef.：Astronomia est disciplina quae cursus coelestium siderum atque figuras contemplatur, atque omnes habitudines stellarum.

第4の定義：Etym. 3, 24, 1：Astronomia est astrorum lex, quae cursus siderum, et figuras, et habitudines stellarum, circa se et circa terram indagabili ratione percurrit.

154） Etym. 3, 25, 1：Astronomia primi AEgyptii invenerunt. Astrologiam vero et nativitatis observantiam Chaldaei primi docuerunt. Abraham autem instituisse AEgyptios astrologiam Josephus auctor asseverat. Graeci autem dicunt hanc artem ab Atlante prius excogitatam；ideoque dictus est sustinuisse coelum.

155） 現代における，astronomia（天文学）と astrologia（占星術）の語の使い分けはイシドルスに遡るとする学者もいる．P. Brunet et A. Mieli, Histoire des sciences, Antiquité 6, Paris 1935, p.1101s.；J. Fontaine, Isidore de Séville et la culture classique dans l' Espagne wisigothique, p.466参照.

156） Etym. 3, 26, 1 = Instit. 2, 7, 3参照.

157） J. Fontaine, op. cit., pp.465-67参照.

158） Etym. 3, 27, 1：Nam astronomia conversionem coeli, ortus, obitus, motusque siderum continent = Cicero, De oratore 1, 42, 189.

159） Etym. 3, 29, 1：Mundus est is qui constat ex coelo et terra, mari cunctisque sideribus. Qui idcirco mundus est appellatus, quia simper in motu est；nulla enim requies ejus elementis concessa est.

160） M. Capella, De nuptiis Philologiae et Mercurii 8, 887；Augustinus, Enarrationes in Psalmos 82, 11；Hieronymus, Commentarium in Ezechielem 7, 21, 45参照.

161） Etym. 3, 31, 1-2；Ambrosius, Hexameron 2, 4, 15；Varro, De lingua latina 5, 3, 18；Etym. 3, 31, 1-2；Lactantius, Institutiones divinae 2, 9, 3参照.

162） Etym. 3, 22, 1；Hyginus, Astronomica 1, 1参照.

163） Etym. 3, 33, 1；Servius, In Vergilium commentarius ad Georgica 1, 24, 3；Hyginus, Astronomica 1, 3参照.

164） Etym. 3, 33, 2；Augustinus, De Genesi ad litteram 2, 10, 23参照.

165） Etym. 3, 36, 1：Axis quod in eo sphaera ut rota volvitur, vel quia ibi plaustrum est. = Servius, In Vergilium commentarius ad Aeneida 1, 449

166） Etym. 3, 38, 1；Servius, In Vergilium commentarius ad Georgica 1, 243参照.

167） Etym. 3, 42, 4；Instit. 2,7 , 3参照.

168） Etym. 3, 45, 1；Hyginus, Astronomica 1, 6参照.

169） Etym. 3, 46, 1；Hyginus, op. cit., 2, 43；J. Fontaine, op. cit., pp.489-91参照.

170） Etym. 3, 47, 1；Instit. 2, 7, 2参照.

171） Etym. 3, 48, 1；Instit. 2, 7, 2 = Hyginus, Astronomica 4, 14参照.

172） Etym. 3, 49, 1；Ambrosius, Hexameron 2, 3, 13参照.

173） Etym. 3, 51, 2ではPseudo-Clemens の Recognitiones 8, 45のほかに，Augustinus, Confessiones 2, 23, 29-30；Hieronymus, Commentarius in Ecclesiasten 1, 5-6；Ambrosius, Hexameron 4, 6, 25 も参照しているようである.

174） Etym. 3, 53, 1；Augustinus, Commentarius in Psalmos 10, 3；idem, Ep. 55, 7参照.

175） Etym. 3, 54-55；Capella, De nuptiis Philologiae et Mercurii, 7, 738参照.

176） Etym. 3, 56, 1；Lactantius, De ira Dei 13, 5参照.

177） Etym. 3, 58-59；Instit. 2, 7, 2；Hyginus, Astronomica 4, 14参照.

178） Etym. 3, 60, 1-2；Capella, op. cit., 8, 817；Servius, In Vergilium commentarius ad Aeneida 4, 578；Servius（auctus sive Danielis），In Vergilium commentarius ad Georgica 1, 1参照.

179） Etym. 3, 62, 1；3, 71, 1；Instit. 2, 7, 2参照.

180） Etym. 3, 63, ... sicut planetae, id est, erraticae, quae cursus suos vagos certa tamen definitione conficiunt.

181） Etym. 3, 67, ... errantes, quia per totum mundum vario motu discurrunt. Servius, In Vergilium commentarius ad Aeneida, 1, 607；idem, In Vergilium commentarius ad Eclogas, 1, 337参照.

182） Etym. 3, 64, 1；Hyginus, Astronomica 1, praef. 4, 11参照.

183） Etym. 3, 65, 1；Augustinus, De Genesi ad litteram, 2, 16, 33参照.

184） Etym. 3, 66, 3；Lucanus, De bello civili 10, 201-203参照.

185） Etym. 3, 71, 1-2；Lactantius, Institutiones divinae 2, 9, 12参照.

186） Etym. 3, 71, 10；Hyginus, Astronomica 2, 34参照.

187） Etym. 3, 71, 12；Servius, In Vergilium commentarius ad Aeneida 1, 744参照.

188） Etym. 3, 71, 13；Servius, In Vergilium commentarius ad Aeneida, 1, 138 ＝ Instit. 2, 7, 4参照.

189） Etym. 3, 71, 7；Claudius Donatus, Commentum Vergilii Aeneidos 10, 275参照.

190） Etym. 3, 71, 21；Augustinus, Enarrationes in Psalmos 93, 3参照.

191） Etym. 3, 71, 37：Sed quolibet modo superstitionis haec ab hominibus nuncupentur, sunt tamen sidera, quae Deus in mundi principio condidit, ac certo motu distinguere tempora ordinavit.

192） Etym. 3, 71, 3... quos non solum christianae religionis doctores, sed etiam gentilium, Plato, Aristoteles, atque alii, rerum veritate commoti, concordi sententia damnaverunt, dicentes confusionem rerum potius de tali persuasione generari.

193） Etym. 3, 71, 4... si（ut dicunt）genus humanum ad varios actus nascendi necessitate premitur, cur, aut laudem mereantur boni, aut mali legum percipient ultionem？

194） Etym. 3, 71, 41：Ordo autem iste septem saecularium disciplinarum ideo a philosophis usque ad astra perductus est, scilicet, ut animos saeculari sapientia implicatos a terrenis rebus abduceret, et in superna contemplatione collocaret. Instit. 2, 6, 4；2, concl. 1参照.

195） イシドルスのギリシア語の知識については，J. Fontaine, Isidore de Séville et la culture classique dans l'Espagne wisigothique, pp.756-59, 849-54参照.

196） セビリャの図書室の破風には，イシドルス自身が刻ませたつぎのような二行詩があった．“Sunt hic plura sacra, sunt mundalia plura”（ここには，多くの聖なる書と，多くの世俗の書がある）．Isidorus, Versus in bibl. 1, 1参照.

古代，中世の著者は利用した著書，著者名を明記することはまれで，イシドルスの場合も利用された著書の確定はむずかしい．イシドルスが『語源誌』その他の著述にあたって利用した著者名として，J. Fontaine が確認ないし推測したものは，ラテン人，ギリシア人双方で283名（pseudo も含む）で，その他，匿名の著者，新・旧約聖書，宗教会議のカノンがある．これらの著者のうち，もっとも頻度の高いものを列挙すると，Ambrosius, Aristoteles, Augustinus, Boethius, Cassiodorus, Cicero, Donatus, Gregorius Magnus, Hieronymus, Lactantius, Macrobius, Marius Victorinus, Capella, Plato, Pompeius, Quintilianus, Servius, Varro, Vergilius である．J. Fontaine, op. cit., pp.927-85参照.

197） 拙著『アウグスティヌスにおける教育』338-43頁参照.

198） F. Lot, A quelle époque a-t-on cessé de parler latin？Archivum latinitatis Medii Aevi, t. 6（1931）, p.110；P. Pascal, The Bible in the conflict over Secular Studies during the Early Middle Ages, CJ, t. 51（1955-1956）, p.115；J. Fontaine, op. cit., p. 805-06参照.

199） Gregorius Magnus, Moralia in Job, epistola missoria 5：Quia indignum vehementer existimo, ut verba caelestis oraculi restringam sub regulis Donati.

200） Etym. 1,14, 1；Augustinus, De sermone Domini in monte 1, 9, 23 = Hieronymus, Epistola 20, 5参照.

201） Etym. 1, 21, 1-28；Hieronymus, Episotla 106, 7；idem, In Pentateuchon, praef.；Augustinus, Enarrationes in Psalmos 89, 17；67, 16参照.

202） Etym. 1, 37, 2；Augustinus, De doctrina christiana 2, 6, 7；Etym. 1, 37, 8 = Augustinus,

De civitate Dei 11, 8参照.

203） Etym. 2, 9, 1-18；Cicero, In M. Antonium orationes Philippicae 2参照.

204） Hieronymus, Epistola 22, 29：Quid facit cum Psalterio Horatius, cum Evangeliis Maro, cum Apostolo Cicero? Nonne scandalizatur frater, si te viderit in idolio recumbentem.

205） Etym. 2, 9, 13；Hieronymus, Commentarius in Jonam 2, 5；idem, Epistola 30, 1参照.

206） Etym. 3, 16, 2；Quintilianus, Institutio oratoria 1, 10, 9参照.

207） Etym. 3, 22, 7；Augustinus, De doctrina christiana 2, 16, 26参照.

208） Etym. 3, 29, 1；Augustinus, In Evangelium Johannis 2, 1, 11参照.

209） Etym. 3, 30, 1；Varro, De lingua latina 5, 31, 135参照.

210） Etym. 3, 33, 2；Augustinus, De Genesi ad litteram 2, 10, 23参照.

211） Etym. 3, 71, 2；Augustinus,Enarrationes in Psalmos 10, 30；Capella, De nuptiis Philologiae et Mercuii, 7, 738；Lactantius, De ira Dei 13, 5参照.

212） Etym. 3, 29, 1：Mundus est is qui constat ex coelo et terra, mari cunctisque sideribus.

213） イシドルスの図書室については，クルツィウス著，南大路・岸本・中村訳，上掲書，662-65頁；J. Fontaine, op. cit., pp.735-62参照

214） Instit, 2, 1, 3：... qui ea voluerit latius pleniusque cognoscere... codicem legat. ibid., 2, 1, 1；2, 6, 4など参照.

215） J. Fontaine, op. cit., pp.790-806参照.

216） Etym. 1, 3, 4-11参照．クルツィウス著，南大路・岸本・中村訳，上掲書，455-58頁参照.

217） Etym. 1, 33, 1-28；Augustinus, De doctrina christiana 2, 13, 19；ibid., 2, 39, 58-2, 59, 61参照.

218） P.-Th. Camelot, Marius Victorinus, Catholicisme 8, 695-97参照.

219） Etym. 3, 4, 1-5；Augustinus, De doctrina christiana 2, 11, 30；2, 16, 25-26参照.

220） 拙著『アウグスティヌスにおける教育』316-20頁参照.

221） Etym. 3, 12, 1；Augustinus, De ordine 1, 2, 3参照.

222） Etym. 3, 71, 41：Ordo autem iste septem saecularium disciplinarum ideo a philosophis usque ad astra perductus est, scilicet, ut animos saeculari sapientia implicatos a terrenis rebus abduceret, et in superna contemplatione collocaret. Instit., 2, 6, 4；2, concl. 1参照.

223） Etym. 2, 16, ... ne profana religiosis, ne inverecunda castis, ne levia gravibus, ne lasciva seriis, ne ridicula tristibus misceantur. 上掲注 69, 参照.

224） Etym. 2, 17, 1-2；Cicero, Orator 5参照.

225） Etym. 2, 17, 1-3；Augustinus,De doctrina christiana 4, 9, 23参照.

226） Etym. 3, 17, 3；Quintilianus, Institutio oratoria 4, 2, 61参照.

227） Etym. 3, 20, 14：Perfecta autem vox est alta, suavis et clara. Alta, ut in sublimi sufficiat；clara, ut aures impleat；suavis, ut animis audientium blandiatur. Si ex his aliquid defuerit, vox perfecta non erit. 上掲注 143, 144）参照.

228） Etym. 3, 15, 1：Musica est peritia modulationis sono cantuque consistens.

229）Etym. 3, 20, 1-14；Augustinus, Confessiones, 9, 6, 14；idem, De doctrina christiana 2, 14, 39参照.

230）Augustinus, Confessiones 9, 7, 15参照.

231）上掲注191-94）参照.

232）Etym. 6, 7, 3：Nam tanta scripsit ut diebus ac noctibus non solum scribere libros ejus quisquam, sed nec legere quidem occurat.

233）アウグスティヌスの自由学芸観については H.-I., Marrou, Saint Augustin et la fin de la culture antique,（4e éd.）, Paris 1958 にまさる研究はない．拙著『アウグスティヌスにおける教育』299-346頁参照.

234）Braulio, Renotatio librorum Isidori, p.358（Lynch-Galindo）：Quem Deus post tot defectus Hispaniae novissimis temporibus suscitans, credo ad restauranda antiquorum monumenta, ne usquequaque rusticitate veterasceremus, quasi quandam opposuit destinam. PL 82, 65-68参照.

イシドルスは636年4月4日に世を去った．P. Gaiffier によると，一般に考えられているのとは異なり，イシドルスが「列聖された」のは1598年ではない．かれがスペイン最初のそして西方教会さいごの「教父」に加えられたのは，1722年ベネディクトゥス14世によってである．つまりイシドルスの精神的偉大さが正しく評価されたのは，西方中世に対するかれの例外的な影響が明らかにされてからである．しかしスペインの教会は，すでに第8トレド宗教会議（653年）において「卓越せる博士」（doctor egregius）の称号をもってかれの栄誉をたたえている（PL 84, c.421；PL 84, 65-70参照）.

235）Etym. 1, 29, 2：Omnis enim rei inspectio, etymologia cognita, planior est. クルツィウス著，南大路・岸本・中村訳，上掲書，52頁参照.

236）J. Fontaine, op.cit., pp.828-30参照.

第3章　アルクインによる自由学芸

1）本章においては，おもにつぎの書を参照した．Alcuin, Dictionnaire de Théologie Catholique（1903）；A. F. West, Alcuin and the Rise of Christian Shools, N.Y. 1892（reprint 1969）；C. J. B. Gaskoin, Alcuin, his life and work, Cambridge 1904（reprint 1966）；W. Laistner, Thought and letters in Western Europe, A.D. 500-900, London 193；A. Kleinclausz, Alcuin, Paris 1948；E. S. Duckett, Alcuin, Friend of Charlemagne, New York 1951；L. Wallach, Alcuin and Charlemagne, N. Y. London 1968（2d ed.）；S. Allott, Alcuin of York, York 1974；W. F. Bolton, Alcuin and Beowulf, N. J., U.S.A. 1978（とくに pp.11-94）；R. McKitterick（ed.）, Carolingian Culture：emulation and innovation 2, Cambridge Univ. Press 1994；F. Brunhölzl, Histoire de la littérature latine du Moyen Age, Louvain-la-Neuve 1991, I/2, pp.29-46；267-72. 邦文では，松川成夫「カロリング·ルネサンスをめぐって」，里野泰昭編『ヨーロッパ文化の源流』有斐閣，1984年所収（86-110頁）；同「カロリング·ルネサンスとアルクイン」，上智大学中世思想研究所編『中世の教育思想』（上）東洋館出版社，1983年所収（129-55頁）；木村尚三郎編訳『カール大帝，ヨーロッパ世界の形成者』〔「世界を創った人びと6」平凡社，1980年〕；Ph. Wolff, L'éveil intellectuel de l'Europe,

Paris, 1971（渡邊昌美訳『ヨーロッパの知的覚醒』白水社，2000年）がある．

2） Alcuinus, Epistola 6：Vos fragiles infantiae meae annos materno fovistis affectu, et lascivum pueritiae tempus pia sustinuistis patientia, et paternae castigationis disciplinis ad perfectam viri edocuistis aetatem, et sacrarum eruditione disciplinarum roborastis. PL 100, 145. A. Kleinclausz, Alcuin, Paris 1948, p.24. 参照.

3） P. Riché, Education et culture dans l'Occident barbare, Paris 1972（3e éd.）（岩村清太訳『中世における教育·文化』東洋館出版社，1988年，とくに327-55，390-415頁参照）.

4） E. Bréhier, La philosophie du Moyen Age, p.22. アルドヘルムについては，M. Roger, L'enseignement des lettres classiques d'Auson à Alcuin, Paris 1905（réimprimé 1968），pp.290-301；W. Laisner, Thought and letters in Western Europe, London 1931, pp.153-56を，ベダについては，M. Roger, op. cit., pp.304-10, 343-49, 369-75参照.

5） Vita Alcuini, 2：Nam a luce diei surgente... usque horam quasi ad sextam, saepissime et nonam suo residens in lecto discipulis cuique convenientia Scripturae pandebat arcana... digne tamen praeparatum sumebat cibum；linguae non parcens lectoris, utroque ut reficeretur pane. PL 100, 93；Roger, op. cit., p.315 n. 1参照. ヨークの学校については，M. Roger, op. cit., pp.313-19；Kleinclausz, op. cit., p.21参照.

6） Vita Alcuini 4, 5. Roger, op. cit., pp.313-19；Keinclausz, op. cit., pp.21-28；リシェ著，岩村訳『中世における教育·文化』402頁参照.

7） Alcuin, Versus de Patribus, Regibus et Sanctis Euboricensis Ecclesiaeの邦訳（抄訳）は，別宮幸徳訳『ヨーク教会の司教，王ならびに聖人たちをたたえる』，上智大学中世思想研究所『中世思想原典集成6』136-39頁に所収．なおラ英対訳版としては Alcuin, The Bishops, Kings and Saints of York, edited by Peter Godman, Oxford 1982がある．Roger, op. cit., pp.315-18；リシェ著，岩村訳，上掲書，402頁参照.

8） Alcuin, Versus de Patribus... etc., vers. 1431-1448；Kleinclausz, op. cit., pp.22-23；松川成夫著「カロリング·ルネサンスをめぐって」，里野泰昭編『ヨーロッパ文化の源流』92-93頁参照.

9） アルクインは，詩文のなかで，variasque figurasと述べているが，これは幾何学を指すのかもしれない．Alcuinus, Versus de Patribus... vers. 1434；Roger, op. cit., pp.315-16参照.

10） Idem, op cit., vers. 1535-1540（別宮幸徳訳，上掲書，137-38頁）；Gaskoin, op. cit., p.39参照.

11） Kleinclausz, op. cit., p.23；Roger, op. cit., pp.317-18参照.

12） その他，イギリスにおける教育全体については，リシェ著，岩村訳，上掲書，37-38，49-55, 85-87頁，また，リシェ著，岩村訳『中世における教育・文化』385-417頁参照.

13） Alcuin, Versus de Patribus ... etc., vers. 1525-1529；Alcuin, Epistola 121参照.

14） Gaskoin, op. cit., pp.58-59参照.

15） ヴォルフ著，渡邊訳『ヨーロッパの知的覚醒』白水社，2000年，41-49頁参照.

16） Kleinclausz, op. cit., pp.63-64；Alcuinus, Ep. 164；L. Maître, Les écoles épiscopales et monastiques en Occident avant les universités, Paris 1924, pp.23-24；E. Amann, L'époque ca-

rolingienne, Fliche et Martin（dir.), Histoire de l'Eglise, t. 6, Paris 1947, pp.96-102；Einhardi Vita Karoli Magni（エインハルドゥス・ノトケルス著，国原吉之助訳注『カロルス大帝伝』筑摩書房，1988年，30, 35頁）参照．

17）あだ名については，Kleinclausz op. cit., p.65；Gaskoin, op. cit., p.59参照．

18）エインハルドゥス・ノトケルス著，国原吉之助訳注，前掲訳書，35-36頁；Alcuinus, Carm 3 xxvi, 41-43（Alcuinus, Poet., I, p.245）；Gaskoin, Alcuin, pp.141-53；Kleinclausz, op. cit., p.61, n. 92参照．

19）Karoli Epistola Generalis：Igitur quia curae nobis est, ut nostrarum ecclesiarum ad meliora semper proficiat status...et ad pernoscenda studia liberalium artium nostro etiam quos possumus invitamus exemplo. MGH. Legum sectio II, Capitularia regum Francorum, t. 1, p.80

20）エインハルドゥス・ノトケルス著，国原訳，上掲訳書，30頁。

21）P. Riché, La vie quotidienne dans l'empire carolingien, Paris 1974（2e éd.)（岩村清太訳『中世の生活文化誌』東洋館出版社，1992年，255頁）．

22）中世における schola の意味については，M. M. Hildebrandt, The External School in Carolingian Society, Leiden, N. Y., Köln 1992；P. Riché, Ecole et enseignement dans le Haut Moyen Age, Paris 1989（岩村清太訳『ヨーロッパ成立期の学校教育と教養』知泉書館，2002年，191-97頁）；idem, De Charlemagne à saint Bernard, Orléans 1995参照．

23）Einhardus, De gestis Karoli 1.（国原吉之助訳注，前掲訳書，61-62頁）；E. Lesne, Histoire de la propriété ecclésiastique en France, t. V, Lille 1940, pp.40-43；A. Fliche et V. Martin, Histoire de l'Eglise, dès origines jusqu' à nos jours, t. 4, p.101参照．

24）Admonitio generalis, cap. 72：MGH. Legum sectio II, Capitularia regum Francorum, t. 1, pp.59-60参照．

25）アルクインが助祭であったことは周知のことであるが，かれが正規の修道者であったか否かについては，古くから Gaskoin（C. J. B. Gaskoin, Alcuin, his life and his work, N. Y. 1904（1966），pp.149-252）や Levison（W. Levison, England and the Continent in the Eighth Century, Oxford l946（1956），pp.153-54）などが論じているが，結局は，アルクインの伝記作者のいう「かれは修道者としての誓願は立てなかったが，真の修道者であった」（verus monachus sine voto）（Vita Alc. 5）ということばが真実に近いと言えよう．

26）Alcuinus, Ep. 131；Kleinklausz, op. cit., p.182参照．

27）告白，贖罪の書については，Gaskoin, op. cit., p.221参照．その他，アルクインは，召命について，『回心者の受け入れについて』（De conversorum acceptione）という小著も書いている．また道徳的著作としては，ブルターニュ辺境伯のグイドあてに『徳と悪習について』（De virtutibus et vitiis）があり，これは当時，大いにはやった「鑑」（speculum）のひとつである．後出の注179参照．

28）サン・マルタン修道院におけるアルクインの教授活動については，Alcuin, Epistola（以下 Ep. と略記）p.137, 221, 191；Kleinclausz. op. cit., pp.181-82, 190-91参照．

29）アルクインは，かつてヨークで所有していたほどの書籍がないことに不満で，カール大帝の許しを得たうえで数名の弟子をヨークに送って書籍を取り寄せ「エデンの園

は，閉鎖されたままヨークにとどまるのではなく，このトゥールの地においても，楽園の木の若芽が萌え出すであろう」（ut non sit tantummodo in Euborica hortus conclusus, sed in Turonica emissiones paradisi...）と書いている（Ep. 43, PL 100, 208）．リシェ著，岩村訳『ヨーロッパ形成期における学校教育と教養』85頁参照．

30） Alcuinus, Ep. 121：Omnes sitientes venite ad aquas. Et qui non habetis argentum, properate emite et comedite；venite, emite absque argento（Isais, 55, 1）．

31） Alcuinus, Ep.114：Praevident sancta sollertia tua magistros pueris, clero segregentur separatim more illorum, qui libros legant, qui cantilene inserviant, qui scribendi studio deputentur. Habeas et singulis his ordinibus magistros suos. Laistner, Thought and letters in Western Europe, p. 103；Kleinclausz, op. cit., p. 184参照．

32） Kleinclausz, op. cit., p.184参照．

33） Alcuinus, Ep. 43：Ego vero Flaccus vester secundum exhortationem et bonam voluntatem vestram, aliis per tecta sancti Martini Sanctarum mella Scripturarum disciplinarum mero inebriare studeo. PL 100, 208. アルクインはまた，弟子のひとりをサン・マルタンに送ったザルツブルクのアルノに対して「かれは聖マルティヌスの家〔修道院〕において文法学に進歩できるであろう」（Et poterit proficere... in lectionis studio suo grammaticae artis disciplina in domo sancti Martini）（Alcuinus, Ep. 259）と書いている．

34） Alcuinus, Ep.178：Magis nobis adtendendum sit evangelicis praeceptis, quam Virgiliacis versibus. Ibid., 309：Haec in Virgiliacis non invenietur mendaciis, sed in evangelica affluenter reperietur veritate. Kleinclausz, op. cit., pp.185-86参照．トゥールの学校については，リシェ著，岩村訳，上掲書，98-100, 184-86頁参照．

35） 弁証論は，写本（Parisinus 7559）によっては，このように特別に表記されている．アルクインは，イシドルスの『語源誌』（Etymologiae, 2, 24）に従って，修辞学と弁証論は論理学の二部分であると考えているからである（De dialectica, PL 101, c. 952C；953A）．そのためであろうか，アルクインは修辞学を、ある場合は弁証論のまえに（De rhetorica et virtutibus, PL 101, 919D），ある場合はそのあとにおいている（De dialectica, PL 101, c. 952C と c. 953A）．Roger, op. cit., pp.320-21参照．

36） 本書において検討する『文法学』のラテン語原文は，Patrologia Latina t.101, colon（以下本文と注においては、書名なしに c. と算用数字で示す）849-902を用いた．邦訳は，『文法学』第1部の序（Monitum praevium）だけの抄訳が，上智大学中世思想研究所編『中世思想原典集成6』平凡社，1992年，118-31頁にある．W. F. Bolton, Alcuin and Beowulf, pp.13-27のほか，とくに M. Roger, L'enseignement des lettres classiques d'Auson à Alcuin, Paris 1905（réimprimé 1968）を参照した．

37） c. 849 C：Philosophia esset omnium virtutum magistra... ad tam excellentis felicitatis indagationem. c. 853 C-D. Boethius, De consolatione philosophiae, 1, prop., 3, 5-11参照．

38） P. Courcelle, La consolation de Philosophie dans la tradition littéraire. Antécedants et postérité de Boèce, Paris 1967, pp.33-35参照．

39） c. 850B：... non propter humanam laudem, vel honores saeculi, vel etiam divitiarum fallaces

voluptates, quae omnia quanto plus amantur, tanto longius aberrare faciunt a vero scientiae lumine ista quaerentes.

40) c. 851B：Quid homo, rationale animal, ... tui Conditoris imago... sapientiae decus.

41) c. 853B-854A；Alcuinus, Ep.280；Cassiodorus,『聖・俗学教範』(以下『教範』と略記)(Institutiones divinarum et humanarum litterarum 以下，Instit. と略記)，2, praef. 2参照.

42) c. 854A：Per hos enim philosophi... aeterna memoria laudabiles；iis quoque sancti et catholici nostrae fidei doctores et defensores omnibus haeresiarchis in contentionibus publicis semper superiores exstiterunt.

43) c. 854A：Per has vero, filii carissimi, semitas vestra quotidie currat adolescentia, donec perfectior aetas et animus sensu robustior ad culmina sanctarum Scripturarum perveniat.

44) c. 850C：Est mentibus hominum veri boni naturaliter inserta cupiditas.

45) c. 849C -850A：Aetas nostra tenera est, et te non dante dexteram sola surgere satis infirma est... Oculi itaque si splendore solis, vel alia qualibet lucis praesentia asperguntur... Sic animi vigor acceptabilis est sapientiae, si erit qui eum illustrare incipiat.

46) c. 853C：Divina praeveniente etiam et perficiente gratia, faciam quod rogastis, vobisque ad videndum ostendam.

47) c. 850A：... qui illuminat omnem hominem venientem in hunc mundum (Joan. 1, 9), illuminet mentes vestras.

48) c. 852D：... qui non solum litterario nos liberalium studiorum itinere ducere nosti, sed etiam meliores sophiae vias, quae ad vitam ducit aeternam poteris.

49) c. 853A：Omnia vestra honesta cum ordine fiant, vos per quosdam eruditionis gradus ab inferioribus ad superiora esse ducendos reor, donec pennae virtutum paulatim accrescant, quibus ad altiora puri aetheris spectamina volantes...

c.853C：... propter fragilitatem nostrae aetatis nos mollioribus incipe lactare, ut ad solidiora, crescente aetate, facilius perveniamus.

50) c. 852C：Igitur et noster orator in Ep. ad Hebr. idem probat. Omnis quidem disciplina in praesenti non videtur esse gaudii sed moeroris ; postea pacatissimum fructum exercitatis in ea affert justitiae.

51) c. 852C：Duc, age, quo libeat, sequimur libenter, quia spes praemii solet laborem relevare. なお生徒の学習態度については，弁証論の序にある詩文のなかでも取り上げている. C. 951CD 参照.

52) c. 861-863；866, 868 etc. 参照.

53) Bolton, op. cit., p.17；J. Boussard, Les influences anglaises sur l'ecole carolingienne des VIIIe et IXe siècles, La scuola nell'Occidente latino dell'alto medioevo (Settimane di studio del Centro Italiano di studi sull'alto medioevo, 19, Spoleto 1972), I, pp.417-52, II, pp.529-46参照.

54) アルクインの哲学，文法学に対するボエティウスの影響については，P. Courcelle, La consolation de Philosophie dans la tradition littéraire, Paris 1967のとくに，pp.33-47, 373-75を参照.

55） H.-I. Marrou, Histoire de l'educaion dans l'Antiquité, Paris 1975（7e éd.）（横尾・飯尾・岩村訳『古代教育文化史』岩波書店，1985年，331-41頁）参照．

56） c. 857D：Grammatica est litteralis scientia, et est custos recte loquendi et scribendi. Instit. 2, 1, 1 = Isidorus, Etymologiae（以下，Etym. と略記），1, 2, 1；1, 5, 1 = Donatus, Grammatica, praef. 参照．

57） Roger, op. cit., p.323；Martianus Capella, De nuptiis Philologiae et Mercurii；Cassiodorus, Inst. 2, 1（田子多津子訳『綱要』，第1部の序と第2部だけの抄訳，上智大学中世思想研究所編『中世思想原典集成5』336-405頁）参照．

58） Augustinus, De doctrina christiana, 2, 39, 58-2, 40, 61；拙著『アウグスティヌスにおける教育』創文社，2001年，324-46頁参照．

59） Gregorius Magnus, Ep. 5, 53（l. p.357）．その他，古典に対する大グレゴリウス教皇の態度については，リシェ著，岩村訳『中世における教育・文化』192-98，とくに175-80頁参照．

60） Diomedes, Ars Grammatica, 2. アルクインは Diomedes の名前は出さないが，かれの書はアングロ・サクソン人にはよく知られていた．Roger, op. cit., p.322参照．

61） マルー著，横尾・飯尾・岩村訳，上掲書，334-36頁参照．カッシオドルスによると，「文法学は有名な詩人や著作家たちの著作に依拠する」（ex poetibus illustribus oratoribusque）. Instit. 2, 1, 1. カッシオドルスは，ことばの正しさの規準として「著名な詩人と雄弁家」をあげたが，詩人を文法学学習の内容としないアルクィンは，これを取り入れていない（Instit. 2, 1, 1）．

62） Quintilianus, Institutio oratoria, 1, 6；小林博英抄訳『弁論家の教育』明治図書出版，1981年，12, 72-82頁；Ars S. Augustini pro fratrum mediocritate breviata（K. v. p.494）；Roger, op. cit., pp.324-25参照．

63） Quintilianus, op. cit., 1, 6；上掲訳書，80-82頁参照．

64） c. 854CD = Etym. 1, 15, 1 = Donatus, Artes grammaticae（ed. Keil t. 4），p.367参照．

65） c. 854B-856B = Instit. 2, 1, 2 = Etym. 1, 3, 1-1, 4, 18 = Donatus, Artes grammaticae（ed. Keil, t. ），p.368参照．

66） c. 856C：Vox litteralis sub uno accentu et uno spiritu prolata.

67） c. 857D-858D = Instit. 2, 1, 2 = Etym. 1, 16, 1-3 = Donatus, Artes grammaticae（ed. Keil）t.4, p.369参照．

68） c. 858B：... nomen dictum quasi notamen, eo quod hoc notamus singulas vel res, communes, = Priscianus, Institutiones grammaticae, 2, 22 = Etym. 1, 7, 1；c. 858D-862A = Etym. 1, 7, 1-33 = Donatus, Ars Major 参照．

69） c. 870D-871A：... positum nominis vice, ne saepius iteratum nomen fastidium faciat audienti vel legenti. c. 871C-874A = Etym. 1, 8, 1-5参照．

70） c. 876D-878B = Etym. 1, 9, 1-7参照．

71） c.886A：「副詞は，いつも動詞に付加される話の部分である」（Adverbium est pars orationis semper verbo cohaerens）；c. 886A-889A = Etym. 1, 10, 1参照．とくに，ヴェルギ

リウスの Aeneis, Eclogae, Georgica を多用している.

72) c. 889B：Participium dictum est, quia partem nominis partemque verbi tenet. c. 889A-894D = Etym. 1, 11, 1参照.

73) c. 895A：Conjunctio est pars orationis indeclinabilis, conjunctiva et significativa, aliarum partium vim et ordinationem demonstrans. c. 895A-896B＝Etym. 1, 12, 1参照.

74) c. 896C-901B = Etym. 1, 13, 1参照.

75) c. 901B-902B = Etym. 1, 14, 1参照.

76) Alcuinus, De rhetorica, c. 940A：Legendi sunt auctorum libri, eorumque bene dicta memoriae commendanda.

77) Vita Alcuini, 2：Vergilius quam Psalmorum auctor... puer Albinus.

78) Alcuinus, Carm. XVI, vers. 3；LII, 2, vers. 2；CVIII, 1, vers. 5（Kleinclausz, op. cit., p.45）参照.

79) Ibid., 16；Kleinclausz, op. cit., pp.185-86参照.

80) Augustinus, De civitate Dei, 1, 32；Paulini liber exhortationis ad Hericum, PL 99, c.197-282；Kleinclausz, op. cit., p.186, no.49参照.

81) c. 857D. その他，上掲注58, 59）参照.

82) アルクインの『修辞学』,『弁証論』のラテン語原文は，Patrologia Latina t. 101にあるものを用い，その参照ないし引用箇所は算用数字で示した．アルクインによる『修辞学』の執筆年代については，J. B. Mullinger, The Schools of Charles the Great and the Restoration of Education in the Ninth Century, London 1877（reprint. 1977）, p.83；D. L. Wagner, The Seven Liberal Arts in the Middle Ages, Indiana University Press 1983, p.105；J. J. Murphy, Rhetoric in the Middle Ages, Univ. Calif. Press, Berkeley 1974；W. S. Howell, The rhetoric of Alcuin and Charlemagne, London 1941参照.

83) c. 919CD：... paucis tuis responsionibus januas rhetoricae artis vel dialecticae subtilitatis claustra partim aperuisti, valde me in eas rationes fecisti intentum；maxime quia me in cellaria arithmeticae disiplinae pridie sagaciter induxisti, vel astrologiae splendore illuminasti. W. S. Howell, The Rhetoric of Alcuin and Charlemagne, N. Y. 1965参照.

84) c. 919C：... ut optime nosti, propter occupationes regni et curas palatii in hujuscemodi quaestionibus assidue nos versari solere, et ridiculum videtur ejus artis praecepta nescisse, cujus quotidie occupatione involvi necesse est.

85) Cassiodorus, Instit. 2, 2, 1；Fortunatianus, Ars rhetoriae 1, 5；Cicero, De inventione 1, 4-5；Quintilianus, Institutio oratoria 2, 15, 15, 19（小林訳『弁論家の教育』明治図書，1981年，1, 172頁）；M. Roger, op. cit., p.396；本書第1章参照.

86) c. 920D-921B：Nam fuit, ut fertur, quoddam tempus, cum in agris homines passim bestiarum more vagabantur, nec ratione animi quidquam, sed pleraque viribus corporis administrabant. Nondum divina religio, nondum humani officii ratio colebatur, sed caeca et temeraria［dominatrix］cupiditas ad se explendam viribus corporis abutebatur. Quo tempore quidam vir magnus et sapiens cognovit, quae materia et quanta ad maximas res opportunitas animis inesset hominum,

si quis eam posset elicere et praecipiendo meliorem reddere...deinde propter rationem atque orationem studiosius audientes, ex feris et mites reddidit et mansuetos. = Cicero, De inventione, 1, 2.

87） c. 921B：Bene dicendi scientia. Instit. 2, 2, 1 = Etym. 2, 1, 1参照.

88） c. 921C：In civilibus quaestionibus, quae naturali animi ingenio concipi possunt. Instit. 2, 2, 1 = Etym. 2, 1, 1参照.

89） c. 922AB = Cassiodorus, Instit. 2, 2, 3 = Etym. 2, 4, 1-8参照.

90） c. 921C：Nam omnibus naturale est loqui, attamen multum excellit alios qui per grammaticam loquitur.

91） c. 921D = Instit. 2, 2, 2.

92） c. 922C：Plenaria causa septem habet circumstantias, videlicet, personam, factum, tempus, locum, modum, occasionem, facultatem.

93） c. 923D-928B = Instit. 2, 2, 4-10 = Etym. 2, 5, 1-11参照.

94） c. 929D-943B = Instit. 2, 2, 9 = Etym. 2, 7, 1-2参照.

95） c. 929D-931A = Instit, 2, 2, 8参照.

96） c. 941C. 国原吉之助訳注『カロルス大帝伝』32-35頁参照.

97） c. 941D-943B；Cassiodorus, Instit. 2, 2, 2参照.

98） c. 942C：Nam exercitatio ingenium et naturam saepe vincit, et usus omnium magistrorum praecepta superabit.

99） c. 943-946参照. 徳論について言うと，アルクインは，『諸徳と悪習について』（De virtutibus et de vitiis）も書いている．これは，801年から804年の間にブルターニュの辺境伯グイドに献呈されたいわゆる「鑑」（Speculum）で，第1部では徳と悪習を順に定義し，第2部では傲慢など八つの主要な悪習と，それに打ち勝つための謙遜などの諸徳をあげる．PL 101, c. 613-638；Alcuinus, Ep. 305；上掲注27）参照.

100） Etym. 2, 3, 1：Orator est vir bonus dicendi peritus.

101） c. 922AB：Ars quidem rhetoricae in tribus versatur generibus, id est, demonstrativo, deliberativo, judiciali... in judiciis saepius, quid aequum sit, quaeritur；in demonstratione, quid honestum sit, intelligitur；in deliberatione, quid honestum sit et utile, consideratur.

102） c. 943B：Nam bonus modus est in loquendo, tanquam in ambulando, clementer ire, sine saltu, sine mora, quatenus omnia medii moderamine temperantia fulgeant...

103） c. 943C：... quia quidquid modum excedit, in vitio est.

104） c. 944A：Virtus est animi habitus, naturae decus, vitae ratio, morum nobilitas. = Cicero, De inventione 2, 53, 159.

105） c. 944B：Memoria est, per quam animus repetit illa quae fuerunt. Intelligentia, per quam ea percpicit quae sunt. Providentia, per quam futurum aliquid praevidetur, antequam fiat. = Cicero, op. cit., 2, 5, 160.

106） c. 944B：Justitia est habitus animi unicuique rei propriam tribuens dignitatem. = Cicero, Ibid.

107) c. 944D：Fortitudo est magnanima periculorum et laborum perpessio. = Cicero, Ibid.

108) c. 945A：Temperantia est rationalis in libidinem atque in alios non rectos impetus dominatio. = Cicero, Ibid.

109) c. 946A：Ut diligamus Deum et Dominum nostrum ex toto corde, ex tota anima et ex tota mente, et proximum nostrum tanquam nosmetipsos.

110) W. F. Bolton, Alcuin and Beowulf, An Eighth-Century View, Rutgers University Press 1978, p.26参照．なお，アルクインの修辞学論については，W. S. Howell, The Rhetoric of Alcuin and Charlemagne, Princeton Studies in English, vol.23（1941）も参照．

111) M. Roger, op. cit., pp.394-98参照．

112) Rabanus Maurus, De institutione clericorum 3, 19, PL 107, c.396；Wagner, op. cit., p.105；Roger, op. cit., p.398；Heinrich Mitteis, Deutsche Rechtsgeschichte, ein Studienbuch, neubearbeitet von Heinz Lieberich, 11. ergänzte Auflage, München 1969（ミッタイス＝リーベリッヒ著，世良晃志郎訳『ドイツ法制史概説』創文社，1971年，138-63頁）参照．

113) c. 953A = Isidorus, Etym. 2, 22, 1-2 = Instit. 2, 3, 2参照

114) M. Roger, op. cit., p.394；マルー著，横尾・飯尾・岩村訳『古代教育文化史』岩波書店，1985年，68, 97頁．アウグスティヌスは『告白』（Confessiones, 4. 16, 28）において，弁論教師による哲学教授が例外的であったことを示唆している．

115) c. 952A：Philosophia est naturarum inquisitio, rerum humanarum divinarumque cognitio, quantum homini possibile est aestimare. Etym. 2, 24, 1参照

Instit. 2, 3, 5：Philosophia est divinarum humanarumque rerum, in quantum homini possibile est, probabilis scientia.

116) c. 952A：Est quoque philosophia honestas vitae, studium bene vivendi, meditatio mortis, contemptus saeculi; quod magis convenit Christianis, qui saeculi ambitione calcata disciplinabili similitudine futurae patriae vivunt. Cassiodorus, Instit. 2, 3, 5 = Isidorus, Etym. 2, 24, 9 参照.

117) c. 952B-C = Etym. 2, 24, 1-14参照．

118) ちなみに，カッシオドルスによる哲学の分類については，Instit. 2, 3, 4-7参照．

119) c. 952C = Etym. 2, 24, 8参照．イシドルスは，Augustinus, De civitate Dei, 15, 27；Origenes, Commentarium in Cantica Canticorum, prologus；Hieronymus, Ep. 30, 1などに依拠している．

120) c. 853C = Instit. 2, praef. 2参照．

121) c. 952D-953A：Dialectica est disciplina rationalis quaerendi, diffiniendi et disserendi, etiam et vera a falsis discernendi potens.

122) c. 953A = Instit. 2, 3, 2 = Etym. 2, 23, 1参照．

123) c. 953B-954C = Instit. 2, 3, 8 = Etym. 2, 25, 1-9；Boethius, In Porphyrii Isagogen commenta 参照．

124) c. 954D-963A：Instit .2, 3, 9-10；Etym. 2, 26, 1-15；Boethius, In Categorias Aristotelis；Marius Victorinus, Porphyrii Isagoges translatio 参照．

125） c. 958D-859C = Etym. 2, 26, 7；Augustinus, De Trinitate, 5, 1, 1-5, 16, 17；アルクイン自身の De fide sanctae et individuae Trinitatis については，Kleinclausz, op. cit., pp.201-05, 養子説に対するアルクインの戦いについては，ibid., pp.224-40参照.

126） c. 966B = Etym. 2, 12, 1-26参照.

127） c. 968A-972B = Instit. 2, 3, 11-2, 3, 20 = Etym. 2, 27-2, 31参照.

128） Beda, Commentarii in Pentateuchum, Exodus 8, PL 91, 302：... minutis et subtilibus verborum stimulis animas penetrat, et tanta calliditate circumvenit, ut decepta nec videat, nec intelligat unde decipitur. 教父たちが弁証論を排除してたわけは，1. 弁証論を含む俗学はミューズの神々の知にもとづくこと，2. 弁証論は煩瑣なことばを弄して人々を不安に陥らせること（「ぶよ」），3. すべての学芸はすでに聖書に内在する，ということであった。

129） Roger, op. cit., pp.400-01参照.

130） Augustinus, De doctrina christiana, 2, 36, 53：... scientia definiendi, dividendi, atque partiendi, quanquam etiam rebus falsis plerumque adhibeatur, ipsa tamen falsa non est...Ipsa tamen veritas connexionum non instituta...nam est in rerum ratione perpeptua et divinitus instituta（ibid., 2, 32, 50）.（加藤武訳「キリスト教の教え」，『アウグスティヌス著作集6』教文館，1988年，134, 130頁）.

131） アルクインは聖書注解書を書いたが，これも自由学芸の著作と同様，アウグスティヌス，アンブロシウスなどの教父たちによる注解書の引き写しである．Mullinger, op. cit., pp.85-87, 90-91参照.

132） 上掲注7参照.

133） Gaskoin, op. cit., p.37参照.

134） Alcuinus, Ep.243：Quanta sit numerorum excellentia in divinis scripturis, et quam necessarium sit eas legentibus illorum nosse scientiam. その他，Alcuinus, Ep.148参照.

135） Alcuinus, Ep. 133, 137, 143. その他，Interrogationes et responsiones, 24-25：PL 100, 514；Enchiridion seu Expositio in Psalmos paenitentiales：PL 100, 592-93；Kleinclausz, op. cit., p.54参照.

136） Alcuinus, Ep. 148-49, 155, 170, 171. 幾何学については，上掲注9）参照.

137） Notkerus Barbulus, PL 101, c.849AB 参照.

138） C. J. B. Gaskoin, Alcuin, his life and his work, N.Y. 1904（reprint 1966）, p.195参照．アルクインの『文法学』の総合的な解説については，M. Roger, L'enseignement des lettres classiques d'Ausone à Alcuin, pp.336-43参照.

139） A. F. West, Alcuin and the Rise of Christian Schools, N.Y. 1892（reprint 1969）, p.104；P. Abelson, The Seven Liberal Arts, Columbia University 1906（reprint 1939）, p.57参照.

140）『学問の振興』の年代については，バウグルフスの在任期間から推察して，784／785, 786／787, 786／789などと言われているが（Laistner は794年から796年としているが，これはおそすぎる．Laistner, op. cit., p.194），アルクインがカールのもとで文教活動を開始したのは782年であるから，かれが，本勅書の指針にそって活動したことは間違いない．『一般訓戒』の789年という日付と，本文書の作成にアルクインが直接に関

与したことについては，ほぼ全部の学者が認めるところである．これに対して，『一般書簡』の日付の確定は困難であるが（Laistner p.195によると，786年から800年の間），しかしこの書簡が書かれたのは，パウルス・ディアコヌスがカールの宮廷からモンテ・カッシーノの修道院に戻ったあとであることは確かで，とすると，786年ないし787年ということになる．Gaskoin, op. cit., p.182；Kleinclausz, op. cit., p.41, 68, 103. それぞれの原文は，MGH. Legum section II, Capitularia regum Francorum, t. 1, p.79, 53-62, 80-81参照．

141）P. Riché, Education et culture dans l'Occident médiéval, Variorum 1992, V, pp.14-15参照．

142）リシェ著，岩村訳『ヨーロッパ成立期の学校教育と教養』知泉書館，2002年，146-48, 241-44, 317-20頁；ヴォルフ著，渡邊訳『ヨーロッパの知的覚醒』83-93頁，とくに86頁参照．

143）エインハルドゥス・ノトケルス著，国原吉之助訳注『カロルス大帝伝』35頁，ヴォルフ著，渡邊訳，上掲書87頁参照．

144）リシェ著，岩村訳，上掲書，333, 335頁参照．

145）Liber Carolinus, 1, 6：「唯一の信仰にもとづく敬虔な信心が結び合わせた聖務を，種々の異なる仕方で行うことにより分離してはならない」（nec sejungeret officiorum varia celebratio quas conjunxerat unicae fidei pia devotio）. Gaskoin, op. cit., p.215参照．

146）『一般書簡』（大谷啓治訳『中世思想原典集成6』上智大学中世思想研究所編，平凡社，1992年，150-51頁）；リシェ著，岩村訳『中世における生活文化誌』東洋館出版社，1992年，286-87頁；リシェ著，岩村訳『ヨーロッパ成立期の学校教育と教養』47-49, 62-65, 328-32頁参照．De Psalmorum usu と Officia per ferias は，アルクインの名で刊行されているが，かれ自身の著作ではないという主張もある．G. Hocquard, Alcuin, Catholicisme, 1, c.284参照．その他，典礼の刷新におけるアルクインの活動全般については，Gaskoin, op. cit., pp.91-107参照．

147）ミッタイス=リーベリッヒ著，世良晃志郎訳，上掲書，147頁；ヴォルフ著，渡邊訳，上掲書58-60頁参照．

148）リシェ著，岩村訳『ヨーロッパ成立期の学校教育と教養』268-69頁参照．

149）リシェ著，岩村訳，上掲書，251-53頁；McKitterick, The Carolingians and the Written Word, Cambridge 1989参照．

150）Admonitio generalis, 72：... et si opus est evangelium, Psalterium et missale scribere, perfectae aetatis homines scribant cum omni diligentia. MGH. Legum sectio II, Capitularia regum Francorum, t, 1, p.60. Kleinclausz, op. cit., p.213参照．

151）Alcuinus, Carmen, XCIV；idem, Ep.72；Kleinclausz, op.cit., p. 192；E. R. Curtius, Europäische Literatur und lateinisches Mittelalter, Bern（Francke）1954（2 ed.）（南大路振一・岸本通夫・中村善也訳，みすず書房，1975年（3），457頁）；リシェ著，岩村訳『中世における生活文化誌』257-60頁；同，『ヨーロッパ成立期の学校教育と教養』，251-53頁；ヴォルフ著，渡邊訳，上掲書，58-66頁参照．耕作と写字の比較，写字の仕事

の称賛は，聖書を写字するものは，三本の指をもって三位の神のみわざを延長し，また教えを説くというカッシオドルスの説明を思わせる（Instit. 1, 30, 1-2）．写字に携わるものの教育については，P. Riché, La formation des scribes dans le monde mérovingien et carolingiens, Beihefte de Francia IX, München 1980, pp.75-80参照．

152） 中世における写字活動については，E, Lesne, Les livres, scriptoria et bibliothèques du commencement du VIIIe siècle à la fin du XIIe siècle（Histoire de la propriété ecclésiastique en France, t. IV), Lille 1938（reprint N.Y. 1964）参照．

153） Laistner, op. cit., pp.225-37；ヴォルフ著，渡邊訳，上掲書，58-62頁参照．

154） Epistola de litteris colendis：... quia, quod pia devotio interius fideliter dictabat, hoc exterius propter negligentiam discendi lingua inerudita exprimere sine reprehensione non valebat. MGH. Legum Capitularia, p.79.

155） 文書作成法（Ars dictaminis）については，J. A. Murphy, Rhetoric in the Middle Ages, California Univ. Press 1973, pp.95-96, 194-268, 362-63；リシェ著，岩村訳『ヨーロッパ成立期の学校教育と教養』252-69頁参照．

156） 上掲注120）参照．

157） Epistola de litteris colendis：Unde factum est, ut timere inciperemus, ne forte, sicut minor erat in scribendo prudentia, ita quoque et multo minor esset quam recte esse debuisset in sanctarum scripturarum ad intelligendum sapientia. MGH. Legum Capitularia, p.79.

158） Alcuinus, Ep.131；PL 100, 368-69参照．

159） C. Spicq, Espquisse d'une histoire de l'exégèse latine au Moyen Age, Paris 1944；H. de Lubac, L'exégèse médiévale, les quatre sens de l'Ecriture, 4vol. Paris 1959-61；リシェ著，岩村訳，上掲書，290-94頁；ヴォルフ著，渡邊訳，上掲書，73-79頁参照．

160） Gaskoin, op. cit., pp.136, 233, 320; F. Brunhölzl, op.cit., 1/2, pp.36-81；ヴォルフ著，渡邊訳，上掲書，77-79頁参照．『詩編の用法』については，上掲注145）参照．

161） Gaskoin, op. cit., pp.118-24, 134-36, 200, 233；Kleinclausz, op. cit., pp.211-17参照．

162） De litteris colendis：Cum autem in sacris paginis schemata, tropi, et coetera his similia inserta inveniantur. MGH, Legum Actio II, Capitularia regum Francorum, t. I, p.79.

163） 上掲注42）参照．

164） Gaskoin, op. cit., p.191, n. 1, 2. 上掲注59）参照．

165） 上掲注119）参照．

166） 先述したように,アルクインは四科をそれとして取り上げる著作はないが，算術については，書簡（Ep.148など）において,「算術は，神の書を知るうえできわめて必要である」（Arithmetica, quam necessaria ad cognoscendas scripturas divinas）と述べている．Kleinclausz, op. cit., p.60参照．

167） Admonitio generalis, 82：Et vestrum videndum est, dilectissimi et venerabiles pastores et rectores ecclesiarum Dei, ut presbyteros quos mittitis per parrochias vestras ad regendum et ad praedicandum per ecclesias populum Deo servientem, ut recte et honeste praedicent；et non sinatis nova vel non canonica aliquos ex suo sensu et non secundum scripturas sacras fingere

et praedicare populo. MGH. Legum Capitularia, p.61.

168）MGH. Epist. IV, p.209,798参照.

169）Admonitio generalis, 72：Sacerdotibus...et non solum servilis conditionis infantes, sed etiam ingenuorum filios aggregent sibique sociant. Et ut scolae legentium puerorum fiant. Psalmos, notas, cantus, grammatici per singula monasteria sint vel episcopia...MGH. Legum Capitularia p.60.

170）Epistola de litteris colendis：... ut episcopia et monasteria nobis ... ad gubernandum commissa ... etiam in litterarum meditationibus, eis qui donante Domino discere possunt, secundum uniuscujusque capacitatem docendi studium debeant impendere. MGH. Legum Capitularia, p.79.

171）Epistola generalis：... oblitteratam pene maiorum nostrorum desidia reparare vigilanti studio litterarum satagimus officinam, et ad pernoscenda studia liberalium artium nostro etiam quos possumus invitamus exemplo. MGH. Legum Capitularia, p.80.

172）リシェ著，岩村訳『ヨーロッパ成立期の学校教育と教養』72-76頁参照．カロリング期の学校教育の実際についてはヴォルフ著，渡邊訳，上掲書，66-72頁，とくにリシェ著，岩村訳，上掲書，191-294頁を，史料については同書，369-71頁を参照．

173）Alcuinus, Ep.306；Sapienter interrogare docere est.

174）Kleinclausz, op. cit., p.58参照.

175）ヴォルフ著，渡邊訳，上掲書，69-71頁参

176）「鑑」としての性格は，とくにかれの『ピピンとその師アルクインとの対話』（Disputatio Pippini regalis et nobilissimi juvenis cum Albino scholastico）に顕著である（PL 101, c. 975-980）．リシェ著，岩村訳，上掲書，299-302頁；本書，第2, 3章参照.

177）たしかに，カッシオドルスも『聖・俗学教範』において，学習者である修道者のとるべき態度について述べているが，しかしかれは教訓的なものは第1巻の聖学の部で，あるいはそれと関連づけて取り扱い，第2巻の自由学芸では学問的説明に徹している．

178）上掲注43-48）参照.

179）アルクインはおそらく最多の書簡を書いた中世人で，王，王妃，王子，王女，教皇，大司教，司教，修道院長，俗人の有力者，司祭，修道者あてに約300通の書簡を書いている．その内容は多岐にわたるとはいえ，必ず宗教的，道徳的訓戒を含んでいる．また「鑑」としての著作では，かれがブルターニュの辺境伯グイドの求めに応じて書いた『諸徳と悪習について』（De virtutibus et vitiis PL 101, c. 613-638）がある．アルクインは，第1巻において，徳と悪習を一般的に定義し，第2巻においては，傲慢，姦淫，貪欲，怒り，無愛想，悲しみ，虚栄をとりあげ，またそれぞれに打ち勝つための徳として，謙遜，節制，貞潔，献身，忍耐，善行，霊的歓び，神への愛を順に説明し，本書の内容の実践を容易にするため，それぞれの章に分け，「俗人の義務に関する教科書」にすることを心がけたと述べている．Alcuinus, Ep. 305；Kleinclausz, op. cit., pp.218-19参照．上掲注27, 99）も参照.

180）M. Roger, op. cit., pp.290-303,3 60-63；F. Brunhölzl, op. cit., pp.196-201, 287-88参照.

181）M. Roger, op. cit., pp.304-10；F. Brunhölzl, op. cit., pp.201-21, 289-92参照.

182） M. Roger, op. cit., p.402参照.

183） M. Roger, op. cit., pp.394-402；W. Laistner, op. cit., pp.136-66, 189-224,「カロリング・ルネサンス」の意味については，朝倉文市『ヨーロッパ成立期の修道院文化の形成』南窓社，2000年，143-52頁参照.

第4章 ラバヌス・マウルスによる自由学芸

1） ラバヌスの生年は，776年頃とも（Mabillon, Patrologia latina（以下 PL と略記 107, 12），784年とも言われ（Dümmler, MGH. Ep. p.379），さらに，かれの伝記作者トリテミウス（Trithemius 1516没）は788年としている（PL 107, c.71）．本章では，P. Lehmann, Fulder Studien, in Sitzungsber. der Bayer. Akad. der Wiss., B.3（1925），S.25 をもとに，780年頃としておく．かれは，Annales Fuldenses antiquissimi, a.780に依拠している．またラバヌスが，いつフルダの修道院に入ったのかについては，R. Kottje und H. Zimmermann, Hrabanus Maurus, Lehrer, Abt und Bischof, Mainz 1982, S. 75-101参照.

ラバヌスの生涯については，かれの死後しばらくして，その弟子ルドルフス（Rudolfus）が書いたが（PL 107, c.39-72），伝記らしいものを最初に著したのは，ルネサンス期のベネディクト会士トリテミウス（Trithemius）である（1515年）（PL 107, c.71-106）.

その他，ラバヌスに関する参考書としては，P. Lehmann, Erforschung des Mittelalters, 5 vol., Stuttgart 1959-62；O. Hagele, Hrabanus Maurus als Lehrer und Seelsorger, nach dem Zeugnis Briefe, Phil. Diss. Freiburg 1969, Fulda, 1972；F. Brunhölzl, Histoire de la littérature latine du Moyen Age, Brepols 1991, tome I,volume 2（Geschichte der lateiniscen Literatur des Mittelalters, B. I, Brepols 1975のH. Rochais による仏訳）；R. Kottje und H. Zimmermann, Hrabanus Maurus, Lehrer, Abt und Bischof, Mainz 1982；L. Maître, Les écoles épiscopales et monastiques en Occident avant les universités（768-1180），Paris 1924（2e éd.）；A. Kleinclausz, Alcuin, Paris 1948；J. Bass Mullinger, The School of Charles the Great and the restoration of education in the ninth century, London 1977（2d ed.）；J. B. Gaskoin, Alcuin, his life and his work, N.Y. 1966（2d ed.）；H. Peltier, Raban Maur, Dictionnaire de la Théologie Catholique（以下 DTC と略記），XIII, c. 1601-1620；R. Kottje, Raban Maur, Dictionnaire de la Spiritualité（以下 DS と略記），XIII, 86-88（1987），c.1-10参照.

2） フルダの修道院については，J. Roux, Fulda, Catholicisme, IV, c. 1666-1667；MHG. Script.；Annales Fuldenses；Annales S. Bonifacii, Catalogus Abbatum Fuldensium 参照．因みにフルダの修道院は，968年にはゲルマニア，ガリアにおけるベネディクト会系修道院の首座修道院（primas）となっている.

3） 本書第3章を参照.

4） Trithemius, Vita Rabani, 1：... scholis monachorum publicis praesidens ...（PL 107, c.76A）．アルクインとフルダとの関係については，年代不詳ではあるが，アルクインはフルダの修道院に滞在したことがあり，同修道院内の紛争では，修道院長バウグルフスの権威を擁護して修道者たちに従順を求めたとも言われている．Kleinclausz, op. cit., p.188,

no.54；Kottje und Zimmermann, op. cit., S.18-101参照.

5） Theodulfus, Carmen 27, ed. E. Dümmler, MGH. Poet, I, Berlin 1881, S.492-93参照.

6） Cat. Abb. Fuld., SS. XIII, p.272：Tertius abbas Ratger... Eo quoque tempore Hrabanum et Hatton Turonis direxit ad Albinum magistrum liberales discendi gratia artes. Intercessio Albini pro Mauro（Hrabani Mauri Carm., I, Poet. Lat., II, vers.9-10参照.

7） Alcuinus, Ep. 88（PL 100, c.399）:「あなたの子どもたちと幸せに生きよ」（Feliciter vive cum pueris tuis）という表現は，アルクインの弟子で，今は教師となったラバヌスとその生徒たちを指すと考えられている．Gaskoin, op. cit., p.203参照.

8） PL 112, c. 1600：... quaecumque docuerunt ore magistri, ne vaga mens perdat, cuncta dedi foliis. Hrabani Mauri Carmen, XXVIII（Poet. Lat., II, p.190）：Quod quondam docuit Albinus rite magister, hoc pectus teneat, hoc opus omne probet.

9） Trithemius, Vita Rabani, 1：In his artibus septem, quas professores earumdem liberales vocant, evasit doctissimus, et in omni scientia, tam divinarum quam humanarum traditionum, non erat illi secundus. Enimvero quam eruditus fuerit in grammaticis, in rhetoricis, in logicis, in arithmeticis, in geometricis, in poeticis et musicis, in astronomicis et mathematicis, in physicis et metaphysicis, in philosophicis et theologicis...（PL 107, c.76）.

10） Trithemius, Vita Rabani, 1：Monachorum scholae praeficitur, et eum docendi modum quem ab Albino didicerat, etiam apud Fuldenses monachos inviolabilem servare jubetur（PL 107, c.79）.

11） Trithemius, Vita Rabani, 1：Quos ille... prout uniuscujusque vel aetas, vel ingenium permittebat, alios in grammaticis, alios vero in rhetoricis, atque alios in altioribus divinae atque humanae philosophiae scripturis, sine invidia communicans quod singuli ab eo postulassent；omnes vero, quos in auditorium suum docendos admisit, non solum prosa, sed etiam carmine, quidquid occurrisset, scribere informavit（PL 107, c. 79C-80A）.

12） Trithemius, Vita Rabani, 1：In ministerium divinarum Scripturarum scientias convertit saeculares... propterea, ... auditores suos in omni doctrina litteraturae saecularis ad plenum instituit, eosque imprimis grammaticos, dialecticos, rhetores, arithmeticos, geometras, astronomos, musicos, atque poetas statuit；et postea idoneos ad divinarum Scripturarum scientiam introduxit（PL 107, c.84B）.

13） 「ヨシュア記」の注解では，この間，ラバヌスが聖地に出かけたとも示唆されている．PL 108, c. 1000, 1053参照．修道者の数の減少については，Mullinger, The School of Charles the Great and the restoration of education in the Ninth Century, p.139参照．なお，修道院長ラトガーの建築熱は，当時の時代背景を反映している．W. Braunfels, Abendländische Klosterbaukunst, Köln, 1974：渡辺鴻訳『西ヨーロッパの修道院建築』鹿島出版会，1974年，49-57頁；P. Riché, La vie quotidienne dans l'empire carolingien, Paris 1973, 岩村清太訳『中世の生活文化誌』東洋館出版社，1992年，187頁参照.

14） Trithemius, Vita Rabani, I：... primus omnium apud Germanos publicam monachorum scholam tenuit, in qua non solum claustrales, sed plures etiam saecularis vitae homines habuit

auditores（PL 107, c. 84 BC）. ここでトリテミウスは，「公」（publica schola）を「聖・俗の学生に開かれた学校」と解しているが，リシェはそれを否定して，むしろ「王権によって庇護された学校」の意味にとっている．P. Riché, Ecoles et enseignement dans le Haut Moyen Age, Paris 1989；岩村清太訳『ヨーロッパ成立期の学校教育と教養』知泉書館，2002年，72-73頁参照．

15) Trithemius, Vita Rabani, I（PL 107, c. 82 BC）：Chron. Hirsaug., anno 833；Acta SS. Boll., Fevrier, Ratgari Fuld. Vita, t. I；Baluze, Miscellan., t. I, Vita Aldrici Caenom.；Maître, Les écoles épiscopales et monastiques en Occident avant les universités, p.125参照．

16) Kleinclausz, Alcuin, p.290；R.Kottje und H. Zimmermann, op. cit., S.165-81；リシェ著，岩村訳，上掲書，382頁参照．

17) Trithemius, Vita Rabani, I（PL, 107, c. 80-81）；Maître, op. cit., pp.36-37；Kleinclausz, op. cit., p.290；リシェ著，岩村訳，上掲書103, 106頁参照．

18) リシェ著，岩村訳，上掲書，72-74頁，本書のアルクインの章も参照．

19) Kottje, DS, c.2参照．

20) Rabanus Maurus, De rerum naturis, prologus（PL 111, c.9）参照．

21) ラバヌスの著作一般については，原典全体としてはPL 107-112にある．参考書としては，Brunhölzl, op. cit., pp.87-98, 282-86；H. Spelsberg, Hrabanus Maurus Bibliographie, Hrabanus Maurus und seine Schule. Festschrift der Rabanus-Maurus-Schule, ed. W. Bohne, Fulda 1980, S. 210-28. その他，H. Peltier, DTC, c.1611-1620；Kottje, DS, c.2-9参照．

22) De arte grammatica（PL 111, 613-678. 本書の写本は現存しないが，16世紀まではフルダの書庫にあったと言われる。R. Kottje, op. cit., p.10）；Brunhölzl, op. cit., p.89；P. Lehmann, Zu Hrabanus geistiger Bedeutung, in Erforschung des Mittelalters, III, c.1960, S. 205 f. また，アルファベットと筆記記号を説明する『言語の発明』（De inventione linguarum）（PL 112, c.1579-1584）があるが，その正銘性については，なお究明を要する．聖書の翻訳や注解のための『語彙集』（Glossaria），『全聖書における比喩』（Allegoria in universam sacram scripturam）（PL 112, c.849-1088），またゲルマン語による祈りを集めた『ラテン・ドイツ語語彙集』（Glossarium Latino-Theotiscum）（PL 112, 1575-1583）もラバヌスの著作とされているが，これはほぼ間違いである．R. Kottje, op. cit., c.8参照．

23) ラバヌスのDe laudibus sanctae Crucis（PL 107, c.133-294）については，Brunhölzl, op. cit., p.85；R. Kottje, op. cit., c. 3；R. McKitterick, Books, Scribes and Learning in the Frankish Kingdom, 6th-9th Centuries, Variorum 1994, VIII, p.307, XIV, p.562, とくにその書と挿絵の価値については，VIII, pp.297-98参照．

24) 第1集は，PL 110, c. 9-134に，第2集の第2部はPL 110, c.135-468に収録されている．R. Etaix, Le Recueil de sermons composés par Raban Maur pour Haistulfe de Mayence, Revue des Etudes Augustiniennes 32（1986）, pp.124-37；idem, L'homéliaire composé par Raban Maur pour l'empereur Lothaire, Recherches Augustiniennes 19（1984）, pp.211-40；D. H. Barre, Les homéliaires carolingiens de l'école d'Auxerre, Bibliothèque Vaticane 1962, pp.13-15参照．

25) Rabanus Maurus, De oblatione puerorum（PL 107, c.419-439）; Brunhölzl, op. cit., pp.93-94. その他，とくにゴデスカルクスに対する告発，訴訟については，ランスのヒンクマールあての二通の書簡（Ep.487, 499）がある．訴訟の経緯については，J. Devisse, Hincmar, archevêque de Reims（845-882）, Genève 1926, pp.115-279; Kottje, op. cit., c.8参照．

26) Rabanus Maurus, De praedestinatione（PL 112, c.1530-1553）; Peltier, op.cit., c.1618-1619; Kottje, op. cit., c.708; R.Kottje und H. Zimmermann, op. cit., S.145-53参照．

27) Rabanus Maurus, De computo（PL 107, c.669-728）; Brunhölzl, op. cit., p.88; W. M. Stevens, Rabani Mongonticensis episcopi de computo, Turnout 1979参照．

28) Rabanus Maurus, De rerum naturis（PL 111, c.9-614）. 本書の表題は，長いこと De universo で知られていたが，しかし M. Manitius によると，写本では De rerum naturis だけが使用されている．M. Manitius, Geschichte der lateinischen Literatur des Mittelalters, t. 1, München 1911, S.292. その他，本書については，Brunhölzl, op. cit., pp.89-92; Kottje, op. cit., c.7参照．

29) PL 111, c. 11B-C:「賢明な読者は，それぞれの事物のもつ歴史的また神秘的説明をたえず発見し，こうして歴史と寓意の説明を求める自分の願望を満たしうるようになる」（... ut lector prudens continuatim positam inveniret historicam et mysticam singularum rerum explanationem et sic satisfacere quodammodo posset suo desiderio, in quo et historiae et allegoriae manifestationem ...）

30) PL 111, c. 12D: ... de rerum naturis et verborum proprietatibus ... sed etiam de mystica earumdem rerum significatione ...

31) 本書の資料については，E. Heyse, Hrabanus Maurus Enzyklopädie "De rerum naturis"（Münchener Beitrage zur Mediävistick und Renaissance--Forschung 4), München 1969 参照．邦訳として，熊地康正訳『事物の本性について』上智大学中世思想研究所，「中世思想原典集成6」平凡社，1992年，261-87頁に抄訳があある．

32) Isidorus, Etymologiae, 4, 1, 3-9; J. Lafontaine, Tradition et actualité chez Isidore de Séville, Variorum Reprints, London 1988, IV, p.537 参照．

33) PL 111, c. 12A: De ipso summo bono et vero conditore nostro ... こうして，かれはつぎのように配列している．I. 神のペルソナ，純霊の世界，天使，II. 救いの歴史，太祖たち，III. 旧約の預言者その他の人々，IV. 新約の人々，殉教者，信仰，教会，ユダヤ人の会堂，異端，V. 聖書の各書と著者，図書室と書籍一般，正典，聖務，新・旧約の儀式，祈り，断食，贖罪，VI. 人間（魂と体，体の部分），VII. 年齢，親等，結婚，死，異常児（象皮人間など）と家畜，VIII. 無生物(無機物界)，IX. 天体と自然現象，宇宙とその諸要素，X. 時間の区分と計算，世界の年代，XI-XIV. 大洋，地球，自然の出来事，技巧的なもの，XV. 教養・文化の創造，哲学者，詩人，異教の神々，XVI. 種々の宗教，国家組織，XVII. 鉱石，金属，XVIII. 重さ，桝，数，音楽，医術，XIX-XXII. 農業，戦争，労働，食物，日用品．

34) J. Fontaine, op. cit., IV, p. 538参照．中世の百科全書全体に対するラバヌスの『事物の

本性』の位置，役割については，M. de Gadillac, Encyclopédie pré-médiévales et médievales, La pensée encyclopédique au Moyen-Age（Collection “Langages”, série “Documents”), Neuchâtel 1966, pp.1-42参照.

35) PL 112, c.1090参照. Peltier, DTC 13, c.1612参照.

36) 寓意的解釈をめぐって，ラバヌスの書とされる Allegoriae in universam scripturam については，上掲注22）参照．なお，中世の聖書注解におけるラバヌスの重要性については，J.-B. Hablitzel, Hrabanus Maurus, Ein Beitrag zur Geschichte der mittelalterlichen Exegese（Biblische Studien 11, 3), Freiburg-im-Breisgau, 1906；H. de Lubac, Exégèse médiévale, les quatre sens de l'Ecriture, Paris 1959-64, passim, とくに t. 1, 1, pp.156-65参照.

37) Rabanus Maurus, De institutione clericorum, prologus：Quaestionibus ergo diversis fratrum nostrorum et maxime eorum, qui sacris ordinibus pollebant, respondere compellebar, qui me de officio suo et variis observationibus, quae in ecclesia Dei decentissime observantur, saepissime interrogabant, et aliquibus eorum tunc dictis, aliquibus vero scriptis prout opportunitas loci ac temporis erat, secundum auctoritatem et stilum maiorum ad interrogata respondi. Sed non in hoc satis eis facere potui, qui me instantissime postulabant immo cogebant, ut omnia haec in unum volumen congererem... De institutione clericorum という表題は，キケロの『雄弁家論』（De oratore）その他をもとに雄弁家の育成を目指したクインティリアヌス（M. F. Quintilianus 30/45-100以前）の Institutio oratoria（小林博英抄訳『弁論家の教育』明治図書出版，1980年）から示唆を得ているのかもしれない．リシェ著，岩村訳『ヨーロッパ成立期の学校教育と教養』220頁参照.

本書のラテン語原文は，Dr A. Knoepfler, Rabani Mauri De institutione clericorum, libri tres, München 1900（Veroffentlichungen aus dem Kirchenhistorischen Seminar München. no. 5）（以下 DIC と略記）を用いた．Knoepfler 版は，本書の引用の出典を明示しているので，研究者にとってはきわめて有用である．ほかに，DIC は PL 107, 293-420にも採録されている．DIC を校訂し縮約したのが，『聖職位階，秘跡，祭服』（De sacris ordinibus, sacramentis divinis et vestimentis sacerdotalibus（PL 112, c.1165-1192）で，ラバヌスはこれをマインツの代理司教ティオトマール（Thiotmar）に贈っている（852-56年）．DIC の邦訳としては，鈴木宣明訳『聖職者の教育について』上智大学中世思想研究所，「中世思想原典集成6」平凡社，1992年，243-60頁に第3巻第1-6章の抄訳があり，文脈に合せて利用させていただいた.

DIC に関する参考書としては，H. Peltier, DTC, XIII, 1613-1614；J. Kottje, DS, c.3；F. Brunhölzl, Histoire de la littérature latine du Moyen Age, Brepols 1991, t. I, vol. II, pp.86-87, 283参照．なおラバヌスは，『聖職者の教育』第3巻と同じ意図のもとに，修道院長職辞任後の842年に，チュリンギアで宣教活動に従事するマインツの代理司教レギナルドのために『教会の学問』（De ecclesiastica disciplina）を著している．第1章の初心者の要理教授では，アウグスティヌスの『教えの手ほどき』（De catechizandis rudibus）を引用し，第2章では，洗礼，堅信，聖体，主の祈り，信経を説明し，第3章では，キリスト教的生活における掟，とくに主要な徳と悪習について述べている（PL 112, c.

1191-1262）.

38) J. B. Mullinger, The School of Charles the Great and Restoration of Education in the Ninth Century, London 1877, p.143；J. Kottje, op. cit., c.4参照．また，初期中世における自由学芸の学習状況については，リシェ著，岩村訳『ヨーロッパ成立期の学校教育と教養』254-94頁参照．

39) DIC, 3, 18 = Cassiodorus, Institutiones divinarum et saecularium litterarum（以下 Instit. と略記）, 2, praefatio = Isidorus, Etymologiae（以下 Etym. と略記）, 1, 2, 1-3参照．

本書におけるカッシオドルス，イシドルス，アルクインに関する諸章を参照．M. L. W. Laistner, Thought and letters in the Early Western Europe, A. D. 500-900, London 1957（2d ed.）, pp.198-202, 215-17参照．

40) DIC, 3, 18：Grammatica enim a litteris nomen accepit, sicut vocabuli illius derivatus sonus ostendit. = Instit. 2, 1, 1.

41) Instit. 2, 1：Grammatica vero est peritia pulchre loquendi ex poetis illustribus auctoribusque collecta. Quintilianus, Institutio oratoria, 1, 4参照．

42) DIC, 3, 18：Grammatica est scientia interpretandi poetas atque historicos et recte scribendi loquendique.

43) DIC, 3, 18：... ad nostrum dogma convertimus.

44) Instit. 2, 1, 1参照．

45) Alcuinus, De grammatica：Grammatica est litteralis scientia, et est custos recte loquendi et scribendi（PL 107, c.857 D）.

DIC, 3, 18：...scientia...et recte scribendi loquendique...

：...scientia recte loquendi et scribendi ratio...

：...rectae locutionis scientiam et scribendi peritiam...

J. J. Murphy, Rhetoric in the Middle Ages, A History of Rhetorical Theory from Saint Augustin to the Renaissance, University of California Press, Berkeley Los Angeles, London 1974, p.84参照．

46) DIC, 3, 18：... origo et fundamentum est litterarum liberalium. = Instit. 2, praef. 4 = Etym. 1, 5, 1.

47) Maria L. Colish, Eleventh-century grammar in the thought of St Anselm, Arts liberaux et Philosophie au Moyen Age, Actes du 4e Congrès international de Philosophie médiévale, Montréal, 1967, p. 786参照．

48) DIC, 3, 18 Istotum autem troporum non solum exempla, sicut omnium, sed quorumdam etiam nomina in divinis Libris leguntur, sicut allegoria, aenigma, parabola...quorum cognitio propterea scripturarum ambiguitatibus dissolvendis est necessaria. = Augustinus, De doctrina christiana（以下 DC と略記）, 3, 29, 40-41. なお，De doctrina christiana の邦訳は，加藤武訳『キリスト教の教え』（アウグスティヌス著作集6）教文館，1988年を，文脈に合せて利用させていただいた．

49) DIC, 3, 18, fine. = Augustinus, DC, 2, 40, 60-61参照．

50) DIC, 3, 19：Rhetorica est, sicut magistri tradunt, saecularium litterarum bene dicendi scientia in civilibus quaestionibus. = Instit. 2, 2, 1. また，Etym. 2, 1, 1も参照.

51) DIC, 3, 19：Quicquid enim orator et praedicator divinae legis diserte et decenter profert in docendo, vel quicquid apte et eleganter depromit in dictando, ad huius artis congruit peritiam.

52) D. L. Wagner, The Seven Liberal Arts in the Middle Ages, Indiana Univ. Press, Bloomington, Indiana 1983, p. 105, 111参照.

53) DIC, 2, 19 = DC, 4, 2, 3参照.

54) DIC, 2, 19：... quoniam si acutum et fervens adsit ingenium, facilius adhaeret eloquentia legentibus et audientibus eloquentes, quam eloquentiae praecepta sectantibus = DC, 4, 3, 4.

55) Ibid.：... accedente vel maxime exercitatione sive scribendi sive dictandi, postremo etiam dicendi, quae secundum pietatis ac fidei regulam sentit. = DC, 4, 3, 4.

56) DIC, 3, 19, fine：... cum reservamus paulo post jura eiusdem in dicendi genere planius demonstranda.

57) DIC, 3, 20：Dialectica est disciplina rationalis quaerendi, definiendi et disserendi, etiam et vera a falsis discernendi potens. = Alcuinus, De dialectica, c. 1, ed. Froben Forster, t. II, p.335. その他，Instit. 2, praef. 4とEtym. 2, 22, 1も参照.

58) DIC, 3, 20：... in hac se ipsa ratio demonstrat atque aperit, quae sit, quid sit, quid velit, quid valeat. Scit scire sola et scientes facere non solum vult, sed etiam potest. In hac ratiocinantes cognoscimus, quid sumus et unde sumus, per hanc intellegimus, quid sit faciens bonum et quid sit factum bonum, quid creator et quid creatura; per hanc investigamus veritatem et deprehendimus falsitatem; per hanc argumentamur et invenimus, quid sit consequens, quid non consequens et quid repugnans in rerum natura, quid verum, quid verisimile et quid penitus falsum in disputationibus. In hac etiam disciplina unamquamque rem quaerimus sagaciter et definimus veraciter et disserimus prudenter.

59) DIC, 3, 20：Haec ergo disciplina disciplinarum est, haec docet docere, haec docet discere.

60) DIC, 3, 20参照.

61) DIC, 3, 20 = DC, 2, 31, 48-49；2, 32, 50参照.

62) DIC, 3, 21 = Instit. 2, 3, 21 = Etym. 3, praef. 1参照.

63) DIC, 3, 22：Arithmetica est disciplina quantitatis numerabilis secundum se. = Instit. 2, 3, 21.

64) DIC, 3, 21 = Etym. 3, 1, 1参照.

65) Ibid. 参照.

66) DIC, 3, 21；Instit. 2, 3, 22参照.

67) DIC, 3, 22；DC, 2, 16, 25参照.

68) DIC, 3, 22：Quapropter necesse est eis, qui volunt ad sacrae scripturae notitiam pervenire, ut hanc artem intente discant；et cum didicerint, mysticos numeros in divinis libris facilius hinc intellegunt.

69) DIC, 3, 23：（Geometria）quae est descriptio contemplativa formarum, documentum etiam visuale philosophorum... = Instit. 2, 5, 11.

70) DIC, 3, 23：... quando cursus stellarum potentia veneranda distribuit et statutis lineis fecit currere, quae moventur, certaque sede, quae sunt fixa constituit. = Instit. 2, 5, 11.

71) DIC, 3, 23 = Instit. 2, 6, 1参照.

72) DIC, 3, 23：Haec igitur disciplina in tabernaculi templique aedificatione servata est, ubi li-nealis mensurae usus et circuli ac spherae atque hemispherion, quadrangulae quoque formae et ceteram figuram dispositio habita est；quorum omnium notitia ad spiritalem intellectum non parum adiuvat tractatorem.

73) DIC, 3, 24：Musica est disciplina, quae de numeris loquitur, qui ad aliquid sunt his, qui inve-niuntur in sonis, ut duplum, tripulum, quadruplum et his similia, quae dicuntur ad aliquid. = Instit. 2, 5, 4.

74) DIC, 3, 24 = Instit. 2, 5, 2参照.

75) DIC, 3, 24：Itaque et numerum et musicam plerisque locis in sanctis scripturis honorabiliter posita invenimus. = DC, 2, 16, 26

76) DIC, 3, 24 = DC, 2, 17, 27参照.

77) DIC, 3, 24：Immo vero quisquis bonus verusque christianus est, domini sui esse intellegat, ubicumque invenerit veritatem. = DC, 2, 18, 28.

78) DIC, 3, 25：Astronomia...ut quidam dixit, dignum est religiosis argumentum, magnumque curiosis tormentum. Instit. 2, 6, 4参照.

79) DIC, 3, 25：Astronomia itaque dicitur, unde nobis sermo est, astrorum lex. = Instit. 2, 7, 1.

80) DIC, 3, 25：Astronomia est itaque, sicut jam dictum est, disciplina, quae cursus caelestium siderum et figuras contemplatur omnes, et habitudines stellarum circa se et circa terram indaga-bili ratione percurrit. = Instit. 2, 7, 2.

81) DIC, 3, 25：... licet ad unam disciplinam ambae pertineant. リシェ著，岩村訳『ヨーロッパ形成期の学校教育と教養』282-84頁参照．ラバヌスの師アルクインは原因不明の現象に超自然的起源を見がちであるが，これに対してラバヌスは身辺の現象をすべて自然の通常の運行とその調和のなかでとらえようとする．たとえば,アルクインは流星を最近死亡した聖人たちの魂であると考えたが，ラバヌスは天上の現象すべてについて迷信的な解釈をひどく嫌っている．Mullinger, op.cit., pp.147-48；リシェ著，岩村訳『中世の生活文化誌』230頁参照.

82) DIC, 3. 25 fine = Etym. 3, 27, 1-2参照.

83) H.-I. Marrou, Saint Augustin et la fin de la culture antique, p.196；リシェ著，岩村訳『ヨーロッパ成立期の学校教育と教養』282-84頁参照.

84) DIC, 3, 25参照.

85) DIC, 3, 1：... sanctissimum ordinem clericorum...et scientiae plenitudinem et vitae recti-tudinem et eruditionis perfectionem maxime eos habere decet.

86) DIC, 3, 1：... id est scientiam sanctarum scripturarum, puram veritatem historiarum, modos tropicarum locutionum, significationem rerum mysticarum, utilitatem omnium disciplinarum, honestatem vitae in probitate morum, elegantiam in prolatione sermonum, discretionem in exhi-

bitione dogmatum, differentiam medicaminum contra varietatem aegritudinum. ラバヌスは，聖職者が修得すべき学問のさいごに医学をあげているが，中世における基礎教養としての医学については，リシェ著，岩村訳『ヨーロッパ成立期の学校教育と教養』286-90頁参照．また後出の注103）も参照．

87) ラバヌスは自由学芸の説明を，第3巻の主要課題となる聖書注解（3, 2-15）と，説教（3, 28-39）の中間（3, 16-26）においている．

88) DIC, 3, 1 = Gregorius Magnus, Regula pastoralis, 1, 2. 参照．

89) DIC, 3, 6：... quae ab omnibus accipiuntur ecclesiis catholicis...quas plures gravioresque accipiunt. = DC, 2, 8, 12. ラバヌスによる正典は，旧約聖書では，創世記，出エジプト記，レビ記，民数記，申命記，ヨシュア記，士師記，ルツ記，列王記4巻，歴代誌上下，トビト記，エステル記，ユディト記，エズラ記2巻，マカバイ記上下，イザヤ書，エレミヤ書，エゼキエル書，ダニエル書，小預言書12巻，ヨブ記，詩編，箴言，伝道の書，雅歌，知恵の書，シラ書，エレミアの哀歌であり，新約聖書では，四福音書，パウロの書簡14巻，カトリック書簡7巻，使徒言行録，黙示録である（DIC, 2, 53 ）．

90) DIC, 1, 11：Lectorum ordo formam et initium a prophetis sumpsit. Sunt igitur lectores, qui verbum Dei praedicant. = Etym. 7, 12.

91) DIC, 1, 7 = Isidorus, De officiis 2, 8参照．

92) DIC, 2, 52 = Isidorus, op. cit., 1, 7参照．

93) DIC, 1, 11：Iste ergo doctrina et libris debet esse imbutus, sensuumque ac verborum scientia perornatus, ut distincte et aperte sonans audientium corda possit instruere = Isidorus, op. cit., 2, 11.

94) DIC, 2, 52 = Isidorus, De officiis, 1, 8参照．

95) DIC, 2, 52 = Isidorus, op. cit.,1, 8 = DC, 3, 3, 6参照．

96) DIC, 2, 52 = Alcuin, De rhetorica（PL 101, c. 942 AB）参照．

97) DIC, 2, 52：Sed haec a grammaticis discere oportet.

98) DIC, 3, 8 = DC, 2, 3, 4参照．

99) DIC, 3, 8参照．

100) DIC, 3, 8 = DC. 2, 10, 15参照．

101) DIC, 3, 9 = DC, 2, 14, 21参照．

102) DIC, 3, 9：... a grammaticis et rhetoribus non mediocriter discere qui vult valet.

103) DIC, 3, 17参照．医学を雄弁家，教養人の基礎教養として推奨したのは『雄弁家論』の著者キケロであり（A. Gwynn, Roman education from Cicero to Quintilian, Oxford Univ. Press 1926：小林雅夫訳『古典ヒューマニズムの形成』創文社，1974年，81-82頁参照），キケロの路線を継承して，聖書注解とキリスト教的雄弁術(説教)の基礎教養としたのがアウグスティヌスである（DC, 2, 30, 47参照）．これに対してラバヌスは，医学を聖書注解（と説教）の基礎教養とするアウグスティヌスのことばを引用しつつ（DIC, 3, 17参照），同時に，単なる基礎知識としてではなく，カッシオドルスの音楽論を引用しつつ実践的術知としての医学の学習を示唆し勧めている（DIC, 3, 24 = Instit. 2, 5, 2参照）．

H. Schipperges, Die Kranken im Mittelalter, München 1990：濱中淑彦監訳『中世の患者』人文書院，1993年，189-90頁参照.

104) DIC, 3, 10：Numerorum etiam imperitia et musicarum rerum ignorantia multa faciunt non intellegi translate ac mystice posita in scripturis. = DC. 2, 16, 25.

105) DIC, 3, 13 = DC, 3, 10, 14-15；3, 11, 17参照. .

106) DIC, 3, 20：... per hanc（dialecticam）intellegimus, quid sit faciens bonum et quid sit factum bonum, quid creator et quid creatura；per hanc investigamus veritatem et depraehendimus falsitatem.

107) 中世における修辞学，説教については，R. McKeon, Rhetoric in the Middle Ages, Speculum vol. XII（1942), pp.1-30；J. J. Murphy, Rhetoric in the Middle Ages, A History of Rhetorical Theory from Saint Augustine to the Renaissance, University of California Press, Berkeley Los Angeles, London 1974；G. A. Kennedy, Classical Rhetoric, The University of North Carolina Press 1980；D. L. Wagner, The Seven Liberal Arts in the Middle Ages, Indiana University Press 1983（ch. 4, Rhetoric, by M. Camargo, pp.96-124)；R. Copland, Rhetoric, Hermeneutics and Translation, Cambridge University Press, London 1995；R. Curtius, Europäische Literatur und lateinisches Mittelalter, Bern 1948：南大路振一・岸本通夫・中村善也訳『ヨーロッパ文学とラテン中世』みすず書房，1971年；R. Barthes, L'ancienne rhétorique, Paris 1970：沢崎浩平訳『旧修辞学』みすず書房，1979年参照.

中世における説教については，J. Longère, La prédication médiévale, Paris 1983；Th. M. Charland, Artes praedicandi, Paris, Ottawa 1936；G. Makdisi, D. Sourdel, J. Sourdel Thomine, Prédication et Propaganda au Moyen Age, Presse Universitaire de France 1980；Th. L. Amos, E. A. Green, B. M. Kienzle, De ore Domini, Michigan 1989など参照.

アウグスティヌスにおける修辞学と説教については，H.-I. Marrou, Saint Augustin et. la fin de la culture antique, Paris 1958（4e éd.)；M. Comeau, La rhétorique de saint Augustin, Paris 1930；M. Pontet, L'exégèse de saint Augustin predicateur, Paris 1948；拙著『アウグスティヌスにおける教育』創文社，2001年，225-52頁参照.

108) DIC, 3, 28：...divinarum scripturarum tractator et doctor. = DC, 4, 2, 6.

109) DIC, 1, 5：Dispensat ergo mysteria caelestia fidelibus, baptismum tradit, corpus et sanguinem Christi distribuit et verbum Dei praedicat. DIC, 3, 7 = Isidorus, De officiis, 2, 8参照.

110) DIC, 3, 28：Debet igitur...conciliare aversos, remissos erigere, nescientibus quid agatur, quid expectare debeant intimare. = DC, 4, 4, 6参照.

111) DIC, 3, 28：... illum ad hoc opus unde agimus, iam oportet accedere, qui potest disputare vel dicere sapienter, etiamsi non potest eloquenter, ut prosit audientibus etiamsi minus quam prodesset, si et eloquenter posset dicere. = DC, 4, 5, 7.

112) DIC, 3, 28：Sapienter autem dicit homo tanto magis vel minus, quanto in scripturis sanctis maius profecit. = DC, 4, 5, 7.

113) Augustinus, Confessiones, 3, 3, 5；4, 2, 2 など；拙著『アウグスティヌスにおける教育』16-24, 38-46頁参照.

114) DIC, 3, 28：Huic ergo, qui sapienter debet dicere, etiam quod non potest eloquenter, verba scripturarum tenere maxime necessarium est. Quanto enim se pauperiorem cernit in suis, tanto in istis oportet eum esse ditiorem, ut quod dixerit suis verbis, probet ex illis. = DC, 4, 5, 8.

115) H.-I. Marrou, op. cit., pp.498-503参照.

116) DIC, 3, 29：... sed in omnibus sermonibus suis primitus ac maxime ut intellegantur elaborent, ea quantum possunt perspicuitate dicendi. = DC, 4, 8, 22.

117) DIC, 3, 29：Sunt enim quaedam, quae vi sua non intelleguntur, aut vix intelleguntur, quamvis planissime dicentis versentur eloquio, quae in populi audientiam vel raro, si aliquid urget, nunquam omnino mittenda sunt. DC, 4, 9, 23参照.

118) DIC, 3, 37 = Gregorius Magnus, Regula pastoralis, 3, prologus, 3, cap. 1-35参照.

119) DIC, 3, 30 = DC, 4, 10, 24；リシェ著，岩村訳『ヨーロッパ成立期の学校教育と教養』334-36, 416頁参照.

120) DIC, 3, 31：Dixit ergo quidam eloquens et verum dixit, ita dicere debere eloquentem, ut doceat, ut delectet, ut flectat. = DC, 4, 12, 27 = Cicero, De oratore, 21, 69.

121) DIC, 3, 31 = DC, 4, 11, 26-4, 12-28参照.

122) DIC, 3, 32：Is erit igitur eloquens, qui poterit parva submisse, modica temperate, magna granditer dicere. = DC, 4, 17, 34 = Cicero, De oratore, 29, 101.

123) DIC, 3, 32 = DC, 4, 17, 34-4, 18, 35参照.

124) DIC, 3, 34 = DC, 4, 20, 39-44参照.

125) DIC, 3, 2：Nec enim illa, quae in libris prudentium huius saeuli vera et sapientia reperiuntur, alii quam veritati et sapientiae tribuenda sunt, quia non ab illis haec primum statuta sunt, in quorum dictis haec leguntur, sed ab aeterno manantia magis investigata sunt, quantum ipsa doctrix et inluminatrix omnium veritas et sapientia eis investigare posse concessit. Ac ideo ad unum terminum cuncta referenda sunt, et quae in libris gentilium utilia et quae in scripturis sacris salubria inveniuntur, ut ad cognitionem perfectam veritatis et sapientiae perveniamus, qua cernitur et tenetur summum bonum.

126) DIC, 3, 16 = DC, 2, 19, 29-2, 24, 37参照.

127) DIC, 3, 16：Sed haec tota pars humanorum insitutorum, quae ad usum vitae necessarium proficient, nequaquam est fugienda christiano, immo etiam quantum satis est intuenda memoriaque retinenda. = DC, 2, 25,4 0.

128) DIC, 3, 16 fine 参照.

129) DIC, 3, 17 = DC, 2, 27, 41参照.

130) DIC, 3, 17：Quidquid igitur de ordine temporum transactorum indicat ea, quae appellatur historia, plurimum nos adiuvat ad libros sanctos intellegendos, etiam si praeter ecclesiam puerili eruditione discatur. = DC, 2, 28, 42.

131) DIC, 3, 17 = DC, 2, 28, 44参照.

132) DIC, 3, 17 = DC, 2, 29, 45-46；2, 30, 47参照.

133) DIC, 3, 17 = DC, 2, 31, 48参照.

134) DIC, 3, 17 = DC, 2, 38, 56-57；2, 29, 46参照.

135) DIC, 3, 17 = DC, 2, 29, 46参照.

136) DIC, 3, 26 = DC, 2, 40, 60-61；2, 41, 62参照.

137) ラバヌスが『聖職者の教育』において「異教徒の教え」(doctrinae gentiles) として考えているものには，古代古典の文学のほかに，プラトン主義者 (platonici)（あるいは新プラトン主義者というべきか）の書も含まれている．DIC, 3, 26 = DC, 2, 40, 60参照.

138) PL 107, c.439；Brunhölzl, Histoire de la littérature latine du Moyen Age, I, vol. 2, p.93参照.

139) DIC, prologus：... secundum auctoritatem et stilum majorum ... auctoritati innitens majorum per omnia vestigium secutus.

140) PL 107, 441-442参照．ラバヌスは，まれに見る多作家で（PL 107-12巻参照），多方面にわたる著作を著したが，それらはほとんど先賢の著作の引用をもって，かれの学識に頼る方々の司教，修道者，俗人の「注文」に応じて書かれている．それは，かれの著作の献辞に明らかである．H. Peltier, Raban Maur, Dictionnaire de Théologie Catholique, XIII, 1604-11参照.

141) ラバヌスは，つぎのように述べている．「私は，先賢のことばを盗用し，さも自分のことばのように書いたと言われることのないように万全の注意を払った」(... sollicitus per omnia, ne majorum dicta furari, et haec quasi mea propria componere dicar). MGH. Epist., V, 3, p.389. PL 107, 729；PL 111, 1275参照.

142) 書簡術については，J. Leclercq, L'épistolaire au Moyen Age latin, Revue du Moyen Age latin, 2 (1946), pp.63-70；D. Wagner, The Seven Liberal Arts in the Middle Ages, 1983, Bloomington, Indiana pp.108-10, 113-14；J. A. Murphy, Rhetoric in the Middle Ages, California Univ. Press 1973, pp.107, 195-268を，説教術については，Wagner, op. cit., pp.111-15；Murphy, op. cit., pp.269-355を，法学については，Henrich Mitteis, Deutsche Rechtsgeschite, ein Studienbuch, neubearbeitet von Heinz Lieberich, 11, ergänzte Auflage, München 1969：世良晃志郎訳『ドイツ法制史概説』創文社，1986年，149-86頁；リシェ著，岩村訳『ヨーロッパ成立期の学校教育と教養』252-53, 350-60頁参照.

第2部　キリスト教教育の展開

第5章　西欧中世における貴族信徒の教育

1) P. Riché, Ecole et enseignement dans le Haut Moyen Age, Paris 1999 (3e éd)（岩村清太訳『ヨーロッパ成立期の学校教育と教養』知泉書館，2002年，296-349頁とくに298-302頁）；idem, La vie quotidienneans l'empire carolingien, Paris 1972（岩村清太訳『中世の生活文化誌』東洋館出版社，1992）97-99頁参照.

2) リシェ著，岩村訳『ヨーロッパ成立期の学校教育と教養』82-85頁参照.

3) ヨナスについて，G. Mathon, Jonas d'Orléans, Catholicisme (25), Paris 1991, c. 946-

948；M. Banniard, Jonas d'Orléans, Dictionnaire des lettres françaises, Paris 1992, pp.869-70；J. Favrier, Dictionnaire de la France Médievale, Paris 1993, p.535；C. Veulliez, Jonas d'Orléans, Dictionnaire Encyclopédique du Moyen Age, Paris 1997, t. 1, p.835参照．ヨナスの活動については，P. Riché, Le christianisme dans l'Occident carolingien, Histoire du Christianisme, Paris 1993, t. 4, pp.682-765；F. Brunhölzl, Histoire de la littérature du Moyen Age, Louvain-la-Neuve 1991, 1/2, pp.155-59, 299-300参照．

カロリング期については，J. Boussard, Charlemagne et son temps, Paris 1968（井上泰男訳『シャルルマーニュの時代』平凡社，1973年）；P. Riché, La vie quotidienne dans l'empire carolingien, Paris 1972（岩村清太訳『中世の生活文化誌』東洋館出版社，1992年）；P. Riché, Les Carolingiens, Paris 1983参照．

4） Patrologia Latina（以下 PL と略記），106, 388ss参照．聖フ（ク）ベルトゥスについては，Catholicisme, 25, c.946；Brunhölzl, op. cit. p.156参照．

5） Jonas, De cultu imaginum：PL 106, 306-88参照．

6） MGH. Poet. 1at. I, 529参照．

7） Jonas, De institutione regia：PL 106, 80-306（三上茂訳『王の教育』上智大学中世思想研究所編訳/監修『中世思想原典集成6』319-77頁）．本書に関する研究としては，Odile Boussel, L'institutio regia de Jonas d'Orléans, un miroir des princes du IX siècle, Paris, 1964（thèse de l'Ecole des Chartes）；R. Jehl, Die Geschichte des Lasterschemas und seiner Funktion von der Vaterzeit bis zur karolingischen Erneuerung, Franziskanische Studien 64, 1982, s. 260-359；Paul Viard, Jonas, Dictionnaire de Spiritualité, 8（1974），1269-1272参照。E. Delaruelle, En relisant le "De institutione regia", Paris 1951, 185-92；三上茂「カロリング時代における『君主の鑑』」上智大学中世思想研究所編『中世の社会思想』創文社，1996年，41-64頁がある．

8） 本稿では，PL 106, 121D-278B 所収の De institutione laicali（以下 DIL と略記）を用いた．

9） マトフレド伯とカロリング家との関係については，P. Riché, Les Carolingiens, pp.149-202参照．

10） 当時の貴族の教養については，リシェ著，岩村訳『中世の生活文化誌』251-62頁；リシェ著，岩村訳『ヨーロッパ成立期の学校教育と教養』295-326頁参照．

11） DIL praefatio：Fretus quippe ad idem opus subeundum, in eo magna ex parte exstiti, quod non mei sensus verba stylo eloquentiae, quae nulla mihi inest, exarata, sed sententias ex divinis oraculis promulgatas, et a sanctis Patribus facetissime expolitas, huic forem innexurus operi. Quapropter studii mei fuit pro captu ingenii eloquia divina, sanctorumque Patrum dicta scrutari；ac veluti ex diversis pratis diversos flosculos carpere, et quasi in quodam cartallo congerere, tuaeque piae devotioni, nec non et eorum quibus id forte placuerit, hoc commentariolum condere. PL 106, 123B-C.

12） DIL, praefatio：Tuae nuper strenuitatis litteras suscepi, quibus meam extremitatem commonefecisti, ut tibi citissime et quam brevissime scriberemus qualiter et te caeterosque qui uxo-

rio vinculo ligantur, vitam Deo placitam ducere oportet. Opus...ut in eo quasi in quodam speculo te assidue contemplari, qualiterque conjugalem vitam honeste ducere debeas, ejus crebra lectione valeas instrui. PL 106, 121D-24A.

13) DIL 1, 1：Protoplastus totius humani generis parens mirabiliter a Deo de limo terrae creatus, et in paradisi felicitate collocatus... non solum ipse divini praecepti praevaricator exstitit, verum etiam in nos, qui ex illius peccati traduce nascimur, suae praevaricationis noxam, et justae damnationis poenam transfudit. PL 106, 123D-24D.

14) DIL 1, 1：Patet igitur quia idem originale peccatum, quo genus humanum damnabiliter obstringebatur, non solvi ac dilui, nisi per eumdem mediatorem Dei et hominum hominem Jesum Christum... Proinde oportet ut unusquisque fidelis agnoscat ubi merito corruerit, et unde per gratiam Christi pietatem erutus fuerit, et tantum ereptorem et liberatorem toto corde, et tota virtute diligere satagat, et ab amore illius in nullo tepescat；sed omne tempus vitae suae in ejus servitio insumat. PL 106, 125D-26B.

15) 人生と秘跡との関係については，H. Rondet, La vie sacramentaire, Paris 1972；C. Dillenschneider, Dynamisme de nos sacrements, Paris 1976；A. M. Roguet, Les sacrements, signe de vie, Paris 1951（岩村清太訳『秘跡とは何か』ドン・ボスコ社，1963年）参照．中世における秘跡の実践ないし発展については，J. Chélini, L'Aube du Moyen Age, Paris 1991参照．また道徳主義については，E. Delaruelle, Jonas d'Orléans et le moralime carolingien, Bulletin de la littérature ecclésiastique, LV（1954), pp.129-43, 221-28参照.

16) DIL 1, 2：PL 106D 参照。

17) DIL 1, 2：Ut nihil aliud in Christo baptismum intelligamus, nisi mortis Christi similitudinem；nihil autem aliud mortem Christi crucifixi, nisi remissionis peccati similitudinem；ut quemadmodum in illo vera mors facta est, sic in nobis fiat vera remissio peccatorum；et quemadmodum in illo vera resurrectio, ita in nobis vera jusitificatio. PL 106, 126D-127A. Augustinus, Enchiridion, cap.52参照.

18) DIL 1, 2：Elaborandum est itaque ut de sordibus veteris hominis nihil remaneat in nobis. Christus autem non ex parte, sed integer, est crucifixus, ut nos ex toto moriamur peccato, et vivamus Deo. Ille vero vivit Deo, qui Christi vestigia humilitate, sanctificatione et pietate sectatur. PL 106, 127B-C.

19) DIL 1, 3：PL 106, 128B-129A参照.

20) ヨナスは，イシドルスの『教会の役務』(De ecclesiasticis officiis）をもとに，望みの洗礼，血の洗礼，秘跡の洗礼を区別している．DIL 1, 4：PL 106, 129A-30C 参照.

21) DIL 1, 8：quippe ut qui alienis peccatis obnoxii sunt, aliorum deportatione et responsione a praevaricatione originalis noxae absolvantur, quatenus eruti de potestate tenebrarum, in regnum Domini sui transferantur. PL 106, 135C. ヨナスは，アウグスティヌスの『エンキリディオン』をもとに，大人（majores）の洗礼の効果に関する使徒パウロの教えは幼児（parvuli）にもあてはまると述べており，また受洗後の教育の必要性を強調する点から見ても，ヨナスが念願においているのは幼児洗礼である．DIL 1, 2：PL 106, 127参照.

22） DIL 1, 6：PL 106, 132A-133A参照.

23） ibid.：Haec ergo omnia et his similia si filios et filias vestras admonere contenditis, cum ipsis ad aeternam beatitudinem feliciter pervenietis. PL 106, 132C.

24） リシェ著，岩村訳『中世の生活文化誌』324-26頁；J. Chélini, op. cit., pp.55-77参照.

25） DIL 1, 7-8：PL 106, 133B-135D 参照.

26） DIL 1, 7：Credendum vero est quia sicut baptismatis, et corporis, et sanguinis Domini sacramenta, per sacerdotum mysteria visibilia fiunt, et per Dominum invisibiliter consecrantur, ita nimirum Spiritus sancti gratia per impositionem manuum, ministerium administratum episcoporum fidelibus invisibiliter tribuatur. PL 106, 134A.

27） ヨナスにおける堅信の独立性とキリスト者の発達における重要な役割については，J. Chélini, op. cit., pp.57-59参照.

28） DIL 1, 7：PL 106, 133B-34B；Innocentius 1, Epistola 1, 3参照.

29） DIL, cap.8（PL 106, 134B-35C）では，堅信に向けた洗礼後の教育が取り扱われている.

30） DIL 1, 8：PL 106, 134C-D参照.

31） DIL 1, 8：Multa omnino praecepta sunt, et innumerabilia sunt. Praeceptorum ipsorum paginas vix quisque numerat, quanto magis ipsa? Voluit tamen Dominus propter eos qui se possent excusare, vel quia eis non vacat legere, vel quia non norunt legere, vel quia non possunt facile intelligere, ut excusationem nemo habeat in die judicii. PL 106, 134D. Augustinus, Sermo de disciplina christianorum, cap.2参照.

32） DIL 1, 8：Ecce quod discitur in domo disciplinae：diligere Deum, diligere proximum：Deum tanquam Deum, proximum tanquam te. PL 106, 135B. Augustinus, ibid., cap.7参照.

33） DIL 1, 9：Multa siquidem et alia divinae Scripturae existunt testimonia quae nos de perpetratis peccatis absque dilatione conversionem ad Deum facere hortantur, et per poenitentiam divinae misericordiae indulgentiam nobis promereri posse pollicentur. Non est ergo parvipendenda poenitentiae medicina, quae dum parvipenditur, morbus plus invalescens necem aegroto gignere comprobatur. PL 106, 137D.

34） DIL 1, 10：PL 106, 138A 参照.

35） DIL 1, 10：PL 106, 138A-43A 参照．ヨナスは，9世紀における償いの手段として，テオドゥルフとともに，洗礼，殉教，施し，他人を赦すこと，罪からの改心，愛の行為，償いの7つを，オリゲネスを引用しつつあげている.

36） DIL 1, 15：PL 106, 151B-152C 参照.

37） DIL 1, 16：Moris est Ecclesiae de gravioribus peccatis sacerdotibus...confessionem facere. PL 106, 152D.

38） DIL 1, 17：... se minime deliquisse credant. Illa quipped non solum dicentibus, verum etiam aurem libenter accommodantibus peccati maculam ingerunt. Porro cogitationes immundae plerumque ad prava pertrahunt... PL 106, 154C.

39） DIL 1, 16：In hac sententia illa debet esse discretio, ut quotidiana leviaque peccata alterutrum

coaequalibus confiteamur, eorumque quotidiana credamus oratione salvari. PL 106, 153A. Beda Venerabilis, In cap. 5 Epistolae Jacobi 参照.

40） DIL 1, 18：Qui enim... proximorum mala respiciunt, et tamen in silentio linguam premunt, quasi conspectis vulneribus usum medicaminis subtrahunt；et eo mortis auctores sunt, quo virus quod poterant curare, noluerunt. PL 106, 158A DIL 1, 18：PL 106, 156C-58B 参照.

41） DIL 1, 13：PL 106, 158A-B 参照.

42） DIL 1, 18：PL 106, 156-58参照.

43） DIL 2, 1：... conjugium, et in exordio creationis humanae a Deo esse institutum. PL 106, 167A.

44） DIL 2, 1：PL 106,167A-70C 参照. 結婚がキリスト教会によって秘跡として認められ宣言されるのはフィレンツェの公会議（Conc. oecum. Florentinum, 1439-1445）においてで，そこでは神の秘跡としてあげられている（D. S. 1327）．そしてトリエント公会議（Conc. oecum. Tridentinum （1545-63）は，フィレンツェの宣言を確認し，結婚の特性を詳述している． Sess. 26. H. Denzinger, A. Schönmetzer, Enchiridion Symbolorum, 1797-1816.

45） DIL 2, 1：Cum Deus summe bonus, cuncta quae fecit, bona sint valde... Innumerabilia quippe sunt, et ineffabilia ejus bona；inter quae bonum esse conjugium. PL 106, 167A.

46） DIL 2, 1：Sane videndum est alia bona nobis Deum dare, quae propter seipsa expetenda sunt, sicut sapientia, salus, amicitia；alia quae propter aliquid sunt necessaria... quaedam propter amicitiam, sicut nuptiae, vel concubitus. Hinc enim subsistit propagatio generis humani, in quo societas amicalis magnum bonum est. PL 106, 167C. Augustinus, De bono conjugali, cap. 19：PL 40, 389. その他，DIL 2, 1：PL 106,168B-C；Augustinus, De nuptiis et concupiscentia, cap. 4：PL 44, 415-16；DIL II, 6：PL 106, 181A；Augustinus, De bono conjugali, cap. 16：PL 40, 381参照.

47） DIL 2, 6：Quod enim est cibus ad salutem hominis, hoc est concubitus ad salutem generis；et utrumque non est sine delectatione carnali. Quae tamen modificata, et temperantia refrenante in usum naturalem redacta, libido esse non potest. PL 106, 181A.

48） DIL 2, 9：PL 106, 184D-85D 参照.

49） DIL 2, 7：PL 106, 182B-83B 参照.

50） DIL 2, 10：PL 106, 186A-87B 参照.

51） DIL 2, 11：PL 106, 186D-88C；Augustinus, De tempore, sermo 3 参照.

52） DIL 2, 12-13：PL 106, 188D-91A 参照.

53） DIL 2, 5：Perpendant itaque conjugati, quod sicut praemissa documenta declarant, exterior pulchritudo, et carnalis uxorum delectatio, earum interiori casto amori nullatenus sit praeferenda. Non sunt igitur in uxoribus divitiae tantum et pulchritudo, sed potius pudicitia, et morum probitas quaerenda. PL 106, 179B.

54） DIL 2, 4：Vos ergo, viri maxime, qui ad gratiam Domini tenditis, non conjungi adulterino corpori, qui enim se meretrici conjungit, unum corpus est. Nec dare hanc occasionem divortii

mulieribus... nec viro licet quod mulieri non licet. PL 106, 177A-B. Augustinus, De nupt. et concupisc., cap. 9参照.

55） DIL 2, 5：Dubitari non potest, naturali ordine viros potius feminis, quam viris feminas principari. PL 106, 178. A. Augustinus, op. cit., cap. 9参照.

56） DIL 2, 2：Vos qui ducturi estis uxores, servate vos uxoribus vestris. Quales eas vultis invenire, tales vos debent et ipsae invenire. Quis juvenis est qui non castam velit ducere uxorem. Et si accepturus est virginem, quis non intactam desiderat？ Intactam quaeris, intactus esto. PL 106, 171. Augustinus, De verbis Domini, sermo 46, cap.2参照.

57） DIL 2, 2：PL 106, 170D-71A 参照.

58） DIL 2, 14：PL 106, 192C-95B 参照.

59） Ibid. 192D：Erunt, inquit, verba mea haec quae ego praecipio tibi hodie in corde tuo；et docebit ea filios tuos, et meditaberis ea sedens in domo tua.

60） DIL 2, 14：PL 106, 192D-94A；Gregorius Magnus, Moralia in Job 1, cap.4-5参照.

61） DIL 2, 14：PL 106, 194B-C 参照.

62） DIL 2, 14：PL 106, 194D-95A；Ambrosius, De Joseph, cap.2参照.

63） DIL 2, 14：PL 106, 195B 参照.

64） DIL 2, 15：... filii debitum honorem parentibus impendere debent. PL 106, 195C.

65） DIL 2, 15：Filii, obedite parentibus vestris in Domino；hoc enim est justum；honora patrem tuum, et matrem tuam（quod est mandatum primum in promissione), ut bene sit tibi, et longaevus sis super terram（Ephes. 6, 1）. PL 106, 196A.

66） DIL 2, 15：Praecepit... Dominus vel imbecillitates, vel aetates, vel penurias parentum considerans, ut filii honorarent, et iam in vitae necessariis ministrandis, parentes suos. PL 106, 196D. Hieronymus, Epist. Ad Laetan.（Epist.7）参照.

67） DIL 2, 16：Si languente capite, ut beatus ait Gregorius, membra incassum vigent, languentibus utique membris, caput aut languidum, aut languori vicinum sit, neccsse est. PL 106, 197B. Gregorius Magnus, Regula pastoralis, II, 7. 参照.

68） DIL 2, 16：... omnes fideles, qui parvulae suae domus custodiam gerunt, pastores recte vocantur, in quantum eidem suae domui sollicita vigilantia praesunt... Immo unusquisque vestrum, fratres, qui etiam privatus vivere creditur, pastoris officium tenet, et spiritalem pascit gregem, vigiliasque noctis custodit super illum, si bonorum actuum, cogitationumque mundarum sibi aggregans multitudinem, hunc justo moderamine gubernare, coelestibus Scripturarum pascuis nutrire... PL 106, 197C. Beda, Homilia in aurora Natalis Domini, Luc.2参照.

69） DIL 2, 16：PL 106, 198A 参照.

70） DIL 1, 13：PL 106, 147D-49D；Beda, Homilia 17 in Evangelium Joannis 参照.

71） DIL 1, 13：PL 106, 147C-48D；Origenes, In cap.34 Exodi, homilia 12；Augustinus, De Tempore, sermo 214参照.

72） DIL 2, 18：PL 106, 201D-02A 参照.

73） DIL 2, 18：Sacrosanctum Corpus et Sanguinem Domini nostri Jesu Christi, ubi et redemptio

totius salutis, et mysterium fidei nostrae consistit... PL 106, 201D.

74) DIL 2, 18：... quando sacramentum psssionis Christi, cum ore ad redemptionem sumitur, ad imitationem quoque intenta mente cogitatur. PL 106, 202D.

75) DIL 2, 18：PL 106, 202B-C；Gregorius Magnus, Moralia in Job 22, cap.23参照.

76) DIL 2, 18：PL 106, 203A-04B；Isidorus, De ecclesiasticis officiis 1, cap.18参照.

77) DIL 2, 20：PL 106, 208D-11C 参照.

78) DIL 2, 20：... sacerdotes, mediatores videlicet inter Dominum et populum, ob amorem et honorem illius cujus ministerium gerunt. PL 106, 208D.

79) DIL 2, 20：... qui apostolico gradui succedentes Christi corpus sacro ore conficiunt；per quos et nos Christiani sumus；qui claves regni coelorum habentes（Matth. 16, 18), quodammodo ante judicii diem judicant... Sicut corpus cohaerere necessarium est capiti, ita et Ecclesiam sacerdoti, et principi populi；utque virgulta radicibus et fontibus fluvii, ita et filii patri, et magistro discipuli. PL 106, 210A-B.

80) DIL 2, 20-21：PL 106, 208D-13A；Augustinus, De verbis Domini, sermo 24, cap.1参照.

81) DIL 2, 20：Imitentur ergo in venerandis et obtemperandis sacerdotibus potentia, et copiosissimis honoribus sublimatum Theodosium orthodoxum imperatorem, quam humiliter reverenterque beati Ambrosii memorabilis viri monitis, et increpationibus, atque excommunicationibus paruerit. Sciebat nempe potestatem imperialem, qua insignitus erat, ab illius pendere potestate, cujus famulus et minister Ambrosius erat. Hoc qui plenius nosse voluerit, librum historiae... legat. PL 106, 211B-C.

82) DIL 2, 21：Clerici... de altari vivunt. PL 106, 212C. Hieronymus, Ad Heliodorum（epist. 1）参照.

83) DIL 2, 19：... exstant hodie nonullae basilicae ita cariosae, culminibusque egentes, et, quod majus est, paupertate praepediente pene ad solum usque collapsae, ut in his Christo famulari, ejusque corpus et sanguis confici digne nequeat. Quas etiam dum pagani, et increduli conspiciunt, nomen Christianorum blasphemant, dicentes；Ecce qualia templa Christiani Christo Deo suo fabricant... Nomen Domini per vos blasphemant... PL 106, 208B-C.

84) DIL 3, 14：PL 106, 258D-61B 参照.

85) DIL 3, 14：PL 106, 259A-B 参照.

86) DIL 3, 14：PL 106, 260B-61B；Beda, In Ep. beati Jacobi, c. v. Innocentius, Epistola. 1, cap.8参照.

87) DIL 3, 20：Ad hoc nempe nascimur, ut Christo renascamur. Ad hoc etiam renascimur, ut cum eodem Christo Domino sine fine in aeternum vivamus. PL 106, 278B.

88) 中世における秘跡，典礼の発展については，J. Chélini, L'Aube du Moyen Age, Paris 1991参照.

89) 9世紀における写本の作成，蔵書の増加，ヨナスの『俗人の教育』の後代への影響については，E. Lesne, Histoire de la propriété ecclésiastique en France, Lille-Paris t. 4. 1938参照.

第6章　西欧中世における家臣の教育

1）ドゥオダの『鑑』の原文は，Dhuoda, Manuel pour mon fils, introduction, texte critique, notes par P. Riché（Sources Chrétiennes, no.225), Paris 1975にある Liber Manualis Dhuodanae quem ad Filium suum transmisit Wilhelmum（以下 Manuale と略記，また本文中の M. もManuale の略記で，算用数字は，引用ないし参考箇所を示す）を用いた．その他，Liber manualis, PL 106, 09-18があり，その校訂版は，A. Vernet, "Un nouveau manuscrit du Manuel de Dhuoda", Bibliothèque de l'Ecole des Chartes, 114（1956), pp.18-44がある．F. Brunhölzl, Histoire de la littérature du Moyen Age, Loavain-La-Neuve 1991, pp.159-61, 300参照．Manuale の邦訳は，田花為雄著『西洋教育史ノート』所書店，1974年，I, 319-436頁にある（独訳からの重訳で，しかも試訳）．騎士，家臣については，F. L. Ganshof, Qu'est-ce que la féodalité, Paris 1957（森岡敬一郎訳『封建制度』慶応通信，1982年）; J. M. van Winter, Ridderschap, The Netherlands 1976（佐藤牧夫他訳『騎士』東京書籍，1982年）; J. Bumke, Höfische Kultur, München 1986（平尾浩三他訳『中世の騎士文化』白水社，1995年）; R. Bezzola は，Origines et formation de la littérature courtoise en Occident, Paris 1960の第1巻では，本書にはふれず，第2巻において数行をこれにあてるにすぎない（II, p.22）中世の教育については，R. Riché, Ecoles et enseignement dans le Haut Moyen Age, Paris 1999 (3e éd.)（岩村清太訳『ヨーロッパ成立期の学校教育と教養』知泉書館，2002年)，中世におけるキリスト教については，J. Chélini, L'Aube du Moyen Age, Paris 1991参照．女性学の立場から本書に言及したものとしては，Régine Pernoud, La femme au temps des cathédrales, Paris 1980（福本秀子訳『中世を生き抜く女たち』白水社，1988年，68-80頁）; P. Dronke, Woman Writers of the Middle Ages, New York 1984, pp.35-55, 290-93がある．

2）R. Bezzola, op. cit., II, 1, p.12参照．

3）Manuale, 1, 7：... aliquos ex parentibus meis tuisque...fuerunt in saeculo quasi potentes...

4）P.Riché, Dhuoda, Manuel pour mon fils, p.17-18参照．

5）Nithard, Histoire des fils de Louis le Pieux, éd. par Ph. Lauer, p.6参照．

6）P. Riché, op. cit., p.21参照．

7）Manuale, epigramma：Cernens plurimas cum suis in saeculo gaudere proles, et me Dhuodanam, o fili Wilhelme, a te elongatam conspiciens procul, ob id quasi anxia et utilitatis desiderio plena, hoc opusculum ex nomine meo scriptum in tuam specietenus formam legendi dirigo...

8）Manuale, prologus：... certe inter aliquas ex parte in speculis mulierum demonstratio apparere soleat vultu, ut sordida extergant, exhibentesque nitida, suis in saeculo satagunt placere maritis, ita te ortor ut, inter mundanas et saeculares actionum turmas oppressus, hunc libellum... frequenter legere, et, ob memoriam mei, velut in speculis atque tabulis ioco, ita non negligas. Licet sint tibi multa adcrescentium librorum volumina, hoc opusculum meum tibi placeat frequenter legere, et cum adjutorio omnipotentis Dei utiliter valeas intelligere. Invenies in eo quidquid in

brevi cognoscere malis；invenies etiam et speculum in quo salutem animae tuae indubitanter possis conspicere...

9）『鑑』の歴史については，リシェ著，岩村訳，上掲書，298-300頁参照.

10）Manuale, 1, 7：fili, habebis doctores qui te plura et ampliora utilitatis doceant documenta, sed non aequali conditione, animo ardentis in pectore, sicut ego genitrix tua...

11）ドゥオダは一度だけ，「処女マリア」（virgo Maria）にふれているが，そこでマリアの祝日（Purificatio. お潔めの祝日）を周知のこととしてあげている．Manuale, 9, 2参照. 中世におけるマリア崇敬については，J. Chélini, L'Aube du Moyen Age, pp.315-27参照.

12）Manuale, 3, 2：Quanquam in specie humanitatis forma vel potentia regalis atque imperialis praecellat in saeulo, ut secundum more (m) hominum illorum prior veneretur actio et nomina quasi causa venerationis et potestas fulta culmine honoris...mea tamen, fili, talis est voluntas, ut secundum admonitionem parvitatis meae intelligentiam, secundum Deum, in primis illi qui te prolem habuit, proprium, fidelem et certum dum vivis non negligas reddi obsequium.

13）Manuale, 8, 7：Pro genitori tuo ortor et admoneo ut pro eo frequens et assidue orator sis, atque ceteros ecclesiasticorum gradus pro illo exorare facias, ut det illi Deus, tempore dum vivit, pacem et concordiam, si fieri potest, cum omnibus, animumque suum fortiter cum patientis vigorem faciat superare in cunctis, et post expletum vitae praesentis, cum fructu poenitentiae et elemosinarum largitate, ad regnum, si jubet, faciat pervenive supernum.

14）Manuale, 3, 4：Seniorem quem habes Karolum, quando Deus, ut credo, et genitor tuus Bernardus, in tuae incoationis iuventute florigeram vigorem tibi ad serviendum elegit, adhuc tene quod est generis ex magno utrumque nobilitatis orto progenie...

15）Manuale, 3, 4：... non ita serviens ut tantum placeas oculis, sed etiam sensui capax, utrumque ad corpus et animam；puram et certam illi in omnibus tene utilitatis fidem.

16）Manuale, 3, 4：Erit enim tuus tuisque famulantibus utilissimus, ut credimus, adcrescens profectus.

17）Thegan, Vita Ludowici, XX；MGH. Scriptores, 2, p.595；Annales de S. Bertin, a. 832, éd. F. Grat, Paris 1964, p.5；Hincmar, De ordine palatii, XXXI, éd. Prou, p.78-80；P. Riché, La vie quotidienne dans l'empire carolingien, Paris 1973（岩村清太訳『中世の生活文化誌』東洋館出版社，1992年，76-79頁）参照.

18）Manuale, 3, 4：Si ad perfectum te aliquando adduxerit Deus, ut ad consilium inter magnatos merearis esse vocatus, tracta prudenter quid, quando, cui, vel quomodo dignum et aptum possis exibere sermonem. Fac cum consilio illorum qui tibi ad corpus et animam fidelem praeparant actionem.

19）リシェ著，岩村訳『中世の生活文化誌』100-12，254-60頁参照.

20）Manuale, 4, 9：Pauperem inportune petenti, aures illi adcomodare tuas... Dignum est ut qui gratis accipit aliena, gratis, ut valet, porrigat sua... minimos, ut conspexerint, dignum est sublevari et adjuvari in rebus. Fraterna etenim compassione, et in esurientibus, et in sitientibus atque nudis, et in orphanis et in peregrinis, in advenis, in viduis seu etiam in pupillis oppressisque et

omnibus indigentibus, ut conspexeris, illis miserendo subvenias pie.

21) Manuale, 2, 3：Miserator et misericors, justus piusque, clemens et verax, miserere plasmae tuae, quam creasti et sanguine redemisti tuo；miserere mei, et concede ut ambulem in viis atque justificationibus tuis；da mihi memoriam et sensum ut te intelligam credere, amare, timere, laudare, gratias agere, et in omni opere bono perficere per rectam fidem et bonam voluntatem, Domine Deus meus. Amen.

22) 中世の貴族たちの蔵書については，リシェ著，岩村訳『ヨーロッパ成立期の学校教育と教養』310-17頁参照.

23) 貴族の教育については，リシェ著，岩村訳，上掲書，297-326頁参照.

24) Manuale, 8, 1：In lectione etenim sancta invenies quid orandum sit et quid vitandum, quid cavendum, quid etiam sectandum, vel quid in omnibus debeas observare.

25) 中世前期の俗人が取り入れたと思われる修道院での読書については，Dom Jean Leclercq, L'amour des lettres et le désir de Dieu, Paris 1990（3e éd),：神崎・矢内訳『修道院文化入門』知泉書館，2004年，21-5頁；R. Chartier et G. Cavallo（éd.), Histoire de la lecture dans le monde occidental, Paris 1997（田村毅他訳『読むことの歴史』大修館書店，2000年，115-33頁）参照.

26) J. Leclercq, op. cit., pp.70-73参照.

27) Ibid., pp.79-86参照．なお，ドゥオダはどのような版を用いたのか，かの女による聖書の引用はしばしば不正確で，その確定は困難である．おそらくかの女は，9世紀中葉アルクインが校訂し，宮廷に近い人々の間にかなり普及していたヴルガタ訳を用いたのであろう．しかし『鑑』には，Vetus Latina, Italaの訳も散見される．P. Riché, Dhuoda, Manuel pour mon fils, pp.36-37；idem, Instruments de travail et méthode de l'exégèse carolingienne, pp.147-61, Le moyen Age et la Bible（dir., en collaboration avec Guy Lobrichon,），Paris 1984（t. IV de "Bible de tous les temps"）；H. de Lubac, Exégèse médiévale, Paris, 1961；Ph. Wolff, L'éveil intellectuel de l'Europe, Paris 1971（渡邊昌美訳『ヨーロッパの知的覚醒』白水社，2000年，73-79頁）参照.

28) P. Dronke, op. cit., pp. 41-2参照.

29) 貴族の女子教育については，リシェ著，岩村訳『ヨーロッパ成立期の学校教育と教養』304-06頁，修道女の教育については同書，216-17頁；P. Dronke, Woman Writers of the Middle Ages 参照.

30) そのため，Brunhölzl はドゥオダをフランス最初の女流作家と呼んでいる。F. Brunhölzl, op, cit., 1-2. p.159参照.

31) ドゥオダおよびその他の個人の蔵書については，リシェ著，岩村訳，上掲書，310-14, 411-12頁，修道院の蔵書については，同書，137-40, 142-44頁参照。蔵書，写本一般については，年代物ではあるが，基本文献として，Lesne（E.), Histoire de la propriété ecclésiastique en France, t IV Les livres, scriptoria et bibliothèques du VIII siècle à la fin du XII siècle, Lille 1938（réimpr.), New York 1964がある.

32) ドゥオダのラテン語については，P. Riché, Dhuoda, Manuel pour mon fils, pp.38-45；

フィリップ・ヴォルフ著，渡邊訳，上掲書，73-99頁参照．その他，中世のラテン語一般については，Norberg（D）：A quelle éoque a-t-on cessé de parler latin en Gaule? Annales（Economies, Sociétés, Civilisations），1966, p. 346-56；idem, La poésie latine rythmique dans le Haut Moyen Age, Stockholm 1953参照．

第７章　カロリング期における民衆の宗教教育

1）断るまでもないが，カロリング期の民衆について，かれら自身の側からの直接的証言ないし史料は無いに等しく，われわれはカロリング朝の公式文書，聖·俗の貴族の書などから民衆の姿を垣間見るしかない．本稿で直接参照した網羅的な研究書として，J. Chélini, L'Aube du Moyen Age, Paris 1991；P. Riché, Christianisme dans l'Occident carolingien, Histoire du Christianisme, t. 4, Paris 1993, pp.683-765；idem, Ecoles et enseignement dans le Haut Moyen Age, Paris 1999（3e éd.）（岩村清太訳『ヨーロッパ成立期の学校教育と教養』知泉書館，2002年，327-60頁）とそこにある文献を参照した．なお，五十嵐修「カロリング朝の民衆教化―その理念と現実」『西洋史学』147（1987），175-90頁；多田哲「カロリング王権と民衆教化」―『一般訓令』（789年）の成立事情を手懸りに」『西洋史学』178（1995），124-37頁も参照させて頂いた．

2）Admonitio Generalis, MGH. Capitularia regum Francorum, I, p.54参照．

3）Alcuinus, Epistola 37, 41, 43, 79, 83などの書き出しを参照．

4）Alcuinus, Epistola 95：Tertia est regalis dignitas, in qua vos Domini nostri Jesu Christi dispensatio rectorem populi Christiani disposuit；caeteris praefatis dignitatibus potentia excellentiorem, sapientia clariorem, regni dignitate sublimiorem. Ecce in te solo tota salus Ecclesiarum Christi inclinata recumbit. Tu vindex scelerum, tu rector errantium, tu consolator moerentium, tu exaltatio bonorum. PL 101, 302.

5）Louis Halphen, Charlemagne et l'Empire carolingien, Paris 1968（2e éd），p.215：Qu'il s'agisse de discipline ecclesiastique, de l'instruction religieuse des fidèles, de leur assiduité aux offices et à la communion, et de l'observation du repos dominical et des fêtes religieuses, de la liturgie, des sacrements et en particulier du baptême, qu'il s'agisse même du dogme, rien ne s'échappe à l'attention de l'empereur, rien ne paraît étranger au champs normal de son activité. P. Riché, La Bible et la vie politique dans le Haut Moyen Age, Le Moyen Age et la Bible, p.388s 参照．

6）Concile de Vaison, c. 1（éd. De Clercq, Corpus Christianum, 148 A, p.78）参照。

7）MGH. Concilia, II, p. 271参照．

8）Theodulfus, I, c. 20：PL 106, 196参照．

9）Walterius, c. 6, p. 189参照。P. Riché, La vie quotidienne dans l'Empire carolingien, Paris 1973（岩村清太訳『中世の生活文化誌』東洋館出版社，1992年，246-47頁）参照．

10）Admonitio generalis c. 80：...secundum quod beatae memoriae genitor noster Pippinus rex decertavit ut fieret, quando Gallicanum tulit ob unanimitatem apostolicae sedis et sanctae Dei

aeclesiae concordiam. MGH. Capitularia…I, p.61. Karoli Epistola Generalis, MGH. Capit. I, p.80参照.

11）Ibid., c. 72：…et non solum servilis conditionis infantes sed etiam ingenuorum filios adgregent sibique socient. Et ut scolae legentium puerorum fiant. Psalmos, notas, cantus, computum, grammaticam per singula monasteria vel episcopia et libros catholicos bene emendate…et si opus est evangelium, psalterium et missale scribere, perfectae aetatis homines scribant cum omni diligentia. MGH. Capit., I, p.60. リシェ著，岩村訳『ヨーロッパ成立期の学校教育と教養』67-71頁参照.

12）P. Riché, Liturgie et culture à l'époque carolingienne, La Maison-Dieu, 188（1991）, pp.57-64；J. Chélini, op. cit., pp.282-88；Ph. Rouillard, Grégorien（sacramentaire）, Catholicisme, 5, 288-290参照.

13）洗礼の概略的な歴史については，古代では J. A Jungnann, Liturgie der christlichen Früheit bis auf Gregor den Großen, Freiburg 1967（石井祥裕訳『古代キリスト教典礼史』平凡社，1997年，88-99頁）；M. Dujarier, A History of the catechumenate, N. Y. 1979；J. Chélini, op. cit., pp.47-54；拙著『アウグスティヌスにおける教育』創文社，2001年，78-117頁参照．中世における典礼一般については J. Chélini, L'Aube du Moyen Age を，とくに洗礼については，pp.47-57参照.

14) J. Chélini, op. cit., pp.52-56参照.

15）Conventus episcoporum ad Ripas Danubii 796, can.18；MGH. Conc., I, p.176参照.

16) アルクインの書については，MGH. Epistolae…IV, p.202参照．また司教たちの答申は PL 99, 892s に収録されている.

17) Capitulatio de partibus saxoniae, cap.19；MGH. Capitularia… p.69s 参照.

18) J. Chélini, op.cit., pp.50参照.

19) 幼児洗礼の歴史については，J.-Ch. Didier, Le baptême des enfants dans la tradition de l'Eglise, Paris 1959，とくにカロリング期の史料については，pp.232-41参照.

20）「他人の信仰による受洗」に関するアウグスティヌスの種々の説明については，J. Ch. Didier, Faut-il baptiser les enfants? La réponse de la tradition, Paris 1967参照.

21）Beda, Commentarium in Marcum, 7：PL 92, 203；Jonas, De institutione laicali, 1, 8：PL 106, 135参照.

22) Christianus Druthmar, Expositio in Matthaeum：Nam si aetatem（sic）haec non crediderit, in vanum baptizatur, sicut pecus et metallum. Infantibus vero parvis, pro eorum fide qui pro eis respondent, fit remissio. PL 106, 1501.

23) Responsio Amalarii：Quamvis parvuli per aetatem non possint intelligere ipsam conversionem ad Deum atque credulitatem, credimus tamen eos ad Dominum converti propter conversionis sacramentum, sicut legimus in Augustini epistola. PL 99, 899.

24) Jonas, De institutione laicali, 2, 8：Nunc autem quia nomen Christi ubique pollet, et parvuli de Christianis parentibus nati, ad percipiendam baptismatis gratiam necdum loquentes incunctanter deportantur.（nec immerito；quippe ut qui alienis peccatis obnoxii sunt, aliorum depor-

tatione et responsione a praevaricatione originalis noxae absolvantur, quatenus eruti de potestate tenebrarum, in regnum Domini sui transferantur). PL 106, 135.

25) W. Strabo, De exordiis et incrementis rerum ecclesiasticarum, MGH. Capitularia... II, p.512. G. H. Baudry, Parrain, marraine, Catholicisme, X, 702-703; J. Chélini, op. cit., pp. 55-57参照.

26) W. Strabo, op.cit., p.512参照.

27) MGH. Capitularia... I, p.174, Capitularia a canonibus excerpta, 813, 18; J. Chélini, op. cit., pp. 55-57参照.

28) リシェ著, 岩村訳『ヨーロッパ成立期の学校教育と教養』330-31頁; 拙著『アウグスティヌスにおける教育』92-101頁参照.

29) Jonas, De institutione laicali, 1, 6: PL 106 132参照.

30) ミサ中の信徒の態度については, Jonas, op. cit., 1, 11-13: PL 106, 143-49; J. Chélini, op. cit., pp.241-99参照.

31) カロリング期における個人的信心の隆盛については, リシェ著, 岩村訳『中世の生活文化誌』301-04頁参照.

32) Chrodegang, Regula canonicorum, c. 44. PL 89, 1076参照.

33) Alcuinus, Epistolae, MGH. Epistolae... IV, pp.425, 804, pp.310, 799, 447, 793-804参照.

34) J.-A. Jungmann, Missarum Solemnia, Paris 1952, II, p.227, no.6参照.

35) Constitutiones Apostolicae, II, p. 57; Jungmann, op. cit., p.227, no.7参照.

36) Jungmann, op. cit., p.226参照.

37) 司祭アウグスティヌスの説教については, Possidius, Vita Sancti Augustini (熊谷賢二訳『アウグスティヌスの生涯』創文社, 1963年, 33頁) 参照.

38) Hieronymus, Epistola, 52, cap.7-8 (éd. Vallarsius I, pp.262-63); J. A. Jungmann, La messe, son sens ecclésial et communautaire, Paris 1958, p.112; リシェ著, 岩村訳, 上掲書, 333頁; J. Chélini, op. cit., pp.86-88参照.

39) Mansi, VIII, can. 727; Jungmann, Missarum Solemnia, II, p.229, no.14, 15参照.

40) MGH. Epistolae... IV, pp.209, 798; Hieronymi, 52, cap. 7-8 (éd. Vallarsius, I, pp.262-3); Jungmann, La messe, son sens ecclésial et communautaire, Paris 1958; リシェ著, 岩村訳『ヨーロッパ成立期の学校教育と教養』333頁参照.

41) Admonitio generalis, c. 61: ... ut fides catholica ab episcopis et presbyteris diligenter legatur et omni populo praedicetur. MGH. Capit., 1, p.58.

42) Ibid., c.82. MGH. Capit. 1, pp.59-60参照。

43) Rabanus Maurus, De institutione clericorum, 3, c.37 = Gregorius Magnus, Regula pastoralis, prologus, c. 1-35参照。

44) リシェ著, 岩村訳, 上掲書, 338頁参照。

45) Admonitio generalis, c. 61, 70, 82. MGH. Capit. 1, pp.58, 59, 61参照。

46) MGH. Capit., 1, c. 77参照。

47) Theodulfus, Capitularia ad presbyteros parochiae suae. PL 105, 198参照。

48) Theodulfus, ibid., c. 28：Hortamur vos paratos esse ad docendas plebes. Qui Scripturas scit, praedicat Scripturas；qui vero nescit saltem hoc, quod notissimum est, plebibus dicat. Ut declinet a malo, et faciat bonum（Ps 33, 15）. PL 105, 200. リシェ著，岩村訳，上掲書，366頁；Chélini, op. cit., p.90参照。

49）説教の目標，理想については，リシェ著，岩村訳，上掲書，97-99頁参照.

50）C. de Clercq, La législation religieuse Franque de Clovis à Charlemagne, Louvain-Paris 1936, p.369：Nullus sit presbyter qui in ecclesia publice non doceat linguam populares intellegant.

51) Agobard, MGH. Epistolae... IV, pp.182-85；ibid., p.239参照.

52）Rabanus Maurus, De institutione clericorum, 3, 30：... vulgi autem more sic dicatur, ut ambiguitas obscuritasque vitetur...potius ut ab indoctis dici solet. Quid enim prodest locutionis integritas quam non sequitur intellectus audientis, cum non intelligent propter quos ut intelligent loquimur. Qui ergo docet, vitabit verba omnia quae non docent；et si pro eis aliqua, quae intelligantur, integra potest dicere, id magis eliget；si autem non potest, sive quia non sunt, sive quia in praesentia non occurrunt, utetur etiam verbis minus integris, dum tamen res ipsa doceatur atque discatur integer. Augustinus, De doctrina christina, 4, 10, 24参照. その他，説教の言語については，リシェ著，岩村訳，上掲書，334-36頁；Chélini, L'Aube du Moyen Age, pp.90-95参照.

53) Chélini, op. cit., p.100参照.

54) R. McKitterick（ed），Carolingian Culture, Cambridge Univ. Press 1994, pp.141-70参照.

55) Conc. Turonense, can. 17：... in rusticam Romanam linguam aut Theotiscam, quo facilius cuncti possint intelligere quae dicuntur. Jungmann, Missarum Solemnia, II, p.229；リシェ著，岩村訳，上掲書，335-36頁参照.

56) PL 89, 1076. 聖職者の試験内容については，とくに，リシェ著，岩村訳『中世の生活文化誌』241-44頁；同『ヨーロッパ形成期の学校教育と教養』328-29, 333頁参照.

57) ホミリアの定義と起源については Ph. Rouillard, Homélie, Catholicisme V, 829-31を，カロリング期の「ホミリア」については H. Barré, Les homéliaires carolingiens de l'école d'Auxerre, Authenticité, Inventaire, initia, Studia et testi,Vatican 1962, p.1；R. McKitterick, The Frankish church and the Carolingian reforms, London 1977, pp.80-114；Chélini, op. cit., pp.92-97参照.

58) Vita Caesarii, I, V, 42；PL 67, 1021；Ph. Rouillard, Catholicisme, V, 829-31参照.

59) パウルス・ディアコヌスの「ホミリア」（PL 95, 1159-1566）については，Dom J. Leclercq が Scriptorium, 2（1948）pp.195-224でそれを注解している．また，Dom R. Grégoire, Homéliaires liturgiques médiévaux, Spolète, 1980, pp.423-86のほか，その影響については，Dictionnaire de Spiritualité, VII, 562参照.

60）Admonitio generalis, c. 62-68にその好例が見られる。

61) リシェ著，岩村訳，上掲書，337頁参照.

62) 聖画像による民衆の宗教教育については，C. Heitz, Recherches sur les rapports entre

Architecture et la liturgie à l'epoque carolingienne, Paris 1963；idem, L'architecture religieuse carolingienne, Paris 1980；リシェ著，岩村訳『ヨーロッパ成立期の学校教育と教養』339-42頁参照.

63) 聖画像の崇敬をめぐる東西の教会間の論争については，A. Kleinclausz, Alcuin, Paris 1948, pp.295-305；G. Dargon, P. Riché, A. Vauchez, Histoire du Christianisme, t. 4, Paris 1993, pp.93-165；753-56；A. de Libera, La philosophie médiévale, Paris 1993（阿部一智・永野潤・永野拓也訳『中世哲学史』新評論，1999年，332-33頁）参照.

64) L. Wallach, The greek and latin versions of II Nicaena and the synodica of Hadrian I, Traditio, 1996, pp.103-25参照.

65) 『カールの書』については，Libri Carolini, MGH. Conc. II, Supplementum；F. Brunhölzl, Histoire de la liturgie, I, p.275；P. Meyvaert, The authorship of the Libri Carolini, Revue Bénédictine, 1979, pp.29-57；PL 98, 1230参照.

66) A. Boureau, Les théologiens carolingiens devant les images religieuses. La conjoncture de 825 in Douze siècles... op. cit., no.69参照.

67) リシェ著，岩村訳，上掲書，339-42頁参照.

68) W. Strabo, De exordiis et incrementis rerum ecclesiasticarum, MGH. Capitularia ... II, appendix, pp.484s：Sic itaque imagines et picturae habendae sunt et amandae, ut nec dispectu utilitas adnullectur... et haec inreverentia in ipsorum, quorum similitudines sunt, redeunt injuriam nec cultu immoderato fidei sanitas vulneretur et corporalibus rebus honor nimie impensus arguat nos minus spiritalia contemplari.

69) Jonas, De cultu imaginum：PL 106, 311参照.

70) J. Chélini, op, cit., pp. 275-77；F. Brunhölzl, Histoire de la littérature latine du Moyen Age, Louvain-La-Neuve 1991, 1/2, p. 145参照．こうして見ると，カロリングの宗教的絵画は旧約聖書中心で新約聖書の絵画はまれであるという早急な判断は戒めるべきかもしれない．

71) リシェ著，岩村訳『中世の生活文化誌』118-19, 1 30-31頁；同『ヨーロッパ成立期の学校教育と教養』328-30頁参照. 学校教育については，リシェ著，岩村訳『中世の生活文化誌』237-39頁；同『ヨーロッパ成立期の学校教育と教養』191-226, 350-60頁；P. Riché, De Charlemagne à saint Bernard, Paris 1995, pp.51-59を参照．また，説教によるレトリックの発展については，J. J. Murphy, Rhetoric in the Middle Ages, Berkeley Los Angeles, London 1974を参照.